Netzwerke für Dummies – Schummelseite

Meine wichtigsten Netzwerkdaten

Notieren Sie sich hier alles Wichtige über Ihr Netzwerk:

Netzwerk-Server: (Zutreffendes ankreuzen)

- ☐ NetWare
- ☐ Windows NT Server
- ☐ Windows 95 oder Windows 98

Meine Benutzer-ID: ____________________

Name des NetWare-Server oder Windows NT Domain: ______________________________

Zugeordnete Netzwerklaufwerke (Mapping)

Laufwerksbuchstabe	Beschreibung
_______	__________________
_______	__________________
_______	__________________
_______	__________________
_______	__________________

Netzwerkdrucker

Druckername	Beschreibung
______________	__________________
______________	__________________
______________	__________________

Netzwerkverwalter

Name: ______________________________

Telefonnummer: ____________________

E-Mail-Adresse: ____________________

Lieblingssnack: ____________________

Ethernet-Kabelkram

Dickes Koaxialkabel (10Base5)

- ✔ Segmentlänge beschränkt auf 500 Meter
- ✔ Transceiver werden gebraucht, um Netzwerkkarten über AUI-Ports mit 15 Pins zu verbinden.
- ✔ Terminatoren müssen an beiden Enden eines Segments sein.

Dünnes Koaxialkabel (10Base2)

- ✔ Segmentlänge beschränkt auf 185 Meter
- ✔ Braucht BNC-Stecker
- ✔ Mit T-Stücken werden die Kabel an die Computer angeschlossen.
- ✔ Terminatoren müssen an beiden Enden eines Segments sein.

Twisted Pair (10BaseT)

- ✔ Maximale Kabellänge: 100 Meter
- ✔ Alle Computer sind mit einem zentralen Hub verkabelt.
- ✔ Terminatoren werden nicht gebraucht.
- ✔ RJ-45-Stecker werden wie folgt angeschlossen:

PIN 1	Weiß/Orange
PIN 2	Orange
PIN 3	Weiß/Grün
PIN 6	Grün

- ✔ Bis zu 3 Hubs können in einer Reihe angeschlossen werden (Daisy Chain).
- ✔ Einige Hubs können auch über dünne bzw. dicke Koaxialkabel zusammengeschlossen werden.

Netzwerke für Dummies – Schummelseite

So werden Sie mit Ihrem Netzwerk glücklich!

- ✔ Sichern Sie immer schön brav!
- ✔ Dokumentieren Sie das Layout Ihres Netzwerks und halten Sie die Unterlagen ständig auf dem neusten Stand.
- ✔ Halten Sie immer einen ausreichenden Vorrat an Ersatzteilen und Werkzeugen bereit.
- ✔ Schalten Sie niemals den Server aus oder führen an ihm einen Neustart aus, solange Benutzer angemeldet sind.
- ✔ Seien Sie mutig! Es wird schon werden!

Top NetWare-Befehle

CAPTURE	Richtet die Druckerwarteschlange im Netzwerk ein.
LOGIN	Meldet Sie am Netzwerk an.
LOGOUT	Meldet Sie aus dem Netzwerk ab.
MAP	Weist Netzwerklaufwerken Laufwerksbuchstaben zu.
PCONSOLE	Steuert den Netzwerkdrucker.
SEND	Sendet Nachrichten an einen oder mehrere bestimmte Benutzer.

Top Windows NET-Befehle

NET LOGOFF	Meldet Sie aus dem Netzwerk ab.
NET LOGON	Meldet Sie am Netzwerk an.
NET PRINT	Steuert den Netzwerkdrucker.
NET USE	Richtet die Netzwerklaufwerke und die Druckerverbindungen ein.
NET VIEW	Zeigt eine Liste aller im Netzwerk verfügbaren Computer an.

Bevor Sie Hilfe rufen …

Bevor Sie den Netzwerkguru anrufen, probieren Sie's erstmal damit:

- ✔ Sind alle Stecker eingesteckt?
- ✔ Ist das Netzwerkkabel richtig eingesteckt? Bei 10BaseT-Netzwerken sollte das kleine Licht auf der Rückseite des Rechners – dort wo das Kabel angeschlossen ist – leuchten.
- ✔ Wenn sich nichts mehr rührt, probieren Sie den Rechner, neu zu starten, indem Sie Strg+Alt+Entf drücken.
- ✔ Wenn Fehlermeldungen so schnell über den Bildschirm fliegen, daß Sie sie nicht mehr lesen können, drücken Sie auf Ihrer Tastatur die Pause-Taste.
- ✔ Wenn nichts mehr zu helfen scheint, starten Sie das gesamte Netzwerk neu.

E-Mail-Kürzel

BTW	By the way [Übrigens]
FYI	For your information [zur Information]
IMO	In my opinion [nach meiner Meinung]
IMHO	In my humble (honest) opinion [nach meiner bescheidenen (ehrlichen) Meinung]
IOW	In other words [mit anderen Worten]
LTNS	Long time no see [lange nichts gehört]
MYOB	Mind your own business [das geht Sie nichts an]
RE	About [Betreff]
THX	Thanks [Danke]
TIA	Thanks in Advance [Danke im voraus]
TTYL	Talk to you later [wir sprechen uns später]
<g>	Grin [Grinsen]
<bg>	Big grin [breites Grinsen]
<vbg>	Very big grin [sehr breites Grinsen]

Netzwerke
für Dummies

Doug Lowe

Netzwerke für Dummies

Gegen den täglichen Frust mit dem Netz

Übersetzung aus dem Amerikanischen
von Martina Hesse-Hujber,
Karin Lichtenberg
und Angela Theis

mitp

Die Deutsche Bibliothek – CIP-Einheitsaufnahme:

Lowe, Doug:
Netzwerke für Dummies / Doug Lowe. Übers. aus dem Amerikan.
von Martina Hesse-Hujber, Katrin Lichtenberg und Angela Theis.
- Bonn : MITP-Verlag, 1999
Einheitssacht.: Networking for Dummies <dt.>
ISBN 3-8266-2823-3

ISBN 3-8266-2823-3
1. Auflage 1999

Übersetzung der amerikanischen Originalausgabe:
Doug Lowe: Networking For Dummies

Printed in Germany

Ein Unternehmen der verlag moderne industrie AG, Landsberg

Lektorat: Martina Kempfle
Druck: Media-Print, Paderborn
Umschlaggestaltung: Sylvia Eifinger, Bornheim
Satz und Layout: Lieselotte und Conrad Neumann, München

Inhaltsverzeichnis

Einführung

Endlich ist es soweit! Das Buch, auf das Sie schon lange gewartet haben – *Netzwerke für Dummies* – ist da! Dieses Buch richtet sich ganz speziell an diejenigen unter Ihnen, die das Gefühl nicht los werden, daß Sie Ihre Computer vernetzen sollten, aber gar nicht recht wissen, wie und wo Sie anfangen sollen.

Kopieren Sie öfters eine Tabelle auf Diskette und tragen sie rüber zu Ihrem Kollegen, damit der einen Blick drauf wirft? Ärgert es Sie, daß Ihr Kollege vom Controlling einen Super-Laserdrucker am Rechner hängen hat? Müssen Sie ständig betteln, damit Sie auch mal an den Rechner dürfen, auf dem die Kundendatenbank installiert ist? Wenn Sie diese Fragen mit »Ja« beantworten, dann brauchen Sie – ein Netzwerk!

Vielleicht haben Sie aber auch schon ein Netzwerk. Die Sache hat nur einen kleinen Haken: Man hat Ihnen versprochen, daß sich in einer Netzwerkumgebung viel einfacher arbeiten läßt, doch statt dessen ist Ihr Computerleben vollkommen auf den Kopf gestellt. Gerade als Sie sich mit dem Ding auf dem Schreibtisch einigermaßen angefreundet hatten, kam jemand ins Büro gestürmt, schloß ein Kabel an und sagte: »Fröhliches Netzwerken!« Es ist zum Heulen!

Egal, welche der beiden Beschreibungen auf Sie zutrifft, auf jeden Fall ist dieses Buch das richtige für Sie. Es wird Ihnen Hilfe in allen Netzwerklagen bieten.

In diesem Buch werden Netzwerke in einer Sprache beschrieben, die jeder Mann und jede Frau verstehen kann. Computerkenntnisse werden nicht vorausgesetzt. Außerdem habe ich mich bemüht, das trockene Thema hier und da mit etwas Witz aufzulockern. Ich will Ihnen vermitteln, daß das Arbeiten in einer Netzwerkumgebung keine übermenschliche Intelligenz erfordert, sondern eine ganz normale Sache ist. Am Ende dieses Buches werden Sie sagen: »Mehr ist nicht dran am Netzwerk? Das mache ich doch mit links!«

Zu diesem Meisterwerk

Ich habe dieses Buch nicht geschrieben, damit Sie es von Anfang bis Ende durchlesen, als wenn es irgendein Agententhriller wäre. Und wenn ich Sie jemals erwische, daß Sie am Strand liegen und darin lesen, dann bewerfe ich Sie mit Sand! Dieses Buch ist mehr so eine Art Nachschlagewerk. Wenn Sie zu einem bestimmten Thema etwas wissen wollen, dann nehmen Sie sich das Buch, schlagen es auf irgendeiner Seite auf und fangen an zu lesen. Ihnen stehen 31 Kapitel zur Auswahl, wobei jedes einen anderen Aspekt des Lebens im Netzwerk beleuchtet – beispielsweise das Drucken, das Anschließen der Netzwerkkabel, das Einrichten von Sicherheitsvorkehrungen, um den »Bösen« keine Chance zu geben. Blättern Sie einfach zu dem Kapitel, das Sie interessiert und lesen Sie sich schlau!

Jedes Kapitel ist in voneinander unabhängige Abschnitte unterteilt, die alle irgendwie mit dem Thema des Kapitels zu tun haben. So finden Sie beispielsweise in dem Kapitel, in dem ich beschreibe, wie das mit der Sicherheit im Netzwerk funktioniert, so Bonbons wie:

- ✔ Das Anlegen eines Katastrophenplans
- ✔ Die ultimative Datensicherung
- ✔ Die schlaue Wartung des Netzwerks
- ✔ Die Virenerkennung

Dieses Buch ist kein Lehrbuch, Sie brauchen also nichts auswendig zu lernen. Es ist eher ein »Das will ich wissen«-Buch. Sie nehmen es zur Hand, wenn Sie Informationen über etwas Bestimmtes brauchen. Wollen Sie wissen, was ein 10BaseT ist? Greifen Sie zu diesem Buch! Wollen Sie wissen, wie man knacksichere Kennwörter erstellt? Lesen Sie in diesem Buch nach! Wenn Sie nichts wissen wollen, lassen Sie's in dem Regal stehen und machen weiter wie bisher.

Wie Sie dieses Buch benutzen sollten

Dieses Buch ist so eine Art Nachschlagewerk. Wenn Sie wissen, zu welchem Thema Sie mehr wissen möchten, sehen Sie im Inhaltsverzeichnis oder im Index nach. Das Inhaltsverzeichnis ist so detailliert, daß Sie das Thema, das Sie interessiert, sicherlich finden. Falls doch nicht, schlagen Sie am Ende des Buchs im Index nach. Hier werden Sie bestimmt fündig.

Nachdem Sie gefunden haben, was Sie suchen, schlagen Sie die Seite auf und lesen, was Sie zu dem Thema finden. Legen Sie dann das Buch wieder beiseite, und warten Sie auf den nächsten Anfall von Wissensdurst.

Dieses Buch enthält natürlich eine Fülle von Informationen, so daß Sie sich auch in einen größeren Themenbereich einlesen können. Wenn Sie beispielsweise mehr zum Thema Sicherheit im Netzwerk wissen möchten, dann lesen Sie das entsprechende Kapitel von Anfang bis Ende durch. Falls Sie jedoch nur das Thema »Kennwörter« interessiert, dann wenden Sie Ihre kostbare Zeit nur für diesen Abschnitt auf.

Wenn Sie etwas in Ihren Rechner eingeben sollen, dann wird der Text, den Sie schreiben sollen, so formatiert:

```
Geben Sie das ein!
```

In diesem Beispiel geben Sie `Geben Sie das ein!` über die Tastatur ein und drücken dann die Eingabetaste. In der Regel folgt dann noch eine Erklärung, falls Sie sich den Kopf kratzen und »Häh?« fragen.

Auch eine Mitteilung, die auf dem Bildschirm angezeigt wird, wird in diesem Format dargestellt:

```
Eine Meldung von Ihrem freundlichen Netzwerk
```

Dieses Buch enthält eigentlich alles Wissenswerte über Netzwerke, so daß Sie nicht noch weitere Bücher zu Rate ziehen müssen. Wenn Sie jedoch Hilfe in Sachen DOS oder Windows brauchen, dann sollten Sie sich eines dieser gelb-schwarzen ... *für Dummies*-Bücher zu diesem Thema holen.

Was Sie ruhigen Gewissens ignorieren können

Manche Abschnitte in diesem Buch enthalten weiterführende technische Informationen, die Sie aber nicht lesen müssen. Sie sind keine Voraussetzung für das Verständnis des Buchs. Ich habe diese Zusatzinfos in separaten Abschnitten untergebracht und diese auch meistens noch mit dem »Vorsicht Technik«-Symbol gekennzeichnet. Lesen Sie diese Abschnitte nur, wenn Sie mehr technisches Hintergrundwissen wollen und sicher sind, daß es Sie nicht zu sehr streßt!

Mutmaßungen

Also, ich nehme mal folgendes an (mal sehen, ob ich richtig liege): Sie arbeiten an einem PC und haben entweder ein Netzwerk oder überlegen sich, ob Sie sich eins zulegen sollen. Ich hoffe, daß Sie jemanden kennen, der etwas mehr von PCs versteht als Sie. Mein Anliegen ist es jedoch, Sie von dieser Person unabhängiger zu machen, aber werfen Sie seine oder ihre Telefonnummer noch nicht weg!

Können Mac-Benutzer auch etwas mit diesem Buch anfangen? Ja, selbstverständlich. Auch wenn Sie in diesem Buch mehr über die Einbindung von Windows-basierten Rechnern in ein Netzwerk finden, die Macintosh-Rechner werden nicht ganz vergessen.

Was erwartet Sie in diesem Buch?

Dieses Buch ist in sieben Teile aufgeteilt. Jeder Teil enthält mehrere Kapitel, die wiederum in Abschnitte eingeteilt sind, die die verschiedenen Aspekte des Themas des jeweiligen Kapitels beleuchten. Die Kapitel bauen irgendwie schon aufeinander auf, also, wenn Sie wirklich das ganze Buch lesen wollen, dann lesen Sie es auch der Reihe nach. Sie können aber jederzeit auch nur irgendwo eine Seite aufschlagen und zu lesen beginnen.

Hier habe ich Ihnen die Inhalte der sieben Teile mal kurz zusammengefaßt:

Teil I: Was Sie unbedingt wissen sollten (Ein Handbuch für Netzwerkbenutzer und -benutzerinnen)

Die Kapitel in diesem Teil sollen einem Netzwerklaien die Grundzüge dieses Themas nahe bringen. Wenn Sie keine konkrete Vorstellung davon haben, was ein Netzwerk überhaupt ist, dann sollten Sie hier mit dem Lesen beginnen. Es eignet sich auch für den unglückseligen

Netzwerkbenutzer, dem die Leistungsoptimierung des Netzwerks völlig egal ist, der aber trotzdem wissen will, was ein Netzwerk ist und wie er das Beste daraus machen kann.

Teil II: Erstellen Sie Ihr eigenes Netzwerk

Ach, du je. Der Chef hat Ihnen gerade ein Ultimatum gesetzt: Sehen Sie zu, daß Sie bis Freitag ein Netzwerk installiert und funktionsbereit haben oder Sie können Ihre Sachen packen. Die Kapitel in diesem Teil enthalten alles, was Sie wissen müssen, um ein Netzwerk aufzubauen: von der Installation der Kabel bis hin zur Auswahl des passenden Netzwerkbetriebssystems.

Teil III: Der ultimative Ratgeber für die Netzwerkverwaltung

Ich wünsche Ihnen, daß Sie für den Job des Netzwerkverwalters nicht ausgeguckt werden, aber falls es Sie doch kalt erwischt hat, dann will ich Ihnen mit den Kapiteln in diesem Teil unter die Arme greifen. Hier finden Sie alles über Backups, Sicherheit, Leistungsoptimierung, Abstauben, Aufwischen und sonstige Dinge, die ein Netzwerkverwalter eben so wissen muß.

Teil IV: Vernetzen Sie Ihr Netzwerk

Wenn das Netzwerk nun endlich läuft, dann wird es nicht lange dauern, bis die Benutzer bei Ihnen anklopfen und einen Internetzugang fordern. Die Kapitel in diesem Teil zeigen Ihnen, wie Sie diesem Wunsch entsprechen können. Aber nicht nur das: Sie erfahren auch, wie Sie Ihren eigenen Web-Server einrichten, damit Sie eine eigene Web-Site erstellen können. Ich erzähle Ihnen auch, wie Sie Ihr Netzwerk in ein Intranet verwandeln, damit Ihre LAN-Benutzer auf die Daten im lokalen Web-Server zugreifen können.

Teil V: Noch mehr coole Sachen, die Sie mit Ihrem Netzwerk anstellen können

Dieser Teil beschreibt, was Sie mit einem Netzwerk noch alles Interessantes anstellen können, wenn Sie erst einmal die Anfangsschwierigkeiten hinter sich haben: CD-ROM-Laufwerke oder Faxmodem gemeinsam nutzen, von zu Hause oder von unterwegs via Laptop ins Netzwerk einwählen, zu Hause ein Netzwerk einrichten und auch Macintosh-Rechner in Ihr Netzwerk aufnehmen.

Teil VI: Die Top Ten

Es wäre ja kein ... *für Dummies*-Buch, ohne die Zusammenstellungen von wertvollen Tips: die zehn Gebote des Netzwerkes, die zehn Netzwerkgeräte, die man nur in großen Netzwerken braucht, zehn Tips für ein Netzwerk mit Windows 3.1 und viele mehr!

Teil VII: Referenzen für Kenner (und solche, die es werden wollen)

Die zwei Kapitel in diesem Teil geben Ihnen einen Überblick über die Befehle, die Sie in den beiden am häufigsten verwendeten Netzwerkbetriebssystemen antreffen: NetWare und Windows-Netzwerke (NET), zu denen Windows NT Server, Windows für Workgroups, Windows 95 und Windows 98 gehören. Dann habe ich zu guter Letzt auch noch ein kleines Glossar zusammengestellt. Vielleicht können Sie es ja ab und zu mal brauchen.

Besondere Symbole in diesem Buch

Achtung! Technischer Lesestoff im Anmarsch! Lesen Sie nur weiter, wenn Sie es vor sich verantworten können.

Diesem Symbol sollten Sie besondere Beachtung schenken. Dahinter verbirgt sich immer irgend etwas besonders Nützliches – manchmal eine schnelle Tastenkombination oder ein nicht so bekannter Befehl, der jedoch viel ausrichten kann.

Habe ich Ihnen eigentlich von dem Kurs für Gedächtnistraining erzählt?

Stopp! Erst lesen, dann weitermachen. Hinter diesem Symbol warten Informationen, die Sie vor einer Katastrophe bewahren wollen.

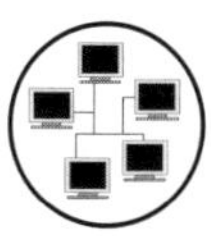

Hier finden Sie spezielle Informationen über NetWare. Wenn Sie nicht mit NetWare arbeiten und es auch niemals einsetzen wollen, dann überspringen Sie diesen Absatz.

Hinter diesem Symbol verbergen sich spezielle Informationen zu Windows 95-basierten Netzwerken.

Suchen Sie nach diesem Symbol. Lesen Sie schon mal, was Windows 98 Ihnen zu bieten hat. Vielleicht rüsten Sie ja demnächst auf, sofern Sie es noch nicht auf Ihrem Rechner installiert haben. Auf alle Fälle gelten die Informationen zu Windows 95 in den meisten Fällen auch für Windows 98.

Informationen über Windows NT Server sind in greifbarer Nähe.

Und dieses Icon ist ganz wichtig, wenn Sie mit Windows für Workgroups arbeiten.

Wie geht's nun weiter?

Mit diesem Buch werden Sie auf jeden Fall weiter kommen. Sie können jetzt das schwierige Netzwerkterrain betreten. Werfen Sie einen Blick in das Inhaltsverzeichnis, und entscheiden Sie, wo Sie anfangen werden. Seien Sie mutig! Seien Sie tapfer! Seien Sie ein Abenteurer! Und haben Sie auf jeden Fall auch ein bißchen Spaß dabei!

Teil I

Was Sie unbedingt wissen sollten (Ein Handbuch für Netzwerkbenutzer und -benutzerinnen)

»Drucker und Laufwerk sind im Hut untergebracht. Superidee! So bleibt mehr Platz auf dem Schreibtisch, nur in den Fahrstuhl passen nie mehr als drei von uns gleichzeitig.«

In diesem Teil…

Eines Tages dringen die Netzwerkrambos in Ihr Büro ein und halten Ihnen eine Flinte unter die Nase. »Keine Bewegung, bis wir Sie ans Netzwerk angeschlossen haben!«, droht einer von ihnen, während der andere Ihren PC aufbricht, eine unglückverheißende Steckkarte installiert, den PC wieder zuschraubt und auf der Rückseite ein Kabel anschließt. »Fertig! Und komm' nicht auf die Idee, die Bullen zu rufen. Wir wissen, wer du bist!«, sagen sie und sind auch schon wieder verschwunden.

Wenn Ihnen so etwas schon einmal passiert ist, dann wissen Sie die Kapitel in diesem Teil zu schätzen. Sie enthalten eine sanfte Einführung in die Welt der Computernetzwerke speziell für eher vorsichtige Netzwerkbenutzer und -benutzerinnen!

Und was, wenn Sie noch gar kein Netzwerk haben, und Sie der- oder diejenige sind, der so was installieren soll? Dann erfahren Sie in diesem Teil, was es mit einem Netzwerk so auf sich hat und können gut vorbereitet die leider noch etwas technischeren Kapitel des Teils II in Angriff nehmen.

Netzwerke werden nie die Welt beherrschen und anderes Wissenswertes

1

In diesem Kapitel erfahren Sie, ...

- was ein Netzwerk ist.
- warum ein Netzwerk eine prima Sache ist.
- welcher Unterschied zwischen Servern und Clients besteht.
- was ein Netzwerkbetriebssystem ist.
- wie ein Netzwerk arbeitet.
- wie das Netzwerk Ihr Computerdasein verändert.
- was ein Netzwerkverwalter ist.
- was die anderen haben, was Sie nicht haben.

Computernetzwerke kommen im Film immer ziemlich schlecht weg. Mal löst ein Kind fast den dritten Weltkrieg aus, weil es in einem Netzwerk herumspielt, oder die Massen versuchen, das Land in ihre Gewalt zu bringen, indem sie eine schwarze Kiste stehlen, mit der sie sich in jedes beliebige Netzwerk einschleichen können. Dann gibt es natürlich auch noch den *Terminator*. In diesem Film übernimmt ein Computernetzwerk die Herrschaft über unseren Planeten und baut Terminatorroboter, die jeden vernichten, der blöderweise Sarah Connor heißt.

Aber keine Angst! Diese schlimmen Netzwerke existieren nur in der Phantasie von Sciencefiction-Autoren. Echte Netzwerke sind viel sanfter und berechenbarer. Sie können keine eigenen Entscheidungen treffen, sich auch nicht in irgendwelche Monster verwandeln und sie tun niemanden etwas zuleide – auch dann nicht, wenn Sie Sarah Connor heißen.

Jetzt, wo Sie keine Angst mehr vor Netzwerken haben, können Sie sich frohen Mutes diesem Kapitel widmen, das eine sanfte Einführung in die Computernetzwerke enthält, noch nicht sehr ins Detail geht, aber bereits einen Eindruck von den Konzepten vermittelt, die Ihnen im Umgang mit einem Computer helfen, der an ein Netzwerk angeschlossen ist. Dieses Kapitel bleibt noch an der Oberfläche des Geschehens. Der richtig technische und langweilige Kram kommt später ...!

Was ist eigentlich ein Netzwerk?

Ein *Netzwerk* ist nichts weiter als zwei oder mehr Computer, die durch ein Kabel miteinander verbunden sind, damit sie Daten austauschen können.

Natürlich gibt es neben dem Netzwerk noch andere Möglichkeiten, wie Daten zwischen Computern ausgetauscht werden können. Die meisten von uns haben bis jetzt bestimmt das sogenannte *Turnschuhnetz* verwendet. Sie wissen nicht, was das ist? Nun, Sie kopieren eine Datei auf Diskette und gehen mit der Diskette zu einem anderen Computer, stecken sie dort ins Laufwerk und haben damit die Daten ausgetauscht! Dieser überaus witzige Begriff kann nur von einem Computerguru stammen, nicht wahr?!

Das Problem mit dem Turnschuhnetz ist nur, daß es langsam ist und sowohl die Sohlen als auch der Teppich abgenutzt werden. Irgendwann ist daher ein sparsamer Computermensch draufgekommen, daß es billiger ist, Computer mit Kabeln zu verbinden anstatt alle sechs Monate den Teppich auszuwechseln. Das war die Geburtsstunde des Netzwerks!

In einem Netzwerk verbinden Sie alle Computer in Ihrem Büro über Kabel miteinander, installieren in jedem Rechner eine spezielle Netzwerkkarte (dazu wird der Computer aufgeschraubt – auweia!), damit Sie irgendwo das Kabel anstecken können, installieren und konfigurieren eine spezielle Netzwerksoftware, um das Netzwerk zum Arbeiten zu bringen und voilà, das Netzwerk steht! Das ist das ganze Geheimnis! Abbildung 1.1 zeigt ein typisches Netzwerk mit vier Computern. Alle vier sind miteinander über ein Netzwerkkabel verbunden. Außerdem ist Ediths PC auch noch an einen schicken Laserdrucker angeschlossen. Weil alle zusammen ein Netzwerk bilden, können auch Juliane, Herbert und Martin diesen Laserdrukker verwenden.

✔ Netzwerke werden oft LANs genannt. *LAN* ist eine Abkürzung und steht für »local area network«, was zu deutsch »lokales Netzwerk« bedeutet. Es ist eine von vielen Abkürzungen, die Sie in diesem Buch finden werden. Sie brauchen sich aber nicht alle zu merken, denn am Ende des Buches gibt es ein Glossar, in dem Sie die Abkürzungen nachschlagen können.

✔ Von einem Computer, der ans Netzwerk angeschlossen ist, sagt man, daß er »am Netz hängt«. Im Fachjargon bezeichnet man diesen Computer als *Knoten*.

✔ Wenn der Rechner eingeschaltet ist und auf das Netzwerk zugreifen kann, dann ist er *online*. Wenn der Rechner nicht aufs Netz zugreifen kann, ist er *offline*. (Das haben Sie sich jetzt schon gedacht, nicht wahr?) Ein Computer kann aus verschiedenen Gründen offline sein. Entweder ist er ausgeschaltet, er ist kaputt, das Netzwerkkabel ist nicht eingesteckt oder im Laufwerk stecken Gummibärchen.

✔ Wenn ein Rechner eingeschaltet ist, dann ist er *up* oder zu deutsch »betriebsbereit«. Ist er ausgeschaltet oder kaputt, ist er das Gegenteil davon, nämlich *down*. (Dieses Gefühl ist ja auch uns Menschen nicht ganz unbekannt.)

✔ Verwechseln Sie lokale Netzwerke nicht etwa mit dem Internet. Das Internet ist eine riesige Ansammlung von Computernetzwerken, die über die ganze Welt verstreut sind. Die Rechner zu Hause oder im Büro miteinander zu vernetzen, um zwischen ihnen Daten auszutauschen, und den Computer an das weltweite Internet anzuschließen, sind zwei völlig verschiedene Dinge. Wenn Sie über Ihr lokales Netzwerk die Rechner an das Internet anschließen wollen, dann suchen Sie in Kapitel 16 Rat.

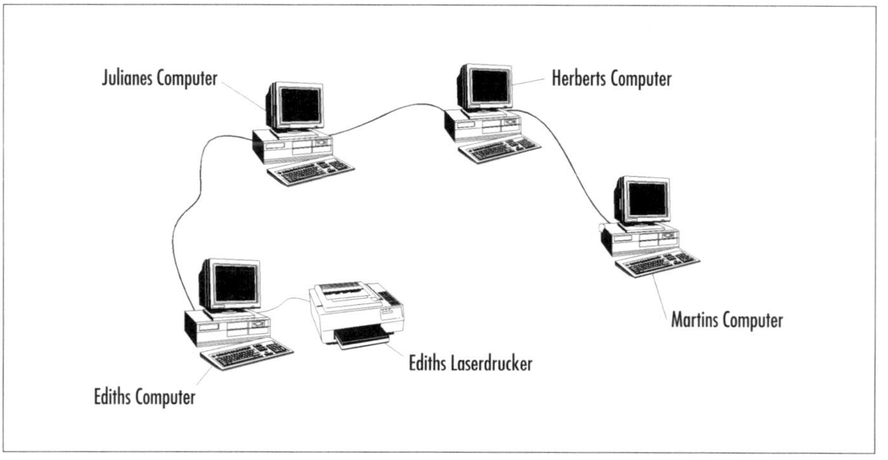

Abbildung 1.1: Eine typische Netzwerkumgebung

Was soll ich mit einem Netzwerk?

Zugegeben, Netzwerke sind etwas umständlich zu installieren. Warum sich also damit herumschlagen? Weil die Vorteile, die ein Netzwerk bietet, eindeutig überwiegen. Sie brauchen kein studierter Kopf sein, um die Vorteile eines Netzwerks zu verstehen. Denn im Grunde genommen, hat man Ihnen dieses Prinzip bereits im Kindergarten beigebracht: Netzwerke haben nämlich mit Teilen zu tun! Netzwerke teilen sich im Prinzip drei Dinge: Dateien, Ressourcen und Programme.

- ✔ **Dateien**: Mit Netzwerken können Sie Daten mit anderen Rechnern im Netzwerk austauschen. Je nachdem wie Sie das Netzwerk konfiguriert haben, gibt es drei Möglichkeiten, wie Sie die Dateien austauschen können. Der direkteste Weg ist, die Datei vom Computer direkt an den Computer der Kollegin zu schicken. Die zweite Möglichkeit ist, die Datei an einen vorübergehenden Aufenthaltsort zu senden, wo sie zu einem späteren Zeitpunkt abgeholt werden kann. Sie können die Datei aber auch permanent an einem bestimmten Ort ablegen, auf den dann sowohl Sie als auch die Kollegin jederzeit bei Bedarf zugreifen können. Egal, welche der drei Möglichkeiten Sie wählen, die Daten marschieren immer via Netzwerkkabel zum Computer der Kollegin und nicht auf der Diskette wie im Turnschuhnetz.

- ✔ **Ressourcen**: Sie können bestimmte Computerressourcen so konfigurieren, z. B. ein Laufwerk oder einen Drucker, daß alle Rechner im Netzwerk darauf zugreifen können. Der Laserdrucker, der an Ediths Rechner angeschlossen ist (Abbildung 1.1) ist so eine gemeinsam genutzte Ressource, d. h. alle im Netzwerk können darauf zugreifen. Ohne das Netzwerk müßten Juliane, Herbert und Martin sich eigene Drucker kaufen.

Auch Laufwerke können gemeinsam genutzte Ressourcen sein. Dazu muß ein Laufwerk jedoch als solches eingerichtet sein, denn sonst teilt es mit niemandem. Angenommen Herbert möchte zusammen mit Martin eine Datei nutzen und das gemeinsame Laufwerk ist auf Julianes Computer installiert. Dann braucht Herbert nur seine Datei in das gemeinsame Laufwerk auf Julianes Computer zu kopieren und Martin informieren, wo er die Datei abgelegt hat. Wenn Martin dann mal Zeit hat, kopiert er sich die Datei von Julianes Rechner auf den seinen. (Immer vorausgesetzt natürlich, daß nicht zwischenzeitlich irgendein Schlaumeier die Datei löscht ...!)

Sie können auch andere Ressourcen gemeinsam nutzen, z. B. CD-ROM-Laufwerke (CDs können etliche MB an Daten speichern und sind besonders geeignet für große Clip-Art-Sammlungen und Enzyklopädien oder um während der Arbeit nette Musik zu hören) oder Modems (über die Sie auf Rechner zugreifen, die nicht mit Ihnen vernetzt sind).

- **Programme**: Anstatt auf jedem Rechner dieselben Programme zu installieren, sollten Sie die Programme auf einem gemeinsamen Laufwerk ablegen, auf das jeder zugreifen kann. Wenn beispielsweise zehn Benutzer und Benutzerinnen ein bestimmtes Programm verwenden, können Sie zehn Kopien der Software kaufen und installieren – eine für jeden PC – oder Sie kaufen eine Lizenz für zehn Benutzer und installieren nur eine Kopie auf einem gemeinsamen Laufwerk. Jeder der zehn Benutzer kann nun über das gemeinsame Laufwerk auf das Programm zugreifen.

  Leider ist es oft so, daß so ein gemeinsam genutztes Programm wahnsinnig langsam ist. Deshalb installiert man lieber ein Programm auf einem gemeinsamen Netzlaufwerk, um dann separate Kopien des Programms auf den jeweiligen lokalen Laufwerken zu installieren. Mit Microsoft Office ist dies beispielsweise möglich, vorausgesetzt, daß Sie eine Lizenz für jeden Rechner erworben haben, auf dem Sie Office installieren. Der Vorteil, Office direkt vom gemeinsamen Netzwerklaufwerk zu installieren, liegt darin, daß Sie nicht mit den Installationsdisketten oder der Installations-CD von Rechner zu Rechner joggen müssen. Außerdem kann der Netzwerkverwalter die Netzwerkinstallation so anpassen, daß die Software auf allen PCs identisch installiert wird.

Ich muß Sie an dieser Stelle darauf hinweisen, daß es verboten ist, eine Einzelplatzlizenz eines Programms zu erwerben und diese dann auf einem Laufwerk zu installieren, auf das alle ans Netzwerk angeschlossene Benutzer und Benutzerinnen zugreifen können. Wenn also fünf Leute mit dem Programm arbeiten, dann kaufen Sie entweder fünf Kopien des Programms oder eine Netzwerklizenz für fünf oder mehr Benutzer.

Server und Clients

Der Netzwerkcomputer, der die Laufwerke, Drucker und sonstigen Ressourcen enthält, die gemeinsam mit anderen Netzwerkcomputern genutzt werden, heißt *Server*. Merken Sie sich diesen Ausdruck, denn er wird Ihnen immer wieder begegnen. Vielleicht schreiben Sie ihn in Ihre linke Handfläche?

Alle Computer, die keine Server sind, heißen *Client*. Auch diesen Begriff sollten Sie sich merken. Notieren Sie ihn in der rechten Handfläche.

In einer Netzwerkumgebung existieren also nur zwei Arten von PCs: die Server und die Clients. Ein Blick in die rechte Handfläche, einen in die linke Handfläche, und die Hände erst wieder waschen, wenn Sie die beiden Begriffe auswendig können.

Die Unterscheidung zwischen Servern und Clients in einem Netzwerk wäre eigentlich ein nettes Thema für den Soziologieunterricht. Es ähnelt stark der Unterscheidung zwischen den Betuchten und den Mittellosen einer Gesellschaft.

- ✔ In der Regel sind die leistungsstärksten und teuersten Computer in einem Netzwerk die Server. Das ist auch ganz vernünftig so, denn ihre Ressourcen werden von jedem Benutzer im Netz verwendet.
- ✔ Die billigeren und weniger leistungsstarken Computer sind die Clients. Sie sind diejenigen, die die einzelnen Benutzer und Benutzerinnen tagtäglich verwenden. Da die Clients keine Ressourcen zu teilen brauchen, müssen sie auch nicht so aufwendig gestrickt sein.
- ✔ In den meisten Netzwerken gibt es mehr Clients als Server. Ein Netzwerk mit zehn Clients braucht wahrscheinlich nicht mehr als einen Server.
- ✔ In vielen Netzwerken wird zwischen Clients und Servern strikt getrennt, also ein Computer ist entweder ein Server oder ein Client, aber nie beides. Ein Server kann auch kein Client werden oder umgekehrt.
- ✔ In etwas fortschrittlicheren Netzwerkumgebungen kann jeder Rechner im Netz ein Server oder auch gleichzeitig Server und Client sein. Das in Abbildung 1.1 dargestellte Netzwerk zählt zu diesen fortschrittlichen Typen.

Dedizierte Server und Peers

In einigen Netzwerken ist der Server ein Server und sonst gar nichts. Seine einzige Aufgabe ist es, seine Ressourcen, wie Laufwerke und Drucker, den Clients im Netzwerk zukommen zu lassen. So ein Server nennt sich *dedizierter Server*, da er außer den Netzwerkdiensten keine anderen Aufgaben ausführen kann.

In einer fortschrittlicheren Netzwerkumgebung kann jeder Netzwerkcomputer sowohl als Client als auch als Server fungieren. Jeder Computer kann daher seine Drucker und Laufwerke mit den anderen PCs im Netzwerk teilen. Während dieser Computer nun als Server arbeitet, können Sie mit diesem PC trotzdem andere Funktionen ausüben, wie z. B. Textverarbeitung. So ein Netzwerk heißt *Peer-to-Peer-Netzwerk*, da alle Computer als gleichrangig betrachtet werden.

Wenn Sie morgen früh mit dem Hund Gassi gehen, können Sie sich über folgende Punkte hinsichtlich der Unterschiede zwischen Client/Server-Netzwerken (mit dedizierten Servern) und Peer-to-Peer-Netzwerken mal so Ihre Gedanken machen:

- Dedizierte Server arbeiten nicht mit den üblichen DOS- oder Windows-Betriebssystemen. Sie brauchen ein spezielles Betriebssystem, nämlich ein *Netzwerkbetriebssystem*, das speziell für Netzwerkfunktionen entwickelt wurde. Im nächsten Abschnitt »Die Wahl des richtigen Netzwerkbetriebssystems« beschreibe ich die beiden gängigsten Netzwerkbetriebssysteme, NetWare und Windows NT Server.
- Ein Peer-to-Peer-Netzwerk kommt ohne Netzwerkbetriebssystem aus, seine Funktionen hat Microsoft in der Windows-Version Windows 95 bereits integriert. Das brandaktuelle Windows 98 verfügt sogar über noch bessere Netzwerkfähigkeiten. Wenn Sie noch einen alten Computer haben, der für Windows zu schwach ist, dann können Sie sich eine Peer-to-Peer-Netzwerksoftware, z. B. LANtastic (von Artisoft), kaufen, um DOS netzwerkfähig zu machen.
- Auch wenn Sie es nicht müssen, Sie können dennoch einen dedizierten Server in einem Peer-to-Peer-Netzwerk verwenden. Oftmals ist es gar nicht so schlecht, wenn in einer Netzwerkumgebung ein Computer als Server dient. Warum? Nun, weil der Netzwerkzugriff auf den Server nur im Schneckentempo läuft, wenn Sie einer Server für Textverarbeitung oder sonstige Anwendungen benutzen.

Belanglosigkeiten zur Geschichte des Netzwerks

Netzwerke sind eigentlich nichts Neues. In den Anfängen des Computerzeitalters – diese Ära nennt man auch gerne Großrechnerzoikum – wurde die Computerwelt von großen überdimensionalen Systemen dominiert, die sich *Zeitscheibenverfahren* oder neudeutsch *Time-Sharing* nannten.

Mit Hilfe des Time-Sharing konnten Sie auf den Großrechner über ein dummes Terminal zugreifen, das nur aus einem Monitor und einer Tastatur bestand. Oberflächlich betrachtet sah dieses dumme Terminal wie ein PC aus, ihm fehlte aber ein eigener Prozessor. Über solche dummen Terminals konnten Hunderte, wenn nicht sogar Tausende von Benutzern auf einen einzigen Großrechner gleichzeitig zugreifen.

Wie das funktioniert hat? Eben mit diesem Zeitscheibenverfahren, bei dem die Zeit des Großrechners in Scheibchen aufgeteilt wurde und diese Zeitscheibchen den Benutzern jeweils eins nach dem anderen zugeteilt wurden. Die Scheibchenzeit war nur kurz, aber doch lang genug, um den Anschein zu erwecken, daß der Benutzer den Großrechner ganz für sich allein hatte.

In den 70er Jahren wurde das Time-Sharing dann durch kleine Minicomputersysteme ersetzt, die zwar dasselbe Verfahren, aber in einem kleineren Ausmaß verwendeten. Erst in den späten 70ern entstanden mit der Erfindung des PCs die Netzwerke, wie wir sie heute kennen.

Die Wahl des Netzwerkbetriebssystems

Alle Computer brauchen ein Betriebssystem, um überhaupt arbeiten zu können. Darüber hinaus braucht das Netzwerk ein eigenes Betriebssystem, um den Datenaustausch zwischen den verbundenen Rechnern koordinieren zu können. Diese besondere Netzwerksoftware nennt sich *Netzwerkbetriebssystem*.

Für ein Netzwerk mit dediziertem Server haben Sie eigentlich nur die Wahl zwischen zwei Netzwerkbetriebssystemen: NetWare oder Windows NT Server.

- ✔ Das wohl bekannteste Netzwerkbetriebssystem ist NetWare von der Firma Novell. NetWare ist ziemlich ausgeklügelt, aber auch sehr kompliziert. So kompliziert sogar, daß es dafür ein intensives Zertifizierungsprogramm gibt. Die Glücklichen, die den Test bestehen, dürfen sich »Zertifizierte NetWare-Ingenieure« nennen. Eigentlich braucht man einen zertifizierten NetWare-Ingenieur nur für große Netzwerke mit Dutzenden oder sogar Hunderten angeschlossener Computer. Für ein paar wenige Computer ist es gar nicht so schwer, mit NetWare ein Netzwerk aufzubauen.
- ✔ Windows NT Server ist eine spezielle Netzwerkserver-Version des Windows NT-Betriebssystems, das wiederum eigentlich eine fortschrittlichere Version des bekannten Windows-Betriebssystems von Microsoft ist. Windows NT Server ist etwas einfacher einzurichten und anzuwenden als NetWare, da man auf der bekannten Windows-Oberfläche arbeiten kann.

Warum funktioniert es eigentlich? (Vielleicht sollten Sie dies überspringen)

Wenn Sie in einem Netzwerk arbeiten, müssen Sie eigentlich nicht viel darüber wissen, wie es funktioniert. Allerdings läßt sich damit beruhigter arbeiten, wenn man weiß, daß hier keine dunklen Mächte das Sagen haben. Ein Netzwerk mag einem zwar wie Zauberei vorkommen, aber weit gefehlt! Ich habe Ihnen mal zusammengestellt, welche Dinge für die Netzwerkzaubereien verantwortlich sind:

- ✔ **Netzwerkkarten**: In jedem Netzwerkcomputer sitzt eine spezielle Steckkarte, nämlich eine Erweiterungskarte fürs Netzwerk.
- ✔ **Netzwerkkabel**: Dieses Kabel verbindet die Computer miteinander. Es wird hinten am Rechner in die Netzwerkkarte eingesteckt. In der Regel verwendet man hierzu Koaxialkabel, die fast so aussehen wie die Kabel fürs Kabelfernsehen. Versuchen Sie aber nicht mit dem Fernsehkabel die Rechner zu vernetzen. Sie werden keinen Erfolg haben!

  Manche Netzwerkkabel sehen aus wie Telefonkabel. Es gibt sogar Büros, in denen das Netzwerk und das Telefonsystem über dieselben Kabel laufen. Ganz gewöhnliche Telefonkabel eignen sich jedoch nicht fürs Netzwerk. Für ein Computernetzwerk brauchen Sie ein *Twisted Pair-Kabel* aus zwei separaten, isolierten Einzeldrähten, die miteinander verdrillt (twisted) sind. Die Telefonkabel haben hierfür nicht den richtigen Drill.

Wenn Sie die Sache mit den Netzwerkkabeln näher interessiert, dann lesen Sie in Kapitel 9 weiter.

- **Hub**: Wenn Ihr Netzwerk mit Twisted Pair-Kabeln eingerichtet wurde, dann wird es dort auch einen Hub geben. Das ist so eine Art Verteiler, der als Verbindungspunkt für die Verkabelung im Netz dient. Jeder Rechner im Netzwerk ist über Kabel mit dem Hub verbunden, d. h. der Hub verbindet alle Rechner miteinander. Wenn das Netzwerk mit einem Koaxialkabel arbeitet, dann verbindet dieses Kabel direkt einen Rechner mit dem anderen. Bei diesem System braucht man keinen Hub.
- **Netzwerksoftware**: Na klar, erst mit der Software kann das Netzwerk funktionieren. Damit ein Netzwerk überhaupt arbeiten kann, muß jede Menge Software ganz exakt installiert werden. Sicherlich können die Installationsprogramme der verschiedenen Netzwerkbetriebssysteme die Software automatisch konfigurieren, aber Sie werden sicherlich das Programm hier und da ein bißchen schubsen müssen, damit es richtig läuft. Mehr zur Wahl der richtigen Software für Ihr Netzwerk erfahren Sie in Kapitel 7. Wenn Sie wissen wollen, wie Sie die Software konfigurieren müssen, damit das Netzwerk richtig läuft, lesen Sie die Kapitel 11 bis 15.

Ein bißchen unwichtige Info zu einem beliebten Modewort

Ein einführendes Kapitel über gängige Netzwerkbegriffe wäre unvollständig, wenn es nicht eine Definition über das wohl gängigste Netzwerkmodewort der Computerbranche parat hätte, nämlich zu *Client/Server*. Keiner weiß eigentlich so recht, was Client/Server bedeutet, nicht einmal die Fachleute, die den Begriff geprägt haben. Die einfachste Definition ist: »Ein Computernetzwerk, bei dem ein PC (der Client) Daten von einem Rechner (der Server) abrufen kann, dessen Ressourcen auch von anderen genutzt werden können.« Ein ganz normales Netzwerk also.

Ein genauere, aber auch technischere Definition ist: »Eine Anwendung, die zum Großteil auf dem Server ausgeführt wird und nur zu einem kleinen Teil auf dem Client.« Diese Definition ist aber für Ihren momentanen Wissenstand noch zu hoch. Denken Sie also nicht weiter darüber nach!

Diese letzte Definition von Client/Server trifft nur auf sehr wenige Netzwerke zu, aber da Client/Server so ein schönes Modewort ist, wollen die meisten Verkäufer in den Computerläden für sich in Anspruch nehmen, daß sie Client/Server-Netzwerke aufbauen. Es gibt aber auch noch eine dritte Definition, die praxisorientierter ist: »Jedes Computerprodukt, egal ob Hardware oder Software, von dem die Marketingabteilungen glauben, daß es sich besser verkauft, wenn dieses Modewort in der Werbung erwähnt wird.«

Jetzt gehört er nicht mehr Ihnen persönlich!

Auch wenn von diesem Kapitel nicht viel hängen bleibt, eine Sache liegt mir sehr am Herzen: Sobald Ihr persönlicher Computer (PC) an einem Netzwerk hängt, ist es aus mit »persönlich«. Sie sind jetzt Teil eines Netzwerks, und irgendwie haben Sie eines der wichtigsten Dinge aufgegeben, das den PC so erfolgreich gemacht hat: die Unabhängigkeit.

Meine Computeranfänge gehen zurück in die Tage der Großrechner. Das waren große komplexe Maschinen, die ganze Räume ausfüllten und mit Wasser gekühlt werden mußten. Mein erster Computer war ein wassergekühlter Binford Power-Proc Modell 2000. (Kleiner Scherz am Rande! Allerdings das mit der Wasserkühlung ist kein Quatsch. Man brauchte sogar manchmal einen Klempner, um einen Großrechner zu installieren. Die ganz großen wurden sogar mit flüssigem Stickstoff gekühlt. Den Binford 2000 allerdings gab es nie!)

Großrechner brauchten eine ganze Abteilung an Programmierern und Bedienern, damit sie nicht schlapp machen, und sie mußten sorgfältig verwaltet werden.

Großrechner waren die dominanten Computer. Doch mit den PCs änderte sich alles. Die kleinen Dinger trugen die Rechnerleistung aus den großen Rechnerräumen heraus und ließen sich auf dem Schreibtisch des Benutzers nieder. Mit den PCs kam das Ende der zentralen Kontrolle des Großrechners. Jetzt konnte sich der Benutzer oder die Benutzerin den PC ansehen und sagen: »Der gehört mir, nur mir!« Großrechner gibt es auch heute noch, sie sind aber bei weitem nicht mehr so verbreitet wie früher.

Mit den Netzwerken veränderte sich die Computerwelt erneut. Eigentlich ist dieses Konzept ein Schritt zurück in die Großrechnerarchitektur. Sicherlich, das Netzwerk befindet sich nicht irgendwo im Keller und einen Klempner braucht man auch nicht, aber Sie müssen auch wieder von der Idee Abschied nehmen, daß Ihr PC Ihnen persönlich gehört. Sie sind ein Teil des Netzwerks und ebenso wie der Großrechner muß ein Netzwerk sorgfältig verwaltet werden.

Ich will Ihnen hier nur mal ein paar Punkte auflisten, warum ein Netzwerk Ihnen die Unabhängigkeit nimmt:

Sie dürfen nicht einfach irgendwelche Dateien auf dem Netzwerk löschen. Vielleicht sind es ja gar nicht Ihre.

- ✔ Bloß weil Herbert etwas an Ediths Drucker sendet, heißt das noch lange nicht, daß der gleich mit dem Drucken anfängt. Falls nämlich Martin zuvor einen Zwei-Stunden-Druckauftrag an den Drucker geschickt hat, muß Herbert wohl oder übel warten, warten, warten.
- ✔ Sie wollen beispielsweise eine Lotus 1-2-3-Tabelle vom Netzwerklaufwerk laden. Geht aber nicht, weil jemand anderes damit bereits arbeitet. Genau wie Herbert müssen Sie warten, warten, warten.

- Wenn Sie die Datenbankdatei mit 150 MB auf eine Server-Festplatte kopieren, könnten Sie etwas später einen ärgerlichen Anruf von einer Kollegin bekommen, daß jetzt auf der Festplatte des Servers kein Platz mehr für ihre wichtige Datei ist.
- Wenn Sie auf eine Datei auf Ediths Rechner zugreifen wollen, Edith aber noch nicht im Büro und der Rechner folglich noch ausgeschaltet ist, dann müssen Sie an ihren Schreibtisch gehen und den Rechner selbst einschalten. Wenn Edith ihren Rechner jedoch vor fremden Zugriffen mit einem Kennwort geschützt hat, müssen Sie dieses Kennwort kennen, oder Sie trinken erst mal eine Tasse Kaffee und warten, bis sie kommt.

Wenn Ihr Computer der Server ist, können Sie ihn nicht einfach ausschalten, wenn Sie nicht mehr daran arbeiten. Vielleicht möchte ja jemand anderes auf eine Datei auf Ihrer Festplatte zugreifen oder etwas auf Ihrem Drucker drucken.

Der Netzwerkverwalter

Sie glauben gar nicht, wie viele Dinge selbst in einem einfachen Netzwerk schief laufen können. Deshalb sollten Sie unbedingt eine Person zum *Netzwerkverwalter* oder auch *Systemadministrator* machen. Auf diese Weise ist wenigstens einer oder eine dafür verantwortlich, daß das Netzwerk nicht auseinander fällt oder außer Kontrolle gerät.

Der Netzwerkverwalter muß kein technisches Genie sein. Einige der besten Netzwerkverwalter sind sogar ziemlich aufgeschmissen, wenn es um den technischen Kram geht. Was so ein Verwalter jedoch unbedingt können muß, ist das Organisieren. Seine oder ihre Aufgabe ist es nämlich, dafür zu sorgen, daß auf dem Fileserver ausreichend Speicherplatz zur Verfügung steht, daß der Fileserver regelmäßig gesichert wird, neue Mitarbeiter auf das Netzwerk zugreifen können, etc.

Zur Aufgabe des Netzwerkverwalters gehört auch, kleinere Probleme zu lösen, mit denen die Benutzer überfordert sind, und bei Bedarf auch mal einen Fachmann oder eine Fachfrau zu Rate zu ziehen, wenn das Problem etwas größer ist.

- Den dritten Teil dieses Buchs widme ich ausschließlich den Netzwerkverwaltern. Wenn man also Sie für diesen Job ausgeguckt hat, sollten Sie diesen Teil lesen. Wenn der Kelch an Ihnen vorüber gegangen ist, sollten Sie ihm oder ihr dieses Buch hier schenken.
- In kleineren Unternehmen wird meistens derjenige Netzwerkverwalter, der den kürzesten Strohhalm zieht.
- Ein kleines bißchen sollte der Netzwerkverwalter natürlich schon von der Technik verstehen. Ich wollte vorhin nur deutlich hervorheben, daß das organisatorische Talent wichtiger als die technischen Fähigkeiten ist. Der Netzwerkmanager muß verschiedene Wartungsarbeiten ausführen können. Dazu braucht er oder sie zumindest etwas technisches Knowhow. Das organisatorische Talent ist und bleibt aber das Wichtigste.

Was haben die, was ich nicht habe?

Bei all diesen Dingen, an die man denken muß, fragen Sie sich sicherlich allmählich, ob Ihre Intelligenz wohl ausreicht, um mit Ihrem Computer zu arbeiten, nachdem er ans Netz angeschlossen ist. Machen Sie sich darüber keine Sorgen! Wenn Sie intelligent genug sind, dieses Buch zu kaufen, weil Sie wissen, daß Sie ein Netzwerk brauchen, dann können Sie auch ohne weiteres mit dem Netzwerk arbeiten, wenn es dann installiert ist. Sie sind auch intelligent genug, um ein Netzwerk selbst zu installieren und zu verwalten. Schließlich ist dies hier keine Weltraumforschung!

Ich kenne Leute, die ständig mit Netzwerken arbeiten, deswegen aber nicht mehr auf dem Kasten haben als Sie. Allerdings haben diese etwas, was Sie nicht haben: ein Zertifikat. Deswegen werde ich Ihnen kraft der Befugnisse, die ich von der »Internationalen Gesellschaft für Computergeschädigte« erhalten habe, das Zertifikat aus Abbildung 1.2 verleihen, das Sie sich mit diesem Fernstudium an der *Dummies*-Akademie redlich verdient haben. Eines Tages ist es vielleicht mehr wert als so manches NetWare-Zertifikat.

Herzlichen Glückwunsch!

Abbildung 1.2: Ihr offizielles Zertifikat

So lebt's sich mit dem Netzwerk

2

In diesem Kapitel erfahren Sie, wie Sie ...

- lokale Ressourcen und Netzwerkressourcen einsetzen.
- das Namenspiel spielen.
- sich in einem Netzwerk anmelden.
- Netzwerklaufwerken einen Laufwerksbuchstaben zuordnen (Mapping).
- gemeinsam genutzte Ordner verwenden.
- mit einem Netzwerkdrucker arbeiten.
- sich aus einem Netzwerk abmelden.

Nachdem Sie Ihren PC an ein Netzwerk angeschlossen haben, ist er keine Insel mehr, die vom Rest der Welt abgeschirmt ist. Der Anschluß ans Netz bedeutet eine grundlegende bleibende Veränderung für Ihren PC. Jetzt ist Ihr Computer Teil eines »Systems« und mit »anderen Rechnern« in einem »Netzwerk« verbunden. Sie müssen sich nun mit nervigen Netzwerkdetails wie lokale und gemeinsam genutzte Ressourcen herumschlagen, sich auskennen mit Einloggen und Zugriffen auf Netzwerklaufwerke, wissen, wie man Netzwerkdrucker verwendet und sich wieder abmeldet.

Wie lästig!

Dieses Kapitel gibt Ihnen den nötigen Schwung für ein Leben mit dem Computernetzwerk. Leider enthält dieses Kapitel ein paar kleine technische Passagen, aber gemeinsam werden wir die schon durchstehen!

Lokale Ressourcen und Netzwerkressourcen

Für den Fall, daß Sie dies in Kapitel 1 nicht so ganz mitbekommen haben: Einer der wichtigsten Unterschiede zwischen dem Arbeiten mit einem isolierten Einzelrechner und einem Netzwerkcomputer ist die Unterscheidung zwischen *lokalen Ressourcen* und *Netzwerkressourcen*. Zu den lokalen Ressourcen gehören Festplatten- und Diskettenlaufwerke, Drukker, Modems und CD-ROM-Laufwerke, die direkt an Ihren Rechner angeschlossen sind. Diese lokalen Ressourcen können Sie unabhängig davon verwenden, ob Sie ans Netz angeschlossen sind oder nicht. Netzwerkressourcen sind Laufwerke, Drucker, Modems und CD-ROM-Laufwerke, die am Netzwerk-Server angeschlossen sind. Sie können auf diese Ressourcen nur zugreifen, wenn Ihr Rechner am Netz hängt.

Wenn Sie mit einem Computer in einem Netzwerk arbeiten, müssen Sie also wissen, welche Ressourcen lokal sind (die gehören Ihnen) und welche Netzwerkressourcen sind (die gehören dem Netzwerk). In den meisten Netzwerken ist Ihr Laufwerk C: ein lokales Laufwerk. Falls der Drucker direkt neben Ihrem PC steht, dann können Sie davon ausgehen, daß es sich dabei um einen lokalen Drucker handelt. Mit diesen Ressourcen können Sie machen, was Sie wollen, ohne daß das Netzwerk oder andere Benutzer im Netzwerk etwas davon mitbekommen (immer vorausgesetzt natürlich, daß die lokalen Ressourcen nicht gemeinsam in Netzwerk genutzt werden).

- ✔ Ob eine Ressource nun lokal ist oder zum Netzwerk gehört, können Sie nicht so ohne weiteres erkennen. Der Drucker, der direkt neben Ihrem PC steht, wird aller Wahrscheinlichkeit nach Ihr lokaler Drucker sein, aber er kann auch gleichzeitig der Netzwerkdrucker sein. Bei den Laufwerken ist das genauso: Die Festplatte in Ihrem PC gehört vermutlich Ihnen allein, sie kann jedoch auch eine Netzwerkfestplatte sein, auf die alle anderen im Netzwerk ebenso zugreifen können.
- ✔ Da dedizierte Netzwerk-Server so voller Ressourcen stecken, bezeichnet man sie nicht nur als dediziert sondern auch als ressourcenreich. (Schrecklich, nicht wahr? Aber ich habe die Computersprache nicht erfunden!)

Was sagt ein Name?

So ziemlich alles in einem Computernetzwerk hat einen Namen: Die Computer selbst haben Namen, die Leute, die mit den Rechnern arbeiten, haben Namen und die Drucker und Laufwerke, die im Netzwerk gemeinsam genutzt werden können, haben Namen.

Sie brauchen nicht alle Namen, die in Ihrem Netzwerk verwendet werden, zu kennen, bei einigen von ihnen sollten Sie allerdings schon wissen, wie sie heißen.

- ✔ Jede Person, die im Netzwerk arbeitet, hat eine Benutzerkennung (Benutzer-ID). Sie müssen Ihre Benutzer-ID kennen, um sich im Netzwerk anzumelden. Sie sollten auch die Benutzer-IDs Ihrer Kollegen kennen, vor allem, wenn Sie deren Dateien verwenden oder ihnen nette Briefchen senden wollen. Zum Thema Benutzer-ID und Anmelden erzählen ich Ihnen später noch mehr.

Es ist zwar verführerisch als Benutzer-ID die Vornamen derjenigen zu verwenden, die im Netzwerk arbeiten, aber die Idee ist nicht besonders gut. Selbst in einem kleinen Büro, kann das irgendwann mal zu Problemen führen. (Überlegen Sie mal, wie viele Sabines oder Andreas Sie allein in Ihrem Bekanntenkreis haben!) Sie sollten sich irgendeine sinnvolle Buchstabenkombination für die Benutzer-IDs ausdenken. Beispielsweise den Vornamen plus die ersten beiden Buchstaben des Nachnamens. Herberts Benutzer-ID wäre dann herbertkl und die von Martin wäre martinhu. Man könnte auch den ersten Buchstaben des Vornamens mit dem vollständigen Nachnamen verwenden. Herberts Benutzer-ID wäre dann hklein und Martins mhujber. (Achten Sie auf Groß- und Kleinschreibung. Bei den meisten

Netzwerken wird da nämlich deutlich unterschieden. Die ID hklein ist nämlich nicht dieselbe wie HKlein.)

- ✔ Jeder Computer im Netzwerk muß einen eindeutigen Namen haben, der nur einmal im Netz vorkommen darf. Sie müssen nicht die Namen aller Rechner kennen, die am Netz angeschlossen sind, aber es wäre nicht schlecht, wenn Sie den Namen Ihres Computers kennen und die Namen der Server, auf die Sie zugreifen müssen. Meistens ist der Computername identisch mit der Benutzer-ID der Person, die den Rechner am häufigsten benutzt. Manchmal verbirgt sich hinter dem Namen auch der Standort des Rechners, beispielsweise BUERO-12 oder KELLER. Server-Rechner haben oft einen Namen, der einen Hinweis auf die Gruppe gibt, die mit dem Server am häufigsten arbeitet, z. B. BUCHHT-SERVER oder CAD-SERVER.
- ✔ Sie werden jedoch auch so Bezeichnungen wie BL3K5-87A finden. Da war dann ein echter Netzwerk-Freak am Werk!
- ✔ Vielleicht sind Sie aber ein Fan von Science-fiction-Filmen und möchten Namen wie HAL oder M5 vergeben. Sie können aber auch Namen von Zeichentrickfiguren wählen, wie DONALD oder DAISY. Gar so niedlich sollten die Namen dann aber auch wieder nicht sein. Wenn ein Computer SCHATZI oder BABY heißt, geht das doch etwas zu weit.
- ✔ Netzwerkressourcen, wie Laufwerke und Drucker, haben natürlich auch Namen. An einen Netzwerk-Server können beispielsweise zwei Drucker – LASER und TINTE (damit haben Sie gleich den Druckertyp identifiziert) – und zwei Laufwerke – CDISK und DDISK – angeschlossen sein.

Wenn Sie mit NetWare arbeiten, kann Ihnen statt Laufwerksname auch der Begriff Volumenname über den Weg laufen. Häufig werden Namen wie SYS1 oder SYS2, etc. verwendet. Irgendwie scheinen NetWare-Administratoren nicht einfallsreich genug zu sein, um sich orginellere Namen einfallen zu lassen.

- ✔ Julia sagte schon zu Romeo: »Was sagt ein Name? Das, was Rose heißt, würd gleich süß unter anderm Namen duften.« (Romeo und Julia, 2. Akt, 2. Szene, 43-44)
- ✔ Jedes Netzwerk hat eine Benutzer-ID für den Netzwerkverwalter. Wenn Sie sich mit der Kennung des Verwalters anmelden, können Sie alles tun, was Sie möchten: neue Benutzer hinzufügen, neue Netzwerkressourcen definieren, Herberts Kennwort ändern, etc. In der Regel ist die Benutzer-ID des Netzwerkverwalters ziemlich verschlüsselt. Sie könnte zum Beispiel ADMIN lauten.

Die Anmeldung im Netzwerk

Wenn Sie Netzwerkressourcen nutzen wollen, muß Ihr Computer an das Netzwerk angeschlossen sein und Sie müssen einen supergeheimen Vorgang ausführen, den man *Anmelden* nennt. Warum Sie sich anmelden müssen? Nun, das Netzwerk möchte gerne wissen, wer Sie sind und ob Sie einer von den Bösen oder von den Guten sind.

Das mit dem Anmelden funktioniert etwa so wie mit dem »Sesam, öffne dich«. Man muß nur die richtigen Codewörtern kennen und schon öffnet sich einem der Computer. Stellen Sie sich das in etwa so vor:

»Benutzer-ID«, sagte der Computer.

Der Mensch antwortete heiser: »Martin.«

Der Computer nickte. »Kennwort?«

»Isar«, antwortete der Mensch.

»Korrekt.«

Bei der Anmeldung müssen Sie sich zweimal ausweisen können. Zuerst mit Ihrer Benutzer-ID, also mit dem Namen, unter dem Sie das Netzwerk kennt. Ihre Benutzer-ID ist in der Regel irgendeine Buchstabenkombination aus Ihrem wirklichen Namen. Jeder, der in einem Netzwerk arbeiten will, muß eine Benutzer-ID haben.

Danach brauchen Sie noch ein *Kennwort*. Das ist ein Geheimwort, das nur Sie und das Netzwerk kennen. Wenn Sie das richtige Kennwort eingeben, glaubt das Netzwerk, daß Sie der sind, der Sie sagen, daß Sie sind. Jeder Benutzer hat ein anderes Kennwort, und dieses Kennwort sollte geheim gehalten werden.

In den Anfängen der Computernetzwerke mußten Sie an der MS-DOS-Eingabeaufforderung den Befehl LOGIN eingeben und dann Ihre Benutzer-ID und Ihr Kennwort. In den Zeiten von Windows 95 und 98 melden Sie sich im Netzwerk über ein spezielles Dialogfeld an. Sie können sogar wählen, daß in diesem Dialogfeld, die Benutzer-ID und das Kennwort, das Sie das letzte Mal benutzt haben, angezeigt bleiben. Sie sollten jedoch nicht unbedingt, das Kennwort speichern. Sonst kann nämlich jeder Ihren PC anschalten und sich unter Ihrem Namen anmelden.

Wenn Sie nicht mit Windows 95 oder 98 arbeiten, müssen Sie wahrscheinlich immer noch den Befehl LOGIN eingeben, um auf das Netzwerk zuzugreifen. Ihr Netzwerkverwalter wird Ihnen sicherlich gerne zeigen, wie das geht. (Bieten Sie ihr oder ihm etwas Süßes an, dann klappt die Kommunikation sicher bestens.)

- ✔ Statt Benutzer-ID wird auch der Begriff *Benutzername* gebraucht. Sie sind absolut identisch.
- ✔ Auch *anmelden* und die neudeutsche Version *einloggen* bedeuten dasselbe.

Für das Netzwerk sind Sie und Ihr Computer nicht dasselbe. Ihre Benutzer-ID bezieht sich nur auf Sie, nicht auf Ihren Rechner. Darum haben Sie auch eine Benutzer-ID und Ihr Computer einen Computernamen. Sie können sich mit Ihrer Benutzer-ID von jedem Computer, der ans Netz angeschlossen ist, anmelden. Ebenso können sich andere Benutzer an Ihrem Rechner mit ihrer Benutzer-ID anmelden.

Wenn sich jemand mit seiner eigenen Benutzer-ID an Ihrem Rechner anmeldet, dann kann diese Person nicht auf die Netzwerkdateien zugreifen, die Sie mit einem Kennwort geschützt haben. Diese Person kann jedoch auf alle lokalen Dateien zugreifen, die nicht geschützt sind. Passen Sie also auf, wen Sie an Ihren Computer lassen.

- Sie können Ihren Rechner so einrichten, daß er Sie automatisch anmeldet, sobald Sie ihn einschalten. Auf diese Weise brauchen Sie weder eine Benutzer-ID noch ein Kennwort einzugeben. Das ist zwar ganz praktisch, aber wo bitte bleibt hier der Spaß? Außerdem sollten Sie diese Idee lieber gleich wieder fallen lassen, wenn Sie sich auch nur im geringsten Sorgen darum machen, daß sich jemand Zugang zu Ihrem Netzwerk und Ihren persönlichen Dateien verschaffen könnte.

Ihr Kennwort sollten Sie nur über Ihre Leiche preisgeben. Ich würde Ihnen meins verraten, allerdings müßte ich Sie dann erschießen!

Gemeinsam genutzte Netzwerklaufwerke und Ordner

Bevor es ein Netzwerk gab, hatte Ihr Computer wahrscheinlich nur ein Laufwerk, das sich Laufwerk C: nannte. Vielleicht hatte es auch zwei: C: und D:. Auf jeden Fall sind diese Laufwerke in Ihrem PC zu Hause. Sie sind also lokale Laufwerke.

Jetzt da Sie in einer Netzwerkumgebung arbeiten, haben Sie sicherlich Zugriff auf Laufwerke, die sich gar nicht in Ihrem PC befinden, sondern auf irgendwelchen anderen Rechnern im Netzwerk. Diese Netzwerklaufwerke können sich auf einem dedizierten Server-Computer befinden oder bei einem Peer-to-Peer-Netzwerk auf einem anderen Client-Computer.

Manchmal können Sie über das Netzwerk auf das gesamte Netzwerklaufwerk zugreifen. In den meisten Fällen können Sie jedoch nicht auf das gesamte Laufwerk, sondern nur auf einige Ordner (für MS-DOSler Verzeichnisse) in diesem Laufwerk zugreifen. Diese Ordner nennt man auch *gemeinsam genutzte Ordner*, da jeder im Netz damit arbeiten kann.

95

Wenn Sie mit Windows 95 arbeiten, können Sie auf Netzwerklaufwerke und gemeinsam genutzte Ordner supereinfach zugreifen, indem Sie auf das Symbol für Netzwerkumgebung auf Ihrem Desktop doppelklicken. Alle Ressourcen, die für Sie im Netzwerk zur Verfügung stehen, sind hier genauso aufgelistet wie Ihre lokalen Ressourcen, die Sie anzeigen können, wenn Sie auf das Symbol für Arbeitsplatz doppelklicken. Unter Windows 95 können Sie auf die Netzwerklaufwerke und -ordner genauso zugreifen wie auf die lokalen Laufwerke.

95

Mit jedem Windows 95-Anwendungsprogramm können Sie daher Dateien laden, die sich auf einem Netzwerklaufwerk befinden, indem Sie das Menü Datei öffnen und dort den Befehl Öffnen wählen. Sie brauchen dann nur noch im Dialogfeld Öffnen im Listenfeld Suchen in das Symbol für Netzwerkumgebung suchen, um die Netzwerklaufwerke anzuzeigen und dort die Datei auszuwählen, die Sie öffnen wollen.

Auch auf gemeinsam genutzte Ordner können Sie aus jeder Windows 95-Anwendung zugreifen. Angenommen, Sie arbeiten mit Microsoft Word und wollen ein Dokument öffnen, das in einem gemeinsam genutzten Ordner im Netzwerk abgelegt ist. Dann brauchen Sie nur im Menü Datei den Befehl Öffnen zu wählen. Das Dialogfeld Öffnen wird angezeigt. Im Listenfeld Suchen in (oben im Dialogfeld) wählen Sie das Symbol für Netzwerkumgebung und suchen dann im Netzwerk das Dokument, das Sie öffnen wollen.

Netzwerklaufwerke und gemeinsam genutzte Ordner können mit Beschränkungen eingerichtet werden, d. h. Sie können für einige gemeinsam genutzte Ordner volle Zugangsberechtigung haben, damit Sie beispielsweise Dateien kopieren, einfügen und löschen oder Verzeichnisse erstellen und verschieben können. Für andere Ordner kann der Zugriff jedoch eingeschränkt sein, d. h. Sie können vielleicht Dateien kopieren oder einfügen, aber nicht löschen oder bearbeiten. Es kann auch sein, daß Sie ein Kennwort eingeben müssen, bevor Sie auf einen geschützten Ordner zugreifen können. Wenn Sie wissen wollen, wie man Zugangsbeschränkungen für Dateien einrichtet, lesen Sie Kapitel 12.

Mapping für Netzwerklaufwerke

Falls Sie noch nicht auf Windows 95 aufgerüstet haben, müssen Sie einen speziellen Trick anwenden – das *Mapping* –, um auf gemeinsam genutzte Netzwerklaufwerke und Ordner zuzugreifen. (Wenn Sie mit Windows 95 arbeiten, dürfen Sie diesen Abschnitt ruhigen Gewissens überspringen!) Beim Mapping wird einem gemeinsam genutzten Laufwerk oder Ordner ein Laufwerksbuchstabe zugeordnet. Sie können dann über diesen Laufwerksbuchstaben die Netzwerklaufwerke und -ordner aufrufen, als ob sie lokale Ressourcen wären. Auf diese Weise können Sie auf Dateien auf einem Netzwerklaufwerk aus einer MS-DOS- oder Windows-Anwendung zugreifen.

Ein Beispiel: Einem gemeinsam genutzten Ordner mit dem Namen \Daten auf dem Netzwerk-Server wird auf Ihrem Rechner der Laufwerksbuchstabe G: zugeordnet. Wenn Sie nun Dateien öffnen wollen, die sich im gemeinsam genutzten Ordner \Daten befinden, müssen Sie diesen im Laufwerk G: suchen.

Wenn Sie wollen, können Sie natürlich auch in Windows 95 den gemeinsam genutzten Ordnern einen Laufwerksbuchstaben zuweisen. Allerdings wüßte ich nicht wieso, denn es ist um einiges einfacher, sich über das Symbol für Netzwerkumgebung Zugang zu dem Ordner zu verschaffen als sich darüber Gedanken machen zu müssen, welchen Laufwerksbuchstaben man nun eigentlich zugewiesen hat.

Jedes Netzwerk ist anderes konfiguriert, deshalb weiß ich nicht, wie bei Ihnen die Netzwerklaufwerke und -ordner eingerichtet sind oder welche Beschränkungen für den Zugang zu den Netzwerklaufwerken bestehen. Sie können jedoch Ihren Netzwerkguru fragen und es sich aufschreiben, damit Sie ihn oder sie nicht noch mal belästigen müssen, falls Sie's wieder vergessen.

Laufwerksbuchstaben für das erste Netzwerklaufwerk:

Wofür soll ich es verwenden:

Was darf ich damit tun und was nicht:

Laufwerksbuchstaben für das zweite Netzwerklaufwerk:

Wofür soll ich es verwenden:

Was darf ich damit tun und was nicht:

Laufwerksbuchstaben für das dritte Netzwerklaufwerk:

Wofür soll ich es verwenden:

Was darf ich damit tun und was nicht:

(Falls Sie mehr als drei Netzwerklaufwerke haben, müssen Sie sich selbst eine Tabelle schreiben. Irgendwo müssen wir schließlich Kosten sparen. Also, nichts für ungut!)

Wenn man einem Netzwerklaufwerk einen Laufwerksbuchstaben zuweist, dann nennt man das im Computerjargon *Mapping*. Sie könnten also sagen: »Laufwerk H: ist mit einem Netzwerklaufwerk gemappt.« Wenn man Sie aber auch in weniger versierten Kreisen verstehen soll, sagen Sie lieber: »Ich habe einem Netzwerklaufwerk das Laufwerk H: zugeordnet.«

✔ Der Laufwerksbuchstabe, den Sie verwenden, um ein Laufwerk auf einem Netzwerk-Server zuzuordnen, muß nicht dem entsprechen, den der Server verwendet, um auf die Datei zuzugreifen. Nehmen wir beispielsweise an, daß Sie das Laufwerk H: verwenden möchten, um es dem Server-Laufwerk C: zuzuordnen. Jetzt wird's ein bißchen kompliziert, vielleicht holen Sie sich besser erst mal eine Tasse Kaffee! Bereit? Also: Stellen Sie sich vor, das Laufwerk H: auf Ihrem Rechner ist dasselbe wie das Laufwerk C: auf dem Server. Dieses Spielchen ist notwendig, und zwar aus einem ganz einfachen Grund. Sie können nicht auf das Laufwerk C: des Servers als Laufwerk C: zugreifen, da Ihr Rechner ja ein eigenes Laufwerk C: hat! Also müssen Sie einen freien Laufwerksbuchstaben wählen und mit dem Laufwerk C: des Servers mappen bzw. diesem zuordnen.

✔ Die Buchstaben für Netzwerklaufwerke müssen nicht für jeden Rechner am Netz auf dieselbe Weise zugeordnet werden. Ein Netzwerklaufwerk, dem auf Ihrem Rechner der Laufwerksbuchstabe H: zugeordnet ist, kann bei jemand anderem den Laufwerksbuchstaben Q: haben und trotzdem sind Ihr Laufwerk H: und das Laufwerk Q: auf dem anderen Rechner dasselbe Laufwerk. Das ist alles ziemlich verwirrend, oder? Wenn Ihr Netzwerk so eingerichtet ist, dann dürfen Sie Ihrem Netzwerkverwalter ruhig mal Pfeffer in seinen oder ihren Kaffee streuen. Oder Sie bestehen darauf, daß das System auf Windows 95 oder gar 98 aufgerüstet wird, damit Sie mit der Netzwerkumgebung arbeiten können und sich von dem Mapping-Kram für immer verabschieden können.

Vier gute Gründe für gemeinsam genutzte Ordner

Sie wissen nun, welche gemeinsam genutzten Netzwerkordner verfügbar sind und werden sich fragen, was Sie damit tun sollen. Ich habe Ihnen mal vier Verwendungsmöglichkeiten für Netzwerkordner aufgeschrieben.

Zum Speichern von Dateien, die alle brauchen

Ein gemeinsam genutzter Netzwerkordner eignet sich ideal, um dort Dateien abzulegen, auf die mehrere Netzwerkbenutzer zugreifen müssen. Wenn Sie kein Netzwerk hätten, müßten Sie auf jedem Rechner eine Kopie dieser Datei ablegen und dafür sorgen, daß die Datei bei allen immer auf dem neusten Stand ist (was wahrscheinlich nie klappen wird!). Sie können die Datei natürlich auch auf einer Diskette speichern und die Diskette dann immer rumgeben. Noch eine Möglichkeit wäre, die Datei auf einem Rechner abzulegen und dann »Reise nach Jerusalem« zu spielen – wer die Datei braucht, geht an den Rechner, auf dem sie abgelegt ist (vorausgesetzt, der Stuhl ist nicht besetzt).

Im Netzwerk legen Sie die Datei in einem gemeinsam genutzten Ordner ab, und jeder kann darauf zugreifen.

Wenn Sie versuchen, eine Datei gemeinsam zu nutzen, auf die mit einem älteren Programm zugegriffen wird – beispielsweise mit einer alten DOS-Version eines Tabellenkalkulationsprogramms wie Lotus 1-2-3 –, dann könnte es Probleme geben. In diesem Fall müssen Sie sicherstellen, daß nicht zwei Leute gleichzeitig die Datei aktualisieren. Wenn Sie nämlich eine Tabelle laden und damit arbeiten, und eine Kollegin lädt die Datei ein paar Minuten später, dann sieht Ihre Kollegin nicht die Änderungen, die Sie bis jetzt eingegeben haben, da Sie ja die Datei noch nicht wieder auf der Festplatte gespeichert haben. Sie beenden dann Ihre Eingaben und speichern die Datei, während Ihre Kollegin noch immer auf den Bildschirm starrt. Raten Sie mal, was passiert, wenn Ihre Kollegin ihre Änderungen ein paar Minuten nach Ihnen speichert? Richtig! Alle Änderungen, die Sie vorgenommen haben, sind gelöscht, auf immer und ewig verschwunden im großen schwarzen Loch des ungeschützten gemeinsamen Datenzugriffs.

Das Problem hierbei liegt an den alten Programmen, die die Datei nicht *reservieren*, solange Sie daran arbeiten. Daher werden andere nicht daran gehindert, gleichzeitig dieselbe Datei zu bearbeiten. Das Ergebnis ist ein heilloses Durcheinander. Die meisten neueren Anwendungen sind da glücklicherweise fortschrittlicher und reservieren die Dateien, sobald sie geöffnet werden, damit niemand sonst darauf zugreifen kann. Für den Einsatz im Netzwerk sind diese Programme verständlicherweise sehr viel sicherer.

Zum Speichern von eigenen Dateien

Sie können einen gemeinsam genutzten Ordner auch als Erweiterung Ihrer eigenen Festplatte verwenden. Wenn also beispielsweise auf Ihrer winzigen 500 MB-Festplatte kein Platz mehr frei ist, dafür aber auf dem Netzwerklaufwerk Platz im Übermaß ist, dann nutzen Sie doch diesen Speicherplatz, und legen Sie Ihre Dateien auf dem Netzwerklaufwerk ab!

- ✔ Wenn das Netzwerklaufwerk auch für die Ablage eigener Dateien konfiguriert ist, auf die die anderen im Netz nicht zugreifen können, dann ist eine Auslagerung eigener Dateien auf das Netzwerklaufwerk eine feine Sache. Auf diese Weise können Sie gut mal eine Datei »verschwinden« lassen, die auf Ihrem Rechner nicht jeder finden soll!
- ✔ Machen Sie jedoch keine übermäßigen Gebrauch von der Netzwerkablage. Wahrscheinlich wollen die anderen diese Möglichkeit auch nutzen!
- ✔ Bevor Sie eigene Dateien auf einem Netzwerklaufwerk speichern, sollten Sie sich dazu die Berechtigung erteilen lassen. (Fragen Sie den Netzwerkverwalter!)

Zum Zwischenstopp für Dateien

Stellen Sie sich vor, Herbert soll Martin seine Statistik mit den Fußballergebnissen des letzten Monats schicken. Wie soll er das machen? Die Datei befindet sich auf Herberts lokalem Laufwerk, also wie soll er die Datei zu Martins Rechner kriegen? (Turnschuhnetz ausgenommen!) Eine Möglichkeit ist, daß Herbert die Datei in einem Netzwerkordner ablegt. Dann kann sich Martin die Datei von dort auf sein lokales Laufwerk kopieren.

Vergessen Sie nicht, Dateien, die Sie in einem Netzwerkordner abgelegt haben, wieder zu löschen, nachdem sie abgeholt wurden! Der Netzwerkordner würde sonst bald voll mit Dateien sein, die keiner mehr braucht.

Ich finde die Idee ganz gut, einen Ordner auf dem Netzwerklaufwerk anzulegen, in dem nur Dateien abgelegt werden, die von anderen abgeholt werden sollen. So einen Ordner könnte man PITSTOP oder so nennen. Na, was halten Sie davon?

- ✔ Bei den meisten Mail-Programmen können Sie als Anlage auch Dateien senden. Der Vorteil bei dieser Versandart besteht darin, daß Sie sich keine Gedanken darüber machen müssen, wo Sie die Datei auf dem Server ablegen sollen oder wer diese Datei dann letztendlich wieder löscht.

Zum Sichern des lokalen Laufwerks

Wenn auf dem Datei-Server ausreichend Speicherplatz ist, können Sie dort die Sicherungskopien Ihrer Dateien ablegen. Kopieren Sie einfach die Dateien, die gesichert werden sollen, auf einen gemeinsam genutzten Netzwerkordner.

Wenn Sie alle Dateien auf das Netzwerklaufwerk kopieren, könnte es natürlich schnell ausgeschöpft sein. Sie sollten daher lieber vorher den Netzwerkverwalter fragen! Vielleicht müssen Sie dann vorher die Dateien mit einem speziellen Programm wie PKZip oder WinZip komprimieren, bevor Sie die Dateien auf das Netzwerklaufwerk kopieren. Oder aber Sie dürfen die Sicherungskopien auf ein besonderes Netzwerklaufwerk kopieren, auf dem alle Dateien automatisch komprimiert werden, um Speicherplatz zu sparen.

So arbeiten Sie mit dem Netzwerkdrucker

Eigentlich funktioniert das mit dem Netzwerkdrucker genauso wie mit einem Netzwerklaufwerk. Wenn Sie unter Windows 95 arbeiten, können Sie den Netzwerkdrucker einsetzen, indem Sie in einem beliebigen Windows 95-Programm im Menü DATEI den Befehl DRUCKEN wählen. Im Dialogfeld DRUCKEN wählen Sie dann den Netzwerkdrucker aus der Liste mit den verfügbaren Druckern aus.

Wenn Sie mit MS-DOS oder einer älteren Windows-Version (wie Windows 3.11) arbeiten, verwendet das Netzwerk Nebel und Spiegel, um MS-DOS oder Windows auszutricksen und glauben zu machen, daß der Netzwerkdrucker als lokaler Drucker an Ihrem Rechner angeschlossen ist. Nach dieser Vernebelungstaktik verwenden Sie die normalen Druckfunktionen des Programms, um auf dem Netzwerkdrucker zu drucken.

Aber egal, ob mit oder ohne Windows 95, das Drucken mit dem Netzwerkdrucker ist nicht mit dem Drucken auf einem lokalen Drucker zu vergleichen. Wenn Sie auf einem lokalen Drucker drucken, dann sind Sie der alleinige Benutzer dieses Druckers. Einen Netzwerkdrucker müssen Sie sich mit vielen anderen teilen. Rechnen Sie daher mit folgenden Komplikationen:

- ✔ Wenn mehrere Benutzer gleichzeitig auf dem Netzwerkdrucker drucken wollen, muß das Netzwerk die Druckaufträge voneinander trennen. Eigentlich logisch, denn sonst würden zwischen dem 35-seitigen Bericht mit einem Mal die Gehaltszettel ausgedruckt. Das gäbe ein heilloses Durcheinander. Das Netzwerk regelt das über den Drucker-Spooler, der die Druckerwarteschlange managt und die Druckaufträge einen nach dem anderen aufmarschieren läßt und an den Drucker entläßt.
- ✔ Ich weiß nicht, wie es Ihnen geht, aber immer wenn ich an der Kasse im Baumarkt stehe, ist jemand vor mir, der einen Artikel kaufen will, auf dem der Strichcode fehlt. Bis der zuständige Mitarbeiter aus der Eisenwarenabteilung, der allein den Preis kennt, an der Kasse auftaucht, vergehen Stunden. Drucken im Netzwerk kann ähnlich nervenaufreibend sein. Falls jemand kurz vor Ihnen einen Zwei-Stunden-Druckauftrag an den Netzwerkdrucker geschickt hat, ist er zuerst dran, auch wenn Sie nur eine halbe Seite drucken wollen. Vorlassen gibt es da nicht. Wer zuerst kommt, mahlt zuerst bzw. wird zuerst gedruckt. Es sei denn, Sie kennen ein paar Tricks. Die verrate ich aber erst in Kapitel 3.
- ✔ Bevor man Sie gezwungen hat, in einer Netzwerkumgebung zu arbeiten, hatten Sie vermutlich nur einen Drucker an Ihrem Rechner angeschlossen. Jetzt haben Sie unter Umständen die Möglichkeit, auf einen lokalen Drucker und mehrere Netzwerkdrucker zuzugrei-

fen. Sie verwenden dann den lokalen Matrixdrucker für einfache Dokumente und für alles wirklich Wichtige den Laserdrucker im Netz. Bevor Sie das jedoch können, müssen Sie wissen, wie Sie die Anwendungsprogramme dazu veranlassen, mal auf dem und mal auf dem Drucker zu drucken.

- ✔ Eigentlich ist dieses Thema zu umfangreich, um ihm nur einen kleinen Abschnitt zu widmen. Deshalb geht Kapitel 3 noch ein bißchen mehr ins Detail.

Die Abmeldung

Wenn Sie nicht mehr im Netzwerk arbeiten wollen, dann sollten Sie sich abmelden. Sobald Sie sich abmelden, stehen Ihnen die Netzwerklaufwerke und -drucker nicht mehr zur Verfügung. Natürlich ist Ihr Rechner physikalisch noch mit dem Netzwerk verbunden (sofern Sie nicht die Netzwerkkabel zertrennen), trotzdem bleiben das Netzwerk und seine Ressourcen für Sie nun unerreichbar.

- ✔ Wenn Sie Ihren Rechner ausschalten, sind Sie automatisch aus dem Netzwerk abgemeldet. Sie müssen sich also wieder anmelden, wenn Sie Ihren Rechner starten. Sie sollten sich aus dem Netz abmelden, wenn Sie für eine Weile den Arbeitsplatz verlassen. Denn solange Sie im Netzwerk angemeldet sind, kann jeder auf das Netz zugreifen. Da auf diese Weise jemand, der nicht zugangsberechtigt ist, über Ihre Benutzer-ID ins Netz gelangen kann, werden Sie verantwortlich gemacht, wenn es aufgrund dessen Probleme gibt.

Bei Windows 95 und 98 können Sie sich aus dem Netzwerk abmelden, indem Sie auf die Schaltfläche Start klicken und den Befehl Abmelden wählen. Auf diese Weise melden Sie sich aus dem Netz ab, ohne Windows neu starten zu müssen. (In einigen Windows 95-Versionen, müssen Sie auf die Schaltfläche Start und dann auf den Befehl Beenden klicken, um sich im dann angezeigten Dialogfeld abzumelden.)

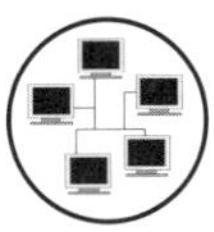

Wenn Sie mit Novell NetWare unter MS-DOS arbeiten, melden Sie sich ab, indem Sie den Befehl Logout eingeben.

Wenn Sie mit Windows für Workgroups arbeiten, melden Sie sich ab, indem Sie auf das Symbol für Netzwerk in der Systemsteuerung klicken. Im Dialogfeld Microsoft Windows Network klicken Sie auf die Schaltfläche Abmelden und schon sind Sie draußen.

Mit einem Netzwerkdrucker arbeiten

3

In diesem Kapitel erfahren Sie, ...

- warum das Drucken im Netzwerk eine tolle Sache sein kann.
- wie Sie Ihren Computer einrichten, um einen Netzwerkdrucker verwenden zu können.
- wie Sie auf einem Netzwerkdrucker den Ausdruck regeln.
- wie Sie mit der Druckerwarteschlange spielen.
- einfache Tricks in bezug auf Drucker.
- wie Sie einen blockierten Drucker wieder in Schwung kriegen.

Wenn Sie innerhalb einer Netzwerkumgebung arbeiten, werden Sie sich vielleicht für einen Teil dieser Umgebung nicht sehr erwärmen können. Sie ahnen es vielleicht schon, ich spreche von Netzwerkdruckern. Wie schön waren doch die Tage, als Ihr einfacher, langsamer Matrixdrucker auf dem Schreibtisch rechts neben dem Computer stand, und niemand außer Ihnen benutzte ihn. Heutzutage müssen Sie einen Drucker, der sich an irgendeinem beliebigen Platz befinden kann, mit einer Reihe von Leuten teilen. Dieser Drucker mag ja ganz nett sein, aber Sie können ihn nicht mehr die ganze Zeit beobachten und sicherstellen, daß er auch korrekt arbeitet.

Wenn Sie zum Beispiel einen 80-Seiten-Bericht an den Drucker senden und 20 Minuten später das ausgedruckte Resultat entgegennehmen möchten, müssen Sie vielleicht feststellen, daß Ihnen jemand mit einem 800-Seiten-Bericht zuvorgekommen ist. Von Ihrem Bericht ist noch keine einzige ausgedruckte Seite zu sehen! Oder aber der Drucker sitzt seit 20 Minuten untätig herum, weil ihm das Papier ausgegangen ist. Oder aber – ganz mysteriös – Ihr Bericht ist einfach irgendwo im Netzwerkland verschwunden.

Was für ein Ärger! Doch keine Sorge, dieses Kapitel kann Ihnen aus der Patsche helfen. Es führt Sie in die Geheimnisse des Netzwerkdruckens ein, und zeigt Ihnen anhand einiger Netzwerkzaubermittel (NZM), wie Sie diese verlorengegangenen Druckaufträge wiederfinden können. (Vielleicht möchten Sie sich aber auch nach der Lektüre dieses Kapitels die Auseinandersetzung mit Netzwerkdruckern ersparen und dafür lieber Geld in die Anschaffung eines eigenen, lokalen Druckers investieren!)

Was ist denn nun das Besondere am Drucken im Netzwerk?

Warum kann das Drucken im Netzwerk doch eine prima Sache sein? In Kapitel 2 habe ich erläutert, wie man Netzwerklaufwerke und -ordner gemeinsam nutzen kann. Sie haben gesehen, daß das Teilen von Ressourcen eigentlich ganz einfach ist. Unter der Voraussetzung, daß alles korrekt eingerichtet ist, müssen Sie, um ein Netzwerklaufwerk verwenden zu können, nur auf das Symbol für Netzwerkumgebung klicken.

Schön wär's, wenn die gemeinsame Nutzung von Druckern genauso einfach wäre. Leider ist es das nicht. Das Problem liegt darin, daß Drucker nun mal langsame und knifflige Geräte sind: Druckern geht das Papier aus! Drucker essen Papier! Druckern geht der Toner oder die Tinte aus! Und manchmal geben sie auch ganz einfach den Geist auf! Es ist schon schwierig genug, mit diesen Problemen umzugehen, wenn sich ein Drucker, wie in dem Beispiel weiter oben erwähnt, auf dem Schreibtisch neben dem Computer befindet. Aber was ist zu tun, wenn Sie innerhalb eines Netzwerks auf einen Drucker nur aus der Ferne zugreifen können?

Schnittstellen und Druckerkonfiguration

Lassen Sie uns mit einigen grundlegenden Dingen in bezug auf das Thema »Drucken im Netzwerk« beginnen. Eine *Schnittstelle* (engl. Port) verwenden Sie, um eine Verbindung zwischen verschiedenen Einheiten herzustellen – zum Beispiel, um einen Drucker an einen Computer anzuschließen. Sie stecken ein Ende des Kabels in die Schnittstelle auf der Rückseite des Computers und das andere Ende in das Verbindungsteil des Geräts, zu dem Sie eine Verbindung herstellen möchten: ein Drucker und eine Maus. An einigen Computern sind auch andere Geräte, wie zum Beispiel ein Modem oder ein Scanner angeschlossen.

Schnittstellen gibt es in zwei verschiedenen Spielarten: *parallel* und *seriell*. Für Drucker wird meist der Typ der parallelen Schnittstelle verwendet. Es gibt auch Drucker älteren Datums, die eine serielle Schnittstelle verwenden, doch die meisten dieser Drucker hat man schon seit längerem zu Bienenstöcken umfunktioniert. Heutzutage werden serielle Schnittstellen hauptsächlich dafür eingesetzt, eine Maus oder ein Modem mit dem Computer zu verbinden.

Die SCSI-Schnittstelle ist ein weiterer Schnittstellentyp, den Ihr Computer haben kann oder auch nicht. Bei SCSI (steht für *Small Computer System Interface*) handelt es sich um eine spezielle Hochgeschwindigkeitsschnittstelle (parallel), die meist dazu dient, Festplattenlaufwerke, Bandlaufwerke, CD-ROM-Laufwerke und andere Geräte wie zum Beispiel Scanner mit Ihrem Computer zu verbinden.

- ✔ Die meisten Computer haben eine parallele Schnittstelle und zwei serielle Schnittstellen. Das äußerste Limit liegt derzeit bei drei parallelen und vier seriellen Schnittstellen.

- Nach der Einführung des ersten IBM-PCs anno 1492 wurden parallele Schnittstellen als LPT1, LPT2 und LPT3 bezeichnet (engl. »Line Printer« für Zeilendrucker). LPT1 ist die erste parallele Schnittstelle (und bei den meisten Computern auch die einzige). Bei LPT2 und LPT3 handelt es sich also um die zweite und dritte parallele Schnittstelle. Auch heute noch werden unter Windows 95 diese Namen benutzt.
- LPT1 hat ein Pseudonym: PRN. PRN ist standardmäßig die erste parallele Schnittstelle. Man kann aber jede weitere parallele Schnittstelle mit PRN zur Standardschnittstelle definieren. Es gibt Software, die nur das »Gerät« PRN ansprechen kann.
- Mit COM1, COM2, COM3 und COM4 werden die vier seriellen Schnittstellen bezeichnet. (COM steht für »communications«. Vielleicht hätten die Erfinder von Namen wie LPT1 und COM1 die Materie ein wenig genauer studieren sollen.)
- Hoffentlich ist der Name für jede Schnittstelle neben dem entsprechenden Stecker auf der Rückseite Ihres Computers aufgeführt. Wenn nicht, müssen Sie Ihr Computer-Handbuch konsultieren, um herauszufinden, um welchen Anschluß es sich jeweils handelt.
- Ihre Computer-Software muß für Ihren Drucker entsprechend konfiguriert sein. Im wesentlichen heißt das, daß die Software wissen muß, welchen Druckertyp Sie verwenden und mit welcher Schnittstelle der Drucker verbunden wird. So bedeutet beispielsweise eine Konfigurationsanweisung wie »Binford LaserBlaster 450P auf LPT1«, daß Sie mit einem Binford LaserBlaster-Drucker, Modell 450P arbeiten, der mit Ihrem Computer über die erste parallele Schnittstelle (LPT1) verbunden ist.
- In den Tagen des Computerzeitalters vor Windows mußte jedes Programm gesondert für Ihren Drucker konfiguriert werden. Um zum Beispiel WordPerfect dazu zu bringen, mit Ihrem Drucker zu arbeiten, war eine Abfolge bestimmter Prozeduren erforderlich. Wenn Sie dann denselben Drucker mit Lotus 1-2-3 in Einklang bringen wollten, mußten wieder ganz andere Arbeitsschritte durchgeführt werden.

Bitte beachten Sie die folgenden Erläuterungen nicht weiter!

Parallele und serielle Schnittstellen verwenden unterschiedliche Methoden, um individuelle Datenbytes von einem Ende des Kabels zum anderen zu senden. Die parallele Schnittstelle sendet ihre Daten an den Drucker über acht Datenleitungen – eine Leitung für jedes der Bits, die ein Byte ausmachen (nun, die parallele Schnittstelle braucht eigentlich mehr als acht Leitungen, aber zum besseren Verständnis sagen wir einfach, daß es acht sind). Die Bits eines Datenbytes werden dabei gleichzeitig, also parallel, über diese Datenleitungen übertragen.

Eine serielle Schnittstelle ist wie ein Trichter, der jeweils nur ein Datenbit seriell, also in zeitlicher Folge, übergibt. Anstatt alle acht Bits gleichzeitig zu senden, erfolgt hier die Übertragung über eine einzige Datenleitung.

- Unter Windows müssen Sie Ihren Computer nur einmal konfigurieren. Sie installieren dazu ein spezielles Softwareteil, den sogenannten *Druckertreiber*. Dieser Treiber teilt Windows alle notwendigen Informationen mit, um auf Ihrem Drucker drucken zu können. Jeder Druckertyp hat dabei seinen eigenen Druckertreiber. Windows stellt für die gängigsten Druckertypen Treiber zur Verfügung. Für exotische Drucker oder für Drucker, die zu dem Zeitpunkt, als Sie Windows erwarben, noch nicht verfügbar waren, liefert der Druckerhersteller zusammen mit dem Drucker den Treiber auf einer Diskette. Wenn Sie den Treiber unter Windows installiert haben, können Sie von jedem Windows-Programm aus eine Ausgabe auf diesen Drucker veranlassen.

Was ist ein Universal Serial Bus?

1997 wurde ein neuer serieller Bus-Typ auf neuen Computern zur Verfügung gestellt: der *Universal Serial Bus* (kurz *USB*). Der USB ist dahingehend konzipiert, *alle* externen Verbindungen, die Ihr Computer braucht, nach und nach ersetzen zu können. Unter Windows 98 findet das USB-Konzept volle Unterstützung.

Denken Sie mal an all die externen Geräte, die mit einem durchschnittlichen Computer verbunden werden müssen: Tastatur, Monitor, Maus, Drucker und vielleicht auch noch ein Modem, ein Scanner und ein Bandlaufwerk. Jedes dieser Geräte benötigt einen eigenen Kabeltyp und muß in die entsprechende Buchse auf der Rückseite des Computers eingesteckt werden.

Mit USB ist nur eine Steckerbuchse auf der Rückseite des Computers erforderlich, nämlich USB! Sie können jedes USB-kompatible Gerät in die Buchse einstecken. Und eine Reihe von USB-Geräten ermöglichen auch eine Verkettung mit anderen USB-Geräten, so daß Sie (zumindest theoretisch) alle externen Geräte mittels einer einzigen USB-Steckerbuchse mit Ihrem Computer verbinden können.

Ein Vorteil von USB liegt darin, daß Sie nicht mehr eine Menge Kabel und Stecker entwirren müssen. Darüber hinaus sind USB-Geräte dahingehend konzipiert, sich automatisch selbst zu konfigurieren, nachdem sie an einen Computer angeschlossen wurden. Sie müssen nicht länger viel Aufhebens um IRQ-Einstellungen und andere Konfigurationsdetails machen. Sie können sogar USB-Geräte hinzufügen oder entfernen, ohne dazu Ihren Computer ausschalten und Windows neu starten zu müssen. Windows kann USB-Geräte automatisch erkennen.

Es bleibt abzuwarten, wie erfolgreich USB sein wird. Sollte dieses Konzept jedoch einschlagen, werden Sie vielleicht Ihren nächsten Computer oder Drucker mit der USB-Technik ausgestattet finden. Die parallele Schnittstelle, die für Druckerverbindungen die Norm war, seit der erste IBM-PC im Jahre 1984 vom Montagefließband rollte, hat dann möglicherweise ausgedient.

✔ Wenn Ihr Computer mit mehreren Druckern arbeitet, ist jeder mit einer separaten Schnittstelle verbunden. Sie müssen dann Windows oder, wenn Sie nicht mit Windows arbeiten, Ihre Anwendungsprogramme für jeden Drucker konfigurieren. Wenn Sie etwas ausdrucken möchten, müssen Sie zuerst den Drucker, den Sie dazu verwenden möchten, auswählen.

Die Druckausgabe umleiten

Wenn Sie mit Hilfe des Druckbefehls eines Anwendungsprogramms einen Druckauftrag an einen Netzwerkdrucker senden, nimmt das Anwendungsprogramm an, daß die Ausgabe an einen lokalen Drucker erfolgt, der mit einer der Druckerschnittstellen des Computers verbunden ist. Ha, von wegen! Ohne daß das Programm dies wirklich realisiert, tritt die Netzwerk-Software auf den Plan. Sie unterbricht die Druckausgabe und veranlaßt eine Umleitung an den Netzwerkdrucker.

In Abbildung 3.1 wird auf anschauliche Weise gezeigt, wie eine solche Umleitung erfolgt. Das Anwendungsprogramm (Word, Lotus 1-2-3 oder was für ein Programm auch immer) sendet die Ausgabe an eine Druckerschnittstelle. Bevor sie diese erreicht, taucht die Netzwerk-Software wie aus dem Nichts auf und – bumm! – fängt sie den Druckauftrag ab und übergibt diesen an die Druckerwarteschlange des Netzwerks.

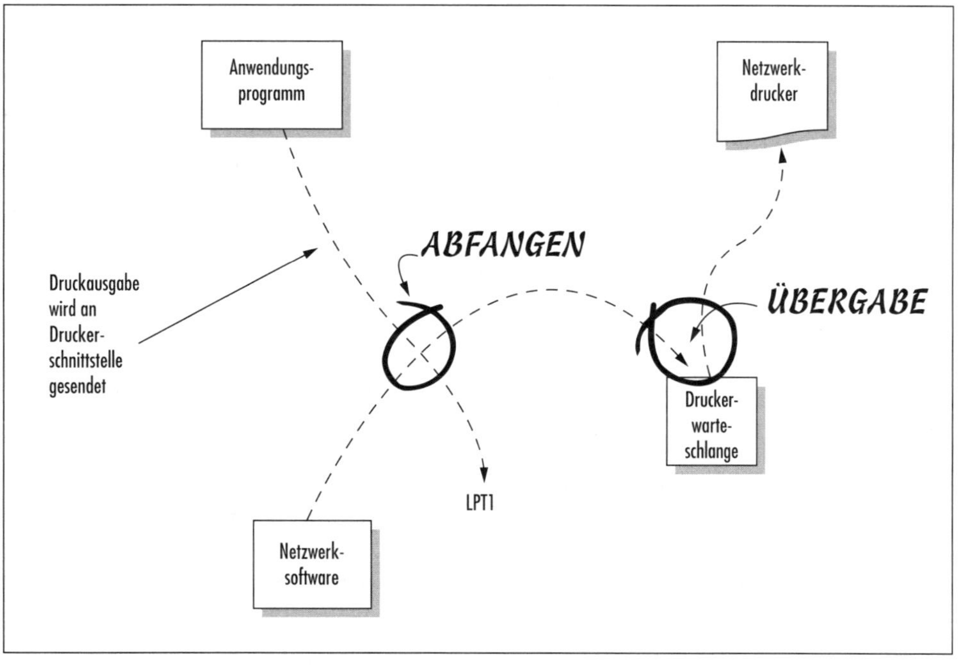

Abbildung 3.1: Ein anschauliches Beispiel für die Funktionsweise einer Druckerumleitung

- Da DOS drei Druckerschnittstellen unterstützt (LPT1, LPT2 und LPT3), haben Sie, wenn Sie mit DOS-Programmen arbeiten, die Möglichkeit, bis zu drei Umleitungen gleichzeitig zu veranlassen. Sie können zum Beispiel LPT1 zu einem Netzwerk-Laserdrucker, und LPT2 zu einem Netzwerk-Matrixdrucker umleiten. Verwenden Sie die Druckerkonfigurationsbefehle des Anwendungsprogramms, um zwischen diesen Druckern zu wechseln. Um beispielsweise eine in Lotus 1-2-3 erstellte Tabelle auf einem Netzwerk-Matrixdrucker ausdrucken zu lassen, konfigurieren Sie Lotus 1-2-3 so, daß ein Ausdruck auf LPT2 erfolgt.
- Wenn Ihr Computer mit einem lokalen Drucker verbunden ist, wurde dieser Drucker wahrscheinlich als LPT1 eingerichtet. Die Netzwerkdrucker haben dann die Bezeichnungen LPT2 und LPT3.
- In Windows für Workgroups und Windows 95 wird die Druckerumleitung automatisch durchgeführt. Wenn Sie mit diesen Versionen arbeiten, müssen Sie sich auch nicht darum kümmern, über welche Druckerschnittstelle der Netzwerkdrucker umgeleitet wird. Zusätzlich gilt für Windows für Workgroups und Windows 95 nicht wie unter DOS die Beschränkung auf maximal drei Druckerschnittstellen.
- Wenn Sie nicht mit Windows arbeiten, müssen Sie zur Aktivierung der Druckerumleitung spezielle Befehle einsetzen, die Sie in Ihrer AUTOEXEC.BAT-Datei finden. Auf diese Weise wird Ihr primärer Netzwerkdrucker für Sie automatisch eingerichtet. Weitere Informationen zu diesen Befehlen finden Sie weiter unten in diesem Kapitel.
- Ohne Windows ist ein Wechsel von einem Netzwerkdrucker zum anderen oder von einem lokalen Drucker zu einem Netzwerkdrucker ein mühseliger Prozeß, der sich am besten mit Hilfe von Stapeldateien erledigen läßt. Wenn Sie mit einem lokalen Drucker arbeiten und Zugriff auf zwei Netzwerkdrucker haben – zum Beispiel einen Laserdrucker und einen Tintenstrahldrucker –, könnten Sie Stapeldateien mit den Namen LOCAL.BAT, LASER.BAT und INKY.BAT erstellen. Führen Sie dann eine dieser Stapeldateien aus, um den gewünschten Drucker auszuwählen. Beispiele dieser Stapeldateien für Novell NetWare und Windows NT-Netzwerke finden Sie ebenfalls später in diesem Kapitel.
- *Alien Resurrection* ist ein gutes Beispiel für einen Film, den man besser hätte umleiten sollen.

Spool-Betrieb und Druckerwarteschlange

Drucker sind meist die langsamsten Teile eines jeden Computers. Im Vergleich zur Verarbeitung der Daten über die CPU (engl. Abkürzung für Central Processing Unit), also den Prozessor, braucht der Drucker für die Ausgabe einer einzelnen Informationszeile eine Ewigkeit. Um nun die CPU davon abzuhalten, ihre Däumchen zu drehen, erfanden gewiefte Computergurus den *Spool-Betrieb*.

Der Spool-Betrieb ist im Grunde genommen eine recht einfache Sache. Mal angenommen, Sie möchten in Microsoft Word einen 20-Seiten-Bericht ausdrucken. Ohne Spool-Betrieb würde

Word den Bericht direkt an den Drucker senden. Und Sie könnten, bis der Drucker mit der Ausgabe des Berichts fertig ist, ein Kartenspiel wie beispielsweise *Solitär* spielen.

Der Spool-Betrieb stellt einen Mechanismus dar, der es gestattet, mehrere Druckaufträge, die quasi gleichzeitig abgeschickt werden, in verschiedenen Bereichen auf der Serverfestplatte zu speichern. Gleichzeitig sorgt er dafür, daß sie in einer bestimmten Reihenfolge abgearbeitet werden. Da das Abspeichern auf der Festplatte des Netzwerk-Servers wesentlich schneller geht als das Ausdrucken, müssen Sie nur ein paar Sekunden auf die Beendigung des Druckauftrags warten.

So weit, so gut – doch damit ist erst die Hälfte der Geschichte erzählt. Nachdem der Bericht an den Netzwerk-Server gesendet wurde, können Sie in Word Ihre Arbeit (wenn Sie möchten) fortsetzen. Doch der erteilte Druckauftrag ist noch nicht tatsächlich ausgeführt worden. Er ist erst dann beendet, wenn die zuvor gespeicherte Druckdatei auch wirklich an den Drucker übergeben wurde. Der Netzwerk-Server tut das automatisch. Und das ist auch schon das ganze Geheimnis des Spool-Betriebs.

Sie sollten immer im Auge behalten, daß Sie den Netzwerkdrucker gemeinsam mit anderen Anwendern nutzen. Wenn ein Kollege oder eine Kollegin vor Ihnen einen Druckauftrag erteilt, muß sich Ihr Druckauftrag brav in der Reihe anstellen, bevor der Server ihn drucken kann. An dieser Stelle tritt die *Druckerwarteschlange* in Aktion. In einer Druckerwarteschlange werden die Druckaufträge als Datei abgelegt, bis der Drucker-Server den Auftrag an einen Drucker weiterleitet. Wie die Druckaufträge abgearbeitet werden, ist von verschiedenen Faktoren abhängig. Die Druckaufträge können entweder in der Reihenfolge ausgeführt werden, in der sie eingegangen sind oder nach bestimmten, zuvor vergebenen Prioritäten.

✔ Obwohl es natürlich unhöflich ist, können Sie sich mit Ihrem Druckauftrag auch an den Beginn der Schlange drängeln. Wie das geht, zeige ich Ihnen weiter unten in diesem Kapitel. Es ist gut, diesen Trick zu kennen, speziell dann, wenn man der einzig Eingeweihte ist.

SPOOL steht für ... wollen Sie es wirklich wissen?

Sie können es glauben oder nicht, das englische Wort *Spool* ist eine aus fünf Buchstaben zusammengesetzte Abkürzung oder ein AEDBA (Ausgedehntes Erweitertes Drei-Buchstaben-Akronym), um ganz präzise zu sein. Und was steckt dahinter? Dies hier: »Simultaneous Peripheral Output On-Line«.

Denken Sie immer daran, Sie haben es zum erstenmal an dieser Stelle gelesen!

Was ist ein Druckauftrag?

Haben Sie es schon bemerkt? Ich habe bereits mehrere Male den Begriff *Druckauftrag* verwendet, ohne zu erklären, worum es sich dabei eigentlich handelt. Sie sind mir deshalb hoffentlich nicht böse, ich hole es sofort nach. Also: Ein Druckauftrag ist nichts anderes als eine Sammlung von gedruckten Seiten, die wie eine zusammengehörige Gruppe behandelt werden. Wenn Sie beispielsweise ein 20-seitiges Dokument aus Word heraus drucken, wird die gesamte 20-seitige Druckausgabe als einzelner Druckauftrag behandelt. Jedesmal, wenn Sie einen Druckbefehl in Word erteilen (oder in einem anderen Programm), erstellen Sie einen Druckauftrag.

Woher weiß nun das Netzwerk, wann ein Druckauftrag endet und wann der nächste beginnt? Anwendungsprogramme, die Ahnung von Netzwerken haben, lösen dieses Problem so, indem sie an das Ende eines jeden Druckbefehls einen speziellen Code anhängen, der in etwa folgendes sagt: »Das ist das Ende des Druckauftrags. Alles, was bis zu diesem Punkt ausgeführt wurde, gehört zusammen. Alles, was danach gedruckt wird, gehört zum nächsten Druckauftrag.«

Sie können sich diesen Code bildlich in etwa wie diese Stäbe vorstellen, mit denen Sie an der Kasse eines Supermarkts Ihre Waren von den eingekauften Sachen des Kunden, der hinter Ihnen steht, abtrennen. Sie symbolisieren damit dem Kassierer oder der Kassiererin, daß alle Sachen *vor* dem Trennteil von Ihnen bezahlt werden sollen und alle Sachen *dahinter* von dem nächsten Kunden.

- ✔ Alle Windows-Programme (3x oder 95 und 98) besitzen die Fähigkeit, mit Netzwerkdruckern umzugehen, ebenso die neuesten Versionen von Programmen, die auf DOS basieren. Es gibt jedoch DOS-Programme älteren Datums, die nicht genug über das Drukken im Netzwerk wissen, um besagte Abtrennung hinter ihre Druckaufträge zu stellen. Diese Programme stoppen nach der Beendigung eines Druckvorgangs, ohne daß ein spezieller Code gesendet wird. Wenn Sie also in einer Netzwerkumgebung mit einem dieser Programme arbeiten, wartet das Netzwerk eine voreingestellte Zeit (Timeout) ab – normalerweise fünf Sekunden – bevor es entscheidet, daß ein Druckauftrag abgeschlossen wurde. Dieser Lösungsansatz mag zwar nicht perfekt sein, dennoch funktioniert er meistens.
- ✔ Wenn Sie im Netzwerk drucken, können Sie eine Reihe netter Sachen mit Druckaufträgen machen. Sie können dem Drucker-Server mitteilen, mehrere Kopien eines Auftrags herzustellen. Oder am Beginn des Druckauftrags über eine volle Seite ein Deckblatt zu drukken, damit Sie diesen Auftrag in einem Haufen von Druckaufträgen leichter wiederfinden können. Oder Sie können den Druckvorgang stoppen, wenn Ihr Auftrag an der Reihe ist, um beispielsweise statt weißem Papier vorgedruckte Rechnungen oder Schecks in den Schacht einzulegen. Diese Tricks können über die Standard-Druckdialogfelder von Windows erledigt werden.

Drucken im Netzwerk mit Windows 95

Windows 95 ist ein Betriebssystem, mit dem das Drucken im Netzwerk ein denkbar einfacher Vorgang ist. Um ein Dokument über einen Netzwerkdrucker ausgeben zu lassen, müssen Sie für Ihren Drucker zunächst einen Treiber auf Ihrem Computer installieren. Doppelklicken Sie dazu auf das Symbol für Arbeitsplatz und dann auf das für Drucker. In dem jetzt angezeigten Fenster doppelklicken Sie auf das Symbol für Neuer Drucker. Sie müssen dann einige Fragen über den Drucker beantworten: ob es sich um einen lokalen Drucker (also einen direkt mit Ihrem Computer verbundenen Drucker) oder einen Netzwerkdrucker handelt, wo sich der Drucker befindet sowie den Typ des Druckers. Folgen Sie einfach den Anweisungen und beantworten Sie alle Fragen und – schwupp! – können Sie schon auf den Netzwerkdrucker zugreifen. (Es kann sein, daß Sie aufgefordert werden, die CD-ROM von Windows 95 in das entsprechende Laufwerk einzuschieben, damit Windows den Druckertreiber auf Ihre Festplatte kopieren kann. Oder Sie müssen auf die mit dem Drucker gelieferte Diskette zurückgreifen, auf der sich der Treiber befindet.)

Nachdem der Netzwerkdrucker in Windows 95 installiert ist, rufen Sie einfach von einem beliebigen Windows-Programm aus über den Menübefehl DATEI/DRUCKEN das Dialogfeld DRUCKEN auf. Wählen Sie aus der Liste der verfügbaren Drucker den Netzwerkdrucker aus und klicken Sie auf OK, um Ihr Dokument ausdrucken zu lassen. Das ist alles!

Da Windows 95 über eine integrierte Peer-to-Peer-Netzwerkfähigkeit verfügt, haben Sie bei Bedarf auch die Möglichkeit, Ihren lokalen Drucker als Netzwerkdrucker agieren zu lassen. Wenn Sie Ihren Drucker mit anderen gemeinsam nutzen möchten, gehen Sie folgendermaßen vor:

1. **Doppelklicken Sie auf das Symbol für Arbeitsplatz.**
2. **Doppelklicken Sie auf das Symbol für Drucker.**

   Es wird ein Fenster geöffnet, das alle Drucker auflistet, die mit Ihrem Computer verbunden sind.

3. **Wählen Sie den Drucker aus, der anderen Netzwerkbenutzern zur Verfügung stehen soll.**
4. **Aktivieren Sie den Menübefehl DATEI/EIGENSCHAFTEN.**

   Ein Dialogfeld wie in Abbildung 3.2 wird geöffnet.

5. **Klicken Sie auf die Registerkarte FREIGABE und dann auf FREIGEGEBEN ALS.**
6. **Sie können dann in diesem Dialogfeld noch einen Namen für den gemeinsam genutzten Drucker eingeben.**
7. **Bestätigen Sie mit OK.**

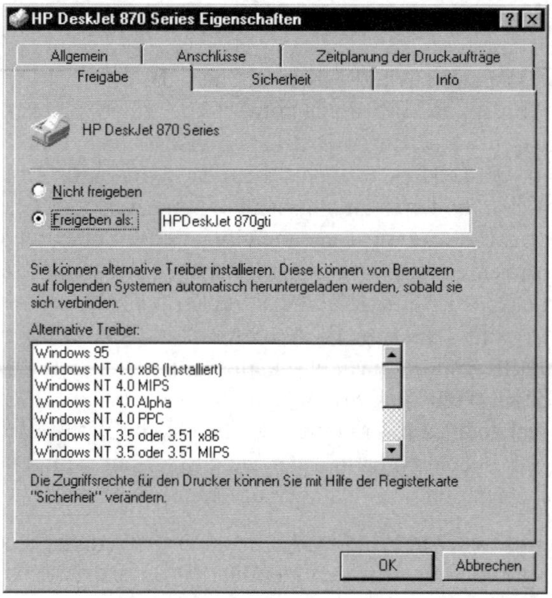

Abbildung 3.2: Einen gemeinsam genutzten Drucker in Windows 95 festlegen

Drucken im Netzwerk mit Windows für Workgroups

Das Drucken im Netz unter Windows für Workgroups unterscheidet sich nicht wesentlich von den Abläufen unter Windows 95. In Windows für Workgroups sind jedoch ein paar zusätzliche Schritte erforderlich, um auf einen Netzwerkdrucker zugreifen zu können.

Bevor Sie hier mit einem Netzwerkdrucker arbeiten können, müssen Sie zunächst einen Treiber für den Drucker installieren. Dazu wählen Sie vom Druck-Manager aus im Menü OPTIONEN den Befehl DRUCKERINSTALLATION und klicken auf die Schaltfläche DRUCKER HINZUFÜGEN. Sie können entweder einen Treiber verwenden, der mit Windows für Workgroups zur Verfügung gestellt wird oder einen Treiber, der sich auf der vom Hersteller Ihres Druckers gelieferten Diskette befindet.

Stellen Sie nun nach der Installierung des Treibers eine Verbindung zu dem Drucker her. Starten Sie dazu noch einmal den Druck-Manager, und klicken Sie in der Symbolleiste auf die Schaltfläche für Netzwerkdrucker verbinden. Geben Sie die Bezeichnung des Druckeranschlusses an (LPT1, LPT2, COM1 oder COM2), und wählen Sie den Namen des Netzwerkdruckers, der dieser Schnittstelle zugewiesen werden soll.

Nachdem der Drucker installiert und eine Verbindung hergestellt ist, können Sie von jedem Windows-Programm aus drucken. Rufen Sie zuerst den Druck-Manager auf, und wählen Sie im Menü OPTIONEN den Befehl DRUCKERINSTALLATION. Legen Sie dann den Netzwerkdrucker als Standarddrucker fest. Viele Windows-Programme bieten auch die Möglichkeit, vor dem Ausdruck eines Dokuments unter mehreren installierten Druckern auszuwählen. Bei diesen Programmen ist es auch nicht notwendig, den Netzwerkdrucker über den Druck-Manager als Ihren Standarddrucker festzulegen.

Sie können das Drucken im Netzwerk beschleunigen, indem Sie den Druck-Manager auf Ihrer Workstation einfach umgehen. Dabei senden Ihre Programme die Ausgabe direkt an den Druckerausgabe-Port (beispielsweise LPT1) des Computers, mit dem der Netzwerkdrucker verbunden ist. Wenn Sie den Druck-Manager auf Ihrem Computer nicht übergehen, wird die Druckausgabe zweimal abgespult: zuerst durch den Druck-Manager auf Ihrem Computer und dann durch den Druck-Manager des Netzwerkbetriebssystems.

Um den Druck-Manager zu umgehen, wählen Sie zunächst den Drucker aus, deaktivieren die Einstellung DRUCK-MANAGER VERWENDEN und aktivieren die Schaltfläche VERBINDEN. Aktivieren Sie im anschließend angezeigten Dialogfeld die Einstellung DIREKT ZUM ANSCHLUSS DRUCKEN.

Auch Windows für Workgroups verfügt über eine integrierte Peer-to-Peer-Netzwerkfähigkeit, d.h., Sie können Ihren lokalen Drucker mit anderen Mitgliedern im Netzwerk gemeinsam nutzen. Um Ihren Drucker als einen solchen Netzwerkdrucker festzulegen, starten Sie den Druck-Manager, wählen den entsprechenden Drucker aus und klicken auf die Schaltfläche FREIGEBEN ALS. In dem daraufhin angezeigten Dialogfeld können Sie Ihrem Drucker dann einen Netzwerknamen zuweisen.

Drucken im Netzwerk mit DOS

Wenn Sie sich in der unglücklichen Lage befinden, noch immer mit einem Computer zu arbeiten, auf dem nicht das Betriebssystem Windows sondern DOS installiert ist, werden Sie, um im Netzwerk drucken zu können, auch auf DOS-Befehle zurückgreifen müssen. In den folgenden Abschnitten wird erläutert, wie Sie mit DOS-Computern Netzwerkbefehle für NetWare und Windows NT einsetzen können.

Arbeiten Sie mit modernen Windows-Computern, so können Sie die folgenden Abschnitte getrost überspringen.

Die Druckausgabe mit Novell NetWare umleiten

Wenn Sie mit Novell NetWare arbeiten und die entsprechende Client-Software von Microsoft MS-DOS einsetzen, steht für eine Umleitung der Druckaufträge auf einen Netzwerkdrucker der Befehl CAPTURE zur Verfügung. Mit diesem Befehl wird der NetWare-Software mitgeteilt, alles abzufangen, was an eine bestimmte Druckerschnittstelle gesendet wird und es an die Netzwerkwarteschlange weiterzuleiten.

Ein typischer CAPTURE-Befehl kann folgendermaßen aussehen:

```
CAPTURE Q=LJET TI=10
```

Mit diesem Befehl wird die an LPT1 gesendete Druckausgabe zu einer Druckerwarteschlange mit dem Namen LJET umgeleitet. TI=10 setzt den Wert der Fehlerwartezeit (Timeout) auf zehn Sekunden. Wenn das Senden der Druckausgabe an den Drucker für zehn Sekunden unterbrochen wird, nimmt NetWare an, daß der Druckauftrag beendet ist.

Wenn Sie an Ihre LPT1-Schnittstelle einen lokalen Drucker angeschlossen haben, richten Sie LPT2 als Netzwerkdrucker ein, wie im folgenden Beispiel:

```
CAPTURE L=2 Q=LJET TI=10
```

Mit L=2 erfolgt eine Umleitung auf LPT2.

- ✔ Ein CAPTURE-Befehl wird häufig in Login-Scripts des Benutzers oder des System-Login-Scripts von NetWare eingetragen. Wenn Sie den Computer starten, wird der Netzwerkdrucker dann automatisch für Sie eingerichtet.
- ✔ Manchmal ist der Zeitrahmen von zehn Sekunden für die Fehlerwartezeit nicht ausreichend. Sind Ihre Berichte in mehrere Druckaufträge unterteilt, sollten Sie mit einem höheren Zeitwert arbeiten. Wenn Sie TI insgesamt übergehen, wird die Überprüfung der Fehlerwartezeit ausgeschaltet. Ihre Programme können sich dann soviel Zeit nehmen, wie sie möchten, um eine Druckausgabe zu erzeugen.
- ✔ Mit dem Befehl ENDCAP kann das Umleiten von Druckaufträgen wieder aufgehoben werden. Das Gute bei diesem Befehl: Wenn Sie alle Druckaufträge aufheben möchten, geben Sie einfach nur `ENDCAP` ein.
- ✔ Der Befehl CAPTURE verfügt über eine AUTOENDCAP-Option, die automatisch eine Ausgabe an den Netzwerkdrucker freigibt, sobald Sie eine Anwendung beenden. Verwechseln Sie diese Option bitte nicht mit dem mit dem Befehl ENDCAP, bei dem nicht nur jede Ausgabe an das Netzwerk freigegeben, sondern auch das Umleiten von Druckaufträgen aufgehoben wird.
- ✔ Mal angenommen, Sie arbeiten mit einem lokalen Drucker und zwei Netzwerkdruckern: Einen Laserdrucker namens LASER und einen Tintenstrahldrucker namens TINTE, und möchten nur LPT1 verwenden. Um auf einfache Weise zwischen diesen Druckern wechseln zu können, erstellen Sie die drei Stapeldateien LOCAL.BAT, LASER.BAT und INKY.BAT. In der Datei LOCAL.BAT sollte folgender Befehl enthalten sein:

  ```
  ENDCAP
  ```

  In der Datei LASER.BAT sollte sich dieser Befehl befinden:

  ```
  CAPTURE Q=LASER TI=10
  ```

  Und in der Datei INKY.BAT sollte folgender Befehl sein:

  ```
  CAPTURE Q=INKY TI=10
  ```

  Um zu einem lokalen Drucker zu wechseln, geben Sie an der DOS-Eingabeaufforderung einfach `LOCAL` ein. Für einen Wechsel zu einem Netzwerkdrucker geben Sie `LASER` oder `INKY` ein.

Die Druckausgabe mit Windows NT umleiten

Wenn Sie mit Windows NT arbeiten und die entsprechende Client-Software von Microsoft MS-DOS einsetzen, steht für eine Umleitung der Druckaufträge auf einen Netzwerkdrucker der Befehl NET USE zur Verfügung. Mit diesem Befehl wird die Client-Software veranlaßt, einen bestimmten Netzwerkdrucker zu verwenden, wenn Sie eine Ausgabe an einen Drucker senden.

Hier sehen Sie einen typischen NET USE-Befehl, mit dem ein Netzwerkdrucker eingerichtet werden kann:

```
NET USE LPT1: \\WARD\LASER
```

Mit diesem Befehl wird eine Druckausgabe an LPT1 an einen Drucker namens LASER und einen Server namens WARD umgeleitet.

- ✔ Ein NET USE-Befehl sollte in Ihrer AUTOEXEC.BAT-Datei eingerichtet sein. Dadurch wird Ihr Netzwerkdrucker für Sie automatisch eingerichtet, sobald Sie Ihren Computer starten.
- ✔ Um das Umleiten von Druckaufträgen wieder aufzuheben, verwenden Sie den Befehl NET USE/DELETE wie folgt:

  ```
  NET USE LPT1: /DELETE
  ```

- ✔ Mal angenommen, Sie arbeiten mit einem lokalen Drucker und zwei Netzwerkdruckern: Einen Laserdrucker namens LASER und einen Tintenstrahldrucker namens INKY. Um auf einfache Weise zwischen diesen Druckern wechseln zu können, erstellen Sie die drei Stapeldateien LOCAL.BAT, LASER.BAT und INKY.BAT. In der Datei LOCAL.BAT sollte folgender Befehl enthalten sein:

  ```
  NET USE LPT1: /DELETE
  ```

  Dieser Befehl hebt jede Netzwerkverbindung für LPT1 auf, so daß LPT1 wieder als Ihr lokaler Drucker umgepolt wird. Die Datei LASER.BAT sollte diesen Befehl enthalten:

  ```
  NET USE LPT1: \\WARD\INKY
  ```

  Um zu einem lokalen Drucker zu wechseln, geben Sie an der DOS-Eingabeaufforderung einfach `LOCAL` ein. Für einen Wechsel zu einem Netzwerkdrucker geben Sie `LASER` oder `INKY` ein.

Mit der Druckerwarteschlange spielen

Wenn Sie endlich am Ziel Ihrer Wünsche sind, d.h., einen Druckauftrag an den Netzwerkdrucker gesendet haben, müssen Sie sich normalerweise um nichts mehr kümmern. Schlendern Sie einfach in aller Ruhe zum Netzwerkdrucker – und voilà: Die ausgedruckten Seiten warten schon auf Sie.

So und nicht anders sollte es in einer idealen Welt zugehen. Doch in der realen Welt, in der Sie und ich leben, kann mit Ihrem Druckauftrag in der Zeitspanne, die zwischen dem Senden an den Netzwerkdrucker und dem tatsächlichen Ausdruck liegt, alles mögliche passieren:

- ✔ Sie entdecken beispielsweise, daß jemand vor Ihnen einen Bericht mit 50 Trillionen Seiten gesendet hat. Ein Druckende ist also bis zum Sankt-Nimmerleins-Tag (das ist der Tag, an dem alle Staatsschulden beglichen sind) nicht abzusehen.
- ✔ Ihr Chef ruft Sie an und teilt Ihnen mit, daß sein Schwager beim Meeting ebenfalls anwesend sein wird. Sie möchten doch bitte eine extra Kopie des Angebots für ihn anfertigen. Und – eine Photokopie kommt natürlich nicht in Frage. Nur Originale bitte!
- ✔ Sie beschließen, zum Mittagessen zu gehen, und die Druckausgabe soll erst dann erfolgen, wenn Sie wieder zurück sind.

Auch nach dem Senden einer Druckausgabe an den Netzwerkdrucker wird Ihnen die Kontrolle über diesen Auftrag nicht völlig aus der Hand genommen. Zur Verwaltung der Druckerwarteschlange stellt Ihnen die Netzwerk-Software Funktionen zur Verfügung, mit denen sich der Status von bereits gesendeten Aufträgen beeinflussen läßt. Sie können die Anzahl der zu druckenden Kopien ändern, einen Druckauftrag anhalten, so daß ein Ausdruck erst dann erfolgt, wenn Sie es möchten oder einen Druckauftrag ganz und gar aufheben.

Vielleicht können Sie es auch erreichen, daß Ihre Druckaufträge noch andere Tricks auf Lager haben: Hände schütteln, Purzelbaum schlagen, toten Mann spielen. Doch die grundlegenden Tricks – anhalten, abbrechen und mehrere Kopien drucken – sollten für den Anfang ausreichen.

Druckertricks mit Windows 95

98

Mit der Version von Windows 95 hat es endlich geklappt, eines der unbeliebtesten Windows-Programme abzuschaffen: den Druck-Manager. Ein dreifaches Hoch auf Microsoft! Nun, beinahe. Man ist zwar den Druck-Manager los geworden, nicht aber die Kopfschmerzen, die das Drucken in Windows oft mit sich bringt. Im Grund genommen hat man nur alte Kopfschmerzen durch neue ersetzt.

Um einen Windows 95-Drucker zu verwalten, doppelklicken Sie auf das Symbol für Arbeitsplatz, dann auf das für Drucker und schließlich auf den Drucker, den Sie verwenden möchten. In dem jetzt angezeigten Fenster, das verdächtig ähnlich wie das des alten Druck-Managers aussieht, sehen Sie eine Liste der Druckaufträge, die der Drucker aktuell verarbeitet. Mit Hilfe folgender Tricks können Sie an der Druckerwarteschlange Veränderungen vornehmen:

- ✔ Um einen Ausdruck temporär zu unterbrechen, wählen Sie den Druckauftrag aus und rufen den Menübefehl DOKUMENT/DRUCKER ANHALTEN auf. Verwenden Sie denselben Befehl nochmals, um den Auftrag wieder freizugeben.
- ✔ Mit dem Menübefehl DRUCKER/DRUCKAUFTRÄGE LÖSCHEN können Sie alle Druckaufträge auf einmal löschen.

✔ Wenn Sie einen bestimmten Druckauftrag anderen vorziehen möchten, ziehen Sie den entsprechenden Auftrag mit Drag&Drop an den Beginn der Liste.

Das Beste an der Druckverwaltung von Windows 95 ist, daß Sie sich bei der Arbeit mit unterschiedlichen Netzwerkbetriebssystemen nicht mit lästigen Details auseinandersetzen müssen. Ob Sie nun auf einem NetWare-Drucker, einem Windows NT-Drucker oder aber einem gemeinsam genutzten Drucker in Windows 95 arbeiten, die Druckaufträge werden alle auf die gleiche Weise verwaltet.

Druckertricks mit Windows für Workgroups

Unter der Version Windows für Workgroups erfolgt die Druckkontrolle im Netzwerk mit Hilfe einer aufgepäppelten Version des vertrauten Druck-Managers. Die Kontrolle des Druckauftrags im Druck-Manager bereitet keine großen Schwierigkeiten. Die entsprechenden Befehle zur Verwaltung der Druckaufträge befinden sich im DOKUMENT-Menü des Druck-Managers.

Wie erwartet, verwendet der Druck-Manager hier eine etwas andere Terminologie zur Beschreibung der Netzwerkdruckfunktionen. Ein Druckauftrag wird nicht als »Druckauftrag«, sondern als Dokument bezeichnet. Wenn man will, daß ein Drucker seine Arbeit unterbricht oder ganz damit aufhört, wird er angehalten. Sie sollten sich an diese Begrifflichkeiten gewöhnen, es ist halt Windows-Art!

✔ Um einen Druckauftrag bis zur nächsten Freigabe anzuhalten, markieren Sie den Auftrag und aktivieren Sie die Schaltfläche ANHALTEN.

✔ Um einen angehaltenen Druckauftrag wieder freizugeben, aktivieren Sie die Schaltfläche FORTSETZEN.

✔ An den Beginn bzw. an das Ende der Druckerwarteschlange verschieben Sie einen Druckauftrag mit Hilfe der Verschiebebefehle.

✔ Da Windows immer mehrere Möglichkeiten zur Verfügung stellt, einen Befehl auszuwählen, können Sie auch die entsprechenden Schaltflächen anklicken, deren aufgemalte Symbole die Funktion der Schaltfläche genauso widerspiegeln wie ein Bild von Picasso das echte Leben.

Tricks für die NetWare-Druckerwarteschlange: Der Befehl PCONSOLE

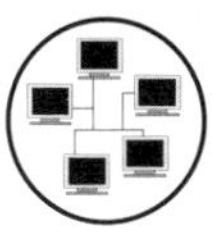

Wenn Sie mit Novell NetWare arbeiten, können Sie mit dem Befehl PCONSOLE die Druckerwarteschlange austricksen. Um diesen Befehl einzusetzen, müssen Sie nicht erst zum Fileserver gehen. Geben Sie einfach auf Ihrem eigenen Computer an der DOS-Eingabeaufforderung `PCONSOLE` ein und drücken Sie die Eingabetaste. Das Menü, das daraufhin angezeigt wird, sehen Sie in Abbildung 3.3.

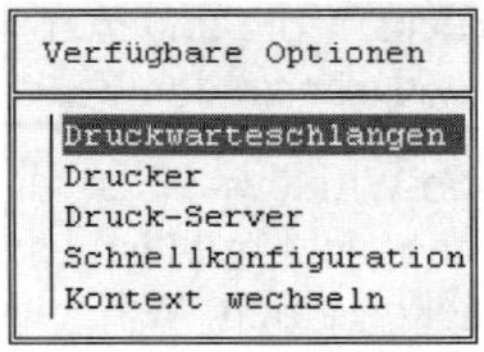

Abbildung 3.3: Das Menü VERFÜGBARE OPTIONEN

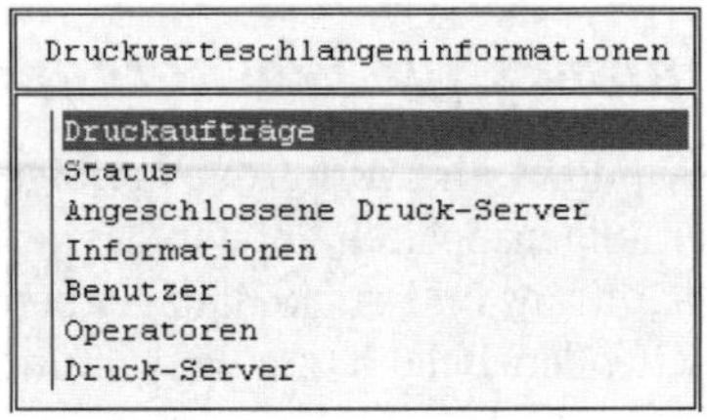

Abbildung 3.4: Das Menü DRUCKERWARTESCHLANGENINFORMATIONEN

Wenn Sie den Menübefehl DRUCKAUFTRÄGE wählen, zeigt PCONSOLE eine Liste von Druckerwarteschlangen an. Wählen Sie diejenige aus, an die Sie die Druckausgabe umgeleitet haben, und Sie sehen eine Liste der Druckaufträge, die in der Schlange warten.

Um den Status eines Druckauftrags zu ändern, markieren Sie den Auftrag und drücken Sie die Eingabetaste. PCONSOLE zeigt einen Bildschirm wie in Abbildung 3.5 an, in dem Sie zum Beispiel folgende Optionen festlegen können.

- ✔ BENUTZEREINGRIFF: Damit wird der Auftrag in der Druckerwarteschlange angehalten, bis Sie oder ein anderer Benutzer mit Benutzer- oder Supervisor-Rechten ihn wieder freigeben.
- ✔ OPERATOREINGRIFF: Damit wird der Auftrag in der Druckerwarteschlange angehalten, bis ein Operator ihn wieder freigibt.
- ✔ ANZAHL EXEMPLARE: Legen Sie die Anzahl der auszudruckenden Kopien fest.
- ✔ Ändern Sie die Position des Auftrags in der Druckerwarteschlange, indem Sie einen neuen Wert in das Feld SERVICE- SEQUENZ eingeben.
- ✔ Legen Sie ein spezielles Format – wie zum Beispiel für Rechnungen oder Schecks fest. In diesem Fall fordert NetWare den Operator auf, das Formular in den entsprechenden Schacht zu legen, bevor der Ausdruck dieses Auftrags erfolgt.
- ✔ Teilen Sie NetWare mit, ein Deckblatt zu Beginn des Druckauftrags zu drucken. Damit lassen sich mehrere Druckaufträge leichter voneinander unterscheiden.
- ✔ Schließlich können Sie noch eine ganze Reihe von Dingen machen, über die Sie sich wahrscheinlich noch nie Gedanken gemacht haben.

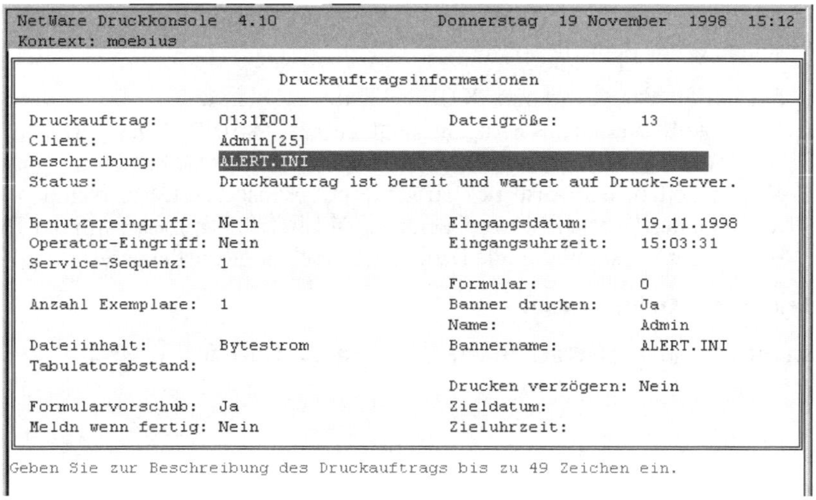

Abbildung 3.5: PCONSOLE zeigt den Status eines Druckauftrags an.

Wie man einen blockierten Drucker wieder in Schwung kriegt

Folgende drei Wetten werden im Leben immer durchgehen: (1) *Rocky* wird immer Sylvester Stallones bester Film sein, (2) die 49er werden nie mehr dasselbe ohne Joe Montana sein, und (3) ein Drucker bricht immer dann zusammen, wenn Ihr Druckauftrag den Beginn der Druckerwarteschlange erreicht.

Was können Sie also tun, wenn Sie gerade neben dem Netzwerkdrucker stehen und dieser alle 133 Seiten Ihres Berichts auf derselben Zeile ausdruckt?

1. **Rufen Sie als erstes mit gellender Stimme »Feuer!«.**

   Niemand wird Sie retten, wenn Sie lediglich »Drucker!« schreien.

2. **Drücken Sie den Online-Knopf des Druckers.**

   Damit wird der Drucker Offline geschaltet, d. h. der Server sendet keine Informationen mehr und der Drucker wird gestoppt. Damit ist natürlich noch nichts geheilt, doch zumindest hat der Krach aufgehört. Wenn es notwendig ist, schalten Sie den Computer aus.

3. **Zoppeln Sie das falsch eingezogene und zerknüllte Papier aus dem Drucker und fügen Sie gutes, neues Papier ein. Sehr schön.**

4. **Wenn notwendig, starten Sie den Druckauftrag von neuem.**

   Ob dies notwendig ist oder nicht, hängt von Ihrem Drucker ab. Einige Drucker nehmen den Ausdruck automatisch wieder auf, sobald der Schaden behoben ist.

Um bei NetWare 4.11 mit PCONSOLE einen Druckauftrag von vorne zu starten, sind folgende Schritte notwendig:

Starten Sie das Programm PCONSOLE und wählen die Option Drucker aus. Im Formular Druckerstatus wird angezeigt, daß der aktuelle Druckauftrag auf Offline steht. Wenn Sie die Option Druckersteuerung aktivieren, haben Sie verschiedene Möglichkeiten, den Ausdruck zu steuern, vorausgesetzt, Sie verfügen über die Rechte eines Drucker-Server-Operators. Mit Drucker stoppen kann der Druckauftrag wieder vollständig in die Druckerwarteschlange zurückgesetzt werden.

5. **Drücken Sie den Online-Knopf.**
6. **Wählen Sie die Option Drucker Starten, um den Ausdruck fortzusetzen.**

Von der Schneckenpost zur E-Mail

4

In diesem Kapitel erfahren Sie, ...

- um was es sich bei einer E-Mail handelt und warum es eine prima Sache ist.
- wie Sie Microsoft Exchange verwenden können.
- was es noch für E-Mail-Bonbons gibt.
- etwas über Smileys und die E-Mail-Etikette.

Kommt Ihnen diese Situation auch bekannt vor: Sie kommen nach einer ausgedehnten Mittagspause in Ihr Büro zurück und Ihr Schreibtisch ist übersät mit diesen »Während Ihrer Abwesenheit«-Mitteilungen und an Ihrem Computer kleben Tausende dieser gelben Heftzettel?

Wenn Sie diese Fragen mit Ja beantworten können, wird es höchste Zeit, in den sauren Apfel zu beißen und herauszufinden, wie Sie das E-Mail-Programm (Electronic Mail) des Computernetzwerks verwenden können. Die meisten Netzwerke verfügen über ein solches Programm. Sollte das bei Ihrem Netzwerk nicht der Fall sein, dann nerven Sie Ihren Netzwerkverwalter, bis er oder sie eines besorgt.

Dieses Kapitel bietet Ihnen eine Einführung, was ein gutes E-Mail-Programm leisten kann. Da heutzutage so viele E-Mail-Programme verfügbar sind, daß ich sie hier gar nicht alle vorstellen kann, werde ich mich nur auf Exchange konzentrieren. Dieses Programm wird mit Windows 95 oder Windows NT bereitgestellt. Andere E-Mail-Programme arbeiten auf ähnliche Weise. An Exchange soll also nur exemplarisch die Funktionsweise eines E-Mail-Programms aufgezeigt werden.

Worum es sich bei einer E-Mail handelt und warum es eine prima Sache ist

Der Einsatz von elektronischen Mails führt im heutigen Computerzeitalter dazu, daß die Bedeutung des guten alten Postbotens, der von Haustür zu Haustür geht und Briefe verteilt, immer mehr in den Hintergrund rückt. Mit E-Mails können Sie innerhalb eines Netzwerks Nachrichten an andere senden und von diesen wiederum Nachrichten empfangen. Vorbei die Zeiten, in denen Sie einen Brief auf Papier gedruckt und in einen Umschlag gesteckt und der gelben Post anvertraut haben. E-Mail-Nachrichten werden auf Datenträger gespeichert und an den entsprechenden Benutzer elektronisch weitergegeben.

Eine E-Mail senden und empfangen

Um eine E-Mail-Nachricht an einen anderen Netzwerkbenutzer zu senden, müssen Sie das E-Mail-Programm aktivieren, den Nachrichtentext unter Zuhilfenahme eines Texteditors verfassen und eine Adresse angeben – die Benutzer-ID des Benutzers, an den Sie eine Nachricht senden möchten. Viele E-Mail-Programme fordern auch die Angabe eines kurzen Kommentars, der den Betreff der Nachricht identifiziert.

Nachdem Sie eine E-Mail-Nachricht von einem anderen Benutzer erhalten haben, kopiert das E-Mail-Programm die Nachricht auf Ihren Computer und zeigt sie auf dem Bildschirm an, so daß Sie sie lesen können. Sie haben nun mehrere Möglichkeiten, mit der Nachricht umzugehen: sie löschen, drucken, zur späteren Verwendung speichern oder an einen anderen Benutzer weiterleiten. Sie können die Nachricht auch beantworten, indem Sie eine neue Nachricht an den Benutzer zurücksenden, der die Originalnachricht verschickt hat.

- ✔ Die meisten E-Mail-Programme zeigen eine Nachricht gleich nach ihrem Eintreffen auf den Computerbildschirm an oder weisen Sie über ein bestimmtes Signal darauf hin, daß in Ihrem Posteingang neue Post eingegangen ist. Wenn der Computer beim Versenden der Nachricht nicht mit dem Netzwerk verbunden ist, erhalten Sie eine Benachrichtigung, wenn Sie sich das nächste Mal im Netzwerk einloggen.
- ✔ Die meisten E-Mail-Programme können so eingerichtet werden, daß sie automatisch nach neuen Mails suchen, wenn Sie sich im Netzwerk anmelden.
- ✔ Neben dem Senden von Nachrichten bieten die meisten E-Mail-Programme auch die Möglichkeit, eine Datei an Ihre Nachricht anzuhängen. Sie können diese Funktion verwenden, um beispielsweise ein Textverarbeitungsdokument, eine Tabelle oder irgendeine Programmdatei an einen anderen Benutzer im Netzwerk zu senden.
- ✔ Wenn Sie regelmäßig E-Mails an bestimmte Personen versenden, lohnt es sich, die Adressen dieser Personen in einem Adreßbuch zu speichern. Auf diese Weise erfassen Sie die Benutzer-ID nur einmal, kopieren sie in das Wörterbuch und müssen Sie so nicht jedesmal neu eingeben.
- ✔ Sie haben auch die Möglichkeit, eine Nachricht an mehrere Benutzer zu versenden – die elektronische Alternative zum Durchschlagpapier. Bei einigen Programmen können Sie auch Benutzerlisten anlegen und diesen Listen einen Namen zuweisen. Sie können dann eine Nachricht an jeden Benutzer in der Liste versenden, indem Sie als Adresse den Listennamen verwenden. Ein Beispiel: Juliane erstellt eine Liste und bezieht in diese Liste Edith, Herbert und Martin mit ein. Sie nennt diese Liste FREUNDE. Wenn sie nun eine Nachricht an Edith, Herbert und Martin senden möchte, gibt sie als Adresse FREUNDE an.

Das Postamt

Die meisten E-Mail-Programme verwenden als elektronisches Postamt einen Netzwerk-Server. Dort werden die Nachrichten gespeichert, bis sie an den Empfänger ausgeliefert werden können. Dieses Postamt wird manchmal auch als *Mail-Server* bezeichnet. Ein als Mail-Server benutzter Netzwerk-Server muß nicht unbedingt nur für diesen Zweck reserviert werden, obwohl dies bei größeren Netzwerken häufig der Fall ist. In kleineren Netzwerken dient oft der Fileserver zugleich auch als Mail-Server.

- ✔ Abhängig von dem verwendeten E-Mail-Programm ist es auch möglich, mehr als einen Mail-Server in einem Netzwerk zu verwenden. Ist dies der Fall, müssen Sie auch auf allen Servern überprüfen, ob E-Mail-Nachrichten eingegangen sind.
- ✔ Auf einem Mail-Server ist freier Speicherplatz eine begehrte Sache. Gelesene Nachrichten, die Sie nicht länger benötigen, sollten deshalb gelöscht werden.

Microsoft Exchange oder Microsoft Outlook verwenden

Microsoft Exchange ist integrierter Bestandteil von Windows 95 und Windows NT 4.0 – und zwar sowohl in der Server- als auch in der Client-Version. Wenn Sie Ihr Netzwerk unter Verwendung von Windows 95 und Windows NT erstellen, wird Ihnen Exchange als E-Mail-Programm angeboten.

Wenn Sie Microsoft Office 97 auf Ihrem Computer installiert haben, wird das mit Windows 95 oder Windows NT gelieferte Exchange-Programm durch ein neueres E-Mail-Programm namens Microsoft Outlook ersetzt. Outlook ist mit Exchange kompatibel, so daß Sie für die Bearbeitung Ihrer E-Mails beide verwenden können.

Windows 98 stellt eine auf die E-Mail-Funktionen zugeschnittene Version von Outlook zur Verfügung: Outlook Express. Mit diesem Programm können Sie auf Mails von allen Ihren E-Mail-Adressen zugreifen (beispielsweise LAN-E-Mail und Internet E-Mail), und Sie können mit Outlook Express mit Internet-Newsgruppen kommunizieren.

In den folgenden Absätzen wird erläutert, wie Sie mit dem E-Mail-Programm Exchange arbeiten können. Wenn Sie mit Outlook und Outlook Express arbeiten, funktioniert es ähnlich.

Eine E-Mail versenden

Um eine E-Mail-Nachricht an einen anderen Netzwerkbenutzer zu versenden, starten Sie das Exchange-Programm durch einen Doppelklick auf das Desktopsymbol für Posteingang. Das Programm wird in einem eigenen Fenster angezeigt, wie in Abbildung 4.1 zu sehen ist.

Eine Nachricht erstellen Sie, indem Sie zunächst auf die Schaltfläche für »Neue Nachricht« klicken. In dem daraufhin angezeigten Fenster legen Sie den Namen der Person fest, an die Sie die Nachricht senden möchten. Geben Sie den Betreff der Nachricht ein und in den Nachrichtenbereich den Text der Nachricht selbst.

In Abbildung 4.2 sehen Sie das Fenster zur Erstellung einer neuen Nachricht, in dem bereits alle notwendigen Angaben eingetragen sind.

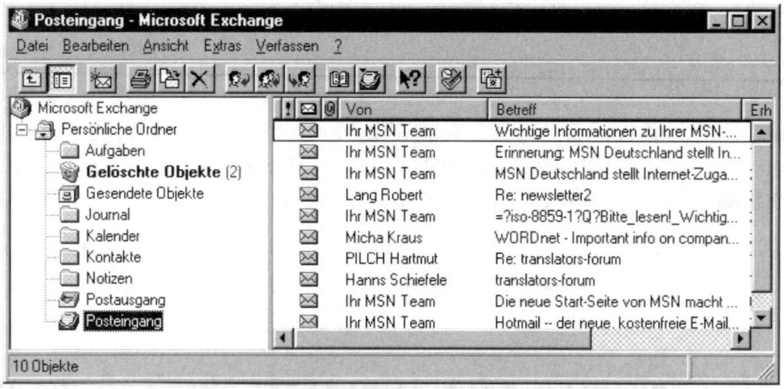

Abbildung 4.1: Die Hauptanzeige von Microsoft Exchange

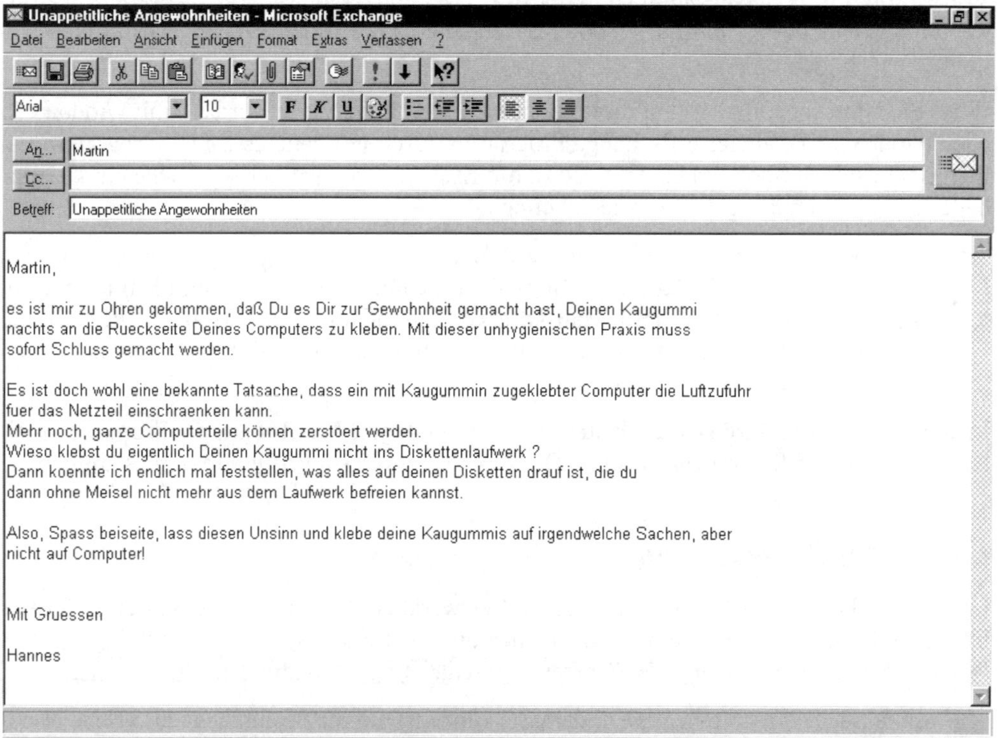

Abbildung 4.2: Eine E-Mail-Nachricht erstellen

Wenn die Nachricht adressiert und Betreff und Nachrichtentext eingegeben sind, versenden Sie die Nachricht, indem Sie auf die Schaltfläche SENDEN klicken.

- ✔ Der Empfänger muß ebenfalls Exchange (oder ein anderes E-Mail-Programm) auf seinem Computer installiert haben, um eingehende Mails empfangen zu können. Erst wenn der Empfänger sein E-Mail-Programm ausführt, kann er Ihre gesendeten Nachrichten von dem entsprechenden E-Mail-Server herunterladen.
- ✔ Sie können ein Adreßbuch anlegen, das die Namen von Benutzern oder persönlichen Verteilerlisten enthält. Dieses Adreßbuch ist als Option im Menü EXTRAS verfügbar.
- ✔ Mit Exchange können Sie Nachrichten sowohl an andere Benutzer Ihres lokalen Netzwerks als auch an Benutzer anderer Computernetzwerke senden und von diesen auch empfangen. Beispiele dafür sind CompuServe, America Online oder das Internet. Die Verwendung eines Modems oder einer ISDN-Karte ist jedoch immer Voraussetzung dafür, um eine E-Mail an eine Adresse zu versenden, die sich nicht im lokalen Netzwerk befindet.
- ✔ Sie haben in Exchange auch die Möglichkeit, eine Datei als Anhang an Ihre Nachricht anzufügen. Wenn der Empfänger dann die Nachricht öffnet, wird die Datei in Form eines Symbols angezeigt. Er oder sie kann dieses Symbol mit Drag & Drop auf den Desktop des Computers kopieren. Per Doppelklick auf das angezeigte Symbol werden die angefügten Dateien unmittelbar geöffnet.

Ihre E-Mail-Nachricht lesen

Um eine Nachricht, die Sie von einem anderen Benutzer erhalten haben, zu lesen, starten Sie das Exchange-Programm durch einen Doppelklick auf das Desktopsymbol für Posteingang. Sobald das Programm aktiviert ist, sucht es automatisch nach eventuell eingegangenen E-Mails. Wenn eine neue Mail eingetroffen ist, wird ein einfaches Dialogfeld angezeigt, in dem Ihnen mitgeteilt wird, daß Sie eine neue Mail erhalten haben. Außerdem wird Ihnen angeboten, die E-Mail-Nachricht sofort lesen zu können.

Nachdem Sie eine Nachricht gelesen haben, bieten sich folgende Möglichkeiten an, auf die Nachricht zu reagieren.

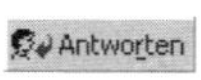

Sollte der Inhalt der Nachricht eine Antwort wert sein, klicken Sie auf die Schaltfläche ANTWORTEN. Es wird ein Fenster für eine neue Nachricht geöffnet, in dem Sie Ihre Antwort verfassen können. Die neue Nachricht wird automatisch an den Absender der ursprünglichen Nachricht adressiert, und Sie können Ihre Antwort vor, zwischen oder hinter die ursprüngliche Nachricht schreiben.

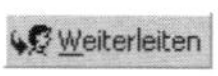

Wenn die Nachricht eigentlich für eine andere Person gedacht war oder aber der Inhalt (Klatsch und Tratsch!) auch für andere interessant sein könnte, leiten Sie die Nachricht an einen anderen Empfänger weiter, indem Sie auf die Schaltfläche WEITERLEITEN klicken. Es wird ein weiteres Fenster angezeigt, in das Sie den Namen des entsprechenden Empfängers eingeben können.

Klicken Sie auf die Schaltfläche mit dem Druckersymbol, wenn Sie die Nachricht auch schwarz-weiß auf Papier gedruckt in den Händen halten möchten.

Wenn Sie eine Nachricht nicht länger benötigen oder sie es nicht wert ist, irgendwo hin abgelegt zu werden, klicken Sie auf die Schaltfläche mit dem Löschen-Symbol.

Wenn mehrere Nachrichten vorliegen, wird durch Anklicken dieses Pfeils jeweils die nächste Nachricht angezeigt.

Weitere E-Mail-Bonbons

Die meisten E-Mail-Programme bieten Ihnen mehr als nur das einfache Lesen und Schreiben von Nachrichten.

Online-Chatten

Einige E-Mail-Programme ermöglichen einen Kommunikationsaustausch mit anderen Netzwerkbenutzern in Form von Chatten. Mit einer E-Mail verfassen Sie eine Nachricht, die Sie an einen anderen Benutzer senden. Dieser Benutzer kann die Nachricht dann sofort, nach ein paar Minuten oder auch ein paar Tage später lesen. Sie können sich das Online-Chatten mehr wie ein herkömmliches Telefonat vorstellen: Sie rufen einen Netzwerkbenutzer an und wenn dieser verfügbar ist und Zeit hat, gibt er oder sie eine Antwort und Sie können elektronisch miteinander kommunizieren.

- ✔ Das Chatten beruht auf dem Prinzip des Sendens und Empfangens. Sie geben etwas über die Tastatur ein, der andere tippt eine Antwort, Sie geben dazu wieder Ihre Anmerkungen ein, der andere antwortet usw. Sie können nicht nur nacheinander, sondern auch gleichzeitig tippen.
- ✔ Wenn Sie jemanden zum Chatten auffordern, kann es sein, daß Sie keine Antwort erhalten. Der andere Benutzer ist vielleicht nicht da. Oder er chattet bereits mit einer anderen Person. Oder er weiß, daß Sie auf der Matte stehen und antwortet mit Absicht nicht – Sie könnten ihn ja an die 20 Mark erinnern, die er Ihnen seit dem letzten Chatten schuldet.
- ✔ Chatten ist nicht unbedingt das geeignete Feature für Sie, wenn Ihre Tippfähigkeiten auf der Stufe des Adler-Such-Systems stehengeblieben sind. Beim Chatten werden die Zeichen über das Netzwerk in dem Moment übertragen, in dem Sie sie eingeben. Die Person am anderen Ende der Leitung kann also alle Fehler sehen, die Sie machen (und sich darüber amüsieren).
- ✔ Das Chatten im Netzwerk ist speziell für Büros geeignet, die noch kein eigenes Telefon haben. Sollten Sie allerdings bereits im 20. Jahrhundert angekommen sein und Ihr Büro ist tatsächlich mit einem Telefon ausgestattet, dann telefonieren Sie doch einfach.

Elektronischer Terminplaner

Viele Termin- und Projektplanungssoftware ermöglichen einen automatischen Kommunikationsaustausch via E-Mail. So können Sie z. B. automatisch mit Hilfe der entsprechenden Software und Ihrem E-Mail-Programm Meetings und gemeinsame Termine mit anderen Partnern im Netzwerk verabreden. Sie übermitteln der Planungssoftware Zeitpunkt und gewünschte Gesprächspartner des Treffens und das Programm überprüft, ob die entsprechenden Personen zum angegebenen Zeitpunkt über freie Termine verfügen. Sollte dies der Fall sein, so werden alle geladenen Teilnehmer automatisch per E-Mail über Zeit und Ort des Treffens informiert und eingeladen. Kann der von Ihnen gewünschte Termin nicht eingehalten werden, so schlägt die Planungssoftware automatisch einen Ausweichtermin vor.

Im Gegensatz zu Outlook verfügt Microsoft Exchange leider über keinen Terminplaner. Für den einen oder anderen mag dies ein wichtiger Grund sein, zu Outlook zu wechseln (dazu muß Office 97 auf Ihrem Computer installiert sein).

- ✔ Die meisten Terminplaner-Programme ermöglichen es, neben Personen auch Ressourcen für Besprechungen einzuplanen. Zu diesen Ressourcen zählen beispielsweise auch Konferenzräume. Durch Überprüfung der Ressourcenplanung können Sie sicherstellen, daß ein Konferenzraum zu einem bestimmten Zeitpunkt nicht mehrfach belegt ist.
- ✔ Damit der Terminplaner auch wirklich funktionieren kann, muß er von jedem Mitarbeiter mit Inbrunst gehegt und gepflegt werden. Wenn Robert zum Beispiel vergißt, in den Terminplaner sein Golfmatch am Freitag einzutragen, kann es vorkommen, daß ihn der Terminplaner für eine Besprechung am Freitag vormittag mit einplant.
- ✔ Die Terminplaner-Software kann ihre Funktionalität speziell in größeren Unternehmen unter Beweis stellen. Für ein Büro, das gerade mal drei Mitarbeiter hat, würde die Verwaltung dieses elektronischen Planers zu viel Aufwand bedeuten.

E-Mail-Etikette

Eine Kommunikation via E-Mail unterscheidet sich in mehreren Punkten von einem einfachen Telefongespräch. Diese Unterschiede sollten Sie kennen, damit Sie nicht unversehens jemanden beleidigen, ohne dies zu merken. Wenn Sie allerdings einer anderen Person mit Absicht auf den Schlips treten möchten, können Sie diesen Abschnitt getrost überspringen.

- ✔ Beachten Sie, daß eine E-Mail von Natur aus nicht so privat ist, wie Sie es vielleicht gerne hätten. Es ist nicht allzu schwierig, elektronisch eine E-Mail unter Dampf zu öffnen und heimlich zu lesen. Seien Sie vorsichtig mit dem was Sie sagen, zu wem Sie es sagen und natürlich auch über wen Sie es sagen.
- ✔ Vergessen Sie nicht, daß allgemein übliche Anstandsregeln auch für E-Mails gelten.
- ✔ Wenn Sie eine E-Mail beantworten, sollten Sie im Auge behalten, daß die Person, die Ihnen eine Nachricht gesendet hat, den Inhalt dieser Nachricht nicht mehr Zeile für Zeile im

Kopf hat. Es ist also nur ein Gebot der Höflichkeit, Ihre Antwort in einen gewissen Themenkontext zu stellen. Einige E-Mail-Systeme (wie Exchange) erledigen das automatisch für Sie, indem der Text der alten Nachricht in die neue Nachricht eingefügt wird. Sollte Ihr E-Mail-Programm nicht mit diesem Merkmal ausgestattet sein, fassen Sie in Kurzform das Anliegen der ursprünglichen Nachricht zusammen.

✔ Bei einer E-Mail können Sie nicht – wie bei einem Telefongespräch – Wortbedeutungen mit den Mitteln der Sprachmodulation hervorheben. Doch wie kann ein E-Mail-Empfänger beispielsweise merken, wann Sie Spaß machen und wann nicht? Das Auftreten von Mißverständnissen liegt auf der Hand. E-Mail-Besserwisser haben auch dafür eine spezielle Möglichkeit entwickelt: Man gibt bestimmte Symbole auf der Tastatur nacheinander ein und erzeugt somit verschiedene Smileys. In Tabelle 4.1 sehen Sie eine Liste häufig verwendeter (oder mißbrauchter) Smileys:

Smiley	Bedeutung
:-)	Mache nur Spaß
;-)	Winken, Blinzeln
:-(	Mir fällt der Kiefer
:-0	Ich nie!
:-x	Meine Lippen sind verschlossen

Tabelle 4.1: Häufig verwendete oder mißbrauchte Smileys

✔ Wenn Sie den Smiley nicht erkennen können, drehen Sie den Kopf nach links unten und betrachten Sie den Smiley von der Seite.

✔ Es haben sich auch Abkürzungen im Internet eingebürgert, die besonders oft in E-Mail-Nachrichten vorkommen. Eine Liste der gebräuchlichsten Abkürzungen sehen Sie in Tabelle 4.2.

Abkürzung	Bedeutung
BTW	By the way [Übrigens]
FYI	For your information [zur Information]
IMO	In my opinion [nach meiner Meinung]
IMHO	In my humble (honest) opinion [nach meiner bescheidenen (ehrlichen) Meinung]
IOW	In other words [mit anderen Worten]
LTNS	Long time no see [lange nichts gehört]
MYOB	Mind your own business [das geht Sie nichts an]
RE	About [Betreff]
THX	Thanks [Danke]
TIA	Thanks in Advance [Danke im voraus]

Abkürzung	Bedeutung
TTYL	Talk to you later [wir sprechen uns später]
<g>	Grin [Grinsen]
<bg>	Big grin [breites Grinsen]
<vbg>	Very big grin [sehr breites Grinsen]

Tabelle 4.2. Allgemein gebräuchliche Abkürzungen in E-Mails

- ✔ Beachten Sie, daß alle Abkürzungen, die sich auf Gesten oder Gesichtsmimiken beziehen, zwischen dem Kleiner-als- und dem Größer-als-Zeichen stehen: <g>. Andere Mißmutsbekundungen sind ausgeschrieben: <groan> [Stöhn!] oder <sigh> [Seufz!].
- ✔ In vielen E-Mail-Programmen (Exchange, Outlook oder Outlook Express gehören nicht dazu) ist es nicht möglich, Text kursiv zu gestalten oder zu unterstreichen. Setzen Sie ein Sternchen (*) vor und hinter das Wort, das Sie kursiv hervorheben möchten. Oder geben Sie vor und nach einem Wort, das Sie unterstreichen möchten, einen Unterstrich (_) ein.
- ✔ Großbuchstaben sind das elektronische Äquivalent zu SCHREIEN. ABER VORSICHT! EINE GANZE IN GROSSBUCHSTABEN GEHALTENE NACHRICHT KANN SEHR ERMÜDEND WIRKEN UND DAS ELEKTRONISCHE ÄQUIVALENT ZUR KEHLKOPFENTZÜNDUNG HERVORRUFEN.

Hilfe! Das Netzwerk ist abgestürzt!

5

In diesem Kapitel erfahren Sie, wie Sie ...

- einige augenfällige Dinge überprüfen.
- herausfinden, ob ein Netzwerkproblem vorliegt.
- das Netzwerk neu starten.
- allgemeine Netzwerkprobleme beheben können.
- Ihren Netzwerkguru bei Laune halten.

Einer Tatsache muß man bei Netzwerken leider ins Auge sehen: Sie sind anfällig dafür abzustürzen!

Das muß an den vielen K-Teilen liegen: Kabel, Konzentrator, Karten und Stecker (da hat sich doch ein S-Teil dazwischen geschummelt!). Alle diese Teile müssen in einer ausgewogenen Art und Weise zueinander in Balance stehen. Das Gleichgewicht des Netzwerks kann auf so einfache Weise gestört werden. Und auch ein hochentwickeltes und gut durchdachtes Computernetzwerk verhält sich bisweilen so, als ob es nur mit Hilfe von Drähten und Kaugummi zusammengehalten werden würde.

Um die Sachlage noch zu verschlimmern: Netzwerke erzeugen Argwohn. Nachdem Ihr Computer mit einem Netzwerk verbunden ist, ist die Versuchung groß, alles, was schief geht, dem Netzwerk in die Schuhe zu schieben, – unabhängig davon, ob das Problem etwas mit dem Netzwerk zu tun hat oder nicht. Sie schaffen es nicht, in einem Word-Dokument Spalten passend anzuordnen? Das muß am Netzwerk liegen. Irgendwelche Berechnungen in Ihrer Tabelle ergeben keinen Sinn? Natürlich wieder dieses 0815-Netzwerk, es funktioniert mal wieder nicht.

In diesem Kapitel soll und kann nicht alles behandelt werden, was innerhalb und rund um ein Netzwerk schief gehen kann. Sie würden spätestens nach 40 Seiten Lektüre von »Was mit IPX.COM alles nicht klappen kann«, dieses Buch ins Geschäft zurücktragen und Ihr Geld zurückverlangen.

Statt dessen konzentriert sich dieses Kapitel auf Probleme allgemeiner Art, die auch ein durchschnittlicher Netzwerkbenutzer (nämlich Sie) lösen kann. Doch auch bei schwierigeren Themen werden Sie hier Hinweise finden, in welcher Richtung ein Lösungsansatz zu finden sein könnte.

Wenn guten Computern schlimme Sachen passieren

Was können Sie tun, wenn Ihr Computer nicht mehr so funktioniert, wie er sollte? Im folgenden finden Sie ein paar allgemeine Anleitungen und Anregungen, wie Sie die Ursache eines Problems herausfinden und das Problem – wenn möglich – selbst beheben können. Alle diese Lösungsvorschläge werden im Detail im Laufe des Kapitels behandelt.

1. **Vergewissern Sie sich, daß an Ihrem Computer und allen damit verbundenen Geräten alle Verbindungsteile richtig eingesteckt sind.**

   Computerstreber lieben es geradezu, wenn ein armer Benutzer nach Hilfe schreit und sie ihm erzählen können, daß lediglich irgendein Teil nicht richtig eingesteckt war. Sie schreiben es in ihr geheimes Strebertagebuch auf, um es ihren Streberfreunden später petzen zu können. Manche möchten sogar ein Foto von Ihnen machen, um es kichernd herumzuzeigen. (Übrigens: Viele »Unfälle« von Computerstrebern gehen auf das Konto dieser überheblichen Gemeinheiten.)

2. **Vergewissern Sie sich, daß Ihr Computer korrekt mit dem Netzwerk verbunden ist.**
3. **Notieren Sie sich alle Fehlermeldungen, die auf dem Bildschirm angezeigt werden.**
4. **Experimentieren Sie ein wenig, um herauszufinden, ob das Problem tatsächlich mit dem Netzwerk zusammenhängt oder ob es ganz einfach nur an Ihrem Computer liegt.**
5. **Versuchen Sie, Ihren Computer neu zu starten.**
6. **Versuchen Sie, das gesamte Netzwerk neu zu starten.**
7. **Sollte keiner dieser Schritte das Problem beheben, schreien Sie um Hilfe.**

   Manchmal lohnt es sich, den Netzwerkguru mit Hilfe von Bestechungsgeschenken zu ermuntern, schneller zu arbeiten. (Eine Liste möglicher Bestechungsmittel finden Sie am Ende dieses Kapitels.)

Mein Computer ist hinüber!

Auch wenn Ihr Computer scheinbar vollständig seinen Geist aufgegeben hat, sollten Sie sich nicht gleich entmutigen lassen, sondern folgendes überprüfen:

- ✔ Ist der Computer mit dem Stromkabel verbunden?
- ✔ Falls Ihr Computer mit dem Stromkabel oder dem Überspannungsschutz-Netzteil verbunden ist, prüfen Sie, ob diese wiederum mit der Steckdose verbunden sind und diese über einen Schalter verfügt, der zufälligerweise auf »Aus« steht. Falls diese Netzteile über eine Kontrolleuchte verfügen, muß diese Leuchte auch glühen.
- ✔ Überprüfen Sie, ob der Einschaltknopf des Computers gedrückt ist. Sollten Sie diesen Hinweis für banal halten und sich in Ihrer Ehre gekränkt fühlen, bedenken Sie bitte, daß bei sehr vielen Computern der Einschaltknopf ständig aktiviert bleibt und der Computer

nur durch die Unterbrechung der Stromzufuhr (meistens Stecker ziehen) ausgeschaltet wird. Viele Computerbesitzer sind tatsächlich sehr überrascht, wenn sie nach monatelanger Arbeit mit dem Computer einen Schalter zum Ein- und Ausschalten an dessen rückwärtigem Gehäuse entdecken.

Falls die Netzkabelverbindung in Ordnung scheint, Sie jedoch einen Defekt des Kabels vermuten, können Sie sich auch am Ventilatorgeräusch orientieren. Wenn Sie ein Ventilatorgeräusch vernehmen und der Computer Strom bekommt dann liegen die Probleme doch etwas tiefer, und nicht nur an einem defekten Stromkabel. (Liegt der Fall vor, daß Sie kein Ventilatorgeräusch vernehmen, Sie sich aber sicher sind, daß der Computer mit dem Netzwerkkabel verbunden ist und Strom ankommt, kann es auch sein, daß der Ventilator seinen Geist aufgegeben hat.)

- ✔ Sollte die Stromversorgung des Computers angeschlossen und der Computer eingeschaltet sein, jedoch trotzdem nicht funktionieren, stellen Sie mit Hilfe Ihrer Schreibtischlampe fest, ob die Steckdose Strom erhält. Es könnte sein, daß Sie nur die Sicherung für den Stromkreis, an dem der Computer hängt, wieder einschalten müssen.
- ✔ Viele Monitore verfügen über separate Netzverbindungen oder -schalter. Überprüfen Sie, ob der Monitor mit dem Stromnetz verbunden und eingeschaltet ist.
- ✔ Tastatur, Monitor, Maus und Drucker sind alle über entsprechende Kabel an der Rückseite Ihres Computers mit ihm verbunden. Überprüfen Sie, ob diese Kabel alle korrekt eingesteckt sind.
- ✔ Überprüfen Sie auch die Gegenverbindung zum Monitor und zum Drucker.

Viele Monitore sind mit Justierungsknöpfen und -schaltflächen zur Steuerung des Kontrasts und der Helligkeit der Bildschirmanzeige ausgestattet. Sollte es also mal vorkommen, daß der Computer läuft, Sie aber vor einem schwarzen Bildschirm sitzen, dann drehen Sie eine Weile, bis aus Dunkel wieder Hell wird (wenn Sie Glück haben).

Die Netzwerkkabelverbindung überprüfen

Schätzungen von Netzwerkgurus haben ergeben, daß etwa 95% aller Probleme mit dem Netzwerk am Netzwerkkabel liegen. Die Verkabelung Ihres Computers mit dem restlichen Netzwerk scheint also eine knifflige Angelegenheit zu sein. Eine Kabelverbindung kann jederzeit brechen, und mit »brechen« meine ich nicht notwendigerweise, »physikalisch in zwei Teile brechen«. Sicher, manchmal liegt das Problem so klar auf der Hand wie die herausgerissenen Haare von Teufels Großmutter, aber üblicherweise lassen sich Kabelprobleme nicht mit dem bloßen Auge erkennen.

- ✔ Wenn Sie für Ihr Netzwerk Twisted Pair-Kabel (diese Kabel gleichen Telefonkabeln und werden auch manchmal »10BaseT« genannt) verwenden, können Sie relativ schnell überprüfen, ob ein Kabel beschädigt ist. Werfen Sie einfach ein Auge auf die Rückseite Ihres

Computers. In der Nähe des Netzwerkkabelanschlusses befindet sich eine kleine Kontrolleuchte. Wenn diese Leuchte beständig glüht, ist das Kabel in Ordnung. Ist die Leuchte jedoch dunkel oder das Licht flackert periodisch, liegt ein Kabelproblem vor.

Falls die Kontrolleuchte nicht ständig glüht, versuchen Sie zunächst mal, die Kabelverbindung aus der Netzwerkkarte zu lösen und nach kurzer Zeit wieder zu verbinden. Schon diese einfache Aktion kann manchmal eine kränkelnde Netzwerkverbindung wieder heilen.

- ✔ Tritt das Problem bei einem Ethernet-Netzwerk auf, das mit Koaxialkabeln verbunden ist (die beinahe aussehen wie die Kabel fürs Kabelfernsehen), gestaltet sich die Fehleranalyse komplizierter. Die Kabelverbindung zum Computer besteht aus einem T-Stück. Der Stempel des T-Stücks ist dabei mit Ihrem Computer verbunden. Ein oder zwei Koaxialkabel sind in die beiden anderen Enden des T-Stücks gesteckt. Falls nur ein Koaxialkabel in diesem T-Stück steckt, muß das andere Ende des T-Stücks mit einem speziellen Terminator verbunden sein. Sollten Sie keinen Terminator entdecken, können Sie versuchen, sich dieses Teil aus dem 23. Jahrhundert herzubeamen. **Warnung**: Lassen Sie die Hände davon, wenn Sie zufälligerweise Sarah Connor heißen sollten.

  Lösen Sie nie eine Koaxialkabelverbindung von Ihrem Netzwerk, solange das Netzwerk arbeitet. Den Datentransport innerhalb eines Koaxialkabelnetzwerks können Sie mit der Weitergabe eines Stabs in einem Staffellauf vergleichen. Sobald ein Läufer oder eine Läuferin das gute Stück fallen läßt, ist das Rennen vorüber, und der Stab kann nicht mehr an die nächste Person übergeben werden. Wenn Sie das Netzwerkkabel von Ihrem Computer lösen, passiert etwas ähnliches: Die Netzwerkdaten können nicht mehr zu den Computern übertragen werden, die sich »hinter« Ihrem Computer befinden. (Eine Ausnahme bildet dabei Ethernet – siehe Kapitel 9 –, das nicht gleich beim ersten Anzeichen einer Kabelunterbrechung das Handtuch wirft. Hier können Sie die Leitung für ein paar Sekunden unterbrechen, ohne daß permanent Netzwerkmeldungen durch die Galaxis geschickt werden. Sie können auch das T-Stück von der Netzwerkkarte lösen, es darf nur nicht die Verbindung der Koaxialkabel im T-Stück unterbrochen werden. Dennoch sollten Sie solche Experimente nur dann wagen, wenn Sie dafür gute Gründe haben und für den Netzwerkverwalter, der ganz sicher herausfinden kann, daß Sie gerade mit den Kabeln gespielt haben, eine schnell wirkende Beruhigungspille parat haben.)

- ✔ Einige Netzwerktypen nutzen zur Verkabelung kurze Verbindungskabel, sogenannte Patch-Kabel. Das eine Ende des Patch-Kabels wird mit dem Computer verbunden, das andere führt zu einem Kabelanschluß in der Wand oder zu einem Hub. Tauchen in einem solchen Netzwerk Probleme auf, lösen Sie kurzzeitig die Kabelverbindung zum Computer und stellen sie anschließend wieder her. Falls dieser Trick nicht funktioniert, suchen Sie ein Ersatzanschlußkabel, das Sie verwenden können.

  Falls Sie kein anderes Patch-Kabel als Ersatz finden können, leihen Sie sich dieses Kabel von Ihrem nicht anwesenden Netzwerknachbarn aus. Wird die Verbindung zum Netzwerk mit dessen Kabel problemlos wiederhergestellt, können Sie beruhigt davon ausgehen, daß Ihre ursprüngliche Kabelverbindung defekt war und ersetzt werden muß.

Nutzen Sie die Gunst der späten Abendstunden, wenn alle Kollegen schon nach Hause gegangen sind, um Ihr defektes Patch-Kabel gegen ein funktionierendes auszutauschen. Am nächsten Tag wird dann der betroffene Kollege bzw. die Kollegin zu Ihnen kommen. Nein, er oder sie wird nicht das Kabel zurückfordern, sondern Sie bitten, sich dieses Buch ausleihen zu dürfen, um herauszufinden, was mit der Netzwerkverbindung schief läuft. Einen Tag darauf wird Sie sicher ein weiterer Kollege bitten, sich ebenfalls das Buch ausleihen zu dürfen. Ihr Buch wird die nächsten Wochen ständig vergriffen sein – wäre es da nicht besser, für alle Kollegen und Kolleginnen ein Exemplar zu kaufen?

Anmerkung: Natürlich können weder der Autor noch der Verlag ein solch egoistisches Verhalten billigen. Wir erwähnen diese Möglichkeit nur deshalb an dieser Stelle, damit Sie nicht verzweifeln, wenn Ihnen eines Tages ein Kollege von seinen Netzwerkproblemen erzählt, und Sie am nächsten Tag plötzlich und unerklärlich ein Netzwerkproblem am Hals haben.

✔ In einigen Netzwerken wird die Netzwerkverbindung über eine kleine Box die man *Konzentrator* oder *Hub* nennt, geführt. Der Hub ist – wie schon in Kapitel 1 erwähnt – eine Art Verteiler, der als Verbindungspunkt für die Verkabelung im Netz dient. Gerade Hub-Verbindungen sind besonders anfällig für Kabelprobleme. Speziell die Konzentratoren, die in »professioneller Manie« verbunden und dabei in ein ganzes Rattennest von Patch-Kabeln involviert sind. An solchen Rattennestern sollten Sie sich nicht die Finger verbrennen, sondern die Probleme damit am besten Rat-Man – das ist der Netzwerkguru – überlassen.

Über den Bildschirm fliegen nichts als Fehlermeldungen!

Haben Sie während des Starts Ihres Computers irgendwelche Fehlermeldungen am Bildschirm bemerkt? Diese Meldungen sollten Sie sich unbedingt notieren, denn sie sind wertvolle Anhaltspunkte für den Netzwerkguru, wenn er ein Problem lösen soll.

✔ Geraten Sie nicht gleich in Panik, wenn die Fehlermeldungen gleich bündelweise über den Bildschirm fliegen. Manchmal löst bereits ein einfaches Problem, das schnell zu lösen ist, beim Start des Computers einen ganzen Schwall von Fehlermeldungen aus. Auch wenn Sie den Eindruck haben, daß der Computer gleich in seine Einzelteile zerfällt, kann das Problem einfach zu beheben sein.

✔ Wenn Fehlermeldungen so schnell über den Bildschirm fliegen, daß sie nicht mehr gelesen werden können, drücken Sie auf Ihrer Tastatur die Pause-Taste. Damit wird die weitere Anzeige von Meldungen unterbrochen und Sie können die aktuellen Fehlermeldungen in

Ruhe studieren. Durch ein erneutes Drücken der Pause-Taste wird die Anzeige der Startmeldungen fortgesetzt. (Einige Computer haben für diese Funktion eine besonders ausgewiesene Taste mit der soeben erwähnten Bezeichnung Pause oder der Bezeichnung Anhalten. Auf vielen Tastaturen ist jedoch für das Anhalten der Startmeldungen keine eigene Taste vorgesehen. Drücken Sie in diesem Fall die Tastenkombination Strg+NumLock oder Strg+S.)

- ✔ Falls der Startprozeß schon so weit fortgeschritten ist, daß Sie einige Fehlermeldungen nicht mehr genau identifizieren können, starten Sie Ihren Computer erneut, um diese Fehlermeldungen dokumentieren zu können.
- ✔ Einige Betriebssysteme verfügen über ein Auswahlmenü für den Start des Betriebssystems, das man mit der Taste F8 aktivieren kann. Dieses Auswahlmenü enthält eine Option, mit der man festlegen kann, daß sämtliche Startprozesse in Einzelschritten ausgeführt werden und dabei nach jedem Einzelschritt eine entsprechende Vollzugsmeldung am Bildschirm angezeigt wird. In den Dateien AUTOEXEC.BAT und CONFIG.SYS wird jede darin enthaltene Zeile schrittweise ausgeführt und anschließend der Vollzug bzw. daraus resultierende Fehler am Bildschirm angezeigt, bevor der nächste Befehl ausgeführt wird.

Zeit für Experimente ...

Falls Sie zunächst keine offensichtlichen Erklärungen für das Nichtfunktionieren Ihres Computers finden können, wie beispielsweise eine lose Kabelverbindung, sollten Sie ein paar kleine Experimente durchführen, um die möglichen Ursachen einzuschränken. Versuchen Sie bei Ihren Tests zunächst herauszufinden, ob es sich bei den Störungen um ein Netzwerkproblem oder um ein Problem Ihres lokalen Computers handelt.

- ✔ Versuchen Sie, die gleichen Arbeitsschritte, die bei Ihrem Computer ein Problem verursacht haben, an einem anderen Computer auszuführen. Falls von keiner Workstation im Netzwerk aus ein Zugriff auf einen Netzwerkdrucker oder ein Netzwerklaufwerk möglich ist, können Sie mit einiger Sicherheit davon ausgehen, daß der Fehler im Netzwerkbereich liegt. Taucht das Problem jedoch nur bei Ihrer Workstation auf, dann ist die Ursache dafür wahrscheinlich auch dort zu suchen. Entweder funktioniert die Netzwerkverbindung Ihres Computers nicht zuverlässig oder Ihr Computer ist nicht korrekt für das Netzwerk konfiguriert oder die Fehlerursache hat überhaupt nichts mit der Netzwerkverbindung zu tun.
- ✔ Falls Sie die entsprechende Operation von einer anderen Workstation aus problemlos durchführen können, probieren Sie zunächst, sich von dieser Workstation aus mit Ihren Netzwerkkennungen und Paßwörtern beim Netzwerk neu anzumelden. Untersuchen Sie erneut, ob sich die Arbeitsschritte ohne Fehler durchführen lassen. Wenn ja, wird dies der Netzwerkguru wissen wollen.

- ✔ Versuchen Sie nun, die gleichen Arbeitsschritte ohne Netzwerkverbindung auszuführen. Melden Sie sich mit den zur Verfügung stehenden Optionen beim Netzwerk ab und führen Sie dann die Arbeitsschritte erneut aus. Treten dabei die gleichen Symptome auf, unabhängig davon, ob Ihr Computer im Netzwerk eingeloggt ist oder nicht, können Sie davon ausgehen, daß die Probleme nicht im Netzwerk zu suchen sind.
- ✔ Es gibt Operationen, die einfach nicht ohne Netzwerkbeteiligung durchgeführt werden können. Was können Sie zum Beispiel tun, wenn sich Datendateien auf einem Netzwerklaufwerk befinden? Versuchen Sie, diese Dateien auf Ihre lokale Festplatte zu kopieren. Melden Sie sich dann im Netzwerk ab und wiederholen Sie die Operation. Verwenden Sie diesmal die Dateien auf Ihrem lokalen Laufwerk.

Wie Sie Ihren Computer neu starten

Manche Probleme führen zu solchen Irrungen und Wirrungen, daß nichts anderes übrig bleibt, als den Computer neu zu starten. Dies ist immer dann der Fall, wenn der Computer damit beginnt, sich sonderbar zu verhalten. Eigenartige Zeichen werden am Bildschirm angezeigt oder Windows scheint überzuschnappen und erlaubt es Ihnen nicht mehr, ein Programm zu beenden. Manchmal verhält sich der Computer so konfus, daß nichts mehr geht. Er sitzt nur noch da, ähnlich starr wie ein Reh beim Anblick der herannahenden Autoscheinwerfer. Nichts rührt sich, da können Sie noch so oft die Esc- oder Eingabetaste drücken.

Da hilft nur noch ein Neustart. Die folgenden Schritte zeigen Ihnen, wie Sie dabei vorgehen sollten:

1. **Speichern Sie – wenn noch möglich – Ihre Daten.**

   Sichern Sie Ihre Dokumente oder Dateien, die Sie bearbeitet haben, als Ihr Computer begann verrückt zu spielen. Verwenden Sie dazu den Befehl DATEI/SPEICHERN. Wenn die Verwendung der Menüs nicht mehr möglich ist, versuchen Sie die Daten über die entsprechenden Schaltflächen zu speichern. Oder drücken Sie die Tastenkombination Strg+S, das ist standardmäßig der Direktbefehl zum Speichern von Dateien.

2. **Schließen Sie – wenn noch möglich – alle aktiven Programme.**

   Verwenden Sie dazu den Befehl DATEI/BEENDEN oder klicken Sie auf die SCHLIESSEN-Schaltfläche in der rechten oberen Ecke des Programmfensters. Oder geben Sie Alt+F4 ein.

3. **Aktivieren Sie aus der Task-Leiste die Option START/BEENDEN.**

   Das Windows-Dialogfeld BEENDEN wird angezeigt.

4. **Wählen Sie die Option WINDOWS NEU STARTEN, und klicken Sie auf OK.**

   Anschließend führt Ihr Computer einen Neustart aus.

Falls ein einfacher Neustart des Computers zu keiner Lösung der Probleme führt, sollten Sie den Computer vollständig herunterfahren und dann noch einmal neu starten. Folgen Sie dazu den oben beschriebenen Schritten 1 bis 3. Im vierten Schritt wählen Sie allerdings nicht die Option WINDOWS NEU STARTEN sondern die Option WINDOWS HERUNTERFAHREN und klicken auf OK. Abhängig von Ihrem Computertyp wird der Computer anschließend automatisch ausgeschaltet oder es erscheint die Meldung »Sie können Ihren Computer jetzt ausschalten«. Drücken Sie in diesem Fall den Knopf zum Ein- und Ausschalten des Computers. Warten Sie ein paar Sekunden und stellen Sie dann den Computer wieder an.

- ✔ Wenn Ihr Computer auf die Option START/BEENDEN nicht reagiert, versuchen Sie es mit der Tastenkombination Strg+Alt+Entf. Diese Kombination wird auch als Drei-Finger-Lösung oder Geierkralle bezeichnet.

  Wenn Sie die Tastenkombination Strg+Alt+Entf drücken, wird in Windows 95 und Windows 98 das Dialogfeld ANWENDUNGEN BEENDEN angezeigt. Über die integrierte Schaltfläche HERUNTERFAHREN können Sie das Betriebssystem beenden. In Windows 3.1 und Windows für Workgroups führt die Tastenkombination Strg+Alt-Entf automatisch zum Neustart Ihres Computers.

- ✔ Falls das Drücken von Strg+Alt+Entf zu gar keiner Reaktion führt, bleibt Ihnen nur noch eine letzte Zufluchtsmöglichkeit – der Reset-Knopf. Viele Computer verfügen über einen Schalter mit dem Namen »Reset«, das Drücken von Reset erzwingt einen Neustart des Betriebssystems.

Das Drücken des Reset-Knopfs (oder in Windows 3.1 und Windows für Workgroups das Drücken von Strg+Alt+Entf) ist ein drastischer Eingriff in das Betriebssystem und sollte nur dann durchgeführt werden, wenn alle anderen Versuche gescheitert sind. Die Durchführung dieser Aktion führt zum Verlust aller noch nicht gesicherten Daten (Seufz!).

Wenn es noch irgendwie möglich ist, sollten Sie vor einem Neustart des Computers immer versuchen, Ihre Arbeit zu sichern. Alle Daten, die nicht gesichert werden, sind verloren. Unglücklicherweise ist ein Computer jedoch in solchen Situationen so verknotet, daß an ein Speichern gar nicht zu denken ist. Sie stehen dann nur noch vor der Alternative, von der digitalen Klippe zu springen.

Wie Sie das Netzwerk neu starten

Falls Sie vermuten, daß ein Fehler im Netzwerk für Ihr Problem verantwortlich ist, können Sie das Netzwerk neu starten, um zu überprüfen, ob das Problem dann verschwindet.

Einen Neustart eines NetWare- oder Windows NT-Servers sollten Sie nur dann durchführen, wenn Ihnen der Netzwerkverwalter gezeigt hat, wie das geht und Ihnen die Erlaubnis dafür gegeben hat. Falls Sie nicht genau wissen, wie ein Neustart eines Netzwerks funktioniert, kann es passieren, daß Sie den Server eventuell nicht mehr zum Laufen bringen. Wenn dem so ist, nehmen Sie all Ihren Mut zusammen und entschuldigen sich überschwenglich beim Netzwerkverwalter, daß Sie sich in Netzwerkangelegenheiten eingemischt haben, die Sie nichts angehen.

Im folgenden sind ein paar grundlegende Schritte zum Neustart eines Netzwerks aufgeführt. Beachten Sie, daß für NetWare- oder Windows NT-Server zusätzliche Schritte notwendig sein können, um diese Aktion reibungslos durchführen zu können. Sie sollten das am besten mit Ihrem Netzwerkverwalter abklären.

1. **Fordern Sie alle Teilnehmer im Netzwerk auf, sich abzumelden und ihre Computer auszuschalten.**

2. **Nachdem Sie sich vergewissert haben, daß alle Benutzer abgemeldet und die Computer ausgestellt sind, fahren Sie den Netzwerk-Server herunter (vorausgesetzt, es handelt sich um einen dedizierten Server).**

   Sie sollten dabei so vorgehen, wie man das von einem guten Staatsbürger erwarten kann, bescheiden und ordnungsgemäß. Wenn Sie mit Novell NetWare arbeiten, geben Sie zunächst den Befehl `Down` über die Server-Tastatur und booten anschließend den Server neu. Bei Windows NT-Servern verwenden Sie die Option Start/Beenden.

3. **Booten Sie den Server-Computer neu oder schalten Sie ihn aus und dann wieder ein. Verfolgen Sie den Start des Servers und achten Sie besonders darauf, ob Fehlermeldungen angezeigt werden.**

4. **Schalten Sie anschließend die Workstation-Computer wieder ein und beobachten Sie auch hier, ob die Computer fehlerfrei starten.**

Wenn Sie einen Neustart des Netzwerks in Betracht ziehen, sollten Sie folgendes beachten:

Das Neustarten eines Netzwerks ist ein größerer Eingriff als das Neustarten der Workstation. Vergewissern Sie sich, daß jeder Teilnehmer im Netz seine Arbeit gesichert und sich aus dem Netz abgemeldet hat, bevor Sie das Netz herunterfahren. Ein anderes Vorgehen kann zu großen Problemen und Datenverlusten führen.

- ✔ Ein Netzwerk-Neustart führt für alle Benutzer zu einer Beeinträchtigung ihrer Arbeit und eventuellen Unannehmlichkeiten. Sie sollten deshalb Ihre Kollegen vorab um Verständnis bitten.

- ✔ Das Neustarten des Netzwerks ist eigentlich eine Aufgabe für den Netzwerkguru. Unternehmen Sie nichts, ohne den Netzwerkguru zu informieren und führen Sie nur dann einen Neustart durch, wenn Sie seine schriftliche Erlaubnis, möglichst in dreifacher Ausfertigung, eingeholt haben.

Leitlinien zum Umgang mit Netzwerkgurus

Das Wohlwollen und die Hilfe des Netzwerkgurus sind von unschätzbarem Wert, wenn im Netzwerk irgend etwas schief läuft. Wenn Sie also ein gutes Verhältnis zu Ihrem Guru hegen und pflegen, ist das Spiel schon halb gewonnen, wenn Sie seine oder ihre Hilfe benötigen.

Strengen Sie sich an, das Problem selbst zu lösen, und rufen Sie nicht gleich die Feuerwehr. Überprüfen Sie die Netzwerkverbindung. Versuchen Sie einen Neustart. Versuchen Sie, die Arbeitsschritte auf einem anderen Computer auszuführen. Ihr Guru wird es zu würdigen wissen, wenn Sie ihm diese und andere Informationen vorab zur Verfügung stellen können.

Treten Sie höflich, aber bestimmt auf, wenn Sie Ihrem Guru das Problem schildern. Sagen Sie ihm, was Ihrer Meinung nach das Problem verursacht hat (wenn Sie einen Anhaltspunkt haben) und was Sie schon alles unternommen haben, um das Problem zu beheben. Sagen Sie zum Beispiel folgendes:

»Du Hugo, ich hab da ein Problem mit dem Netzwerk. Ich kann mich von meinem Computer aus nicht einloggen. Ich hab schon selbst versucht, dem Problem auf die Spur zu kommen. Auf Herberts Computer ist es mir gelungen, mich mit meiner Benutzer-ID einzuloggen, das Problem muß also bei meinem Computer liegen. Ich hab auch noch ein paar andere Dinge geprüft. Die kleine Kontrolleuchte in der Nähe des Netzwerkkabelanschlusses glüht, es kann also kein Kabelproblem sein. Auch nach einem Neustart des Computers konnte ich mich nicht einloggen. Dann hab ich alle dazu gebracht, sich abzumelden und den Server neu gestartet – immer noch kein Glück gehabt. Ich vermute mal, daß mit dem Netzwerktreiber meines Computers etwas nicht stimmt.«

Etwa so könnten Sie Ihrem Guru Ihr Problem ins Ohr säuseln und er wird Ihnen überallhin folgen (das ist allerdings kein erstrebenswertes Ergebnis).

- ✔ Halten Sie immer gute Umgangsformen ein. Niemand mag es, angeschrien zu werden und, ob Sie's glauben oder nicht, auch Computerlackaffen haben Gefühle. Seien Sie nett zu Ihrem Guru, auch wenn Sie wütend sind oder denken, daß er unrecht hat. Sie möchten doch, daß Ihr Guru Sie mag.
- ✔ Schreien Sie nicht gleich nach Ihrem Guru, wenn irgendeine Kleinigkeit schief geht. Computerexperten erklären nicht so gern, daß der Computer nur deshalb Großbuchstaben ausgibt, weil Sie die Umschalttaste gedrückt haben.
- ✔ Lesen Sie das entsprechende Handbuch. Es wird zwar nicht viel helfen, aber Ihr Guru hat dann zumindest den Eindruck, daß Sie etwas probiert haben. Gurus mögen das.
- ✔ Hören Sie Ihrem Guru erfreut zu, wenn er Ihnen etwas zu erklären versucht. Nicken Sie gefällig, wenn er beschreibt, was die Bindery ist oder Ihnen erläutert, daß mit der FAT (File Allocation Table) etwas nicht in Ordnung ist. Lächeln Sie ihn nett an, wenn er mit phantasievollen Metaphern versucht, etwas Kompliziertes einfach zu erklären.
- ✔ Schreiben Sie, wenn Sie das Talent dazu verspüren, Ihrem Netzwerkguru humorvolle Kurzgedichte, wie etwa folgenden Fünfzeiler: Sein Name ist Joe, er betreut das Netzwerk

und krimpt das Kabel. Pack's an Joe, du Net-o-Rama, der du wohnest in der Ethernetstrasse acht null zwei punkt drei. Joe, der Kapitän des Schiffs Netware geht nur mit den Servern unter." Auch wenn Sie die Zeilen nicht komisch finden, ein Netzwerkguru tut's bestimmt.

Bestechungsmöglichkeiten bei ernsthaften Netzwerkproblemen

Was wäre dieses ... *für Dummies*-Buch ohne eine Liste möglicher Bestechungsgeschenke. Sie wissen wahrscheinlich schon über die Eßgewohnheiten der meisten Computergurus Bescheid: Chips, Kaffee, Cola, Cola Light, Hamburger, Currywurst, Gummibärchen usw.

Bestechungsversuche dieser Art sind geeignet, wenn Sie nur um einen kleinen Gefallen bitten. Wenn Sie aber ein echtes Problem mit Ihrem Netzwerk haben, müssen Sie schon noch was drauflegen. Seriöse Bestechungsgeschenke wären da zum Beispiel:

- ✔ Computerspiele, speziell Ballerspiele in 3D.
- ✔ Ein Video mit einem Lieblingsfilm Ihres Gurus (vorher Detektiv ansetzen).
- ✔ Ein T-Shirt mit irgendeinem witzigen Aufdruck oder das T-Shirt einer Computerfirma.
- ✔ Star Trek-Zubehör. Die meisten Computergurus sind auch echte Trekker und lieben Filme wie zum Beispiel *Raumschiff Enterprise*.
- ✔ Digitalen Sound, wenn Ihr Guru im Besitz einer Soundkarte ist. Davon kann man gar nicht genug haben.

Im Internet finden Sie ein reichliches Angebot an digitalen Sounds. Sollten Sie bis jetzt noch keinen Zugang zum Internet haben, sollten Sie sich überlegen, ob die konstante Lieferung dieser Dateien für die Gurubestechung nicht die Anschaffungskosten eines Internet-Zugangs wert wären.

Teil II

Erstellen Sie Ihr eigenes Netzwerk

»Wann zum Teufel hab' ich denn <u>das</u> ins System integriert?«

In diesem Teil...

Entdecken Sie, wie Sie sich selbst ein Netzwerk erstellen können – dazu gehört auch eine genaue Planung vorab und die Installation des Netzwerks. Außerdem werden Sie erfahren, welche Kabeltypen und Netzwerkbetriebssysteme es gibt, sowie alle Teile kennenlernen, mit denen Sie sich auseinandersetzen müssen.

Ja, die folgenden Kapitel enthalten auch einige technische Informationen. Aber Sie brauchen keine Angst zu haben. Ich bringe Ihnen eine freudige Botschaft: Auch Sie können bald in den Genuß eines einsatzfähigen Netzwerks kommen und Sie, ja auch Sie, können es konzipieren und selbst installieren.

Die schlechten Neuigkeiten: Sie müssen vorausplanen

6

In diesem Kapitel erfahren Sie, ...

- wie man einen Plan entwirft.
- wie man eine Bestandsaufnahme der vorhandenen Computerkapazitäten macht.
- wie Sie sich sicher sein können, daß Sie ein Netzwerk benötigen.
- drei grundlegende Netzwerkentscheidungen, die Sie nicht umgehen können.
- wie man ein Starter-Kit verwendet.
- die Strukturen eines Netzwerks anhand eines Beispiels.

Okay, Sie sind also davon überzeugt, daß Sie Ihre Computer in einem Netzwerk verbinden möchten. Aber wie geht's nun weiter? Etwa so: Sie kaufen das Netzwerkteil auf dem Weg zur Arbeit schnell in einem Computer-R-Us-Laden, installieren es dann vor dem Morgenkaffee und erwarten, daß das Netz sofort betriebsbereit ist?

Ich denke, nein. Das Verbinden von Computern zu einem Netzwerk bedeutet eine gewisse Anstrengung, aber eine, die sich lohnt! Dieses Kapitel soll Sie dabei unterstützen, »Ihr Netzwerk« genau zu durchdenken, bevor Sie Geld ausgeben. Sie erfahren, wie Sie an einen Netzwerkplan kommen, der in jeder Beziehung so gut ist wie der eines Netzwerkberaters – doch ohne die Kosten, die durch einen Berater auf Sie zukommen würden. Sie sehen, dieses Buch hilft Ihnen auch noch dabei, Geld zu sparen!

Einen Netzwerkplan entwerfen

Mal angenommen, Sie würden doch einen Netzwerkberater konsultieren, der Ihr Unternehmen genau untersuchen und anhand dieser Untersuchungen einen Netzwerkplan entwerfen soll. Was wäre das Resultat? Ein 500-Seiten umfassender Planungsvorschlag, dessen Zweck es ist – außer durch Masse Eindruck zu schinden – Sie davon abzuhalten, exakt zu verstehen, was der Berater vorschlägt.

Tatsache ist doch, daß Sie kein Computerwissenschaftler sein müssen, um einen guten Netzwerkplan zu entwerfen. Ungeachtet dessen, was Computerberater Ihnen einflüstern – ein kleines Netzwerk zu entwerfen, ist keine Geheimwissenschaft. Sie können das selbst durchführen.

- Reservieren Sie für die Planungsphase genügend Zeit. Die kostenintensivsten Netzwerkfehler treten meist schon auf, bevor Sie das eigentliche Netzwerk zusammensetzen. Denken Sie die Einzelheiten genau durch, und erwägen Sie ggf. auch Alternativen.
- Skizzieren Sie einen Netzwerkplan. Keine Angst, das muß kein Luxuswerk von 500 Seiten sein. (Wenn Sie dem Plan ein bißchen Professionalität und gutes Aussehen verleihen möchten, können Sie ihn ja in einem Leitz-Ordner abheften. Der Ordner ist groß genug für Ihren Plan und es bleibt auch noch Platz übrig.)
- Geben Sie Ihren Plan jemandem zu lesen, bevor Sie irgend etwas kaufen, vorzugsweise jemandem, der mehr Ahnung von Computern hat als Sie.

Eine Bestandsaufnahme machen

Eine der größten Herausforderungen bei der Planung eines Netzwerks liegt darin, herauszufinden, wie mit den bereits vorhandenen Computern umgegangen werden soll. Mit anderen Worten: Klären Sie vorab genau, was Sie als Zielvorstellung erreichen wollen und berücksichtigen Sie dabei Ihre Ausgangsvoraussetzungen. Das bedeutet, bevor Sie planen, sollten Sie erst einmal eine gründliche Inventur des aktuell vorhandenen Computerbestands machen.

Was Sie wissen müssen

Folgende Informationen müssen Sie von jedem Computer haben:

- **Der Prozessortyp und, wenn möglich, seine interne Taktgeschwindigkeit**: Ideal ist es natürlich, wenn Sie Computer des Typs 266-MHz-Pentium oder höher haben. In den meisten Fällen werden Sie allerdings eine Mischung zwischen Pentium und 486-Prozessoren vorfinden und vielleicht sogar noch einige altertümliche 386-, 286- oder gar 8088-Prozessoren mit Taktgeschwindigkeiten in einem Bereich von 25 MHz bis 200 MHz.

  Manchmal ist es nicht möglich, den Typ des Prozessors durch einen einfachen Blick auf die Schachtel festzustellen. Die meisten Computer zeigen den Prozessortyp jedoch beim Einschalten an, oder wenn Sie über die Tastenkombination Strg+Alt+Entf den Computer neu starten. Sehen Sie sich beispielsweise mal den Bildschirm in Abbildung 6.1 an. Anhand der hier angezeigten Informationen erkennen Sie, daß der arme Benutzer mit einem 33 MHz 486-Prozessor geschlagen ist und möglichst bald aufrüsten sollte. (Wenn Sie die Informationen auf dem Bildschirm nicht aufnehmen können, da sie zu schnell ein- und ausgeblendet werden, versuchen Sie mal, die Pause-Taste zu drücken. Der Boot-Vorgang wird kurzfristig angehalten, Sie können die entsprechenden Informationen in Ruhe lesen und das Booten des Computers dann durch wiederholtes Drücken der Taste Pause fortsetzen.)
- **Die Größe der Festplatte und die Einteilung ihrer Partitionen**: Einige wirklich alte Computer haben eine 40 MByte große Festplatte, die in zwei Partitionen unterteilt ist, die so wie zwei eigenständige Laufwerke wirken. Das ist in Ordnung, solange Sie wissen, wie die Partitionen eingerichtet sind.

```
AMIBIOS System Configuration (C) 1985-1992, American Megatrends Inc.,

Main Processor     : 486DX or 487SX   Base Memory Size   : 640 KB
Numeric Processor  : Present          Ext. Memory Size   : 19456 KB
Floppy Drive A:    : 1.2 MB, 5¼"      Hard Disk C: Type  : 47
Floppy Drive B:    : 1.44 MB, 3½"     Hard Disk D: Type  : None
Display Type:      : VGA/PGA/EGA      Serial Port(s)     : 3F8,2F8,3E8
AMIBIOS Date:      : 11/11/92         Parallel Port(s)   : 378

256KB CACHE MEMORY
33MHz CPU Clock
```

Abbildung 6.1: Ein typisches Beispiel für einen Startbildschirm, der Informationen über den Computer anzeigt.

Auf einen Windows 95- oder Windows 98-Computer können Sie die Größe der Festplatte herausfinden, indem Sie das ARBEITSPLATZ-Fenster öffnen, auf das Laufwerkssymbol mit der rechten Maustaste klicken und aus dem daraufhin angezeigten Kontextmenü EIGENSCHAFTEN wählen.

Wenn Ihr Computer unter dem Betriebssystem MS-DOS läuft (mit oder ohne Windows), geben Sie an der DOS-Eingabeaufforderung den Befehl CHKDSK ein, um den Status des Datenträgers zu überprüfen. Wenn Sie diesen Befehl aktivieren, wird ein ganzer Haufen Zahlen angezeigt. Zum Beispiel (ein Auszug):

```
Datenträger: KEINER     Erstellt am 31.10.1998 um 21:20 Uhr
Seriennummer des Datenträgers: 2043-1CE2
1.337.491.456 Bytes Speicherplatz gesamt
10.092.544 Bytes in 146 versteckten Dateien
9.928.704 Bytes in 303 Verzeichnissen
636.649.472 Bytes in 6.054 Benutzerdateien
680.820.736 Bytes auf dem Datenträger verfügbar
32.768 Bytes in jeder Zuordnungseinheit
40.817 Zuordnungseinheiten auf dem Datenträger insgesamt
20.777 Zuordnungseinheiten auf dem Datenträger verfügbar
655.360 Bytes Arbeitsspeicher insgesamt
578.240 Bytes frei
```

Zwei Zahlen könnten hier für Sie von besonderem Interesse sein: Die Bytes des gesamten Speicherplatzes und die freien Bytes, die noch auf dem Datenträger verfügbar sind.

Mit DOS-Version 6.2 schien Microsoft endlich gemerkt zu haben, daß kein Normalsterblicher auf die Schnelle sagen kann, ob beispielsweise die Zahl 44363776 443 Tausend oder 44 Millionen ist. Und so fügten Sie Punkte zwischen den Zahlen hinzu. 44363776 wird nun als 44.363.776 angezeigt. Wer mag da noch behaupten, DOS sei nicht benutzerfreundlich!

Der Arbeitsspeicher: Wieviel Arbeitsspeicher verfügbar ist, finden Sie in Windows 95 heraus, indem Sie auf das Symbol für Arbeitsplatz mit der rechten Maustaste klicken und aus dem Kontextmenü die Option EIGENSCHAFTEN wählen.

Bei Computern älteren Datums mit dem Betriebssystem DOS müssen Sie sich mit drei verschiedenen Speichertypen auseinandersetzen: Konventioneller Speicher sowie Extended Memory (Erweiterungsspeicher) und Expanded Memory (Expansionsspeicher). Mit Hilfe des Befehls CHKDSK können Sie überprüfen, wieviel konventioneller Arbeitsspeicher zur Verfügung steht. Wenn Sie mit DOS 4.0 oder einer höheren Version arbeiten, geben Sie `MEM` ein, um zu überprüfen, wieviel Erweiterungsspeicher verfügbar ist.

Expanded Memory wird oft auf älteren 8088- und 286-Computern verwendet. Dieser Speichertyp hat mit Netzwerken nicht sonderlich viel zu tun, kümmern Sie sich also nicht weiter darum.

- **Die von Ihnen verwendete DOS-Version**: Geben Sie `VER` ein, um dies herauszufinden. Für die Verwendung eines Netzwerks sollte wenigstens die Version 3.3 (wenn möglich höher) installiert sein. Das Netzwerkleben gestaltet sich um einiges einfacher, wenn auf allen Computern die gleiche DOS-Version eingesetzt wird.
- **Die von Ihnen verwendete Windows-Version (wenn Sie mit Windows arbeiten)**: Wählen Sie in Windows 3.x im Programm-Manager die Option HILFE/INFO, um sich die aktuelle Windows-Version anzeigen zu lassen. Unter Windows 95 klicken Sie auf das Symbol für Arbeitsplatz mit der rechten Maustaste und wählen aus dem Kontextmenü die Option EIGENSCHAFTEN.
- **Der Monitortyp Ihres Computers – Monochrom, CGA, EGA oder VGA**: Oft können Sie dies herausfinden, indem Sie die beim Anschalten Ihres Computers angezeigten Meldungen lesen.
- **Der Druckertyp, der an Ihren Computer angeschlossen ist (wenn vorhanden)**:
- **Welche Software auf Ihrem Computer läuft**: Microsoft Office, WordPerfect, Lotus 1-2-3? Erstellen Sie hiervon eine komplette Liste, inklusive der Versionsnummern.

Programme, die für Sie Informationen sammeln

Das Zusammentragen von Informationen über Computer ist um so arbeitsintensiver, je mehr Computer Sie an Ihr Netzwerk angeschlossen haben. Glücklicherweise stehen zum Sammeln der entsprechenden Informationen mehrere Software-Programme zur Verfügung. Diese Programme untersuchen verschiedene Aspekte eines Computers wie zum Beispiel CPU-Typ und Geschwindigkeit, die Größe des Arbeitsspeichers und der Computerlaufwerke. Sie zeigen die Informationen dann am Bildschirm an und bieten Ihnen die Möglichkeit, die Angaben in einer Datei zu speichern oder ausdrucken zu lassen.

98

Das entsprechende Programm in Windows 98 heißt *Systeminformationen*. Sie finden dieses Programm unter START/PROGRAMME/ZUBEHÖR.

Wenn Sie das Systeminformationsprogramm starten, wird ein ähnlich wie das in Abbildung 6.2 dargestellte Fenster angezeigt. Zu Beginn sehen Sie Basisinformationen über Ihren Computer wie die verwendete Windows-Version, den Prozessortyp, Gesamtspeicherkapazitäten sowie den noch freien Speicherplatz auf allen installierten Festplattenlaufwerken. Detailliertere Informationen über vorhandene Ressourcen und Computerkomponenten erhalten Sie, wenn Sie die Namen dieser Komponenten im linken Teil des Systeminfofensters markieren.

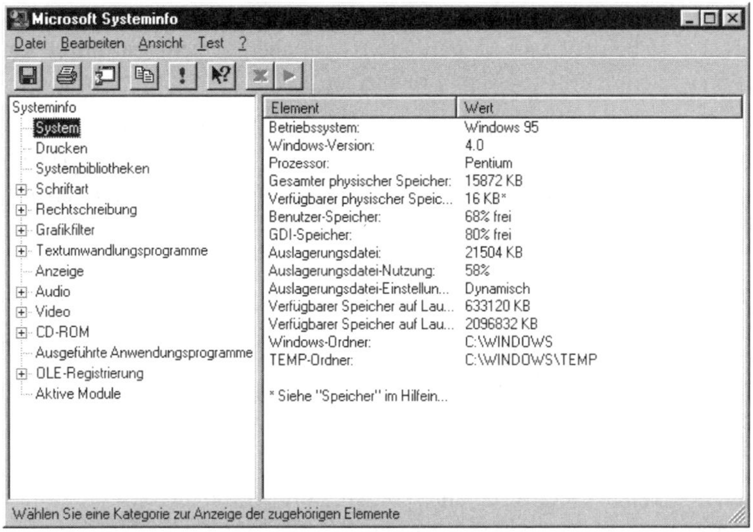

Abbildung 6.2: Im Dialogfeld MICROSOFT SYSTEMINFO *werden Informationen über Ihren Computer angezeigt.*

Auch wenn Sie noch nicht im Besitz der neuen Windows 98-Version sind, müssen Sie nicht gleich in Panik geraten. Systeminformationen stehen Ihnen auch bei den Vorgängerversionen zur Verfügung: Microsoft hat sie in Office 95 und Office 97 mit integriert. Um von einem der Office-Programme aus (Word, Excel oder PowerPoint) die Systeminfo zu aktivieren, wählen Sie den Menübefehl HILFE/INFO. Wenn das Dialogfeld INFO angezeigt wird, klicken Sie auf die Schaltfläche SYSTEMINFO.

MS-DOS 6 (inklusive 6.0, 6.2 und 6.22) enthält ein ähnliches Programm mit dem Namen *MSD*, Abkürzung für *Microsoft Diagnostics*. Um das Diagnoseprogramm zu starten, geben Sie an der DOS-Eingabeaufforderung `MSD` ein und drücken Sie die Eingabetaste.

Warum brauchen Sie überhaupt ein Netzwerk?

Ein weiterer wichtiger Punkt während der Planung eines Netzwerks ist die Auseinandersetzung mit der Frage, warum Sie Ihrer Meinung nach überhaupt ein Netzwerk brauchen. Im folgenden finden Sie einige häufig genannte Gründe, die für die Einführung eines Netzwerks sprechen:

- Mein Mitarbeiter und ich tauschen fast jeden Tag Dateien über eine Diskette aus. In einem Netzwerk könnte die gemeinsame Nutzung der Dateien ohne Disketten erfolgen.
- Ich möchte nicht für jeden Mitarbeiter einen eigenen Laserdrucker bereitstellen, zumal der eine, den wir im Moment besitzen, zwar viel Platz weg nimmt, dafür aber schon heute nicht ständig genutzt wird. Wäre es da nicht besser, ein Netzwerk zu installieren, anstatt für jeden Computer einen Laserdrucker zu kaufen?
- Jemand hat herausgefunden, daß wir allein durch das Drucken von internen Memos auf Papier pro Tag sieben Bäume auf dem Gewissen haben. Erschreckt durch diese Tatsache beschließen wir, ein E-Mail-System einzusetzen.
- Das Geschäft läuft so gut, daß eine Person mit der Eingabe der Bestellungen gar nicht mehr nachkommt und Überstunden schieben muß. In einem Netzwerk könnten zwei Leute die Bestellungen eingeben, die kostenintensiveren Überstunden müßten nicht mehr bezahlt werden.
- Mein Schwager hat sich gerade ein Netzwerk in seinem Büro eingerichtet, und ich möchte nicht, daß er mich für rückständig hält.

Sie sollten wirklich in aller Ruhe die Gründe, die für den Einsatz eines Netzwerks sprechen, zusammentragen und niederschreiben. Schielen Sie für Ihre betäubende Prosa nicht nach dem Pulitzer-Preis. Sorgen Sie nur dafür, daß Sie alles notiert haben, was Sie vom Einsatz eines Netzwerks erwarten.

Falls Sie einen 500-Seiten-Netzwerkplan erstellen, können Sie die Beschreibung, warum das Netzwerk benötigt wird, in einem Register mit der Bezeichnung »Rechtfertigung« ablegen. In Ihrem Netzwerkordner reihen Sie es unter »Warum« ein.

Vielleicht kommen Sie nach vielen Überlegungen auch zu dem Schluß, daß Sie gar kein Netzwerk benötigen. Auch das geht in Ordnung. Sie können den Ordner immer noch für Ihre Briefmarkensammlung verwenden.

Drei grundlegende Netzwerkentscheidungen, die Sie nicht umgehen können

Wenn Sie ein Computernetzwerk planen, werden Sie mit drei unvermeidbaren Entscheidungen konfrontiert. Bevor Sie diese Entscheidungen getroffen haben, können Sie das Netzwerk nicht installieren. Wie wichtig dieses Thema ist, sehen Sie auch daran, daß ich in diesem Kapitel eigene Abschnitte dafür reserviert habe.

Es ist schon einige Zeit (bzw. ein paar Kapitel) her, seit ich das neue DBA (Drei-Buchstaben-Akronym) eingeführt habe. Analog dazu können wir die folgenden grundlegenden Netzwerkentscheidungen GNE nennnen, was für – Sie ahnen es schon – »grundlegende Netzwerkentscheidungen« steht.

Dummes Zeug über Druckerweichen

Wenn die gemeinsame Nutzung eines Druckers für Sie der einzige Grund ist, den Einsatz eines Netzwerks zu planen, dann sollten Sie eine preiswertere Alternative in Erwägung ziehen: Kaufen Sie sich eine Druckerweiche. Druckerweichen ermöglichen es, daß zwei oder mehrere Computer einen Drucker gemeinsam nutzen. Anstatt über ein Kabel eine direkte Verbindung von Computer zu Drucker herzustellen, können Sie Kabel von jedem Computer zu der Druckerweiche führen und dann ein Kabel von der Druckerweiche zum Drucker leiten. Bei diesem System kann jeweils nur ein Computer auf den Drucker zugreifen. Welcher, das entscheidet der Schalter.

Es gibt zwei Arten von Druckerweichen:

Die *manuelle Druckerweiche* hat vorne einen Knopf, über den Sie einstellen können, welcher Computer mit dem Drucker verbunden ist. Wenn Sie also von Ihrem Computer aus einen Druckauftrag an den Drucker senden möchten, müssen Sie sich zunächst vergewissern, daß der Knopf auch auf das Symbol für Ihren Computer eingestellt ist. Sollten Sie den Knopf umschalten, während bereits ein anderer druckt, kann Sie dies eine Runde »Freitorte für alle« kosten.

Die *automatische Druckerweiche* hat eine Art integriertes, elektronisches Ohr, das jedem Computer genau zuhört. Wenn es mitbekommt, daß einer der Computer versucht, mit dem Drucker zu sprechen, verbindet das elektronische Ohr diesen Computer automatisch mit dem Drucker. Manche Druckerweichen verfügen über einen eigenen *Puffer*, in dem die Druckausgabe eines Computers zwischengespeichert wird, falls ein anderer Computer den Drucker bereits verwendet. Automatische Druckerweichen sind nicht immer narrensicher einsetzbar, die meiste Zeit funktionieren sie jedoch.

Natürlich kostet eine automatische Druckerweiche mehr als eine manuelle. So kostet beispielsweise eine manuelle Weiche mit bis zu vier Rechneranschlüssen für einen Drucker um die DM 40. Bei einer vergleichbaren automatischen Druckerweiche mit denselben Anschlußmöglichkeiten sind Sie da schon 150 DM dabei. Aber das ist alles immer noch billiger als ein aufgeblasenes Netzwerk.

GNE Nr. 1: Welches Netzwerkbetriebssystem soll es sein?

Die Auswahl an Netzwerkbetriebssystemen ist groß, doch von einer bestimmten Sichtweise aus betrachtet, sind Ihre Auswahlmöglichkeiten durch folgende Punkte eingeschränkt:

✔ Novell NetWare ist das populärste Betriebssystem für große Netzwerke. NetWare erfordert es, daß mindestens ein Computer als Netzwerk-Server agiert. Für Neueinsteiger kann die Installation dieses Betriebssystems zu einer echten Herausforderung werden. Mit Novell NetWare können zahlreiche Client-Typen angeschlossen werden: DOS, Windows für

Workgroups, Windows 95 und 98, Windows NT, OS/2, ja sogar UNIX-Systeme. Dazu können Sie auf einfache Weise Macintosh-Computer mit einem NetWare-Netzwerk verbinden.

- ✔ Der Windows NT Server ist eine spezielle Version von Windows, die wie NetWare erfordert, daß Sie einen oder mehrere Computer dafür reservieren, als Netzwerk-Server zu agieren. Optimal ist es, wenn auf allen Client-Computern dieselbe Windows-Version installiert ist – beispielsweise Windows 95. Doch Windows NT Server kann auch dahingehend eingerichtet werden, mit DOS- und Macintosh-Client-Computern zu arbeiten.

- ✔ Wenn Sie nicht möchten, daß *ein* Computer als Server agiert, können Sie mit Windows 95 oder Windows für Workgroups auch das gesamte Netzwerk auf Ihren Client-Computern erstellen.

- ✔ LANtastic (von Artisoft) bietet einige Peer-to-Peer-Netzwerkfeatures, die von Windows 95 oder Windows für Workgroups nicht bereitgestellt werden. Der Einsatz von LANtastic ist dann zu empfehlen, wenn Sie ein hochentwickeltes Peer-to-Peer-Netzwerk einrichten möchten, das Drucker, Laufwerke und auch Modems oder Faxgeräte gemeinsam nutzen kann, oder wenn auf einigen Ihrer Computer DOS und nicht Windows installiert ist.

- ✔ Sie können unter Verwendung von Windows 95 oder Windows für Workgroups mit einem einfachen Peer-to-Peer-Netzwerk beginnen und später auf NetWare oder Windows NT Server aufrüsten. Alle in diesem Abschnitt beschriebenen Netzwerke verwenden dieselben Kabel, Netzwerkkarten, Hubs usw. Ein Wechsel von einem Netzwerk zu einem anderen zieht nur eine Neukonfiguration der Software nach sich. (Wenn Sie natürlich von einem Peer-to-Peer-Netzwerk zu NetWare oder Windows NT Server wechseln, müssen Sie einen dedizierten Server-Computer haben.)

- ✔ Sie können auch mit Windows 95 oder Windows für Workgroup ein Peer-to-Peer-Netzwerk erstellen und dann zu einem späteren Zeitpunkt auf LANtastic aufrüsten. Wenn alle Ihre Computer mit dem Betriebssystem Windows 95 ausgestattet sind, ist diese Methode zu empfehlen. Schließlich steht Ihnen in Windows 95 die gesamte Software zur Verfügung, die Sie benötigen, um ein Netzwerk einzurichten und zum Laufen zu bringen. Sie können sich also erstmal damit begnügen, eine Netzwerkkarte und funktionsfähige Kabel zu erhalten. Wenn Sie dann später der Ansicht sind, daß die Windows 95-Netzwerkfähigkeiten Ihren Ansprüchen nicht mehr genügen, können Sie immer noch LANtastic hinzufügen.

- ✔ In Kapitel 7 werden die Vor- und Nachteile dieser Systeme beschrieben, so daß Sie nach der Lektüre dieses Kapitels selbst entscheiden können, welches Netzwerk für Sie die beste Wahl ist.

GNE Nr. 2: In welcher Anordnung möchten Sie die Server-Computer haben?

Bei Peer-to-Peer-Netzwerken wie Windows 95 oder Windows 98, Windows für Workgroups und LANtastic ist der Einsatz von dedizierten Servern nicht erforderlich. Das bedeutet aber nicht, daß Sie dedizierte Server nur mit NetWare oder Windows NT Server verwenden können und sollten. Im Gegenteil, wenn Sie es sich irgendwie leisten können, ist der Einsatz eines dedizierten Servers immer zu empfehlen, unabhängig davon, welches Betriebssystem Sie benutzen.

- ✔ Die Verwendung eines dedizierten Server-Computers auf einem Peer-to-Peer-Netzwerk macht das Netzwerk schneller und gestaltet die Arbeit damit einfacher und zuverlässiger. Beachten Sie, was passiert, wenn der Benutzer einer Workstation, die gleichzeitig als Server verwendet wird, beschließt, den Computer auszuschalten und dabei nicht merkt, daß eine andere Person auf Dateien auf seinem oder ihrem Laufwerk zugreift.
- ✔ Sie müssen nicht unbedingt Ihren größten und schnellsten Computer als Server bestimmen. Ich habe schon Server gesehen, bei denen diese Funktion vom langsamsten Computer übernommen wurde, zum Beispiel, wenn der Server hauptsächlich zur gemeinsamen Nutzung von Druckern verwendet wird.
- ✔ Wenn Sie Ihre Server-Konfiguration planen, müssen Sie sich genau überlegen, wie Ihre Daten- und Programmdateien über das Netzwerk verteilt werden sollen. Sollen zum Beispiel alle Benutzer Kopien von Microsoft Office auf ihren lokalen Festplatten haben oder soll nur auf dem Server eine Kopie installiert sein (dabei sind natürlich auch die gegebenen Softwarelizenz-Einschränkungen zu beachten).
- ✔ In Kapitel 2 haben Sie bereits erfahren, was es mit dem Begriff »Mapping« auf sich hat. Dabei wird einem gemeinsam genutzten Laufwerk oder Ordner ein Laufwerksbuchstabe zugeordnet. Gehen Sie bei dieser Zuordnung konsistent vor, so daß bei einem Zugriff auf ein spezielles Netzwerklaufwerk von jedem Computer derselbe Laufwerksbuchstabe verwendet wird.
- ✔ Das Thema Server-Konfiguration ist so berauschend, daß wir ein eigenes Kapitel dafür reserviert haben – Kapitel 8.

GNE Nr. 3: Wie möchten Sie Ihr Netzwerk verkabeln?

Mit der dritten Basisentscheidung legen Sie fest, wie Sie Ihre Computer verbinden.

- ✔ Sie müssen eine Auswahl zwischen folgenden Kabeltypen treffen: Twisted Pair-Kabeln (UTP oder 10BaseT genannt) und Koaxialkabeln (ThinNet genannt). Vor- und Nachteile finden Sie bei beiden Kabeltypen, und ein gemeinsamer Einsatz von beiden ist möglich und manchmal sogar wünschenswert. (Eine Kurzbeschreibung zu Kabeltypen finden Sie in Kapitel 1. Sollte Sie sich für Netzwerkkabel näher interessieren, dann lesen Sie in Kapitel 9 weiter.)
- ✔ In jedem Computer muß eine Netzwerkkarte installiert sein. Auch hier gilt: möglichst dieselbe Karte verwenden, ein Mischen und Mixen ist jedoch möglich. Beachten Sie, daß die ausgewählte Karte mit dem Kabel kompatibel sein muß.
- ✔ Wenn Sie Twisted Pair-Kabel benutzen, benötigen Sie auch einen Netzwerk-Hub.

- Skizzieren Sie die räumlichen Gegebenheiten und halten Sie auf einem Plan fest, wo sich jeder Computer befindet und wie die Kabel verlegt werden sollen.
- Detailliertere Informationen zur Netzwerkverkabelung finden Sie in Kapitel 9.

Das Netzwerk zum Leben erwecken: Ein Starter-Kit einsetzen

Meine Lieblingsphase bei der Erstellung eines Netzwerks ist und bleibt die Einkaufsphase. Gibt es etwas schöneres, als in einen Computerladen zu gehen und sich den Einkaufswagen vollzuladen? Ich finde es jedenfalls aufregend, die Gänge entlang zu schlendern und hier einen Netzwerk-Hub, und eine Netzwerkkarte und dort Kabel, Stecker und andere feine Sachen aus den Regalen zu holen.

Nun ist ein ausgiebiger Einkaufsbummel nicht jedermanns Sache! Sie haben deshalb auch die Möglichkeit, alle Teile, die Sie für eine Verbindung von zwei oder drei Computern zu einem Netzwerk benötigen, in einer einzelnen Schachtel zu kaufen. Ein typisches Starter-Kit für drei Computer enthält drei Ethernet-Netzwerkkarten, einen Hub, drei Twisted Pair-Kabel mit bereits angefügten Steckern, so daß Sie alle drei Computer mit dem Hub verbinden können sowie eine Anweisung, wie Sie alles zusammenbauen können. Die Preise für einen solchen Netzwerk-Grundbaukasten sind unterschiedlich und hängen einmal davon ab, wo Sie ihn erwerben und zum zweiten, von welchem Hersteller die in dem Starter-Kit enthaltenen individuellen Komponenten sind.

In den Starter-Kits fehlt ein wichtiges Teil des Netzwerk-Puzzles – das Netzwerkbetriebssystem selbst! Wenn Sie ein Starter-Kit verwenden, müssen Sie zunächst Windows 95 oder ein anderes, netzwerkfähiges Betriebssystem (wie Windows für Workgroups, Windows NT Workstation oder LANtastic) auf Ihrem Computer installiert haben.

Das Starter-Kit kann die ersten zwei oder drei Computer in einem Netzwerk unterbringen. Für jeden weiteren Computer, den Sie anschließen möchten, kaufen Sie einen Nachrüstbaukasten, der eine Netzwerkkarte und ein Kabel enthält.

Das mit dem Starter-Kit gelieferte Kabel ist im allgemeinen ca. 7,5 m lang. Wenn Ihre Computer weiter voneinander getrennt sind, müssen Sie ein eigenes Kabel kaufen.

- Netzwerk-Kits werden im Normalfall mit Netzwerkkarten, die im höheren Preisniveau angesiedelt sind, geliefert. Wenn Sie die einzelnen Komponenten gesondert erwerben, können Sie eine preiswertere Netzwerkkarte kaufen und somit Geld sparen.
- Artisoft – also die Firma, die LANtastic vertreibt – verkauft auch Starter-Kits, die zum einen die benötigte Hardware enthalten, um zwei Computer zu einem Netzwerk zu verbinden und darüber hinaus zwei Kopien des LANtastic-Netzwerkbetriebssystems.

Ein einfacher Netzwerkplan

Betrachten wir mal ein typisches Familienunternehmen: »Müllers kleiner Sportladen«, ein kleines, aber feines Sportwarenhaus, dessen Angebotspalette von Fan-Artikeln wie Fußballwimpel bis hin zu einer kompletten Ausrüstung für Inline-Skating reicht.

Das Computer-Inventar der Müllers

Die Müllers haben vier Computer:

- ✔ Der Computer von Edith ist ein brandneuer 300 MHz Pentium II mit 64 MByte RAM und einer 6 GByte großen Festplatte. Edith läßt das Tabellenkalkulationsprogramm Excel für ihre Tabellenanalysen unter Windows 98 ablaufen und gelegentlich arbeitet sie auch mit einem Textverarbeitungsprogramm (Word). Sie hat auch einen Laserdrucker.
- ✔ Julianes Computer ist ein 33 MHz 486-Prozessor mit 4 MByte RAM und einer 300 MByte großen Festplatte. Juliane hat das Betriebssystem Windows 3.1 auf ihrem Computer installiert, und sie erledigt die meisten Arbeiten, die innerhalb der Firma in den Textverarbeitungsbereich fallen, mit einer älteren Version von Word für Windows. Sie hat einen Matrixdrucker, der Schönschriftdruck bis zu einem bestimmten Qualitätsmaß produzieren kann, doch manchmal möchte sie für den Ausdruck von Briefen den Laserdrucker von Edith benutzen.
- ✔ Herberts Computer ist ein 386-Prozessor mit 2 MByte RAM und einer 80 MByte großen Festplatte. Herbert verwaltet ein Inventarverzeichnis der Firma in Form von Datensätzen und verwendet dazu ein Datenbankprogramm mit dem Namen Q&A.
- ✔ Martins Computer ist ein echter IBM AT-Computer mit einem 286-Prozessor, 512 KByte RAM und einer 20 MByte großen Festplatte. An Martins Computer ist auch ein Modem angehängt. Er verwendet den Computer meist dazu, um mit einem Online-Service wegen Marktforschung zu kommunizieren und um Pong zu spielen.

Warum die Müllers ein Netzwerk benötigen

Die Müllers möchten ihre Computer aus zwei einfachen Gründen vernetzen:

1. Alle sollen auf den Laserdrucker zugreifen können.
2. Alle sollen auf die Datenbank zugreifen können.

Wenn es den zweiten Grund nicht gäbe, wäre die Anschaffung eines Netzwerks nicht unbedingt notwendig. Die Müllers könnten sich eine einfache Druckerweiche anschaffen und damit allen vier Computern den Zugriff auf den Laserdrucker ermöglichen (mehr Informationen zu Druckerweichen finden Sie weiter vorne in diesem Kapitel). Doch wenn allen Mitarbeitern und Mitarbeiterinnen auch ein Zugriff auf die Firmendatenbank ermöglicht werden soll, ist die Anschaffung eines Netzwerks unabdingbar.

Das Netzwerkbetriebssystem

In der Familie Müller würde sich niemand als Computerexperte bezeichnen, und so haben sie sich für ein einfaches Peer-to-Peer-Netzwerkbetriebssystem entschieden: LANtastic. Dieses System ermöglicht es ihnen, auf den Drucker und die Festplatte, die die Bestandsdatenbank enthält, zugreifen zu können. Es entspricht also ausreichend ihren Anforderungen.

Edith möchte mit Windows 98 arbeiten, da sie gehört hat, daß sich das Kartenspiel *Hearts*, das extra für Netzwerke konzipiert wurde, wunderbar im Netz spielen läßt. Sie hat ihre Anforderungen aber sofort zurückgedreht, als sie sich daran erinnerte, daß Herberts und Martins Computer nicht unter Windows 98 lauffähig sind. Der Einsatz von NetWare oder Windows NT Server wurde ebenfalls ausgeschlossen, da sich die Familie keinen eigenen Server-Computer leisten kann (siehe auch der folgende Abschnitt über die Server-Konfiguration).

Server-Konfiguration

Da sich die Müllers also keinen eigenen Computer leisten können, den sie als Server nutzen, haben zwei der vorhandenen Computer die Pflicht, sowohl als Client, als auch als Server zu agieren. Ediths Computer wird als Client/Server eingerichtet, so daß jeder auf ihren Laserdrucker zugreifen kann, und Herberts Computer wird auch als Client/Server eingerichtet, so daß jeder Zugriff auf die Datenbank hat.

Nachdem das Netzwerk eingerichtet ist und läuft, erwägt Herbert, die Datenbank auf Ediths Computer zu verschieben. Auf diese Weise müßte nur ein Server-Computer verwaltet werden. Da Edith ihren Computer nicht oft benutzt, kümmert sie sich wahrscheinlich auch nicht um die geringe Leistungsminderung, die auftritt, wenn andere Benutzer auf ihre Festplatte zugreifen.

Netzwerkverkabelung

Der Einfachheit halber haben sich die Müllers dafür entschieden, die Verbindung der einzelnen Computer zu einem Netzwerk mit ThinNet-Koaxialkabeln herzustellen. Alle vier Computer befinden sich in einer geräumigen Bude, so daß durch die räumlichen Gegebenheiten keine wirklichen Verkabelungsprobleme auftreten. Desweiteren entscheiden sich die Müllers, für zwei der Computer ein LANtastic Starter-Kit zu erwerben und für die beiden anderen Computer jeweils einen Nachrüstbaukasten.

In Abbildung 6.3 sehen Sie einen Plan, wie die Müllers ihr Netzwerk einrichten möchten. Sie können hier auch gut erkennen, wie der Kabelverlauf geplant ist.

Nachdem die Müllers nun einen Plan in der Hand haben, steht einer Netzwerkverbindung nichts mehr im Weg. Sie müssen dann nur noch die notwendigen Netzwerkkarten und -kabel sowie die LANtastic-Netzwerksoftware kaufen und alles entsprechend einrichten. Es wird nur ein paar Stunden dauern, dann ist das Netzwerk eingerichtet und ablauffähig.

Kapitel 7 lädt Sie zu einer zwanglosen Tour ein, bei der Sie erfahren werden, welche verschiedenen Optionen zur Erstellung eines eigenen Netzwerks zur Verfügung stehen – Windows 95, Windows 98, Windows NT Server, NetWare, Windows für Workgroups und LANtastic – und bietet Ihnen auch Anhaltspunkte bei der Entscheidung, welches Netzwerk für Sie das richtige ist.

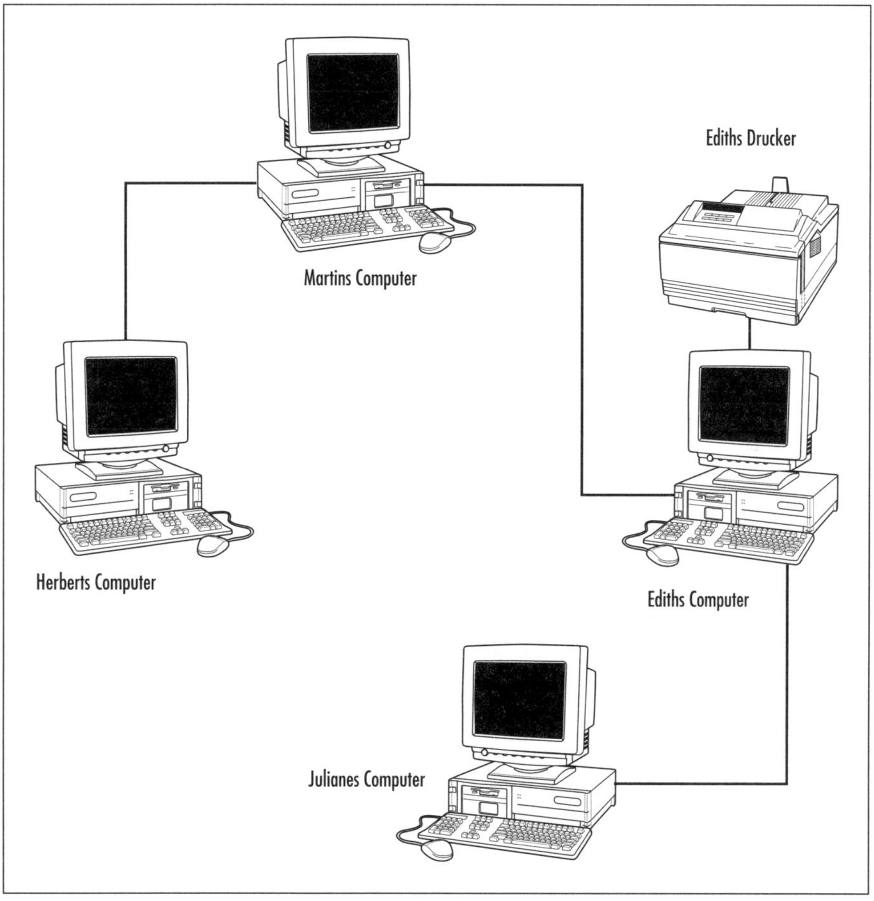

Abbildung 6.3: Ein Plan für ein Netzwerk

Wählen Sie Ihre Waffe (oder, welches Netzwerk soll ich verwenden?)

7

In diesem Kapitel ...

- Novell IntranetWare (zuvor bekannt als NetWare)
- Windows NT Server
- Windows 95
- Windows für Workgroups
- Artisoft LANtastic

Bei der Planung eines Netzwerks ist es auch sehr wichtig, genau zu prüfen, welches Netzwerkbetriebssystem als Grundlage Ihres Netzwerks verwendet werden soll. Dieses Kapitel bietet Ihnen in einem Überblick eine Beschreibung der meisten bekannten Netzwerkbetriebssysteme – inklusive ihrer Vor- und Nachteile. Es beginnt mit Novell IntranetWare, dem populärsten Netzwerkbetriebssystem. Als nächstes folgt eine Beschreibung des Hauptkonkurrenten von Novell: Windows NT Server. Dann beschreibt dieses Kapitel die drei Peer-to-Peer-Netzwerke: Microsoft Windows 95 (bzw. Windows 98), Windows für Workgroups und Artisoft LANtastic.

Novell NetWare (huch, ich meine IntranetWare)

Bei IntranetWare handelt es sich um die letzte Inkarnation des populären NetWare-Betriebssystems von Novell. IntranetWare basiert auf der Version 4.11 von NetWare und enthält eine Reihe von Extra-Bonbons, die Internet-Fähigkeiten zu Ihrem LAN hinzufügen. Sie können unter Verwendung von IntranetWare Netzwerke erstellen, die sich aus hunderten von Computern zusammensetzen, es ist aber auch für kleinere Netzwerke geeignet.

IntranetWare beinhaltet NetWare 4.11. Wenn Sie möchten, können Sie NetWare 4.11 auch separat beziehen. IntranetWare und NetWare sind jedoch gleich teuer. Es macht auch wenig Sinn, nur NetWare 4.11 zu erwerben, da die mit IntranetWare zur Verfügung gestellten Internet-Schmankerl im wesentlichen kostenlos sind.

Novell verkauft auch weiterhin noch die Version 3.12 von NetWare, hauptsächlich für den Personenkreis, der bereits mit großen NetWare 3.12-Netzwerken arbeitet und diese ausbauen möchte. Wenn Sie ein neues Netzwerk einrichten, entscheiden Sie sich lieber für IntranetWare als für NetWare 3.12, besonders wenn Sie sich die Tatsache bewußt machen, daß NetWare 3.12 teurer ist als das neuere IntranetWare.

Warum arbeitet NetWare raffinierter als DOS?

Da NetWare nicht von der primitiven DOS-Dateiverwaltung abhängig ist, kann es wirkungsvollere Methoden der Dateiverarbeitung einsetzen. Eine Übersicht der Standardtechniken von NetWare liest sich wie ein Vorlesungsverzeichnis eines Computerkurses für Fortgeschrittene.

Beim *Caching* verbleibt eine Kopie der zuletzt gelesenen Festplattendaten im Arbeitsspeicher in der Hoffnung, daß dieselben Daten wieder benötigt werden. Falls dem so ist, kann ein erneuter Zugriff auf die Festplatte unterbleiben. Auch DOS verwendet Caching, aber die Caching-Funktionen von NetWare sind viel anspruchsvoller als das einfache Caching von DOS.

Das Verzeichnis-*Hashing* bietet einen effizienten Weg, Verzeichnisdateien auf der Festplatte zu suchen. Dadurch findet NetWare eine Datei viel schneller als DOS.

Mit dem *Fahrstuhlmodell für die Suche* wird der Festplattenzugriff auf einem ausgelasteten Fileserver verbessert. Stellen Sie sich dazu vor, wie ein Fahrstuhl arbeitet: Angenommen, es steigen drei Personen ein. Die erste Person drückt den Knopf für den zehnten Stock, die zweite für den vierten Stock und die dritte für den siebten Stock. Der Aufzug fährt nicht zuerst nach oben in den zehnten Stock, dann wieder hinunter in den vierten, und dann erneut nach oben in den siebten Stock. Statt dessen hält er in den verschiedenen Stockwerken der Reihenfolge nach: zuerst im vierten, dann im siebten und schließlich im zehnten Stock. Wenn drei Personen nahezu gleichzeitig Zugriff auf die Festplatte anfordern, bedient DOS die Anforderungen in der Reihenfolge, in der sie empfangen wurden. NetWare ordnet die Anforderungen dagegen neu, so daß sie so effektiv wie möglich ausgeführt werden können, da die Kopfbewegung der Festplatten minimiert wird.

In diesem Buch bezeichnet der Begriff *NetWare* das NetWare-Betriebssystem unabhängig von dessen Versionsnummer. Der Begriff *IntranetWare* wird nur verwendet, wenn auf die Kombination von NetWare 4.11 mit den Internet-Tools, die mit dem IntranetWare-Paket ausgeliefert werden, verwiesen wird.

Was ist denn nun so großartig an Novell NetWare?

In diesem Buch wurde NetWare dafür angeprangert, daß es zu kompliziert sei. Es kann aber auch eine Menge zugunsten von NetWare angeführt werden. NetWare mag bei der Installation und Verwaltung kompliziert sein, aber es ist das am weitesten verbreitete und populärste Betriebssystem für Netzwerke. Es muß über NetWare etwas Gutes zu sagen geben!

- ✔ Als Novell sich in den 80er Jahren anschickte, NetWare zu entwickeln, war bald klar, daß das alte DOS-Betriebssystem für Netzwerkbelange nicht tauglich war. Anstatt mit den

Begrenzungen von DOS zu leben, entschied sich Novell dafür, DOS insgesamt zu umgehen. Auf NetWare-Fileservern wird DOS nicht ausgeführt: NetWare ist das Betriebssystem des Fileservers. Daher ist NetWare unabhängig von den in DOS integrierten Begrenzungen.

✔ Da auf NetWare-Fileservern DOS nicht läuft, müssen NetWare-Server als dedizierte Server ausgewiesen werden. Mit anderen Worten: Ein NetWare-Server kann nicht als Workstation für einen Benutzer eingesetzt werden. Diese Konfiguration ist zwar teurer, weil Sie einen eigenen Server-Rechner kaufen müssen, aber damit arbeiten Sie effizienter, da der Server-Rechner voll für den Netzwerkbetrieb zur Verfügung steht.

✔ Clients in einem NetWare-Netzwerk können DOS- oder Windows-basierte Rechner, OS/2-Rechner, UNIX-Rechner oder MACs sein. Wenn Sie sowohl PCs als auch Macintoshs einsetzen, ist NetWare für Sie besonders geeignet.

✔ Der NetWare-Fileserver verwendet eine effizientere Organisationsstruktur für Dateien und Verzeichnisse als DOS. Unter NetWare können Sie jedes Plattenlaufwerk in ein oder mehrere Laufwerke unterteilen. Diese Laufwerke entsprechen den logischen Laufwerken von DOS.

  Novell-Laufwerke (Volumes genannt) verwenden Namen anstelle von einzelnen Laufwerksbuchstaben. Um von einem DOS-Client-Computer auf ein NetWare-Volume zuzugreifen, wird dem NetWare-Volume ein Laufwerksbuchstabe zugeordnet. Von einem Windows 95-Client aus können Sie dagegen über die Laufwerksbezeichnung auf ein NetWare-Volume zugreifen.

✔ NetWare bietet ein besonderes Ablagesystem namens Btrieve. Btrieve wird in erster Linie von spezialisierten Anwendungsprogrammen verwendet, die Sie für Ihre Firma erwerben können. Falls Sie beispielsweise einen Videoladen betreiben, können Sie spezielle Software für Videogeschäfte kaufen, die mit Btrieve arbeiten. Auch für Landwirte ist extra landwirtschaftliche Software erhältlich, die Btrieve nutzt. Universal-Software, wie z.B. Textverarbeitungs- und Tabellenkalkulationsprogramme, verwenden Btrieve nicht.

  Wenn Sie spezielle Software, die auf Btrieve zugreift, einsetzen, läuft diese Software effizienter unter NetWare als in einem Peer-to-Peer-Netzwerk.

✔ Alle Versionen von NetWare enthalten Funktionen für *System Fault Tolerance* (SFT). Dadurch wird ermöglicht, daß ein Netzwerk selbst dann weiterarbeiten kann, wenn ein Hardwarefehler auftreten sollte.

✔ NetWare 4.11 kann sehr große Netzwerke unterstützen. Im folgenden sind die maximalen Größenangaben für ein NetWare 4.11.-Netzwerk aufgeführt:

  - bis zu 1.000 Benutzer
  - bis zu 100.000 simultan geöffneter Dateien auf jedem Server
  - bis zu 16 Millionen Dateien pro Volume

- bis zu 64 Plattenlaufwerke pro Server. (Das bedeutet, daß die theoretische, maximale Dateienanzahl pro Server 16 Millionen mal 64 beträgt, was etwas mehr als eine Milliarde ergibt. Novell sollte einen Aufkleber verwenden, auf dem steht »Mehr als eine Milliarde Dateien werden bedient.«)
- Jedes Laufwerk kann in 1.024 logische Laufwerke unterteilt werden.
- Jeder Server kann insgesamt 32.768 GByte Plattenspeicher unterstützen.
- Eine einzelne Datei darf bis zu 4 GByte groß sein.

Die Nachteile von NetWare

NetWare zählt zu den besten, zur Zeit erhältlichen Netzwerksystemen, was aber nicht bedeutet, daß es automatisch für Ihr Netzwerk die beste Wahl darstellt. Beim Einsatz von NetWare für kleine Netzwerke ergeben sich einige Nachteile.

- ✔ Ein NetWare-Netzwerk ist auf jeden Fall komplizierter einzurichten als ein Windows 95-basiertes Peer-to-Peer-Netzwerk. Die Lernkurve ist ziemlich steil. Windows 95 enthält ein so schmales Handbuch, das fast nur Broschüre genannt werden dürfte. NetWare dagegen wird mit Tausenden von Handbuchseiten ausgeliefert.

  Wenn Sie sich Computerwissen sehr schnell aneignen, können Sie voraussichtlich mit NetWare umgehen. Falls nicht, müssen Sie wahrscheinlich einen Berater konsultieren, der NetWare für Sie installiert. Das muß nicht unbedingt schlecht sein; denken Sie einfach daran, daß die Installation von NetWare kein Heimwerkerprojekt ist, es sei denn, Sie kennen sich sehr gut mit Computern aus.

- ✔ Die Hardware für ein NetWare-System kostet mehr als für ein Peer-to-Peer-Netzwerk, weil mindestens ein Rechner ausschließlich als Fileserver ausgewiesen werden muß. (Die Netzwerkkomponenten - Adapterkarten, Kabel usw. - sind nicht teurer. Und wenn Sie auch für Ihr Peer-to-Peer-Netzwerk einen dedizierten Fileserver einsetzen, belaufen sich die Kosten dafür auf denselben Betrag.)

- ✔ Schließlich müssen Sie an die Kosten für NetWare selbst denken. Wenn Sie ein Windows 95-basiertes Peer-to-Peer-Netzwerk einrichten, haben Sie für die Netzwerk-Software keine zusätzlichen Ausgaben, weil die Netzwerkfunktionen in Windows 95 integriert sind. Wenn Sie aber NetWare vorziehen, müssen Sie die NetWare-Software für Ihren Server kaufen.

  Der Preis der NetWare-Server-Software ist abhängig von der Anzahl der Clients, die gleichzeitig auf den Server zugreifen. Sie können die NetWare-Software in Lizenzpaketen zu entweder 5, 10, 25, 50, 100, 250, 500 oder 1.000 Benutzern erwerben. Wenn in Ihrem Netzwerk nur sechs Benutzer vorhanden sind, brauchen Sie jedoch nicht die 10-Benutzer-Version kaufen. Für diese Fälle gibt es die IntranetWare für Small Business. Da kaufen Sie eine 5-Benutzer-Version plus eine Erweiterung für 1 Benutzer. Die 5-Benutzer-Version kostet 2.388 DM und die Erweiterung für 1 Benutzer 156 DM.

In Tabelle 7.1 finden Sie die Preise für IntranetWare aus einer aktuellen Fachhandelspreisliste. (IntranetWare können Sie höchstwahrscheinlich bei einem Diskontvertrieb, einem Softwareladen oder fast allen Softwareverkäufern beziehen.)

Für größere Netzwerke ist die Preisgestaltung recht günstig. Da aber bei Peer-to-Peer-Netzwerken normalerweise eine Kopie pro Benutzer verkauft wird, sind diese für kleine Netzwerke meist günstiger.

Anzahl der Benutzer	Preis in DM
5	2.628,–
10	5.028,–
25	8.868,–
50	11.988,–
100	16.788,–
250	29.968,–
500	59.988,–
1.000	115.188,–

Tabelle 7.1: Preise von IntranetWare

Haben Sie das Know-how, um NetWare zu installieren?

Wie können Sie feststellen, ob Sie es mit NetWare aufnehmen können? Versuchen Sie den folgenden Selbsttest. Wenn Sie die Anworten auf alle (oder die meisten) Fragen wissen, verfügen Sie voraussichtlich über ausreichende Computerkenntnisse, um mit NetWare zurechtzukommen. Falls nicht, fühlen Sie sich deshalb nicht schlecht. Wie es schon in der Bibel heißt (frei zitiert): »Einige sind Propheten, einige sind Evangelisten, einige sind Lehrer, einige sind NetWare-Verwalter, einige sind Computer-Dummköpfe... «.

1. Mit welchem Befehl kopieren Sie alle Dateien, einschließlich der Dateien in Unterverzeichnissen, von Laufwerk A in das aktuelle Verzeichnis?

   A. `FDISK`

   B. `DELETE A:\*.*`

   C. `FORMAT C:`

   D. `XCOPY A:\*.* /S`

2. Welche der folgenden Dateien wird bei jedem Start des Computers ausgeführt?

   A. AUFGEHTS.BAT

B. AUSTEHENKLEINESCHLAFMÜTZE.COM

C. DUKLINGELST.RUCK

D. AUTOEXEC.BAT

3. Welche der folgenden Bestechungsmittel sind geeignet, um die Hilfe eines Computergurus zu gewinnen?

A. Gummibärchen

B. Sahnebonbons

C. Krapfen

D. Alle obigen

4. Wer ist der gefährlichste Mann von ganz Frankreich?

A. Jacques Cousteau

B. Marcel Marceau

C. Big Bird

D. Chefinspektor Jacques Clouseau

Wenn Sie auf drei oder mehr Fragen mit D geantwortet haben, besitzen Sie vermutlich das Know-how, um NetWare selbst zu installieren, außer Sie haben die Frage 3 falsch beantwortet, in diesem Fall haben Sie keine Chance.

Network Directory Service (NDS)

In früheren Versionen von NetWare wurden Informationen über die auf jedem Server verfügbaren Ressourcen und über die Benutzer, die sich einloggen konnten, in der *Bindery* jedes Servers gespeichert. In die Bindery wurden nur Informationen über die Ressourcen dieses einzelnen Servers aufgenommen. Das bedeutete, daß Sie sich als Benutzer bei allen Servern, die von Ihnen benötigte Ressourcen enthielten, separat einloggen mußten.

Bei NetWare 4.11 wurde die Bindery durch den Programmteil Network Directory Service oder NDS ersetzt. NDS verhält sich wie eine Super-Bindery für das gesamte Netzwerk. Mit NDS müssen Sie sich nicht bei einzelnen Servern einloggen. Sie melden sich hier nur einmal beim Netzwerk an und erhalten dadurch Zugriff auf alle Ressourcen des Netzwerks.

Für kleine Netzwerke mit nur einem Server ist NDS nicht besonders wichtig. Aber für große Netzwerke mit Dutzenden von Servern ist NDS eine bedeutende Verbesserung, weil dadurch die Verwaltung der Server deutlich vereinfacht wird.

Wieviel Computer brauchen Sie für NetWare 4.11?

Novell behauptet, daß NetWare 4.11 auf jedem 386-basierten Rechner mit mindestens 8 MByte RAM und 55 MByte freien Plattenspeicher ausgeführt werden kann. Das könnte möglich sein, aber versuchen Sie es lieber nicht. Realistischere minimale Hardware-Voraussetzungen für NetWare-4.11-Server sind die folgenden:

- ✔ Pentium Prozessor, mindestens 100 MHz
- ✔ 32 MByte RAM; 64 MByte sind besser.
- ✔ 2 GByte freier Plattenspeicher

Mit dieser Hardwareausstattung haben Sie ausreichend Rechengeschwindigkeit, RAM und Plattenspeicher zur Verfügung, um NetWare in kleinen Netzwerken zufriedenstellend auszuführen.

Novell verfügt über eine komplizierte Formel, mit der Sie schätzen können, wieviel Arbeitsspeicher für einen NetWare-Server erforderlich ist. Wenn Sie daran interessiert sind, finden Sie die Formel im Internet unter der folgenden Web-Adresse:

`http://developer.novell.com/research/appnotes/1997/march/01/04.htm`

Was ist mit NetWare 3.12?

NetWare 3.12 ist eine ältere Version von NetWare, die oft für kleinere Netzwerke eingesetzt wird. Obwohl NetWare 3.12 bis zu 250 Benutzer unterstützen kann, eignet es sich am besten für Netzwerke mit ein paar Dutzend Benutzern. Novell spricht davon, daß NetWare 3.12 auf einem Server mit nur 6 MByte RAM ausgeführt werden kann, aber das reicht nicht aus. Der Server sollte über mindestens 16 MByte RAM verfügen.

NetWare 3.12 ist immer noch erhältlich. Aber Sie werden wahrscheinlich davon überrascht sein, daß IntranetWare tatsächlich etwas billiger ist als NetWare 3.12. Außerdem ist IntranetWare etwas einfacher zu installieren und zu verwalten als NetWare 3.12, weil IntranetWare über eine ansprechende grafische Benutzeroberfläche verfügt, während NetWare 3.12 sich eher auf kryptische Befehle verläßt. IntranetWare ist NetWare 3.12 auch für kleine Netzwerke vorzuziehen.

Windows NT Server 4.0

Windows NT Server ist Microsofts Antwort auf NetWare. Lange genug hat Microsoft die zweite Geige hinter Novell gespielt. In letzter Zeit hat Windows NT aber gegenüber NetWare an Boden gewonnen, und heute ist es völlig offen, für welche Server-Software sich Interessenten entscheiden. Wenn Sie ein Netzwerk einrichten möchten, in dem sämtliche Komponenten von Microsoft stammen, dann sollten Sie Windows NT Server wählen.

Die neueste Version von Windows NT Server ist 4.0. NT Server 4.0 ist mit der populären und ansprechenden Benutzeroberfläche von Windows 95 ausgestattet. Wenn Sie Windows 95 bedienen können, werden Sie daher auch keine Probleme mit Windows NT Server 4.0 haben.

Genau wie Novell IntranetWare wird auch Windows NT Server 4.0 mit einer Reihe von kostenlosen Internet-Tools ausgeliefert. Mit Hilfe dieser Tools können Sie sich in das Internet einwählen und eine eigene Internet-Web-Site erstellen. Außerdem läßt sich damit ein Intranet einrichten. Ein Intranet ist einfach eine Web-Site, auf die nur Rechner aus Ihrem LAN zugreifen können. Im folgenden finden Sie eine Zusammenstellung der relevanteren Funktionen von NT:

- ✔ NT Server unterstützt eine unbegrenzte Anzahl von Benutzern.
- ✔ Der Server muß mindestens über einen 486er Prozessor mit wenigstens 16 MByte Arbeitsspeicher verfügen.
- ✔ Folgende Dateibeschränkungen müssen beachtet werden:
  - Maximale Benutzeranzahl: unbegrenzt
  - Anzahl der Laufwerke: 25
  - Maximale Größe der Laufwerke: 17.000 GByte
  - Maximaler Plattenspeicher eines Servers: 408.000 GByte
  - Größte Datei: 17 Milliarden GByte (Wow! Das ist mehr als der maximale Plattenspeicher eines Servers, was unmöglich ist!)
  - RAM-Maximum im Server: 4 GByte
  - Maximale Anzahl von geöffneten Dateien: unbegrenzt
- ✔ Die Preisgestaltung von NT Server ist anders als bei NetWare. Sie erhalten den NT Server mit fünf Client-Lizenzen für 2.412 DM oder mit zehn Client-Lizenzen für 3.362 DM. Auch hier gibt es Einzelplatzlizenzen. Zum Preisvergleich mit NetWare führt Tabelle 7.2 die Preise von NT Server für 5, 10, 25und 50 Benutzer auf.

Eine weitere Preiserwägung für NT Server: Microsoft hat keine »verbindlichen Richtpreise«. Einzelhändler, die NT Server verkaufen, können dafür berechnen, was Sie wollen. Vergleichen Sie daher die Preise bei verschiedenen Händlern. Die in Tabelle 7.2 aufgeführten Preise für NT Server sind aus einer aktuellen Fachhandelspreisliste.

Anzahl der Benutzer	Preis in DM
5	2.421,–
10	3.362,–
25	6.405,–
25*	15.749,–
50*	18.870,–

* Gilt für die Windows NT Server Enterprise-Version

Tabelle 7.2: Preise von Windows NT Server 4.0

- ✔ Windows NT Server gehört zu der Microsoft-Produktfamilie Microsoft BackOffice. Neben NT Server umfaßt BackOffice folgende Produkte:
  - Microsoft SQL Server, ein Datenbankprogramm
  - Microsoft Exchange Server, ein Programm für E-Mails
  - Microsoft Site Server, ein Programm zur Erstellung von erweiterten Web-Sites
  - Microsoft SNA Server, ein Programm zur Verbindung mit Großrechnern
  - Microsoft System Management Server, ein Programm zur Verwaltung von großen Netzwerken

Ausblick auf Windows NT Server 5.0

Gegenwärtig bereitet Microsoft die Auslieferung der Version 5.0 des Windows NT Server vor. NT Server 5.0 wird eine Reihe neuer Funktionen enthalten:

- ✔ *Active Directory*: bietet ein einziges Verzeichnis für alle Netzwerkressourcen und ermöglicht es Programmentwicklern, dieses Verzeichnis in ihre Programme einzugliedern. Active Directory integriert verschiedene Verzeichnisdienste, wie z.B. Novells NDS und NTs eigene Verzeichnisdienste. Dadurch ist die Verwaltung aller Verzeichnisinformationen im Netzwerk über eine einzige Schnittstelle, die der des World Wide Web ähnlich ist, möglich.
- ✔ Jeder Netzwerkbenutzer erhält automatisch auf einem NT-Server einen Ordner »Eigene Dokumente« zur Verwaltung von persönlichen Dokumenten. »Arbeitsplatz« ist der Standardspeicherort für Benutzerdokumente.
- ✔ Zahlreiche neue Assistenten vereinfachen die Verwaltung des Netzwerkes.
- ✔ Auf einem Server-Rechner werden bis zu 32 GByte RAM unterstützt.

NT Server 5.0 enthält noch viele andere neue Funktionen. Zweifellos wird es ein großer Verkaufsschlager werden.

OS/2 Warp Server

Obwohl NetWare und NT Server die beiden bekanntesten Netzwerkbetriebssysteme sind, bietet IBM mit OS/2 Warp Server ein Betriebssystem an, das Sie nicht übersehen sollten. Es ist in vielerlei Hinsicht mit NetWare und NT Server vergleichbar. OS/2 Warp Server enthält erweiterte Datei- und Drucker-Server-Funktionen, und es unterstützt DOS-, Windows 3.x-, Windows 95- und Macintosh-Client-Rechner.

OS/2 Warp Server steht in zwei Versionen zur Verfügung. Die Basisversion von OS/2 Warp Server ist für kleinere Netzwerke gedacht und kann bis zu 120 Benutzer pro Server unterstützen. Außerdem muß der Server nicht dediziert werden.

Für größere Netzwerke ist OS/2 Warp Server Advanced erhältlich. Dieses Paket enthält erweiterte Netzwerkfunktionen und kann bis zu 1.000 Benutzer auf einem einzelnen Server unterstützen.

Eine der größten Beschränkungen von OS/2 Warp Server liegt in dem Fehlen eines globalen Verzeichnisdienstes, wie z.B. NDS bei NetWare oder Active Directory bei Windows NT Server 5.0.

Peer-to-Peer-Netzwerke

Wenn Sie die Komplexität von NetWare oder NT nicht benötigen, können Sie sich für ein einfacheres Netzwerk, wie z.B. Windows 95, Windows 98, Windows für Workgroups oder LANtastic, entscheiden.

Warum sind Peer-to-Peer-Netzwerke einfacher zu handhaben?

Peer-to-Peer-Netzwerke sind hauptsächlich deshalb einfacher als NetWare oder NT zu installieren und zu bedienen, weil es nicht erforderlich ist, daß Sie Ihr vertrautes DOS- oder Windows-Betriebssystem zugunsten eines speziellen Netzwerkbetriebssystems aufgeben. Peer-to-Peer-Netzwerke fügen Ihren vorhandenen DOS- oder Windows-basierten Rechnern einfach Netzwerkfähigkeiten hinzu.

Obwohl die Fähigkeiten dieser Netzwerke durch DOS und Windows limitiert sind, sind sie einfacher einzusetzen, weil Sie nicht über ein fremdes Betriebssystem genau Bescheid wissen müssen. Alles, was Sie bereits über DOS und Windows wissen – auch wenn das nicht sehr viel ist – kann Ihnen beim Einrichten eines Peer-to-Peer-Netzwerkes helfen.

- ✔ Für Peer-to-Peer-Netzwerke ist kein dedizierter Server-Rechner erforderlich. Jeder Computer im Netzwerk kann als Netzwerk-Server und als Benutzer-Workstation dienen. (Wenn Sie wollen, können Sie aber einen Rechner als dedizierten Server konfigurieren. Dadurch erzielen Sie eine bessere Leistung.)
- ✔ Ein weiterer Grund, warum Peer-to-Peer-Netzwerke einfacher zu installieren und zu benutzen sind, ist, daß sie nicht so viele erweiterte Funktionen bieten wie z.B. NetWare oder

NT. Peer-to-Peer-Netzwerke verfügen nicht über dieselben Fehlertoleranzfunktionen, die Sicherheitssysteme sind nicht so fortgeschritten und sie enthalten weniger Optionen zur Leistungsoptimierung. Je weniger Variable man beachten muß, desto einfacher ist die Materie zu beherrschen.

Nachteile von Peer-to-Peer-Netzwerken

Peer-to-Peer-Netzwerke sind zwar leichter zu installieren und zu verwalten als NetWare und NT, aber sie haben auch ihre Schattenseiten.

✔ Da Peer-to-Peer-Netzwerke DOS- oder Windows-basiert sind, unterliegen sie den typischen Beschränkungen von DOS und Windows. DOS und Windows wurden nicht mit dem Blick auf einen Netzwerk-Server entwickelt, daher werden sie einen Fileserver niemals so effizient verwalten können wie ein wirkliches Netzwerkbetriebssystem.

✔ Wenn Sie keinen dedizierten Netzwerk-Server einrichten, muß jemand (hoffentlich nicht Sie) mit der Unannehmlichkeit leben, seinen oder ihren Computer mit dem Netzwerk zu teilen. Bei NetWare oder NT Server sind die Server-Rechner ausschließlich dem Netzwerk zugeordnet, so daß niemand mit dieser Unannehmlichkeit vorliebnehmen muß.

✔ Obwohl bei kleinen Netzwerken die Kosten pro Rechner in einem Peer-to-Peer-Netzwerk geringer sind, ist die Kostendifferenz bei großen Netzwerken (ca. 20 oder mehr Clients) zwischen Peer-to-Peer-Netzwerken und NetWare oder NT weniger signifikant.

Windows 95

Windows 95 enthält alles, was für die Installation eines Peer-to-Peer-Netzwerkes erforderlich ist. Wenn all Ihre Rechner unter Windows 95 laufen, müssen Sie nur Netzwerkkarten und Kabel kaufen, um ein Netzwerk einzurichten.

Im folgenden finden Sie die hervorstechendsten Netzwerkfunktionen von Windows 95:

✔ In Windows 95 werden die meisten Netzwerkkarten automatisch erkannt, und das Programm konfiguriert sich für die Zusammenarbeit mit diesen Karten selbst.

✔ In Windows 95 können Sie auf das Netzwerk über das Symbol für Netzwerkumgebung auf dem Desktop zugreifen. Ein Kinderspiel!

✔ Windows 95 kann eine Verbindung zu anderen Windows 95-Rechnern oder zu Servern herstellen, die mit Windows für Workgroups, Windows NT Server oder NetWare arbeiten.

✔ Windows 95 enthält das Spiel »Hearts«, das Sie zusammen mit anderen Netzwerkbenutzern spielen können.

Windows 98

Windows 98 baut auf Windows 95 auf, enthält aber eine Reihe zusätzlicher Funktionen. Die wichtigste davon ist, daß der Internet-Browser von Microsoft, Internet Explorer, in Windows integriert ist, so daß die Unterscheidung zwischen Ressourcen auf Ihrem Computer, in Ihrem lokalen Netzwerk und im Internet verschwimmt. Unter Windows 98 können Sie die Dateien und Ordner auf den lokalen Laufwerken Ihres Computers und auf Ihren Netzwerk-Servern so ansehen, als ob sie Teil des World Wide Web wären.

Die Ironie, die hierin liegt, ist eklatant. 1995, als Microsoft die Welt mit Windows 95 konfrontierte, stellte Microsoft auch den brandneuen Online-Dienst MSN (The Microsoft Network) vor. Ein Hauptverkaufsargument für MSN war, daß dieselbe Benutzeroberfläche wie Windows 95 verwendet wurde, so daß man sich nicht auf zwei unterschiedliche Benutzeroberflächen für den eigenen Computer und für den Einsatz eines Online-Dienstes (der den Zugriff auf das Internet einschloß) einlassen mußte. Im Wesentlichen stellte das Design von Windows 95 und von MSN den Versuch dar, das Internet wie Windows aussehen zu lassen. Dieser Versuch ist gründlich gescheitert.

Mit Windows 98 hat Microsoft jetzt eine komplette Kehrtwendung vollzogen. Anstatt das Internet wie Windows aussehen zu lassen, soll Windows nun wie das Internet aussehen. Außerdem hat sich MSN als Online-Dienst für den Privatanbieter aus dem Markt zurückgezogen und seine Kunden größtenteils an T-Online weitergereicht.

Abgesehen von den Internet-Funktionen entsprechen die Netzwerkfähigkeiten von Windows 98 im Grunde denen von Windows 95. Microsoft hat hier und da kleinere Verbesserungen vorgenommen, es wurde aber keine neue Netzwerkfunktion von Bedeutung hinzugefügt. Windows 95- und Windows 98-Rechner können friedlich in ein- und demselben Netzwerk koexistieren.

Windows für Workgroups

Obwohl Microsoft Sie glauben lassen möchte, daß Windows 95 bzw. Windows 98 die ultimative Version von Windows ist, sind viele Computerbenutzer mit Windows 3.1 ziemlich glücklich. Falls Sie zu diesem Personenkreis gehören, gibt es eine gute Nachricht für Sie: Sie müssen nicht auf Windows 95 umsteigen, um mit Ihren Windows-Computern ein Netzwerk zu betreiben. Statt dessen können Sie eine spezielle Netzwerkversion von Windows, nämlich Windows für Workgroups, installieren. Im Gegensatz zu Windows 95 ist es bei Windows für Workgroups nicht erforderlich, daß Sie nur zum Hinzufügen von Netzwerkfähigkeiten auf die neue Windows 95-Desktopoberfläche umsatteln.

Im folgenden finden Sie die interessantesten Funktionen von Windows für Workgroups:

- ✔ Windows für Workgroups enthält eine erweiterte Version des Datei-Managers, die Menüoptionen zur Verwaltung von Netzwerklaufwerken bietet, und eine erweiterte Version des Druck-Managers zur Verwaltung von Netzwerkdruckern.
- ✔ Eine der interessantesten Funktionen von Windows für Workgroups ist die Netzwerk-Zwischenablage, über die Sie Daten aus einer Anwendung auf einen Computer kopieren und in eine Anwendung auf einem anderen Computer einfügen können.
- ✔ Windows für Workgroups enthält auch Microsoft Mail, ein anspruchsvolles E-Mail-Programm, sowie ein Terminplanungsprogramm, mit dem Sie Konferenzen mit anderen Netzwerkbenutzern planen können.
- ✔ Windows für Workgroups arbeitet am besten, wenn auf allen mit dem Netzwerk verbundenen Rechnern Windows läuft. Um einen Nicht-Windows-Rechner in einem Windows für Workgroups-Netzwerk einzusetzen, müssen Sie ein eigenes Programm mit Namen Workgroup Connection erwerben. Ein DOS-Computer, der mit Workgroup Connection ausgestattet ist, kann auf Ressourcen auf einem Windows für Workgroups-Server zugreifen, kann aber selbst nicht als Server dienen.
- ✔ Windows für Workgroups kann in ein NetWare- oder ein Windows NT-Server-Netzwerk integriert werden. Diese Aufgabe sollten Sie aber lieber einem Fachmann überlassen.

Artisoft LANtastic

Artisoft LANtastic war einmal das populärste Betriebssystem für Peer-to-Peer-Netzwerke. Seitdem Microsoft entschieden hat, Peer-to-Peer-Netzwerkfunktionen kostenlos in Windows 95 zu integrieren, hat LANtastic gewaltig an Popularität verloren. LANtastic ist ideal für Netzwerke mit zwei bis fünf Rechnern, kann aber auch für größere Netzwerke mit 100 oder mehr Computern eingesetzt werden.

- ✔ LANtastic ist einfach zu installieren. Das gesamte Programm wird auf einer Diskette geliefert und kann in ein paar Minuten installiert werden.
- ✔ LANtastic ermöglicht es über eine Option, einen Computer als Server agieren lassen. Obwohl ein dedizierter LANtastic-Server nicht so effizient operieren wird wie ein dedizierter NetWare oder NT Server, ist er immer noch effizienter als ein Windows 95- oder Windows für Workgroups-Server.
- ✔ Artisoft stellt auch hochqualitative Netzwerkkarten her, und Sie können die LANtastic-Software in Baukästen erwerben, die mit Karten von Artisoft zusammengefaßt sind.
- ✔ Sie können LANtastic auch mit Netzwerkkarten anderer Hersteller verwenden, solange die Karten mit NE2000 kompatibel sind. (Was das bedeutet, werde ich in Kapitel 8 erläutern.) Vorausgesetzt, diese Kompatibilität ist vorhanden, müssen Sie dann eine Kopie der Adapter Independent-Version der LANtastic-Software (bekannt auch als LANtastic AI) für

jeden Computer erwerben. Sie können oft bis zu 30 DM pro Computer sparen, indem Sie eine weniger teure Netzwerkkarte und LANtastic AI anstelle von der Artisoft Adapterkarte erwerben.

- ✔ LANtastic läuft auf DOS, Windows oder Windows 95. Eine Version, die unter Windows NT lauffähig ist, soll bald herauskommen. Es ist jedoch noch keine Macintosh-Version für LANtastic verfügbar. Wenn Sie in Ihr Netzwerk PCs und Macs integriert haben, ist LANtastic nicht die beste Wahl.
- ✔ Im Gegensatz zu Windows 95 oder Windows für Workgroups kann LANtastic Modems und eine Internet-Verbindung gemeinsam nutzen. Wenn Sie es Ihren Netzwerkbenutzern ermöglichen möchten, eine Verbindung zum Internet über ein gemeinsam genutztes Modem herzustellen, ist der Einsatz von LANtastic durchaus zu empfehlen.
- ✔ Artisoft bietet auch ein E-Mail-Programm mit dem Namen XtraMail an. Mit XtraMail brauchen Sie keine eigenen E-Mail-Programme für LAN und Internet-Mail verwenden.

So planen Sie den Einsatz Ihrer Server

8

In diesem Kapitel erfahren Sie, ...

- ob Sie einen dedizierten Server einsetzen sollten oder nicht.
- wie Sie sicherstellen, daß Sie genügend Plattenspeicher zur Verfügung haben.
- wie Sie Programme und Daten auf einem Server speichern.
- wie Sie einen eigenen Drucker-Server einsetzen.
- wie Sie einen zuverlässigen Server kaufen können.

Eine der wichtigsten Entscheidungen, die Sie bei der Vernetzung Ihrer Computer treffen müssen, betrifft den Einsatz von Servern. Selbst wenn Sie ein einfaches Peer-to-Peer-Netzwerk mit Windows 95 einsetzen, müssen Sie sich mit dieser Frage auseinandersetzen.

Dieses Kapitel wird Ihnen dabei helfen, Ihre Netzwerk-Server optimal einzusetzen. Zum einen, indem es Sie davon überzeugt, alleinstehende (auch dediziert genannte) Server einzusetzen, wann immer das möglich ist, zum anderen, indem es Wege aufzeigt, wie Sie Ihre Server effektiv einsetzen können.

Alleinstehend oder verheiratet

Falls Sie es noch nicht bemerkt haben sollten, ich bin ein entschiedener Befürworter dedizierter (alleinstehender) Server, auch im Falle von Peer-to-Peer-Netzwerken. Na klar, einer der Vorzüge eines einfachen Netzwerkes unter Windows 95 ist es, daß jeder beteiligte Computer als Server und als Arbeitsplatz eines Anwenders benutzt werden kann. Ist es deshalb eine gute Idee, jeden Computer zum Server zu machen? Keineswegs!

Sie geben eine Menge auf, wenn Sie Ihren Desktop-Computer zusätzlich als Server einsetzen:

- ✔ Die Netzwerksoftware, die nötig ist, um Ihren Computer zu einem Server zu machen, beansprucht eine nennenswerte Menge an RAM (Arbeitsspeicher), die Ihnen dann für Ihre eigentliche Arbeit nicht mehr zur Verfügung steht.
- ✔ Immer dann, wenn irgend jemand im Netz auf Daten Ihrer Festplatte zugreift, wird Ihre Arbeit vorübergehend unterbrochen. Falls Ihre Festplatte im Netz begehrt bekannt ist, werden Sie über die ständigen Verzögerungen sehr bald verärgert sein.
- ✔ Sie verlieren jede Art von Privatsphäre, die Sie von Ihrem PC her kennen. Erinnern Sie sich an die unfeine Bemerkung über Ihren Chef? Lassen Sie sie besser nicht auf Ihrer Festplatte ... irgend jemand im Netz wird sie dort finden. (Sie können Ihre Festplatte so einrichten, daß Sie einen privaten Bereich behalten, in dem niemand anderes herumstö-

bern kann. Aber versichern Sie sich, daß Sie ihn richtig eingerichtet haben, und speichern Sie vertrauliche Daten immer nur in diesem privaten Bereich. Und stellen Sie sicher, daß Sie mehr über die Netzwerk-Software wissen als irgend jemand sonst in Ihrem Umfeld. Jeder, der mehr darüber weiß als Sie, kann Ihre Sicherheitsstrategien durchkreuzen.)

- ✔ Sie verlieren die Unabhängigkeit, die ein eigener Computer bietet. Es kann sein, daß Sie Ihren Rechner den ganzen Tag anlassen müssen, auch dann, wenn Sie ihn nicht benötigen – jemand anderes könnte ihn brauchen. Sie wollen Ihren Rechner herunterfahren, weil der Lärm, den er verursacht, Ihr Mittagsschläfchen stört? Keine Chance! Sie wollen einige unnütze Dateien löschen, um Platz auf der Platte zu schaffen? Können Sie nicht, wenn Ihnen diese Dateien nicht gehören!

- ✔ Es gibt keine Garantie dafür, daß Ihr Rechner nicht abstürzt, wenn andere Benutzer über das Netzwerk darauf zugreifen. Was ist beispielsweise, wenn jemand versehentlich eine wichtige Datei auf Ihrer Festplatte löscht. Oder wenn er oder sie ohne Ihr Wissen eine 100 MByte große Datei auf die Platte kopiert, und darauf kein Platz mehr übrigbleibt, wenn Sie dort Ihre Kalkulationstabelle speichern wollen, an der Sie einen ganzen Nachmittag gearbeitet haben.

Ich hoffe, Sie sind überzeugt. Wenn Sie es sich irgendwie leisten können, reservieren Sie einen Computer als dedizierten Server. Falls nötig, erbetteln, stehlen oder leihen Sie einen (You know I beg, steal or borrow ...).

- ✔ Peer-to-Peer-Netzwerke erlauben es Ihnen, spezielle Konfigurationseinstellungen für Netzwerk-Server festzulegen. Falls Sie einen Computer sowohl als Server als auch als Client einsetzen wollen, müssen Sie diese Optionen abgleichen, so daß sie eine vernünftige Leistung für Client und Server garantieren. Falls Sie allerdings den Computer ausschließlich als Server nutzen wollen, können Sie diese Optionen zum Vorteil des Servers optimieren. Mit anderen Worten, Sie sind frei in Ihrer Entscheidung, die Konfiguration des Servers so zu verbessern, daß die Leistung des Netzwerks deutlich gesteigert wird. Einzelheiten finden Sie in Kapitel 13.

- ✔ Als allgemeine Regel sollte gelten, daß die Anzahl der Server im Netz möglichst klein ist. Ein Server, der eine 2 GByte große Festplatte freigibt, ist besser als zwei Server, die je eine Festplatte mit 1 MByte freigeben.

- ✔ In größeren Netzwerken mögen Sie zwei dedizierte Server benutzen wollen, einen als Fileserver, den anderen als Drucker-Server. Dies erhöht die Leistung für Dateimanagement und Drucken via Netzwerk.

- ✔ Wenn Sie ein wenig geschäftstüchtig sind, dann stiften Sie doch Ihren alten 66 MHz 486-Computer als Server für Ihre Firma, falls diese Ihnen einen neuen 350 MHz Pentium II PC als neuen Arbeitsplatz-Rechner spendiert.

Diese Idee ist tatsächlich vernünftig. Der Fileserver muß nicht der schnellste Rechner weit und breit sein, insbesondere dann nicht, wenn er hauptsächlich dafür benutzt wird, Dokumente einer Textverarbeitung, Tabellen eines Kalkulationsprogramms oder entsprechende andere Dokumente zu verwalten anstelle von arbeitsintensiven Datenbanken.

Wieviel Plattenspeicherplatz benötigt man?

Eine allgemeine Regel für Netzwerke besagt, daß man nie genug Speicherplatz hat. Egal, über wieviel Platz Sie verfügen, er wird Ihnen ausgehen. Täuschen Sie sich nicht, wenn Sie denken, 4 GByte sei doppelt so viel Platz, wie Sie jemals brauchen. Stellen Sie den Platz dem Netzwerk zur Verfügung, und er wird sich in Nullkommanichts füllen.

Was aber dann? Sollen Sie also jedesmal eine neue Festplatte in Ihren Server einbauen, wenn Ihnen der Speicherplatz ausgeht? Sicher nicht. Der Schlüssel zur Verwaltung des Speicherplatzes im Netzwerk ist simpel: Verwalten Sie ihn. Irgend jemand muß dafür gerade stehen und über die Netzwerkplatten Buch führen und jedermann darüber informieren, wenn sie aus allen Nähten platzen. Und jeder Netzwerkbenutzer muß sich darüber im Klaren sein, daß Plattenspeicher in einem Server ein sehr wertvolles Gut ist, mit dem man vernünftig und nicht verschwenderisch umgehen sollte.

- ✔ Falls Sie ein Peer-to-Peer-Netzwerk benutzen, können Sie in Erwägung ziehen, DOS 6.22 oder Windows 95 auf dem Fileserver zu installieren und DriveSpace einzusetzen. DriveSpace wird artig Ihre Daten auf der Festplatte komprimieren und damit die Plattenkapazität effektiv verdoppeln. Und dies wird wirklich, wirklich funktionieren. Das einzige Problem ist, Ihr Server wird dadurch ein wenig langsamer. Um die optimale Leistungsfähigkeit für Ihren Server zu erreichen, sollten Sie besser eine größere Festplatte kaufen, statt die Daten zu komprimieren.

  Ich habe ein ganzes Buch über DriveSpace geschrieben, das von einem anderen Verlag herausgegeben wird. Ich habe aber Angst, es hier zu nennen, weil ich befürchte, daß der Verlag dieses Buches mich dann mit einem Fluch belegt und meine Familie nie wieder etwas von mir hören wird. Also lasse ich das besser bleiben.

Stellen Sie sicher, alle Netzwerkbenutzer ausreichend darüber informiert zu haben, daß ihnen neben den Netzwerklaufwerken an ihren Computern auch lokale Laufwerke zur Verfügung stehen. Die Tatsache, daß Sie ein Netzwerk haben, muß nicht notwendigerweise bedeuten, daß alle Daten auf den Netzwerklaufwerken gespeichert werden müssen.

Versuchen Sie nicht, Ihre Kosten durch den Einsatz von »Diskless Workstations« zu drücken. Einige Netzwerke sind so eingerichtet, daß ihre Arbeitsplätze keine lokalen Laufwerke haben. Damit das funktioniert, braucht man einen speziellen Chip für die Netzwerkkarte, der den Computer in die Lage versetzt, ohne Diskette und Festplatte zu booten. Arbeitsplätze ohne Festplatten und Diskettenlaufwerke sind billiger. Sie zwingen aber den Anwender, alles im Netz zu speichern. Außerdem belasten sie das Netzwerk zusätzlich, indem routinemäßige Plattenzugriffe, wie die Suche nach DOS-Programmdateien, immer dazu führen, daß das Netzwerkkabel für Anfragen an den Server benutzt werden muß.

Was gehört auf den Fileserver?

Es gibt in der Tat nur eine Möglichkeit, vorherzusagen, wieviel Netzwerkspeicherplatz Sie benötigen. Sie müssen sorgfältig festlegen, welche Dateien Sie auf den Festplatten des Servers speichern wollen. Sie benötigen genügend Platz, um das Netzwerk selbst unterzubringen, dazu freigegebene Daten, private Daten und freigegebene Anwendungsprogramme.

Das Netzwerk an sich

Es kann nicht der gesamte Speicherplatz einer Platte eines Netzwerk-Servers für die Netzwerkbenutzer zur Verfügung gestellt werden; ein gewisser Teil wird vom Netzwerkbetriebssystem selbst gebraucht. Es ist sicher angemessen, etwa 100 MByte des Speicherplatzes für das Netzwerkbetriebssystem, das Druck-Spooling, Logdateien und anderes phantastisches Zeugs zu reservieren.

- ✔ Gewähren Sie NetWare 80 MByte Platz für das Netzwerkbetriebssystem und Windows NT 130 MByte.
- ✔ Folgen Sie dem Peer-to-Peer Ansatz mit Windows 95 oder Windows für Workgroups, dann ist die Netzwerkunterstützung im Betriebssystem integriert, so daß Sie keinen zusätzlichen Speicherplatz veranschlagen müssen. Das Betriebssystem selbst verlangt aber auch schon einen großen Teil Festplattenspeicher. Windows 95 füllt Ihnen locker 70 MByte Plattenspeicher, und die Kombination von DOS und Windows für Workgroups bringt es auch auf gute 20 MByte. Falls Sie sich für LANtastic entschieden haben, gehen Sie von 10 MByte Kapazität aus, die Sie zusätzlich zu dem von DOS und Windows belegten Speicherplatz zur Verfügung stellen müssen.
- ✔ Unterstützt der Server einen Drucker, gehen Sie von einem zusätzliche Bedarf von 20 MByte für die Dateien des Drucker-Spoolers aus. Drucken Sie üblicherweise große Grafikdateien über den Netzwerkdrucker aus, sollten Sie mehr Platz für den Spooler bereitstellen.
- ✔ Berücksichtigen Sie Platz für jedes zusätzliche Programm, das Sie auf Ihrem Server zur Verfügung stellen wollen, wie etwa das Dienstprogramm Norton Utilities.

Freigegebene Daten

Kalkulieren Sie genügend Platz auf dem Fileserver ein für Dateien, die sich Netzwerkbenutzer teilen. Der größte Teil davon mag durch eine einzige große Datenbank belegt sein oder durch Hunderte oder gar Tausende von Textdateien oder Dateien einer Tabellenkalkulation. Egal, sparen Sie nicht am falschen Ende.

Schätzen Sie die Größe des Speicherplatzes, den Sie für freigegebene Daten benötigen, ab. Die einzige Möglichkeit dazu ist, die Größe aller freizugebenden Dateien zu addieren. Multiplizieren Sie das Ergebnis mit 2. Falls es im Rahmen Ihrer Möglichkeiten bleibt, verdoppeln Sie das Ergebnis noch einmal.

Nicht freigegebene Daten

Jeder Benutzer verlangt nach Speicherplatz im Netzwerk, um seine eigenen Dateien dort speichern zu können – möglicherweise, weil seine lokalen Platten bereits voll sind oder weil er die Sicherheit einer regelmäßigen Datensicherung nutzen will, oder einfach nur, weil er das Netzwerk kennenlernen will.

Es gibt zwei Möglichkeiten, wie Sie diesen privaten Speicherplatz zur Verfügung stellen können:

✔ Sie erstellen für jeden Netzwerkbenutzer ein eigenes Unterverzeichnis auf einem freigegebenen Netzwerklaufwerk. Dies könnte zum Beispiel wie folgt aussehen:

Edith \EDITH

Juliane \JULIANE

Herbert \HERBERT

Martin \MARTIN

Erzählen Sie nun noch jedem Netzwerkbenutzer, daß er eigene Daten in seinem oder ihrem Verzeichnis speichern soll. Das Problem bei dieser Konfiguration ist, daß diese Verzeichnisse nicht wirklich geschützt sind. Nichts hindert Martin daran, sich in Herberts Verzeichnis umzusehen.

Um die Sicherheit für diese Verzeichnisse zu erhöhen, können Sie sie durch ein Kennwort schützen, indem Sie die Sicherheitsmechanismen nutzen, die Ihnen Ihr Netzwerkbetriebssystem zur Verfügung stellt.

✔ Sie erstellen eine eigene Netzwerklaufwerkszuordnung (Mapping) für jedes private Verzeichnis. Sie können zum Beispiel das Laufwerk P: dem privaten Verzeichnis jedes einzelnen Benutzers zuordnen. Dann können Sie jedem Benutzer mitteilen, daß er seine Dateien auf dem Laufwerk P: speichern soll. Für Herbert bezieht sich das Laufwerk P: auf \HERBERT, für MARTIN jedoch auf \MARTIN. Diese Einstellung trennt die Datenbereiche von Martin und Herbert.

Der nette Effekt dieser Einrichtung ist der, daß jeder Benutzer ein eigenes Laufwerk P: auf dem Server zur Verfügung zu haben scheint, diese jedoch einfach Unterverzeichnisse auf der Server-Platte sind.

Das Abschätzen des Platzes für nicht freigegebene Daten ist komplizierter als das für den Platz freigegebener Daten. Nachdem Ihre Benutzer herausgefunden haben, daß sie anscheinend unbegrenzten Speicherplatz zur Verfügung haben, werden sie damit beginnen, ihn zu füllen.

Freigegebene Programme

Wenden mehrere Benutzer das gleiche Programm an, sollten Sie in Erwägung ziehen, eine Netzwerkversion des Programms zu kaufen und es auf einem Netzwerk-Server zu installieren. Der Vorteil gegenüber einer Installation auf jeder lokalen Festplatte ist der, daß Sie nur eine

Kopie des Programms zu pflegen haben. Erscheint beispielsweise eine neue Version des Programms, müssen Sie nur die Version auf dem Server auf den neuesten Stand bringen (in neudeutsch: updaten) und nicht sämtliche Versionen an sämtlichen Arbeitsplätzen.

✔ Die Netzwerkversionen der meisten Programme erlauben es dem Netzwerkbenutzer, die Optionen des Programms nach seinen eigenen Vorstellungen festzulegen. So kann der eine Benutzer das Programm mit den Standardoptionen und ihren langweiligen Farben starten, während ein anderer den Text in der Farbe Magenta auf einem Hintergrund in der Farbe Cyan darstellen lassen kann.

Viele Anwendungsprogramme erstellen temporäre Dateien, die Sie nicht weiter bemerken, und über die Sie sich normalerweise keine Gedanken machen müssen. Setzen Sie diese Programme in einer Netzwerkumgebung ein, und konfigurieren Sie sie dann so, daß temporäre Dateien auf der lokalen Festplatte statt auf dem Netzwerklaufwerk erzeugt werden. Diese Konfiguration steigert nicht nur die Leistungsfähigkeit Ihres System, sie stellt auch sicher, daß die temporären Dateien des einen Benutzern denen eines anderen nicht in die Quere kommen.

Planung der Laufwerkszuordnungen (Mapping)

Laufen Ihre Arbeitsplätze unter MS-DOS oder Windows für Workgroups, müssen Sie die Laufwerksbuchstaben festlegen, die zu benutzen sind, wenn über das Netzwerk auf die Netzwerklaufwerke zugegriffen werden soll. Hier einige Regeln, die Sie beachten sollten:

✔ Bleiben Sie konsequent. Wird ein Netzwerklaufwerk von einem Arbeitsplatz aus als Laufwerk Q: angesprochen, dann sorgen Sie dafür, daß es von allen anderen Arbeitsplätzen aus auch als Laufwerk Q: angesprochen werden muß. Vermeiden Sie es, daß ein Benutzer ein Netzwerklaufwerk unter dem Buchstaben (z.B. Q:) ansprechen kann, ein zweiter aber einen anderen Buchstaben benutzen muß.

✔ Benutzen Sie Laufwerksbuchstaben, die weit genug hinten im Alphabet sind, um Konflikte mit Laufwerksbuchstaben zu vermeiden, die für lokale Laufwerke vorgesehen sind. Nehmen wir beispielsweise an, daß Ihr Computer eine Festplatte mit drei Partitionen und ein CD-ROM-Laufwerk besitzt und daß eine RAM-Disk eingerichtet ist. An diesem Computer wären bereits die Laufwerksbuchstaben A: bis G: vergeben (A: und B: für Diskettenlaufwerke!). Ich benutze gewöhnlich den Buchstaben M für das erste Netzwerklaufwerk und fahre fort mit N, O, P und so weiter... .

✔ Der erste Laufwerksbuchstabe für Novell NetWare ist üblicherweise F.

Benutzen Sie DriveSpace, sollten Sie sich darauf gefaßt machen, daß DriveSpace Abstürze produziert, falls Sie nicht sorgfältig vorgehen. Um sich davor zu schützen, starten Sie das Netzwerk, bevor Sie DriveSpace installieren, damit es seinen Weg durch die Laufwerkszuweisungen findet. Setzen Sie außerdem immer einen Sicherheitshelm und eine Schutzbrille auf, wenn Sie DriveSpace benutzen.

Beachten Sie beim Einsatz von Windows 95, daß eine Laufwerkszuordnung nicht notwendig ist. Benutzer können freigegebene Netzwerklaufwerke jederzeit über die Netzwerkumgebung auf dem Desktop benutzen.

Einsatz eines eigenständigen Drucker-Servers

Haben Sie ein größeres Netzwerk (sagen wir acht oder mehr Computer), und ist die Freigabe von Druckaufträgen eine der Hauptaufgaben, für die Sie ein Netzwerk einsetzen, dann sollten Sie in Erwägung ziehen, zwei Server als dedizierte Server einzusetzen: den einen als Fileserver und den anderen als Drucker-Server.

✔ Die meisten Netzwerkbetriebssysteme besitzen Einstellungen zur Konfiguration, die es Ihnen erlauben, die Leistung bei Plattenzugriffen mit der beim Druckmanagement abzugleichen. Wenn Sie verschiedene Rechner als Fileserver und als Drucker-Server einsetzen, können Sie diese Optionen zur gemeinsamen Abstimmung einsetzen. Ist derselbe Computer eingesetzt als Fileserver und als Druckerserver, müssen die Einstellungen irgendwo in der Mitte festgelegt werden, um einen Kompromiß bezüglich der Leistung zu ermöglichen.

Wenn Sie dies lesen, jault Ihr Hund!

NetWare entscheidet, welchen Laufwerksbuchstaben es für das erste Netzwerklaufwerk benutzen soll, indem es die schärfste alle DOS-Dateien untersucht: die CONFIG.SYS. NetWare analysiert die Datei und hält dabei nach einer Zeile Ausschau, die etwa so aussieht:

LASTDRIVE=E

Diese Zeile in CONFIG.SYS teilt DOS mit, wie viele Laufwerksbuchstaben für den lokalen Gebrauch zu reservieren sind. NetWare kennt sein ABC und wählt den Buchstaben, der dem in der LASTDRIVE-Zeile angegebenen folgt, als ersten Laufwerksbuchstaben für Netzwerklaufwerke. Legt LASTDRIVE den Buchstaben E als letzten für lokale Laufwerke fest, benutzt NetWare F als ersten Laufwerksbuchstaben für Netzwerklaufwerke. Legt LASTDRIVE den Buchstaben G als letzten lokal nutzbaren fest, ist das erste Netzwerklaufwerk H:. Haben Sie das Prinzip verstanden?

Nicht alle Dateien CONFIG.SYS enthalten eine Zeile LASTDRIVE=... Fehlt diese Zeile, dann nimmt DOS an, daß E der letzte verfügbare Laufwerksbuchstabe ist. Daher wählt NetWare gewöhnlich F als ersten Buchstaben für Netzwerklaufwerke.

Sie können, wenn Sie wollen, den Eintrag LASTDRIVE=... ändern, dies ist aber spezielles DOS-Zeugs, das entsprechende Kenntnis voraussetzt.

- Ist der Drucker ein Matrix- oder Laser-Drucker, der ausschließlich für die Ausgabe von Texten eingesetzt wird, kann der Drucker-Server der langsamste Rechner im Netzwerk sein, und Sie werden trotzdem keine Einbußen bei der Leistung bemerken. Wenn eine Menge an grafischen Ausdrucken in hoher Qualität erfolgen muß, sollten Sie nicht den langsamsten Computer als Drucker-Server einsetzen. Ich habe es erlebt, daß sich 10-Minuten-Druckaufträge zu stundenlangen Druckorgien auswuchsen, weil der Drucker-Server zu langsam war.

- Als eine Alternative zu dedizierten Drucker-Servern können die meisten Drucker über einen preiswerten Direktanschluß mit dem Netzwerk verbunden werden. Die am weitesten verbreitete Hardwareerweiterung dafür ist HP JetDirect von Hewlett-Packard (die gleichen Leute, die diese großartigen Drucker herstellen). Ein externer HP JetDirect ist ein kleiner Kasten mit einem Ethernet-Anschluß (RJ-45 für Twisted-Pair-Kabel, BNC für ThinNet oder beides) und einem parallelen Anschluß für Ihren Drucker. Interne HP JetDirect-Karten sind für den Einsatz in HP-Druckern ausgelegt, um diesen Drucker direkt mit dem Netzwerk verbinden zu können. Ein externer HP JetDirect ist für weniger als 300 DM erhältlich.

Der Kauf eines Server-Computers

Wenn Sie einen überzähligen Computer herumstehen haben, den Sie als Server einsetzen können, super. Für die meisten unter uns trifft dies aber leider nicht zu. Falls Sie planen, einen neuen Computer zu kaufen, um ihn als Netzwerk-Server einzusetzen, hier einige Tips zum Kauf und zur Einrichtung:

- Ein Netzwerk-Server braucht nicht den allerneuesten höchstauflösenden Farbmonitor. Monochrom ist in Ordnung. Alles in allem steht der Server den ganzen Tag herum und zeigt immer dieselbe langweilige Information auf dem Bildschirm. Es macht keinen Sinn, einen 17-Zoll-Monitor für 1200 DM zu kaufen, wenn ein Monochrom-Monitor für 400 DM den gleichen Zweck erfüllt. (Ausgenommen natürlich, wenn Sie Windows für Workgroups, Windows 95 oder Windows NT Server als Plattform einsetzen, was voraussetzt, daß an Ihrem Server Windows als Betriebssystem läuft. Aber auch in diesem Fall ist ein 17-Zoller nicht zwingend notwendig, ein billiger 14-Zoll-Monitor tut es auch.)

- Auf der anderen Seite, sparen Sie nicht am Prozessor oder am Speicher. Kaufen Sie den schnellsten Pentium II Prozessor, den Sie ergattern können, und statten Sie ihn mit mindestens 32 MB Arbeitsspeicher aus. 64 MB ist besser. Jedes Byte an zusätzlichem Speicher kann in Ihrem Server von Nutzen sein.

- Kaufen Sie die größte verfügbare Festplatte für Ihren Server. Die Preise für Plattenspeicher sind in den letzten Jahren dermaßen in den Keller gefallen, daß es keinen Sinn mehr macht, einen Server mit weniger als 5 GB Plattenspeicher auszustatten. Ei verbibscht, der Desktop, an dem ich dieses Buch schreibe, ist mit einer 5 GB-Platte ausgestattet.

- ✔ Wo wir gerade bei Festplatten sind, kaufen Sie SCSI-Platten statt IDE-Platten. SCSI stellt eine Reihe besserer Leistungen speziell für Netzwerk-Server zur Verfügung, auf deren Platten mehrere Benutzer gleichzeitig zugreifen. SCSI ist teurer als IDE, aber die Mehrkosten werden durch die bessere Leistung mehr als aufgewogen.
- ✔ Verwenden Sie Computer mit Tower-Gehäusen, die Platz für eine Vielzahl von Erweiterungskarten bieten: freie Steckplätze für Laufwerke oder eine ausreichend dimensionierte ununterbrechbare Stromversorgung. Sie wollen wahrscheinlich sicherstellen, daß Sie Ihren Rechner aufrüsten können, wenn Sie merken, daß Sie zu wenig Plattenspeicher gekauft haben.

Lassen Sie den Strom eingeschaltet

Ein wichtiger Aspekt eines Netzwerks, den die meisten Leute übersehen, wenn sie ein Netzwerk einrichten, ist der Stromanschluß. Sie können ihn direkt ans Stromnetz anschließen oder aber indirekt über einen Überspannungsschutz, der Spannungsspitzen abmildert, bevor Sie Ihren Rechner ernsthaft beschädigen. Der Anschluß an eine solche Schutzvorrichtung ist gut, aber besser ist die Verwendung einer unterbrechungsfreien Stromversorgung, kurz USV.

Innerhalb des USV-Kastens ist eine Batterie mit einer gleichbleibenden Spannung und ein wenig Elektronik, die die Bedingungen anzeigt, unter denen der Strom aus der Wandsteckdose kommt. Gibt es einen Fehler in der Stromversorgung, hält die Batterie den Computer am Laufen. Sie kann dies nicht für immer und ewig, jedoch lange genug – irgendwo zwischen 10 Minuten und einer halben Stunde, abhängig davon, wieviel Geld Sie für Ihre USV ausgegeben haben – um das System preußisch korrekt und ordentlich herunterzufahren. Für die meisten kleinen Netzwerke genügt eine USV, die den Computer zehn Minuten mit Strom versorgt. Sie werden mindestens sicherstellen wollen, daß Plattenzugriffe (I/O) abgeschlossen werden können. Eine leidlich gute USV gibt es für ca. 300 DM.

- ✔ Der Einsatz einer USV kann Datenverlust bei einem Stromausfall verhindern. Ohne sie kann Ihr Server zu dem ungünstigsten aller denkbaren Augenblicke heruntergefahren werden, in dem Moment, in dem er Informationen in die Verzeichnisse zurückschreibt. Mit diesen findet er normalerweise den Ort auf der Platte, an dem sich Ihre Daten befinden. Mit einer USV kann Ihr Computer so lange weiter laufen, bis solche peinlich genau auszuführenden Arbeiten sicher abgeschlossen sind.
- ✔ Mit einer echten USV wird der Computer immer mit Strom aus der Batterie versorgt. Der Strom aus der Steckdose wird nur gebraucht, um die Ladung der Batterie zu halten. Die meisten preiswerten USV-Geräte arbeiten normalerweise im Mitlaufbetrieb (Stand-By). In diesem Fall wird der Computer über die Steckdose mit Strom versorgt. Tritt ein Fehler in der Stromversorgung auf, wird im Bruchteil von einer Sekunde auf den Batteriebetrieb umgeschaltet. Bei einer echten USV gibt es keine Verzögerung zwischen dem Moment des Stromausfalls und dem der Übernahme der Versorgung durch die Batterie. USV-Geräte, die im Mitlaufbetrieb arbeiten, sind preiswerter als die anderen, werden aber häufiger eingesetzt.

- Die optimale Sicherheit vor Problemen mit der Stromversorgung bietet die Verbindung eines jeden Rechners im Netzwerk mit einer USV. Das wird jedoch ein wenig teuer. Sie sollten aber zumindest den Server absichern.

Kommt es zu einem Stromausfall, und Ihr Server ist mit einer USV gesichert, sollten Sie möglichst umgehend zu ihm gehen, alle Benutzer abmelden und ihn herunterfahren. Es ist außerdem ratsam, jeden anderen Rechner auch auszuschalten. Wenn dann der Strom wieder da ist, können Sie den Server und alle anderen Rechner neu starten und den Schaden begutachten.

Ja, wo laufen Sie denn?

Die letzte Überlegung zu Servern, die in diesem Kapitel besprochen werden soll, betrifft den Platz des Servers. In früheren Zeiten hat man den Netzwerk-Server in einen rundum verglasten Raum gestellt, einen Vollzeit-Labortechniker in einen weißen Kittel gesteckt und ihn ausschließlich mit seiner Betreuung beauftragt, und dem Raum einen Namen wie »HOCHSICHERHEITSTRAKT« gegeben.

Heutzutage ist gewöhnlich die Toilette der Raum für den Fileserver. Es gibt keinen Grund dafür, der besagt, daß der Server an einer zentralen Position stehen muß. Es kann in der Toilette am Ende des Flurs sein, auf dem Aktenschrank im Archiv oder beim Empfang. Der Server kann beinahe überall plaziert werden solange es nur nahe genug an einer Stromsteckdose ist und das Netzwerkkabel zu ihm gezogen werden kann.

Selbstverständlich ist das mit dem Drucker-Server etwas anders. Er sollte nahe genug beim Drucker stehen, an einem zugänglichen Ort mit Stauraum für Druckerpapier und Toner (für Laserdrucker), Ablagemöglichkeiten für Ausdrucke anderer Benutzer und einer Kiste für Altpapier, so daß es ordentlich entsorgt werden kann.

Einige schlechte Plätze für den Server:

- In der Dachkammer: Sie ist zu staubig.
- Im Badezimmer: Es ist zu feucht.
- In der Küche: Ihre Computer-Gurus werden Ihren Kühlschrank plündern, wann immer Sie sie rufen. Sie werden damit beginnen, spontan zu erscheinen, »nur um nachzuschauen«.
- Im Büro des Chefs: Sie werden nicht wollen, daß er jedesmal an Sie denkt, wenn der Server piept.

Die gute Neuigkeit ist, daß Sie Ihrem Server einen Namen geben müssen. Sie können ihn, etwas konservativ SERVER1 nennen, oder ihm einen interessanten Namen wie BERTHA oder SPOCK verpassen.

9 Oh, was weben wir doch für ein verheddertes Netz (Kabel, Adapter und anderes Zubehör)

In diesem Kapitel erfahren Sie, wie Sie ...

- herausfinden, was ein Ethernet ist.
- die unterschiedlichen Netzwerkkabeltypen überprüfen.
- Koaxialkabel verwenden.
- Twisted Pair-Kabel verwenden.
- Koaxial- und Twisted Pair-Kabel im selben Netzwerk einsetzen.
- Ihre Netzwerkkarten auswählen.
- Ihrer Verkabelung einen professionellen Touch hinzufügen.
- Werbung von Netzwerk-Versandhändlern lesen.

Wenn Sie jemals ein unterirdisches Sprinklersystem installiert haben, wird Ihnen die Verkabelung Ihres Netzwerks keine Probleme bereiten. Das Arbeiten mit Netzwerkkabeln ist dem Arbeiten mit Sprinklerrohrleitungen ziemlich ähnlich: Sie müssen ein Rohr (Kabel) in der richtigen Größe, die richtigen Ventile und Vorsätze (Hubs und Repeater) und die richtigen Sprinklerköpfe (Netzwerkkarten) verwenden.

Netzwerkkabel haben einen entscheidenden Vorteil gegenüber Sprinklerrohren: Sie werden nicht naß, wenn sie lecken.

In diesem Kapitel erfahren Sie weit mehr über Netzwerkkabel, als Sie voraussichtlich wissen müssen. Es wird Ethernet, das verbreitetste System der Netzwerkverkabelung für kleine Netzwerke vorgestellt. Dann beschreibt dieses Kapitel, wie Sie mit den für ein Ethernet-Netzwerk zulässigen Kabeln arbeiten. Schließlich erzähle ich Ihnen, wie Sie die richtige Netzwerkkarte auswählen, damit Sie die Kabel an Ihre Rechner anschließen können.

Was ist Ethernet?

Ethernet ist eine standardisierte Vorgehensweise beim Verbinden von mehreren Computern zu einem Netzwerk. Stellen Sie sich Ethernet wie eine städtische Bauordnung für Netzwerke vor: Es legt fest, welche Kabel eingesetzt werden, wie die Kabel miteinander verbunden werden, wie lang die Kabel sein dürfen, wie Computer über die Kabel Daten übertragen und vieles mehr.

Sie haben möglicherweise auch von zwei anderen populären Netzwerk-Bauordnungen gehört: Token Ring und ARCnet. Ethernet ist preiswerter als Token Ring und wird daher öfter eingesetzt. Ethernet wird auch häufiger verwendet als ARCnet, weil ARCnet langsamer arbeitet.

Manche Menschen behandeln Ethernet, Token Ring und ARCnet wie Religionen, für die sie sterben würden. Für einen Token Ring-Fanatiker repräsentiert Ethernet den Antichrist. Ethernet-Fanatiker behaupten oft, daß man satanische Botschaften höre, wenn man Daten rückwärts über ein Token Ring-Netzwerk sendet. Ethernet- und Token Ring-Fanatiker behandeln ARCnet-Benutzer so, als ob sie eine Sekte wären, wahrscheinlich deshalb, weil es Berichte über ARCnet-Jünger gab, die an Flughäfen Blumen verteilten. Verwickeln Sie keinen Ethernet-, Token Ring- oder ARCnet-Pharisäer in eine Diskussion über die Vorzüge seiner Netzwerküberzeugung gegenüber denen seiner Opponenten. Es ist vergebliche Liebesmüh'.

Tatsache ist aber – ohne Berücksichtigung der technischen Vorzüge von Ethernet, Token Ring oder ARCnet –, daß die überragende Mehrzahl kleiner Netzwerke Ethernet verwendet. Damit ist genug gesagt.

- ✔ Ethernet ist eine Sammlung von Standards für die Infrastruktur, auf der ein Netzwerk aufgebaut wird. Alle in diesem Buch besprochenen Netzwerkbetriebssysteme – NetWare, Windows NT Server, Windows 95, Windows für Workgroups und LANtastic – können mit einem Ethernet-Netzwerk arbeiten. Wenn Sie Ihr Netzwerk auf eine solide Ethernet-Basis stellen, können Sie später das Netzwerkbetriebssystem wechseln.

- ✔ Netzwerkgurus verweisen oft auf Ethernet als 802.3 (ausgesprochen: acht-null-zwei-Punkt-drei), weil dies die offizielle von IEEE (ausgesprochen ai-dreimal-i) verwendete Bezeichnung ist. Die IEEE ist eine Gruppe von Elektroingenieuren, die Fliege tragen und nichts besseres zu tun haben, als den ganzen Tag über Induktivität zu diskutieren. Die IEEE ist eigentlich eine gute Sache, weil Sie Ethernet-Komponenten von verschiedenen Herstellern nicht zusammen einsetzen könnten, wenn es die IEEE nicht gäbe.

Standard-Ethernet überträgt Daten mit einer Geschwindigkeit von 10 Millionen Bit pro Sekunde (10 Mbps). Da 8 Bit ein Byte ausmachen, ergibt das ungefähr 1,2 Millionen Byte pro Sekunde. In der Praxis kann Ethernet Informationen nicht so schnell übertragen, da Daten in Paketen von nicht mehr als 1.500 Byte übertragen werden müssen. Eine 150 KByte große Datei müßte also in 100 Datenpakete aufgeteilt werden.

Diese Geschwindigkeit sagt nichts darüber aus, wie schnell sich elektrische Signale tatsächlich im Kabel fortbewegen. Die elektrischen Signale fließen ungefähr mit 70-prozentiger Lichtgeschwindigkeit durch das Kabel.

- ✔ Es gibt eine neue Version von Ethernet, Fast Ethernet, in dem Daten zehnmal so schnell wie im Standard-Ethernet übertragen werden. Da Fast Ethernet Daten mit der Riesengeschwindigkeit von 100 Mbps überträgt und Twisted Pair-Kabel verwendet, wird es auch 100BaseT genannt. Fast Ethernet ist teurer als das Standard-10-Mbps-Ethernet, aber der

Preis fällt laufend. Wenn Ihnen Geschwindigkeit wichtig ist, sollten Sie über den Einsatz von Fast Ethernet für Ihr Netzwerk nachdenken. Für kleine Netzwerke sind aber 10 Mbps schon ziemlich schnell.

Vorsicht, nicht über Token Ring sprechen!

Falls Sie doch einmal von einem Token Ring-Fanatiker in eine Diskussion über Ethernet verwickelt werden, finden Sie im folgenden einige Hintergrundinformationen. Wenn das Netzwerk wirklich ausgelastet ist, und Botschaften wie verrückt kollidieren, kann sich Ethernet festfahren. Token Ring verwendet zum Senden von Datenpaketen über das Netzwerk eine geordnetere Methode. Anstatt eine Botschaft immer dann zu senden, wenn es erforderlich ist, muß ein Computer in einem Token Ring-Netzwerk solange warten, bis er an der Reihe ist. In einem Token Ring-Netzwerk wird ein spezielles Paket, das Token, ständig über das Netzwerk von Computer zu Computer übergeben. Ein Computer darf ein Datenpaket nur dann senden, wenn er das Token hat. Auf diese Weise werden in Token Ring-Netzwerken Kollisionen vermieden.

Manchmal verschluckt ein Computer mit einer defekten Netzwerkkarte versehentlich das Token. Wenn das Token zu lange verschwunden bleibt, generiert das Netzwerk ein neues Token.

Zwei Versionen von Token Ring sind in Gebrauch. Die ältere Version arbeitet mit 4 Mbps, die neuere mit 16 Mbps. Bei der neueren Version sind außerdem zwei Tokens vorhanden, dadurch wird das Netzwerk sogar noch schneller.

Oh, nur falls Sie es gern wissen wollen: ARCnet verwendet ein ähnliches Token-Übergabeschema.

Drei Arten von Ethernet-Kabeln

Ein 10-Mbps-Ethernet-Netzwerk kann mit drei verschiedenen Kabelarten eingerichtet werden: mit einem dicken Koaxialkabel (Yellow Cable genannt, weil es normalerweise gelb ist), mit einem dünnen Koaxialkabel (entweder als ThinNet bezeichnet, weil es dünner als das gelbe Kabel ist, oder Cheapernet genannt, weil es billiger als das gelbe Kabel ist) oder mit einem Twisted Pair-Kabel, das wie ein Telefonkabel aussieht. Twisted-Pair-Kabel ist auch unter den Begriffen UTP- oder 10BaseT-Kabel bekannt.

Das dicke Koaxialkabel wird selten für kleine Netzwerke verwendet, es wird aber trotzdem in diesem Buch beschrieben. Die eigentliche Entscheidung müssen Sie zwischen dem dünnen Koaxialkabel und dem Twisted Pair-Kabel treffen.

Wen kümmert es, was CSMA/CD heißt?

Neben der Spezifikation der mechanischen und elektrischen Merkmale von Netzwerkkabeln legt Ethernet auch die Methoden fest, anhand derer der Informationsfluß über Netzwerkkabel gesteuert wird. Die von Ethernet verwendete Methode heißt CSMA/CD (Carrier Sense Multiple Access with Collision Detection), was soviel wie »trägerfrequenzsensitiver Mehrfachzugriff mit Kollisionserkennung« bedeutet. Das klingt ziemlich geschraubt. Im folgenden wird dieser Begriff aber stückweise erläutert, und Sie werden anschließend eine Ahnung davon haben, wie Ethernet arbeitet (als ob Sie das wissen wollten).

Trägerfrequenzsensitiv bedeutet, daß immer, wenn ein Computer eine Botschaft über das Netzwerkkabel zu senden hat, zuerst das Kabel abgehört wird, ob bereits eine Botschaft von einem anderen Rechner gesendet wird. Wenn im Kabel keine anderen Botschaften vorhanden sind, wird angenommen, daß der wartende Computer die Botschaft senden kann.

Mehrfachzugriff bedeutet, daß durch nichts verhindert wird, daß zwei oder mehr Computer gleichzeitig versuchen, eine Botschaft zu senden. Gewiß, jeder Rechner hört vor dem Senden das Kabel ab. Aber was ist, wenn zwei Computer abhören, dann feststellen, daß das Kabel frei ist und damit beginnen, ihre Botschaften zu senden? Stellen Sie sich vor, was passiert, wenn Sie und eine weitere Person zur selben Zeit an einer Kreuzung zweier gleichberechtigter Straßen ankommen. Sie geben der anderen Person ein Zeichen, zu fahren, die andere Person gibt Ihnen ein Zeichen, zu fahren, Sie geben ein Zeichen, die andere Person gibt ein Zeichen, Sie geben beide Zeichen und fahren dann genau gleichzeitig los.

Kollisionserkennung bedeutet, daß ein Computer – nachdem er eine Botschaft über das Netzwerk gesendet hat – sorgfältig das Kabel daraufhin abhört, ob seine Botschaft mit einer anderen kollidiert ist. Ähnlich, wie man auf das Quietschen der Bremsen an einer Kreuzung wartet. Wenn das Quietschen der Bremsen zu hören ist, wartet der Computer eine zufällige Zeitspanne ab und sendet dann die Botschaft erneut. Da die Zeitverzögerung zufällig ist, werden zwei Botschaften, die miteinander kollidiert sind, nach einer jeweils verschiedenen Zeitspanne erneut gesendet, so daß eine zweite Kollision unwahrscheinlich ist.

War das nicht reine Zeitverschwendung?

Yellow Cable

Die ursprünglichen Ethernet-Netzwerke wurden mit dicken, schweren Kabeln verbunden, die dicke Koaxialkabel oder wegen ihrer Farbe *Yellow Cable* genannt werden. Dicke Koaxialkabel werden, besonders für kleine Netzwerke, nicht mehr oft verwendet, weil sie teuer, schwer und nicht sehr flexibel sind (das ist wörtlich gemeint: Es ist ziemlich schwierig ein Yellow Cable um eine Ecke zu biegen).

- ✔ Yellow Cables werden weniger verdächtigt, von Magneten, Motoren und allem möglichen gestört zu werden, deshalb werden sie noch manchmal in Fabriken, Lagerhäusern, nuklearen Teststätten, Frankenstein-Laboratorien usw. eingesetzt.
- ✔ Yellow Cables können für größere Distanzen als die anderen Ethernet-Kabeltypen verwendet werden. Ein einzelnes Segment eines Yellow Cable kann bis zu 500 Meter lang sein.
- ✔ Wie ein Yellow Cable mit einem einzelnen Rechner verbunden wird, ist ziemlich merkwürdig. Normalerweise wird ein langes Yellow Cable so verlegt, daß es an jedem Rechner des Netzwerkes vorbeiläuft. Jeder Rechner muß an das Yellow Cable über ein Gerät namens *Transceiver* angeschlossen werden. Der Transceiver enthält das *Vampir-Tap*, ein klemmenartiges Gerät, das das Yellow Cable ansticht, ohne es zu durchschneiden oder zu splissen. Der Transceiver ist mit der Netzwerkkarte über ein AUI-Kabel verbunden. (AUI steht für »Attachment Unit Interface«, nicht daß dies wichtig wäre.)
- ✔ Sie werden nun verstehen, warum Yellow Cables nicht mehr oft eingesetzt werden.
- ✔ Es ist wirklich zu schade. Yellow Cables würden ausgezeichnet zu diesem Buch passen.

ThinNet

Ein praktischerer Kabeltyp für Ethernet-Netzwerke ist das dünne Koaxialkabel, das normalerweise *ThinNet* genannt wird. ThinNet ist preisgünstiger als Yellow Cable, nicht nur deshalb, weil das Kabel selbst billiger ist, sondern auch weil keine extra Transceiver zur Verbindung der Computer mit dem Kabel erforderlich sind. (ThinNet verwendet Transceiver, aber die Transceiver sind in die Adapterkarte integriert.) Abbildung 9.1 zeigt ein typisches ThinNet-Kabel:

- ✔ ThinNet hat nur einen Durchmesser von ungefähr 1/5 Zoll. Daher ist es viel leichter und flexibler als Yellow Cable. Es läßt sich leicht um Ecken biegen, über Eingänge, um Topfpflanzen usw. drapieren.
- ✔ ThinNet wird mit Hilfe eines dämlichen Drehsteckers, dem BNC-Stecker, an der Netzwerkkarte angeschlossen. Sie können entweder bereits mit BNC-Stecker ausgestattete Kabel in verschiedenen Längen oder eine große Kabelrolle kaufen und die Stecker mit einem Spezialwerkzeug selbst montieren.

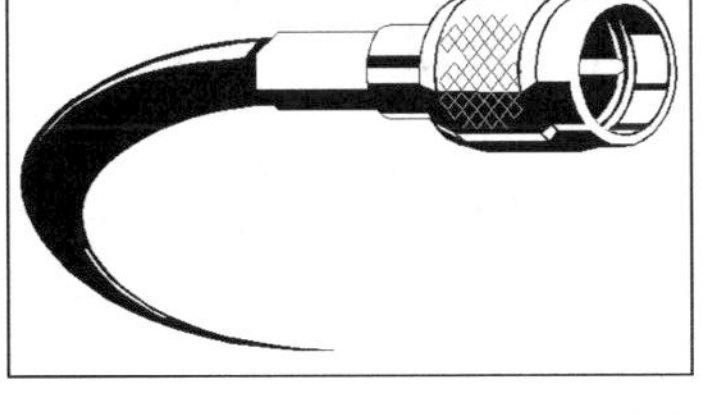

Abbildung 9.1: Ein ThinNet-Kabel

- Während Yellow Cable normalerweise mit einem einzigen Hauptkabelstück arbeitet, in das Vampir-Taps hineingestochen werden, verwendet ThinNet verschiedene Kabelstücke. Zwei Kabel werden an die Netzwerkkarte eines Rechners mit einem T-Stecker angeschlossen. Abbildung 9.2 zeigt eine typische ThinNet-Anordnung. Ein Kabelstück verbindet Ediths Computer mit Julianes, ein weiteres Julianes mit Herberts und ein drittes Herberts mit Martins.
- An jedem Ende einer Anordnung von ThinNet-Kabeln muß ein spezieller Stecker, der *Terminator*, angebracht sein. In der Abbildung 9.2 ist ein Terminator an Ediths und an Martins Rechner erforderlich. Der Terminator verhindert, daß Daten aus dem Ende des Kabels herausfließen und sozusagen auf den Teppich klecksen.
- Die Kabelstücke, die zwischen den beiden End-Terminatoren angebracht sind, werden als *Segment* bezeichnet. Die maximale Länge eines ThinNet-Segments beträgt 185 Meter. Sie können bis zu 30 Computer in einem Segment verbinden. Um eine größere Entfernung als 185 Meter abzudecken oder um mehr als 30 Rechner in das Netzwerk aufzunehmen, müssen Sie zwei oder mehr Segmente einrichten, die Sie mit Hilfe eines irren Gerätes namens Repeater verbinden.

Nutzloser Einschub zur Netzwerktopologie

Ein Buch über Netzwerke wäre nicht komplett, wenn es nicht die übliche Beschreibung der drei grundlegenden Netzwerktopologien enthielte. Die erste Topologie ist die *Bustopologie*. Hier sind Netzwerkknoten (das sind Computer) in einer Linie aneinandergereiht.

Ein Bus ist zwar der einfachste Topologietyp, hat aber auch Nachteile. Wenn das Kabel irgendwo in der Mitte abbricht, wird das Netzwerk in zwei Teile aufgespalten.

Die zweite Topologie ist die *Ringtopologie*.

Ein Ring ähnelt stark einem Bus, außer daß es kein Ende der Reihe gibt: Der letzte Knoten der Reihe ist mit dem ersten verbunden. Dadurch wird eine Endlosschleife gebildet.

Die dritte Topologie ist die *Sterntopologie*.

In einem sternförmigen Netzwerk sind alle Knoten mit einem zentralen Hub verbunden. Auf diese Weise besitzt jeder Knoten eine unabhängige Verbindung zum Netzwerk, so daß ein Defekt in einem Kabel die anderen Rechner nicht beeinträchtigt.

Ethernet-Netzwerke basieren auf der Bustopologie. Wenn Twisted Pair-Kabel verwendet werden, kann aber durch ausgefallene Kabeltricks erreicht werden, daß sie wie ein Stern verkabelt zu sein scheinen.

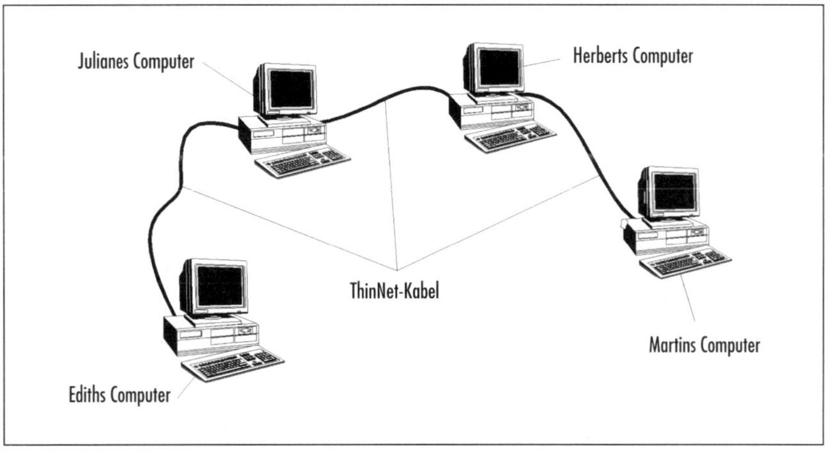

Abbildung 9.2: Ein mit ThinNet-Kabeln verbundenes Netzwerk

Unshielded Twisted Pair-Kabel (UTP)

Ein populäre Alternative zu ThinNet-Kabeln ist das *Unshielded Twisted Pair-Kabel* oder *UTP*. UTP-Kabel sind sogar noch preiswerter als dünne Koaxialkabel, und die meisten modernen Gebäude sind bereits mit Unshielded Twisted Pair-Kabeln ausgestattet, weil diese Art der Verkabelung häufig für moderne Telefonsysteme benutzt wird. Abbildung 9.3 zeigt ein Unshielded Twisted Pair-Kabel.

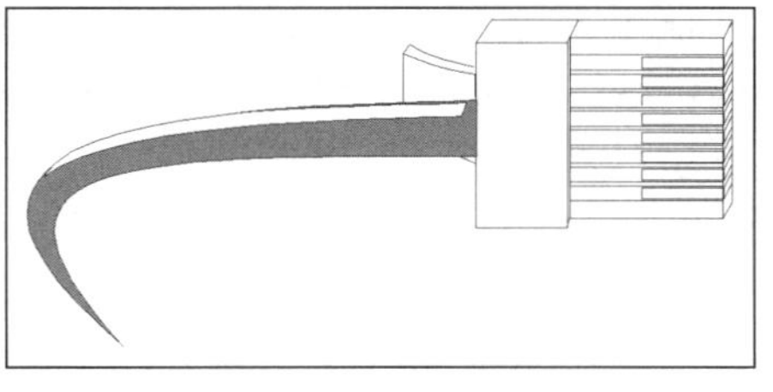

Abbildung 9.3: Unshielded Twisted Pair-Kabel

Wenn Sie ein Ethernet-Netzwerk mit einem UTP-Kabel einrichten, verbinden Sie die Rechnern sternförmig, wie in Abbildung 9.4 dargestellt. In der Mitte dieses Sterns befindet sich ein Gerät, das *Hub* genannt wird. Abhängig vom Modell können mit Ethernet-Hubs von 4 bis zu 20 Computer über Twisted Pair-Kabel verbunden werden. Die meisten Hubs haben Anschlüsse für 8 oder 12 Kabel. Hubs werden auch Konzentrator genannt.

Der Vorteil der sternförmigen Anordnung ist folgender: Wenn ein Kabel defekt ist, wird nur der Rechner, der an dieses Kabel angeschlossen ist, davon betroffen; das restliche Netzwerk läuft weiter. Beim ThinNet wirkt sich ein defektes Kabel nicht nur auf den daran angeschlossenen Rechner aus, sondern auf alle Computer, die hinter dem defekten Kabel angeordnet sind.

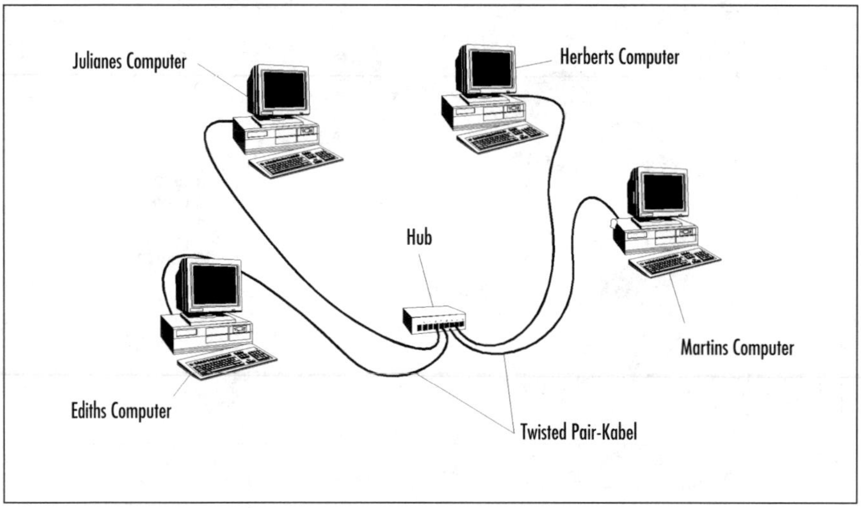

Abbildung 9.4: Ein mit Twisted Pair-Kabel verbundenes Netzwerk

- ✔ UTP-Kabel bestehen aus Paaren von dünnen, verdrillten Drähten; mehrere solcher Paare sind in einem äußeren Isoliermantel zusammengepackt. Ethernet verwendet zwei Drahtpaare oder vier Drähte zusammen. Die Anzahl der Drähte in einem UTP-Kabel kann variieren, beträgt aber meistens mehr als zwei.
- ✔ UTP-Kabel gibt es in fünf Güteklassen, Kategorie 1 bis 5. Je höher die Kategorie, desto größer ist der Schutz vor äußeren elektrischen Störungen, den das Kabel bietet. Selbstverständlich sind Kabel der höheren Kategorie auch teurer. Ethernet-Netzwerke sollten mit der Kategorie 3 oder höher verkabelt werden. Die Kategorie 5 ist am besten. Die Kategoriespezifikation bezieht sich dabei auf die amerikanische Norm für Categorie oder Cat.
- ✔ Wenn Sie so klingen möchten, als ob Sie wüßten, wovon Sie sprechen, sagen Sie »Kat 5« anstelle von »Kategorie 5«.
- ✔ UTP-Stecker sehen wie modulare Telefonstecker aus, sind aber etwas größer. UPT-Stecker heißen offiziell RJ-45-Stecker.
- ✔ UTP-Kabel können Sie genau wie ThinNet in vorgefertigten Längen kaufen. RJ-45-Stekker lassen sich aber viel einfacher an UTP-Kabel anbringen als BNC-Stecker an Koaxialkabeln. Falls Ihr Netzwerk aus mehr als nur zwei oder drei Rechnern besteht, sollten Sie eine Kabelrolle und einzelne Stecker kaufen und diese selbst montieren. Die Crimpzange zum Anbringen von RJ-45-Steckern kostet nicht die Welt.
- ✔ Die zulässige maximale Kabellänge zwischen dem Hub und dem Computer beträgt 100 Meter.

10Base was?

In ihrer unendlichen Weisheit hat die IEEE verordnet, daß die folgenden Bezeichnungen für die drei in 802.3-Netzwerken (mit anderen Worten: in Ethernet-Netzwerken) eingesetzten Kabeltypen verwendet werden sollen:

- ✔ 10Base5 für das dicke Koaxialkabel (Yellow Cable)
- ✔ 10Base2 für das dünne Koaxialkabel (ThinNet)
- ✔ 10BaseT für das Twisted Pair-Kabel

Die *10* in den obigen Begriffen bedeutet, daß die Kabel mit 10 Mbps arbeiten, und *Base* meint, daß die Kabel in Basisbandnetzwerken im Gegensatz zu Breitbandnetzwerken (fragen Sie nicht) verwendet werden. Die *5* in 10Base5 ist die maximale Länge des Yellow Cable-Segments: 500 Meter; die *2* in 10Base2 steht für 200 Meter, was ungefähr der maximalen Segmentlänge bei ThinNet von 185 Metern entspricht (für eine Gruppe von Ingenieuren ist die IEEE ziemlich verschroben; oder wußten Sie, daß das Wort »ungefähr« zu dem Vokabular von Ingenieuren gehört?) Das *T* in 10BaseT steht für Twisted Pair.

Von diesen drei Begriffen wird nur 10BaseT häufig verwendet; 10Base5 und 10Base2 werden normalerweise nur dünnes bzw. dickes Koaxialkabel genannt.

Hubs

Der größte Unterschied beim Einsatz von ThinNet- und UTP-Kabeln ist: Bei UTP müssen Sie ein zusätzliches Gerät, den sogenannten *Hub*, verwenden. Das Arbeiten mit einem Hub ist nicht schwierig, aber er stellt ein weiteres Teilchen in einem bereits ziemlich komplizierten Puzzle dar. Viele »Do-it-yourself-Netzwerker« ziehen ThinNet vor, damit sie nichts mit Hubs zu tun haben.

Wenn Ihr Netzwerk aus mehr als 6 oder 8 Rechnern besteht, sollten Sie einen Hub kaufen und UTP anstelle von ThinNet verwenden, insbesondere dann, wenn Ihr Netzwerk voraussichtlich in regelmäßigen Zeitabständen verändert werden muß. Bei UTP ist es einfacher, dem Netzwerk weitere Rechner hinzufügen, vorhandene Rechner umzustellen, Kabelprobleme zu finden und zu beheben sowie Computer zu warten, die zeitweise vom Netzwerk getrennt werden müssen.

Wenn Sie sich für UTP entscheiden, müssen Sie sich über einige Einzelheiten beim Einsatz von 10BaseT-Hubs im klaren sein:

- ✔ Da ein Kabel von jedem Computer zum Hub führen muß, sollten Sie für den Hub einen zentralen Standort wählen, zu dem die Kabel unkompliziert verlegt werden können.

- Der Hub benötigt elektrischen Strom. Sorgen Sie daher dafür, daß eine elektrische Steckdose in der Nähe ist.
- Kaufen Sie einen Hub, der mindestens doppelt so viele Anschlüsse aufweist, als Sie momentan brauchen. Wenn Sie Ihr Netzwerk mit vier Rechnern betreiben wollen, nehmen Sie keinen Hub mit nur vier Anschlüssen; wenn (und nicht falls) Sie den fünften Computer hinzufügen, müssen Sie einen weiteren Hub kaufen.
- Hubs können, wie in Abbildung 9.5 dargestellt, miteinander verbunden werden; dies wird als *Verkettung* oder *Daisy Chain* bezeichnet. Bei dieser Verbindungsart schließen Sie ein Kabel an einen Standardanschluß des einen Hubs und an den Daisy Chain-Anschluß des anderen Hubs an. Lesen Sie die Bedienungshinweise des Hubs sorgfältig, damit Sie die Daisy Chain korrekt installieren.

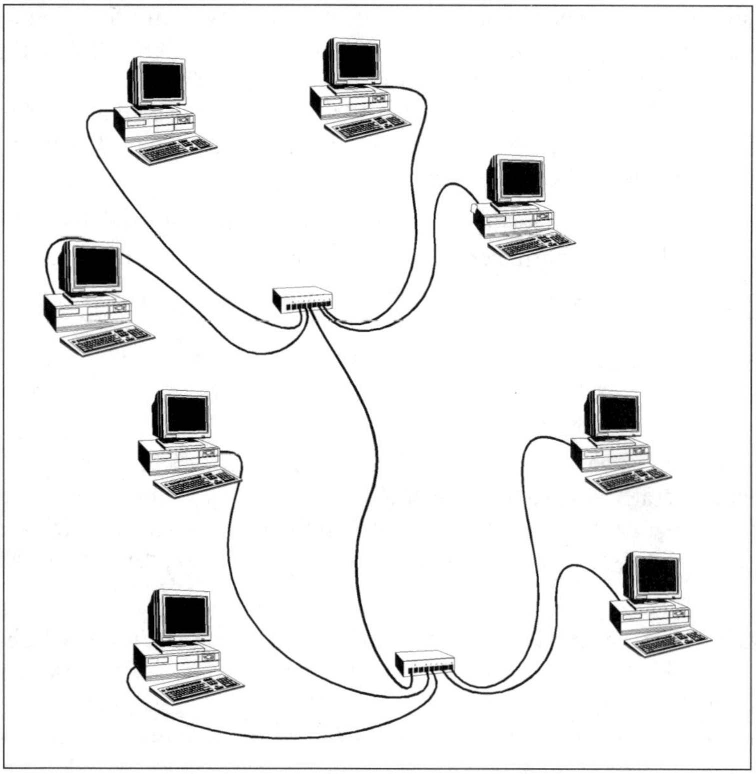

Abbildung 9.5: Über Daisy Chains verbundene Hubs

- Es dürfen maximal nur drei Hubs verkettet werden. Brechen Sie aber nicht in Panik aus, wenn Sie mehr Rechner haben, als von drei Hubs bedient werden können. Die meisten Hubs besitzen einen BNC-Anschluß auf der Rückseite, so daß sie sich mit einem ThinNet-Kabel verbinden lassen: Die Beschränkung auf drei Hubs gilt dann nicht mehr.

- ✔ Beim Einkaufen von Hubs werden Sie vielleicht bemerken, daß die teuren Hubs mit einer Netzwerkverwaltungsfunktion namens SNMP ausgestattet sind. Diese Hubs werden *managed Hubs* genannt. Geben Sie sich nicht mit diesen teuren Hubs ab, es sei denn, Ihr Netzwerk ist sehr groß und Sie wissen, was SNMP ist. Sie würden für etwas bezahlen, was Sie niemals einsetzen werden.

Netzwerkkarten

Jetzt wissen Sie weit mehr über Netzwerkkabel, als Sie wirklich müssen. Sie sollten nun einige Punkte im Zusammenhang mit Netzwerkkarten bedenken, bevor Sie zum Kauf schreiten:

- ✔ Die Netzwerkkarte, die Sie einsetzen wollen, muß über einen Anschluß für den Kabeltyp verfügen, den Sie verwenden. Wenn Sie Ihr Netzwerk mit ThinNet-Kabeln betreiben wollen, müssen die Netzwerkkarten einen BNC-Anschluß haben. Für die Verkabelung mit Twisted-Pair-Kabeln sind RJ-45-Anschlüsse erforderlich.
- ✔ Manche Netzwerkkarten verfügen über zwei oder drei unterschiedliche Anschlüsse. Diese Karten gibt es in allen Kombinationen: BNC und AUI, RJ-45 und AUI, BNC und RJ-45, oder alle drei. Ein Karte auszuwählen, die sowohl BNC- als auch RJ-45-Anschlüsse hat, ist keine schlechte Idee. So können Sie von ThinNet auf Twisted Pair oder umgekehrt umsteigen, ohne neue Netzwerkkarten kaufen zu müssen. Eine Karte mit den beiden Anschlußtypen kostet ungefähr 25 DM mehr als eine mit nur einem Anschlußtyp. Machen Sie sich über den AUI-Anschluß keine Gedanken; Sie werden ihn wahrscheinlich nie brauchen.
- ✔ Der Kompatibilitätsstandard für Netzwerkkarten ist NE2000; diese Karte wurde früher von Novell hergestellt. Heute wird sie von Eagle gebaut. Wenn eine Karte kompatibel mit NE2000 ist, können Sie sie für fast jedes Netzwerk einsetzen.
- ✔ Achten Sie beim Kauf einer Netzwerkkarte darauf, daß sie kompatibel mit Ihrem Rechner ist. In die meisten Computer lassen sich Karten einbauen, die für den Standard-16-Bit-ISA-Bus entwickelt wurden. Die neueren Pentium-basierten Rechner arbeiten auch mit Karten mit einem 32-Bit-PCI-Bus. Bei Pentium-Computern lohnt es sich, das zusätzliche Geld für eine PCI-Karte auszugeben.
- ✔ Vergewissern Sie sich, daß der Rechner, in den die Karte eingebaut werden soll, über einen freien Steckplatz des gewünschten Typs verfügt. Angenommen, Ihr Rechner hat vier ISA-Bus- und drei PCI-Bus-Steckplätze, aber alle drei PCI-Steckplätze sind bereits besetzt, während zwei ISA-Steckplätze noch frei sind. In diesem Fall müssen Sie eine ISA-Karte kaufen.
- ✔ Vergewissern Sie sich, daß die Karte Plug & Play-kompatibel ist. Die Karte kann dann von Windows 95 automatisch konfiguriert werden, so daß Sie nicht eine Reihe von langweiligen Konfigurationen ausführen müssen, nur um die Karte funktionsfähig zu machen.
- ✔ Die Installation von Netzwerkkarten kann ein bißchen knifflig sein – auch von Plug & Play-Karten. Jede unterschiedliche Karte hat ihre eigenen Nuancen. Sie können sich das

Leben etwas vereinfachen, wenn Sie eine Karte auswählen und dabei bleiben. Verwenden Sie keine unterschiedlichen Netzwerkkarten.

- ✔ Wenn Sie spät abends im Fernsehen Werbung für Ethernet-Karten zu einem unglaublich niedrigen Preis (wie z.B. 5 DM oder kostenlos, wenn Sie den Kaufnachweis-Coupon von drei Haferflockenpackungen einschicken) sehen, überprüfen Sie, ob es sich bei den Karten um 16-Bit-Karten handelt. Sie werden mit der langsamen Performanz von 8-Bit-Karten aus der Sonderangebotsabteilung nicht zufrieden sein, es sei denn, Ihr Computer stammt auch daher. Wenn Sie einen 486er oder Pentium-Rechner haben, sollten Sie noch nicht einmal an 8-Bit-Karten denken.
- ✔ Wenn Sie in den dunklen Zeiten mit einem altertümlichen 8088-basierten Computer (wie z.B. dem Original-IBM-PC oder -XT) steckengeblieben sind, bieten sich Ihnen zwei Alternativen: (1) Sie können eine 8-Bit-Netzwerkkarte kaufen oder (2) Sie können den Computer auf dem Flohmarkt verkaufen (für etwa 10 DM oder im Austausch mit einem alten Toaster). Kaufen Sie keine 16-Bit-Karte; sie wird nicht funktionieren. 8088-basierte Computer haben keinen 16-Bit-Bus, daher lassen sich auch keine 16-Bit-Karten einbauen.

Professioneller Touch

Wenn Ihnen der größte Teil des Stoffes in diesem Buch eingeleuchtet hat, und wenn Sie Ihre Freunde beeindrucken möchten, überlegen Sie, ob Sie Ihrer Netzwerkinstallation die folgenden Extras hinzufügen möchten. Dadurch erwecken Sie den Anschein, als ob Ihr Netzwerk von einem Profi eingerichtet wurde. (Wenn Sie dieses Kapitel bisher hoffnungslos verwirrt hat, sollten Sie sich lieber darauf konzentrieren, Ihr Netzwerk einzurichten und zum Laufen zu bringen. Machen Sie sich über dessen Erscheinungsbild später Gedanken.)

Abbildung 9.6 zeigt diese Extras, die Ihrem Netzwerk einen professionellen Touch geben:

- ✔ Verwenden Sie eine 10BaseT-Verkabelung; diese wird heutzutage auch von den meisten Profis benutzt.
- ✔ Verlegen Sie die Kabel durch Decken und Wände anstatt auf dem Fußboden, und montieren Sie an die Wand neben jedem Computer eine Buchse. Schließen Sie die Computer an die jeweilige Wandbuchse mit einem kurzen (ungefähr 3 Meter) Patch-Kabel an. Verwenden Sie nur hochwertige Buchsen der Kategorie 5, und überprüfen Sie, ob alle Drahtpaare im Kabel auch genau bis zu dem Punkt verdrillt sind, an dem die Drähte auf die Buchse treffen. Mit anderen Worten: Drehen Sie die Drähte nicht weiter auf, als es für die Montage unbedingt nötig ist.
- ✔ Wenn Sie die Kabel durch Wände und Decken verlegen, vermeiden Sie die Nähe zu Stromkabeln, Neonröhren und anderen elektrischen Geräten, die die im Kabel fließenden Signale stören könnten. Und knicken Sie die Kabel nicht: Biegen Sie sie vorsichtig um Ecken herum.

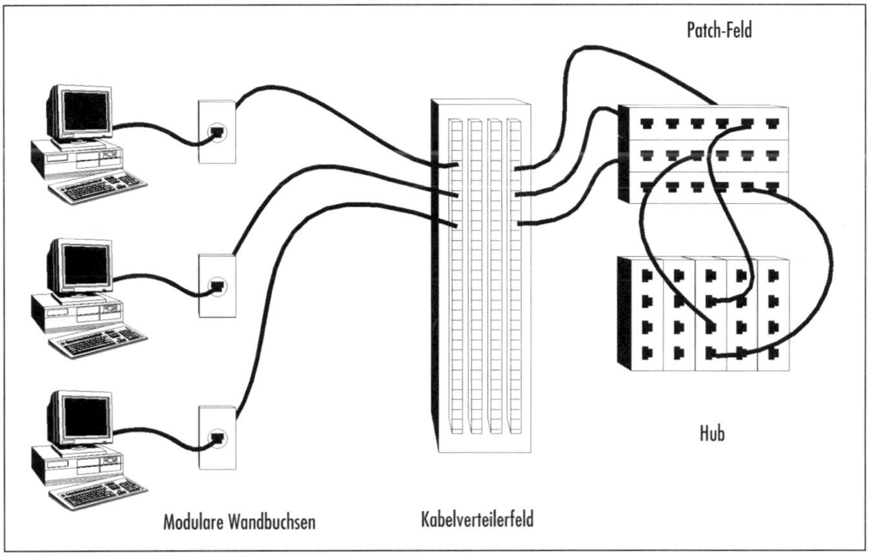

Abbildung 9.6: Ein professioneller Touch

- ✔ Um es wirklich gut zu machen, sollten Sie 10BaseT-Kabel zu jedem möglichen Rechnerplatz in Ihrem Büro verlegen, auch wenn sich dort noch kein Rechner befindet. Wenn Sie dort irgendwann einen Computer aufstellen, ist die Festverdrahtung (in der Decke und durch die Wand) bereits vorhanden, und Sie müssen nur noch den Computer mit einem Patch-Kabel an die Wandbuchse anschließen.
- ✔ Sehen Sie eine Ecke eines Schrankes oder eines Abstellraums als Verteilerkasten vor. Bündeln Sie alle Kabel zusammen und schließen Sie sie an einen Kabelverteilerfeld an. Verlegen Sie Kabel von dem Kabelverteilerfeld zu einem Patch-Feld. Ein Patch-Feld ist nichts anderes als mehrere RJ-45-Buchsen, die ordentlich in einer Reihe montiert sind.
- ✔ Verbinden Sie die entsprechenden Buchsen auf dem Patch-Feld über kurze Patch-Kabel mit Ihrem Netzwerk-Hub. Das alles sieht ein bißchen nach einem Rattennest aus, aber Sie können damit das Netzwerk im Nu neu konfigurieren. Wenn jemand den Platz wechselt, müssen Sie nur die Patch-Kabel im Verteilerkasten entsprechend umstecken.
- ✔ Ein richtiggehendes Patch-Feld wie dieses wird normalerweise nur bei großen Netzwerken verwendet. Für kleinere Netzwerke gibt es kleine Einheiten, die ein Kabelverteilerfeld enthalten, das bereits mit 6 oder 8 RJ-45-Blöcken verbunden ist. Diese Einheiten bieten eine gekonnte Möglichkeit, einer kleinen Netzwerkinstallation einen professionellen Touch zu verleihen.
- ✔ Achten Sie darauf, Ihr Netzwerk nicht zu gut aussehen zu lassen. Man könnte auf die Idee kommen, daß Sie ein Netzwerk-Freak sind, und plötzlich bekommen Sie Gummibärchen angeboten, damit Sie fremde Netzwerkprobleme lösen.

Werbung von Netzwerk-Versandhändlern

Wenn Sie Ihre Netzwerkkomponenten von einem Versandhändler beziehen, können Sie voraussichtlich eine hübsche Summe Geld sparen. Gehen Sie einfach in den Supermarkt, kaufen Sie ein Exemplar eines Computermagazins und blättern Sie es durch, bis Sie Anzeigen von Firmen finden, die sich auf Netzwerkprodukte spezialisiert haben.

Wahrscheinlich werden Sie mit den meisten Anzeigen zurechtkommen. Die folgenden Hinweise könnten aber dennoch hilfreich für Sie sein:

- ✔ Wenn in einer Zeile zwei Preise (normalerweise durch einen Schrägstrich getrennt) stehen, kann dies folgendes bedeuten: entweder den Preis für einen und den Preis für fünf oder mehr Artikel oder den Preis für zwei gleiche Artikel, die nur unterschiedlich konfiguriert sind. Die ISA-Netzwerkkarte Fancy Dance 2000 kostet vielleicht 50 DM, wenn Sie nur eine kaufen, und 40 DM pro Stück, wenn Sie gleich fünf oder mehr Karten kaufen.
- ✔ Manche Preise ändern sich so schnell, daß sie nicht ausgedruckt werden. In diesem Fall rufen Sie die Firma wegen einer Preisauskunft an.
- ✔ Die meisten Netzwerk-Versandhändler beantworten gern telefonische Anfragen. Wenn Sie nicht genau wissen, was Sie brauchen, rufen Sie die Firma einfach an.
- ✔ Lesen Sie die Informationen über die Versandkosten und über die Rückgabebedingungen bei defekten Waren genau. Bevor Sie etwas bestellen, sollten Sie sich vergewissern, daß der betreffende Artikel auch auf Lager ist und noch am selben oder spätestens am nächsten Tag versandt werden kann.

Wie man das ganze zusammensteckt (oder fügen Sie Teil A in Platz B ein)

10

In diesem Kapitel erfahren Sie, wie Sie ...

- entscheiden, welche Tools Sie zur Installation eines Netzwerks benötigen.
- eine Netzwerkkarte installieren.
- alles über IRQs, I/O-Adressen und DMA-Kanäle herausfinden.
- mit Crimpkabeln arbeiten.
- die Netzwerksoftware installieren.
- Ihre Installation überprüfen.

Nun kommt der spaßige Teil: Ihr Netzwerk wird verbunden. Auf geht's, Ärmel hochkrempeln und hinein in die Computerschüsseln. Vergewissern Sie sich, daß die Hände frisch gewaschen sind, und der Kopf klar ist.

Werkzeuge, die Sie benötigen werden

Klar, um eine Arbeit gut zu machen, benötigt man das richtige Werkzeug.

Beginnen Sie mit einem Standardsatz von Computerwerkzeugen, die man schon für unter 30 DM in irgendeinem Computerladen oder einem Großmarkt ergattern kann. Diese Werkzeugsätze beinhalten die richtigen Schraubenzieher und Schraubenschlüssel, um Ihre Computer zu öffnen und Steckkarten einzubauen. (Haben Sie keinen Computerwerkzeugkasten, dann vergewissern Sie sich, daß Sie einige Flachkopf- und Kreuzschlitz-Schraubenzieher in verschiedenen Größen bereitliegen haben.)

Vorausgesetzt, alle Computer befinden sich in einem Raum, Sie wollen die Kabel auf dem Fußboden entlang verlegen und benutzen dabei nur vorkonfigurierte Kabel, dann sollte dieser Computerwerkzeugsatz alles enthalten, was Sie benötigen.

Wenn Sie die Kabel als Meterware gekauft haben und beabsichtigen, Ihre eigenen Kabelstecker zu konfigurieren, dann benötigen Sie neben dem Standardsatz von Computerwerkzeugen außerdem:

- **Seitenschneider**: Größere für die ThinNet-Verkabelung (10Base2); kleinere für 10BaseT-Kabel. Verkabeln Sie jedoch mit dem dicken Yellow Cable (10Base5), dann ist schon fast ein Bolzenschneider vonnöten.
- **Crimpzange für den jeweiligen Kabeltyp**: Die Crimpzange wird benötigt, um die Stecker mit dem Kabel zu verbinden.
- **Abisolierzange**: Diese Zange wird nur dann benötigt, wenn an der Crimpzange kein Abisolierteil integriert ist. Für ThinNet wird eine Spezial-Abisolierzange benötigt, da der Innenleiter (Kupferkern), der Außenleiter (Schirmung) und die äußere Isolierung genau auf Länge geschnitten werden müssen.

Wenn Sie planen, die Kabel durch Wände zu verlegen, dann brauchen Sie weitere Werkzeuge:

- **Einen Hammer**
- **Einen Bohrer**: Diese benötigt man, um größere Löcher in die Wände zu bohren, damit die Kabel durchgeleitet werden können.
- **Eine Taschenlampe**
- **Eine Leiter**
- **Draht zum »Kabelfischen«**: Man benötigt einen steifen Metalldraht, der an einem Ende eine dünne Schlaufe hat. Um ihn einzusetzen, fädeln Sie den Draht durch das eine Loch in der Wand und drücken und rütteln ihn zum Loch auf der anderen Seite der Wand, wo der andere Partner schon sehnsüchtig darauf wartet, den Draht zu fischen. Dann befestigt Ihr Partner an der Schlaufe ein Netzwerkkabelende und schreit »Einholen!« oder »Vorsicht Bomben!«. Dann angeln Sie den Draht vorsichtig mit dem Netzwerkkabel zurück. (Steifere Metalldrähte erhält man zum Beispiel in Baumärkten, in denen man auch Gartenzäune verkauft.)

Planen Sie jedoch die Verkabelung durch einen Betonfußboden zu führen, dann müssen Sie sich wohl einen Schlagbohrhammer aus dem Straßenbau und eine Kreuzhacke mieten und zusätzlich jemanden einstellen, der die gelbe Fahne hochhält, während Sie schuften.

Konfiguration und Installation Ihrer Netzwerkkarten

Bevor die Netzwerkkabel angeschlossen werden, müssen Sie eine Netzwerkkarte in jeden Computer einbauen. Die Installation von Netzwerkkarten ist zu bewältigen, jedoch müssen Sie auch hier gewillt sein, die Ärmel hochzukrempeln.

Glücklicherweise werden heute in den Tagen von Windows 95/98 die meisten Netzwerkkarten als Plug & Play-Modelle verkauft. Das heißt soviel wie: Man muß die Karten nur in den Rechner klatschen und schon konfiguriert Windows 95 oder 98 sich selbst, um die Netzwerkkarte benutzen zu können. Sollte dabei irgendeine Einstellung auf der Karte mit den Einstellungen von anderen eingebauten Karten in Konflikt geraten, dann verändert Windows 95 oder 98 automatisch die Einstellungen, um die Probleme zu beseitigen.

Wären doch alle Netzwerkkarten Plug & Play-kompatibel. Leider ist das nicht der Fall. Einige Netzwerkkarten (besonders die preiswerteren), benötigen immer noch eine Spezialinstallation oder ein mitgeliefertes Konfigurationsprogramm. Wenn Sie zum Beispiel eine »weitervererbte« Netzwerkkarte Ihres Schwagers installieren sollen, dann müssen Sie sich mit Schaltereinstellungen und Jumpern zufrieden geben, die auf der Karte vorhanden sind. Ärgerlich.

Ach ja, natürlich ist Plug & Play zur Zeit nur ein Windows 95- und 98-Merkmal. Sind Sie jedoch noch mit DOS und Windows für Workgroups verbunden, dann müssen Sie die Netzwerkkarten nach der herkömmlichen Weise konfigurieren. Gehören Sie zu den Glücklichen, die ausschließlich Plug & Play-Karten in einem reinen Windows 95-Netzwerk einsetzen, dann können Sie stolz beim Abschnitt *Installation der Netzwerkkarte* fortfahren, anderenfalls lesen Sie einfach hier weiter.

Das Konfigurieren von Netzwerkkarten ist wahrscheinlich der verwirrendste Teil einer Netzwerkinstallation und häufig auch der schwierigste, wenn es nicht auf Anhieb gelingt. Gehen Sie bei der Netzwerkkartenkonfiguration sehr konzentriert vor. Achten Sie darauf, daß Sie Ihren Morgenkaffee eingenommen haben.

Daß die Konfiguration von Steckkarten oft so verwirrend ist, ist nicht Ihr Fehler. Schieben Sie alle Schuld auf die Jungen und Mädel, die den Original-IBM-PC vor vielen Monden entwickelt haben. Sie hatten keine Vorstellung davon, daß so viele Firmen so viele unterschiedliche Zusatzkomponenten für den PC herstellen würden, wie Modems, Scanner, Streamer-Laufwerke, CD-ROM-Laufwerke, Mäuse und nicht zu vergessen Netzwerkkarten. Daher steckten sie nicht genügend konstruktive Muskelkraft in das Design der Erweiterungssteckplätze im PC. Die Folge davon ist, daß Sie Ihre Netzwerkkarte manuell konfigurieren müssen, um sicherzugehen, daß die elektrischen Signale der Netzwerkkarte nicht mit den Signalen von anderen manuell konfigurierbaren Karten kollidieren können, die in Ihrem Computer schon eingebaut waren.

- ✔ Auf einigen Karten werden die Konfigurationseinstellungen durch das Verändern von speziellen Schalter vorgenommen, die man DIP-Schalter nennt oder durch das Umstecken von Jumpern. Das Schalten oder »Jumpern« muß vor dem Einbau der Karte in den Computer vorgenommen werden.
- ✔ Zum Umschalten eines DIP-Schalters gibt es ein sehr geeignetes Werkzeug: eine aufgebogene Büroklammer.
- ✔ Um einen Jumper zu versetzen, wird die Steckbrücke von einer Verbindung auf eine andere Verbindung zweier Kabelenden versetzt. Sie benötigen dafür Fingernägel oder eine Pinzette.
- ✔ Sie können sich glücklich schätzen, wenn Ihre Netzwerkkarten schon mit den passenden Einstellungen vorkonfiguriert sind. Prüfen Sie doppelt, da erstens die Fabrikeinstellungen nicht immer geeignet sind, und zweitens manchmal auch in der Fabrik Fehler gemacht werden, so daß die Karte nicht richtig voreingestellt ist.

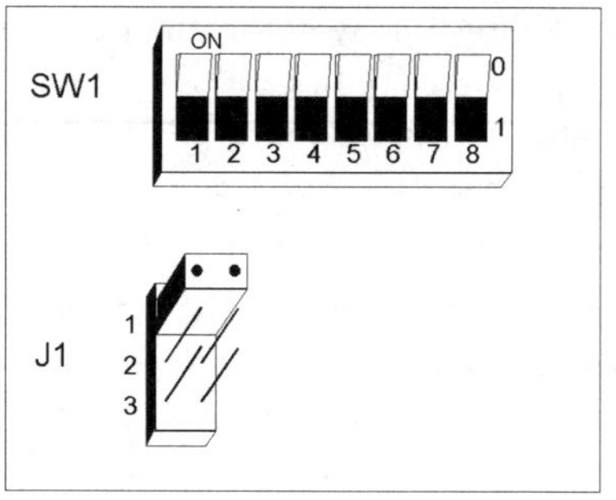

Abbildung 10.1: Ein DIP-Schalter und ein Jumper

- ✔ Noch glücklicher wären Sie, wenn Ihre Karten überhaupt keine DIP-Schalter und Jumper verwenden. Diese Karten müssen dennoch konfiguriert werden, allerdings erfolgt die Konfiguration über eine Software und nicht mit Büroklammern oder Fingernägeln.
- ✔ Die meisten Netzwerkkarten benötigen zwei Konfigurationseinstellungen: die IRQ-Nummer und die I/O-Port-Adresse. Einige Karten verlangen die Konfigurierung eines DMA-Kanals. Diese Einstellungen werden in Extraabschnitten auf den nächsten Seiten behandelt. Das ist technisch und langweilig, seien Sie also sehr aufmerksam.
- ✔ Einige Netzwerkkarten unterstützen den Anschluß von unterschiedlichen Kabeltypen und müssen dafür richtig konfiguriert werden. Besitzt Ihre Netzwerkkarte zum Beispiel sowohl den Anschluß für 10BaseT als auch den AUI-Anschluß, dann müssen Sie die Karte gemäß Ihres Kabeltyps konfigurieren. Normalerweise werden die Ethernet-Netzwerkkarten in der Fabrik für ThinNet oder 10BaseT konfiguriert (unterstützt die Karte sowohl ThinNet als auch 10BaseT, dann ist sie gewöhnlich auf ThinNet vorkonfiguriert). Sie brauchen die Konfiguration also nur dann verändern, wenn Sie nicht den voreingestellten Kabeltyp verwenden.
- ✔ Jedesmal, wenn Sie eine Netzwerkkarte konfigurieren, schreiben Sie alle Einstellungen auf, die Sie vorgenommen haben. Sie benötigen diese Einstellungen später wieder, wenn Sie die Client-Software installieren. Heften Sie die Liste der Netzwerkkarteneinstellungen in Ihrem Netzwerkordner ab.
- ✔ An dieser Stelle wäre es zu einfach einen Witz über DIP-Schalter einzufügen. Fügen Sie bitte Ihren eigenen Witz ein, wenn Ihnen danach ist.

Diese seltsamen IRQ-Nummern konfigurieren

IRQ steht für »Interrupt ReQuest«. Das brauchen Sie sich nicht unbedingt zu merken, ich erwähne es nur, weil ich das großgeschriebene Q in der Mitte des Wortes witzig finde. Jeder Computer hat 16 verschiedene IRQ-Nummern und jedem I/O-Gerät, wie Drucker, Modem, Maus usw., muß eine eigene IRQ-Nummer zugewiesen werden. Es ist nicht immer einfach, eine IRQ-Nummer zu finden, die noch nicht belegt ist. (Auf alten XT-Computern stehen sogar nur acht IRQ-Nummern zur Verfügung. Das macht es noch schwieriger, IRQ-Konflikte zu vermeiden.)

Wichtig ist es zu wissen, welche IRQ-Nummern bereits vom Computer benutzt werden. In Tabelle 10.1 sehen Sie eine Auflistung allgemein üblicher IRQ-Belegungen.

IRQ-Nummer	Verwendungszweck
IRQ0	Interner Zeitgeber des Computers
IRQ1	Tastatur
IRQ2	Nicht verwendbar
IRQ3	Serielle Schnittstelle COM2, oft Maus oder Modem
IRQ4	Serielle Schnittstelle COM1, oft Maus oder Modem
IRQ5	Parallele Schnittstelle LPT2
IRQ6	Diskettenlaufwerk
IRQ7	Parallele Schnittstelle LPT1
IRQ8	Systemuhr
IRQ9-13	In der Regel verfügbar
IRQ14	Festplatte
IRQ15	In der Regel verfügbar

Tabelle 10.1: Typische IRQ-Zuweisungen

- ✔ Einige Netzwerkkarten unterstützen nur wenige IRQ-Nummern wie IRQ3, IRQ4 oder IRQ5. IRQ5 ist eine sichere Wahl, solange der Computer keine zwei Drucker hat. Wenn Sie jedoch ein Gerät wie ein CD-ROM-Laufwerk oder einen Scanner installiert haben, sollten Sie sicherstellen, daß IRQ5 nicht bereits belegt ist.
- ✔ IRQ3 und IRQ4 werden von den seriellen Schnittstellen COM1 und COM2 benutzt. Wenn Sie ein Modem und eine serielle Maus haben, sollten Sie IRQ3 und IRQ4 für die Netzwerkkarte nicht verwenden.
- ✔ Wenn Ihr Computer mit Zusatzgeräten ausgestattet ist, sollten Sie vor dem Kauf Ihrer Netzwerkkarte überprüfen, welche IRQs verfügbar sind. Vergewissern Sie sich, daß die Karte, die Sie kaufen möchten, auf eine freistehende IRQ-Nummer konfiguriert werden kann.
- ✔ Falls Sie mit der DOS-Version 6.0 oder 6.2 oder mit Windows 3.1 arbeiten und sich nicht sicher sind, welche IRQ-Nummern belegt sind, starten Sie das MSD-Programm. Wählen Sie die Option für die IRQ-Belegung, um sich anzeigen zu lassen, welche IRQ-Nummern bereits verwendet werden.
- ✔ Die Plug & Play-Methode von Windows 95 und 98 ermöglicht es, daß IRQ-Nummern automatisch so zugewiesen werden, daß es mit anderen Geräten Ihres Computers zu keinem Konflikt kommt. Ist das nicht super?

Eine I/O-Adresse konfigurieren

Die I/O-Adresse ist das Tor, durch das der Transport der Informationen zu dem Netzwerk und von dem Netzwerk erfolgt. Sie ist üblicherweise auf eine Nummer wie 300, 310, 320 usw. eingestellt. Der einzige Trick beim Einrichten der I/O-Adresse liegt darin, sicherzustellen, daß es zu keinen Konflikten mit den von anderen Geräten verwendeten Port-Einstellungen kommt.

- ✔ Konflikte mit I/O-Adressen treten nicht so häufig auf, da Sie unter so vielen Adressen auswählen können, daß eine Konfliktvermeidung nicht schwer ist. Oft können die Fabrikeinstellungen bezüglich der I/O-Adresse einfach übernommen werden.
- ✔ Die Hersteller bringen normalerweise keine Netzwerkkarte mit einer I/O-Adresse auf den Markt, die mit allgemeinen Komponenten wie Drucker, Maus, Laufwerke usw. in Konflikt gerät. Die Konflikte treten erst dann auf, wenn Sie andere Geräte wie beispielsweise CD-ROM-Laufwerke oder Scanner mit Ihrem Computer verbunden haben. Bei der Konfiguration einer Netzwerkkarte sollten Sie sicherstellen, daß die Einstellung der I/O-Adresse nicht mit der für ein anderes Gerät verwendeten Einstellung kollidiert.
- ✔ I/O-Adressen sind Hexadezimalzahlen, die die Buchstaben A-F zusammen mit den Zahlen 0-9 enthalten. 37C ist beispielsweise eine gültige I/O-Adresse. Seien Sie froh, daß Sie die Hexadezimalnumerierung nicht näher verstehen müssen, um die I/O-Adresse korrekt einzurichten. Folgen Sie nur den der Karte beigelegten Anweisungen, und die HEX-Monster werden Sie nicht beißen.
- ✔ Manchmal wird an das Ende der I/O-Adresse der Buchstabe »h« hinzugefügt – zum Beispiel 300h oder 37Ch. Das soll Sie nur daran erinnern, daß es sich um Hexadezimalzahlen handelt (als ob das jemanden interessieren würde).
- ✔ Mit der Plug & Play-Methode in Windows 95 und Windows 98 werden automatisch I/O-Adressen zugewiesen, die nicht mit den von anderen Geräten verwendeten Adressen in Konflikt treten.

Den DMA-Kanal konfigurieren

Einige Netzwerkkarten verwenden DMA-Kanäle zur Leistungssteigerung. (DMA ist die Abkürzung für »Direct Memory Access«, doch das ist jetzt nicht weiter wichtig.) Sollte Ihre Karte einen DMA-Kanal verwenden, müssen Sie eventuell die Standardeinstellung ändern, um Konflikte mit anderen Karten zu vermeiden, die ebenfalls DMA benutzen (wie CD-ROM-Adapter oder ein Scanner). Konsultieren Sie das Ihrer Karte beigelegte Handbuch, um herauszufinden, ob die Karte DMA verwendet.

Nicht alle Netzwerkkarten verwenden DMA. Sollte das bei Ihrer Karte auch der Fall sein, überspringen Sie einfach den vorherigen Schritt.

Eine Netzwerkkarte installieren

Falls Sie jemals in Ihrem Leben eine PC-Karte installiert haben, sind Sie auch in der Lage, eine Netzwerkkarte zu installieren. Das Installieren einer Netzwerkkarte erfordert dieselben Arbeitsschritte wie zum Beispiel der Einbau einer ISDN-, Sound-, Controller-Karte oder anderer Steckkarten. Falls Sie also damit bereits Erfahrungen gesammelt haben, beherrschen Sie die Installation einer Netzwerkkarte im Schlaf.

Für das erste Mal erhalten Sie hier eine schrittweise Anleitung:

1. **Schalten Sie den Computer aus und entfernen Sie das Stromkabel.**

   Arbeiten Sie niemals an Ihrer Computerhardware bei eingeschaltetem Computer oder bei nicht getrennter Netzverbindung.

2. **Entfernen Sie das Gehäuse Ihres Computers**

   In Abbildung 10.2 werden die Positionen der Schrauben angezeigt, die Sie zunächst entfernen müssen, bevor Sie das Gehäuse abziehen können. Bewahren Sie die Schrauben an einem sicheren Ort auf, von dem sie nicht davon laufen können.

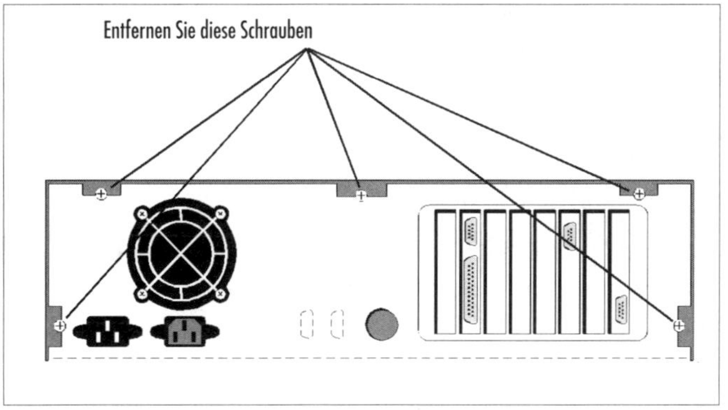

Abbildung 10.2: Entfernen des Computergehäuses

3. **Wählen Sie in Ihrem Computer einen unbelegten Erweiterungssteckplatz aus.**

   Erweiterungssteckplätze finden Sie normalerweise ordentlich aneinandergereiht in der Nähe der Computerrückseite. Die meisten Computer verfügen über zwei bis fünf Erweiterungssteckplätze – meistens ISA-Busse. Jeder dieser Steckplätze verfügt über zwei angrenzende Anschlußbereiche, einer davon etwas größer als der andere. Eine Netzwerkkarte hat wiederum entsprechende Anschlußreihen, die in die Anschlußbereiche des Steckplatzes eingesteckt werden.

   Neuere Computer der Pentium-Klasse enthalten zwei bis vier weitere Steckplätze, auch *PCI-Bus* genannt, die eine höhere Übertragungsgeschwindigkeit ermöglichen. Diese Steckplätze werden normalerweise für schnelle Grafikkarten oder Festplatten-Controller verwendet. Sie können jedoch auch für speziell auf den PCI-Betrieb zugeschnittene Netzwerkkarten genutzt werden. PCI-Steckplätze sind schmaler als die gewöhnlichen ISA-Steckplätze. Es ist daher ausgeschlossen, diese Karten versehentlich in den falschen Steckplätzen zu installieren.

Einige ältere Computer enthalten noch neben den 16-Bit-Steckplätzen zusätzliche Steckplätze für den 8-Bit-Betrieb. Sie können diese gut an den Anschlußbereichen der Steckplätze unterscheiden. Steckplätze für 16-Bit-Karten verfügen über zwei Anschlußbereiche, während für den 8-Bit-Betrieb nur ein Anschlußbereich vorhanden ist. Sie können also nie eine 16-Bit-Karte in einen Steckplatz für 8-Bit montieren. Umgekehrt sollten Sie für eine lumpige 8-Bit-Karte nie freiwillig einen wertvollen 16-Bit-Steckplatz opfern.

Eine Reihe anderer Computer verfügen noch über weitere unterschiedliche Steckplatztypen - die häufigsten davon sind VESA-oder EISA-Steckplätze. Da die Standardnetzwerkkarten für den ISA- oder PCI-Modus nicht in die Anschlußbereiche solcher Steckplätze passen, versuchen Sie bitte nicht, mit Gewalt nachzuhelfen.

4. **Entfernen Sie die Schutzblende an der Rückseite des Computers im Bereich des ausgewählten Steckplatzes.**

   Die metallene Schutzblende ist durch eine kleine Schraube gesichert. Entfernen Sie zunächst diese Schraube und ziehen anschließend die Blende ab. Verlieren Sie die Schraube nicht. Legen Sie anschließend die Blende zu all den anderen alten Blenden, die Sie gesammelt haben. (Mehrere Blenden nebeneinander aufgehängt an Schnüren lassen sich hervorragend als Vogelscheuche verwenden!)

5. **Fügen Sie die Netzwerkkarte in den Steckplatz ein.**

   Kontrollieren Sie noch einmal alle DIP-Schalter und Jumper-Einstellungen auf der Netzwerkkarte. Positionieren Sie die Anschlußreihen der Netzwerkkarte exakt über den Anschlußbereichen des Steckplatzes, und drücken Sie die Karte hinein. Bei einigen Steckplätzen müssen Sie dafür echt Kraft aufwenden.

6. **Sichern Sie die eingebaute Netzwerkkarte mit dem Schräubchen der Blende.**

7. **Montieren Sie das Computergehäuse wieder.**

   Beachten Sie, daß herumhängende Kabel im Computerinneren nicht durch das Gehäuse eingeklemmt werden. Sichern Sie das Gehäuse wieder mit den Schrauben, die Sie in Schritt 2 weggelegt haben.

8. **Verbinden Sie den Computer mit dem Stromkabel und stellen Sie ihn an.**

   Falls Sie Netzwerkkarten verwenden, die speziell für das Konzept von Plug & Play unter Windows 95 entwickelt wurden, wird der Konfigurationsvorgang automatisch beim Start des Computers eingeleitet und durchgeführt. Andere Netzwerkkarten müssen mit einer speziellen Installationssoftware konfiguriert werden. Beachten Sie dazu die Hinweise in den zu der Karte mitgelieferten Dokumentationen.

Kabelsalat

Der schwierigste und aufwendigste Teil der Netzwerkverkabelung ist das fehlerfreie Anschließen der Stecker an die Netzwerkkabel. Wenn Sie Zeit und Nerven sparen wollen, sollten Sie vorgefertigte Netzwerkkabel mit bereits montierten Steckern verwenden. ThinNet-Kabel werden im allgemeinen in verschieden vorgefertigten Längen fabrikmäßig angeboten. Twisted Pair-Kabel können ebenfalls vorgefertigt bezogen werden. Sie können jedoch auch die Steckerverbindung selbst vornehmen.

Bevor ich Ihnen zeige, wie Sie die Kabel mit den Steckern verbinden können, folgen noch einige allgemeine Hinweise zum Kabelsalat:

- ✔ Planen Sie mehr an Kabellängen ein als das vorermittelte Maß, insbesondere, wenn die Kabelführung auch durch Wände hindurch geplant ist. Gönnen Sie sich immer einen Spielraum.
- ✔ Umgehen Sie bei der Kabelverlegung elektrische Störungsquellen wie Neonlampen oder größere Motoren. Wenn Ihre Kabelführung zwischen abgehängten Deckenwände verlaufen soll, sind die hauptsächlich vorkommenden Störungsquellen Deckenlampen mit Neonröhren. Gehen Sie bei der Kabelverlegung diesen potentiellen Störenfriede aus dem Weg und halten Sie einen Sicherheitsabstand von ca. einem Meter ein.
- ✔ Wenn Sie nicht umhin kommen, den Kabelweg über einen Flurboden hinweg zu führen, sichern Sie die Kabel so, daß keine Stolperfallen entstehen. Kostengünstige Kabelbrücken, die Sie in jedem Baumarkt erstehen können, bieten einen entsprechenden Schutz.
- ✔ Wenn die Kabel durch Wände geführt werden, ist es unumgänglich, die Kabelenden exakt zu kennzeichnen. Viele Läden mit Elektrozubehör bieten dafür hervorragend geeignete Sets für Kabelauszeichnungen an. Diese Sets enthalten 50 und mehr vorgefertigte Labels mit aufgedruckten Buchstaben und Ziffern. Das Verwenden dieser Auszeichnungsmittel wird einen nachhaltig professionellen Eindruck von Ihnen hinterlassen. Kleben Sie hingegen die Leitungsenden mit umschlungenen Isolierbandstreifen ab und kritzeln mit einem Marker die Ziffern darauf, so mag der Eindruck vielleicht auch nachhaltig sein, aber ...
- ✔ Verlegen Sie mehrere Kabel zusammen, so befestigen Sie diese am besten mit Kabelbindern. Vermeiden Sie das Zusammenbinden der Kabel mit Isolierband. Das Band selbst wird zwar halten, aber die klebrige Masse wird Ihnen spätestens nach einem Jahr eine schöne Bescherung bereiten. Viele Läden mit Elektrozubehör führen Kabelbinder.

Kabelbinder leisten auch sonst gute Dienste, sie sind ein Helfer für alle Fälle. Auf einer meiner letzen Trackingtouren mußte ich meinen Hosengürtel für eine gerissene Rucksackbefestigung opfern. Zum Zusammenhalten der Hose leisteten zwei, drei Kabelbinder hervorragende Dienste. Probleme gab es eigentlich nur beim Ausziehen ...

BNC-Stecker mit einem ThinNet-Kabel verbinden

Das Verbinden eines BNC-Steckers mit einem ThinNet-Kabel verlangt ein gewisses Fingerspitzengefühl und eine gewisse Frustrationstoleranz. Für diese Arbeit benötigen Sie zwei Werkzeuge. Eine Abisolierzange, um die verschiedenen Schichten des Koaxialkabels in der richtigen Länge von der Isolierung befreien zu können und eine Crimpzange, mit der Sie den Schalter nach genauer Positionierung der Kabelelemente mit dem Kabel festquetschen können. BNC-Stecker bestehen grob unterteilt aus drei Komponenten, die Sie der Abbildung 10.3 entnehmen können.

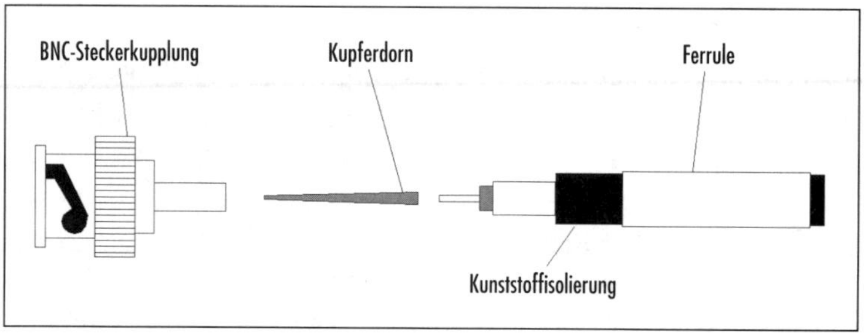

Abbildung 10.3: Einen BNC-Stecker mit einem ThinNet-Kabel verbinden

Falls Sie meinen Rat, vorgefertigte Kabel zu kaufen, in den Wind geschlagen haben, und nun doch die Stecker per Hand verbinden müssen, tun Sie folgendes:

1. **Ziehen Sie zunächst die Knickschutztülle (falls vorhanden) und die Quetschhülse, auch *Ferrule* genannt, über das Kabelende auf das Kabel.**

   Schieben Sie beide Teile weit genug über das Kabel, damit diese zunächst aus dem Weg sind.

2. **Schneiden Sie das Kabelende sauber und im rechten Winkel ab.**

3. **Verwenden Sie die Abisolierzange für die verschiedenen Kabelschichten.**

   Entfernen Sie zunächst die äußere Kunststoffisolierung um ca. 1,3 cm, das Kupfergeflecht um ca. 0,7 cm und die innere Kunststoffummantelung ca. 0,5 cm zum Kabelende.

4. **Schieben Sie den Kupferdorn auf die zentrale Kupferader.**

   Drücken Sie den Dorn soweit auf die Kupferader, bis er auf der inneren Kunststoffummantelung ansetzt.

5. **Verwenden Sie die Crimpzange, um beide Komponenten zusammenzupressen.**

6. **Schieben Sie nun die BNC-Kupplung über den Kupferdorn und die innere Kunststoffummantelung, aber unter das Kupfergeflecht der Abschirmung.**

   Bei einigen Kabelarten müssen Sie das Kupplungsstück soweit hineindrücken, bis der Kupferdorn in seiner Position einrastet.

7. **Schieben Sie nun die Quetschhülse bis zum Anschlag des Steckers.**

   Befestigen Sie die Hülse mit Hilfe der Crimpzange. Falls Sie eine Knickschutztülle verwenden, befestigen Sie diese jetzt am Schalter.

Verfallen Sie nicht auf die Idee, angeblich »leicht verschraubbare« BNC-Schalter zu verwenden. Sie machen keinen vertrauenswürdigen Eindruck.

Anschluß eines RJ-45-Steckers an ein UTP-Kabel

RJ-45-Stecker für UTP-Verkabelung lassen sich wesentlich leichter anschließen als BNC-Stecker an ThinNet-Kabel. Vor allen Dingen sollte man auf die richtige PIN-Belegung achten. Jedes Adernpaar der UTP-Verkabelung hat seine zusammengehörenden Farben.

Ein Adernpaar besteht aus einem orangefarbenen Kabel und einem weiß/orangefarbenen Kabel, während das andere Paar aus einem grünen und einem weiß/grünen Kabel besteht.

Im folgenden sehen Sie eine Übersicht der korrekten PIN-Belegungen:

PIN-Nummer	Kabelfarben
PIN1	Weiß/Orange
PIN2	Orange
PIN3	Weiß/Grün
PIN6	Grün

Abbildung 10.4 zeigt die richtige Kabelbelegung für einen RJ-45-Stecker an.

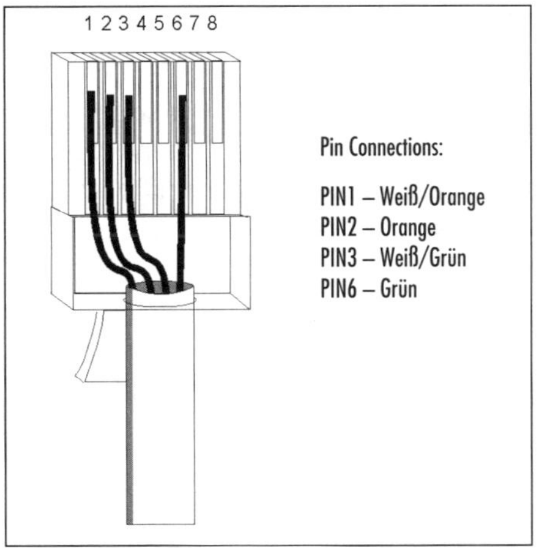

Abbildung 10.4: Einen RJ-45-Stecker mit einem 10BaseT-Kabel verbinden.

Gehen Sie folgendermaßen vor, um einen RJ-45-Stecker korrekt zu verbinden:

1. **Schneiden Sie das Kabel auf die gewünschte Länge.**

   Achten Sie darauf, daß Sie eine senkrechte Schnittfläche haben und das Kabel nicht wie eine Wurst schräg schneiden.

2. **Fügen Sie das Kabel bis zum Anschlag in den Abisolierteil der Crimpzange ein.**

   Drücken Sie die Zangenenden zusammen, und ziehen Sie dann das Kabel langsam und gerade heraus. Dadurch wird die Außenschicht wie gewünscht abisoliert, ohne die inneren Kabeladern zu beschädigen.

3. **Ordnen Sie die Kabelenden in folgender Reihenfolge von links nach rechts an: weiß/orange, orange, weiß/grün und grün.**

   Dehnen Sie das grüne Kabel etwas weiter nach rechts. Schieben Sie die Kabelenden rückseitig in den RJ-45-Stecker. Achten Sie darauf, daß jedes einzelne Kabel in die entsprechende Führung des Steckers eingeschoben ist, damit die PIN-Belegung stimmt.

4. **Überprüfen Sie noch einmal die korrekte farbliche Zuordnung der Kabeladern, insbesondere die Position der grünen auf PIN6.**

5. **Legen Sie den RJ-45-Stecker in den Crimpteil Ihrer Crimpzange ein, und drücken Sie die Zangenenden zusammen, damit die Kabel mit dem Stecker fest verbunden werden.**

Die PINs des RJ-45-Steckers sind nicht numeriert. Sie können jedoch davon ausgehen, daß die Position PIN1 immer dann auf der linken Seite des Steckers ist, wenn Sie von oben gemäß der Abbildung 10.4 auf die Metallteile der PINs blicken.

- ✔ Einige Spezialisten verkabeln 10BaseT-Leitungen auf eine andere Weise: Indem Sie grün und grün/weiß auf PIN1 und PIN2 und orange und orange/weiß auf PIN3 und PIN6 legen. Das beeindruckt das Netz überhaupt nicht (denn es ist farbenblind), solange der RJ-45-Stecker auf der anderen Seite des Kabels in der gleichen Weise verdrahtet ist.

Ja, ich weiß, jeder normale Mensch hätte es so eingerichtet, daß die RJ-45-Stecker PIN1 bis 4 verwenden und nicht PIN1, 2, 3 und 6. Aber – da Computerfreaks nicht »normal« im herkömmlichen Sinne sind, können wir also auch nicht erwarten, daß die vierte Kabelader mit dem vierten PIN verbunden wird? Das wäre ja ganz schön naiv, oder?

Wenn Sie die Kabel für ein Ethernet-System installieren, müssen Sie sich streng an die besonderen Normen der CAT5-Verkabelung halten. Neben anderen Aspekten sollten Sie hauptsächlich sicherstellen, daß alle Kabel- und Steckerkomponenten, die Sie einsetzen, der Norm von CAT5 entsprechen. Achten Sie bitte beim Verbinden der Stecker mit dem Kabel darauf, daß Sie nicht mehr als ca. 1,5 cm der Windung des Kabels entflechten. Legen Sie die Länge des Kabels nicht über 100 Meter aus. Wenn Sie sich bei der Verkabelung 100 MHz-Ethernet-Netzwerks in der Vorgehensweise unsicher sind, ziehen Sie einen professionellen Kabelguru zu Rate.

Die Netzwerksoftware installieren

Wenn Sie einmal Netzwerkkabel und Karte installiert haben, bleibt nur noch die Installation der Netzwerksoftware übrig. Die Schritte, die Sie zur Durchführung dieser Aufgabe erledigen müssen, variieren abhängig von dem Netzwerk, das Sie verwenden. Es empfiehlt sich deshalb, nähere Details im Handbuch für Ihre Netzwerksoftware nachzulesen. Ich beschreibe im folgenden nur einige allgemeine Dinge, die Sie sich an dieser Stelle merken sollten.

Installation der Server-Software

Als ersten Schritt richten Sie den Netzwerk-Server ein. Er ist das Herzstück Ihres Netzwerks. Ohne die Installation des Servers können sich natürlich auch keine Workstations am Server anmelden.

Falls Sie NetWare als Netzwerksoftware verwenden, ist die Installation des Servers der schwierigste Teil der gesamten Netzwerkinstallation. Studieren Sie deshalb eifrig das mitgelieferte Handbuch, und stellen Sie es anschließend betont feierlich auf Ihr oberstes Bücherregal.

Die Installation eines Windows NT Servers kann ebenfalls lästig sein. Dagegen lassen sich Peer-to-Peer-Netze, wie Windows für Workgroups, Windows 95 und LANtastic wesentlich einfacher installieren. Es gibt bei diesen Netzwerktypen keine eigenständige Server-Installation, sondern die notwendigen Konfigurationseinstellungen werden – teils automatisch – bei der Windows-Installation vorgenommen. Nach der Installation von Windows ist der Server einsatzbereit. Ach, bei LANtastic ist die Installation der Server-Software denkbar einfach. Schieben Sie die Installationsdiskette der Software ins Diskettenlaufwerk, rufen Sie den Befehl SETUP auf und folgen Sie anschließend den Hinweisen des Setup-Programms.

- ✔ Nach der Server-Installation müssen die Server-Ressourcen definiert und festgelegt werden, auf die später die Netzwerkbenutzern zugreifen sollen und können. Dazu gehört auch die Festlegung der Netzwerknamen für freigegebene Laufwerke, Ordner und Drucker.
- ✔ Zusätzlich müssen Sie eine Liste aller zukünftigen Benutzer anlegen. Diese Liste umfaßt die Benutzer-ID sowie das Kennwort (falls eingesetzt) und die zugewiesenen Zugriffsrechte für jeden einzelnen Netzwerkbenutzer. Nähere Informationen über das Anlegen von Benutzerlisten und die Vergabe von Zugriffsrechten erhalten Sie in Kapitel 12.
- ✔ Falls Sie mit LANtastic arbeiten, müssen Sie in die Datei AUTOEXEC.BAT auf dem Server-Computer den Befehl zum Aufrufen der Netzwerksoftware integrieren, damit beim Start des Computers automatisch das Netzwerk gestartet wird. Dadurch wird auch gewährleistet, daß nach einem Stromausfall das Netz automatisch wieder gestartet wird, sobald der Schaden behoben ist. Die anderen Netzwerkbetriebssysteme starten automatisch das Netzwerk, sobald der Server-Computer angeschaltet oder nach einer Stromunterbrechung wieder erneut mit Saft versorgt wird. (Bei einer Stromunterbrechung ist es sinnvoll, alle Computer bis auf den Server auszuschalten. Nach der Behebung der Unterbrechung wird so zuerst der Server wieder hochgefahren, bevor Sie dann die einzelnen Workstations erneut starten.)

Installation der Client-Software

Die Installation der Clients für ein Netzwerk ist wesentlich einfacher als eine Server-Installation, insbesondere bei Rechnern mit den Betriebssystemen Windows 95 und Windows 98. Verwenden Sie jedoch für die Client-Computer DOS oder Windows für Workgroups, müssen Sie zunächst den Anweisungen folgen, die Sie zusammen mit Ihrer Netzwerkkarte und dem entsprechenden Konfigurationsprogramm erhalten haben. Anschließend folgen Sie den Anweisungen zur Client-Installation der Netzwerksoftware, die Sie aus den Handbüchern des Netzwerkbetriebssystems entnehmen müssen. Ziehen Sie sich bei diesen Client-Installationen lieber eine Mütze auf, damit Ihnen die Haare nicht zu Berge stehen!

Die Client-Installation für Rechner mit den Betriebssystemen Windows 95 und Windows 98 ist dagegen ein Kinderspiel. Mit Hilfe der automatischen Hardwareerkennung wird die eingebaute Netzwerkkarte selbständig identifiziert und konfiguriert. Sie müssen nur noch die entsprechenden Netzwerkprotokolle und die Client-Software installieren. Dazu gehen Sie folgendermaßen vor:

1. **Wählen Sie START/EINSTELLUNGEN/SYSTEMSTEUERUNG. Doppelklicken Sie auf das Symbol für Netzwerk.**

   Es wird folgendes Dialogfeld angezeigt:

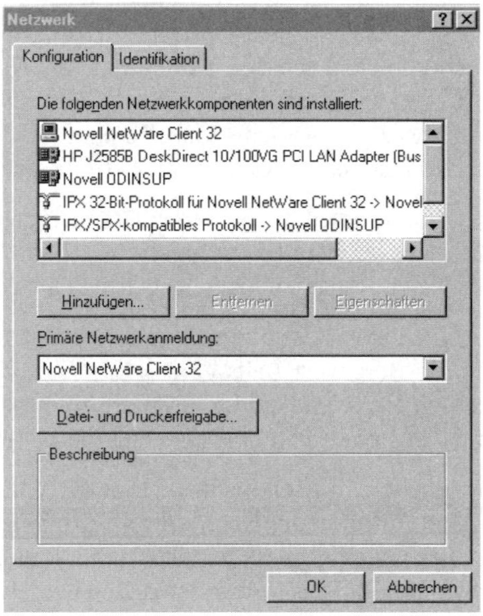

Abbildung 10.5: Das Dialogfeld NETZWERK von Windows 95

2. **Überprüfen Sie, ob die von Ihnen verwendeten Netzwerkprotokolle in der Liste der aufgezählten Netzwerkkomponenten enthalten sind.**

   Falls Sie ein Windows-basiertes Netz (Windows 95, Windows 98, Windows für Workgroups oder Windows NT) verwenden, muß das Netzwerkprotokoll NETBEUI enthalten sein. Novell-Netzwerke müssen über ein IPX/SPX-kompatibles Protokoll verfügen. Zur Nutzung eines Internet- oder Intranet-Servers benötigen Sie zusätzlich das TCP/IP-Protokoll.

3. **Sollte das benötigte Protokoll nicht in der Komponentenliste enthalten sein, klicken Sie auf die Schaltfläche HINZUFÜGEN, um das Protokoll zu installieren.**

   Im anschließend angezeigten Dialogfeld NETZWERKKOMPONENTENTYP AUSWÄHLEN können Sie die folgenden Komponenten wählen: Client, Netzwerkkarte, Protokoll und Dienst (siehe Abbildung 10.6). Markieren Sie die Komponente PROTOKOLL und klicken anschließend auf die Schaltfläche HINZUFÜGEN. Es wird dann eine Liste der verfügbaren Protokolle angezeigt, aus der Sie das benötigte Protokoll auswählen können. Bestätigen Sie Ihre Auswahl mit OK (unter Umständen müssen Sie die Windows 95-CD-ROM bereithalten).

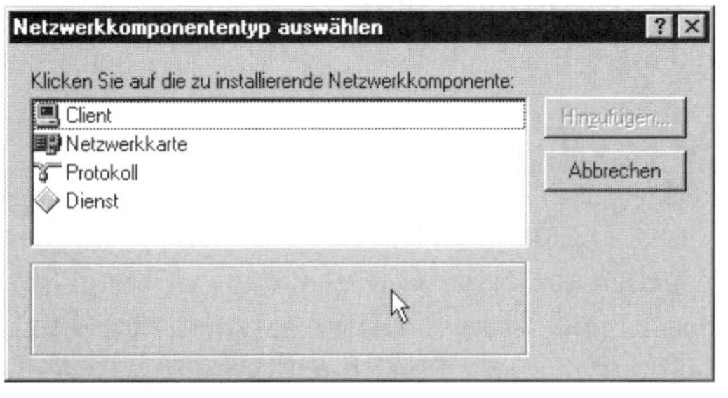

Abbildung 10.6: Eine Netzwerkkomponente hinzufügen

4. **Überprüfen Sie, ob der richtige Netzwerk-Client in der Liste der verfügbaren Netzwerkkomponenten enthalten ist.**

   Windows-basierte Netzwerke benötigen die Komponente »Client für Microsoft-Netzwerke«, Novell-Netzwerke die Komponente »Novell NetWare-Client«.

5. **Sind diese Komponenten nicht aufgelistet, klicken Sie auf die Schaltfläche HINZUFÜGEN, um den Client neu hinzuzufügen.**

   Wählen Sie aus dem in Abbildung 10.6 angezeigten Dialogfeld den Komponententyp CLIENT aus und klicken Sie auf die Schaltfläche HINZUFÜGEN. Markieren Sie in der angezeigten Liste den benötigten Client und bestätigen Sie mit OK.

6. **Verlassen Sie mit OK das Dialogfeld NETZWERK.**

Verwenden Sie für Client-Computer die Betriebssystem DOS oder Windows 3x, müssen Sie die Netzwerksoftware manuell konfigurieren. Für den Installationsvorgang benötigt man zwei Programme: Das eine Programm nennt man die *Network Shell* oder den Netzwerk-*Redirector*, das die Aufgabe hat, bei jeder aktiven Anwendung darauf zu achten, ob es gerade auf das Netzwerk oder den lokalen Rechner zugreifen muß. Die andere Komponente ist ein Treiberprogramm, das für die direkte Kommunikation zwischen der Netzwerkkarte und dem Netzwerk zuständig ist.

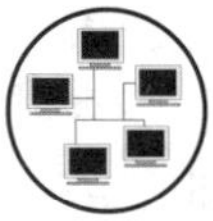

Bei Novell NetWare heißt die Programmdatei der Network Shell NETX.EXE und die Treiberdatei IPX.EXE. Diese Datei muß bei älteren NetWare-Versionen für jeden Client-Rechner mit dem speziellen Generierungsprogramm WSGEN erzeugt werden. Neben dem Treiber enthält die Datei IPX.EXE Informationen über die Netzwerkkarte, einschließlich der IRQ-Belegung, den I/O-Adressen usw. Diese Erläuterung mag Sie an dieser Stelle etwas verwirren, aber das ist ja auch kein Wunder.

Für die Client-Installation von Windows für Workgroups schieben Sie einfach die erste Installationsdiskette in Laufwerk A: und geben den Befehl `SETUP` ein. Während der Setup-Routine werden Sie aufgefordert, notwendige Informationen über die Konfiguration Ihrer Netzwerkkarte einzugeben. Der Installationsprozeß wird dann automatisch zu Ende geführt.

Die Netzwerkinstallation testen

Eine Netzwerkinstallation ist erst dann vollständig abgeschlossen, wenn ein erfolgreicher Test die Funktionsfähigkeit ergeben hat. Halten Sie den Atem an, wenn Sie Ihre Computer starten, beginnen Sie mit dem Server und gehen Sie dann zu jedem einzelnen Client über. Achten Sie auf eventuelle Fehlermeldungen beim Start der Computer. Loggen Sie anschließend alle Workstations in das Netzwerk ein.

- ✔ Treten Probleme auf, sollten Sie als Missetäter zunächst die Netzwerkverkabelung verdächtigen. Überprüfen Sie alle Anschlüsse und Stecker, besonders diejenigen, die Sie manuell mit den Kabeln verbunden haben. Falls Sie ThinNet-Verkabelung verwenden, stellen Sie sicher, daß die Terminatoren korrekt angeschlossen sind. Bei UTP-Kabeln prüfen Sie, ob der Hub mit Strom versorgt und eingeschaltet ist.

- ✔ Bei einem UTP-Netz können schadhafte Kabelverbindungen über eine Kontrolleuchte auf der Rückseite jeder Netzwerkkarte und der Hub-Verbindung kontrolliert werden. Wenn diese Leuchte beständig glüht, ist das Kabel in Ordnung. Ist die Leuchte jedoch dunkel oder das Licht flackert periodisch, liegt ein Kabelproblem vor. Falls die Kontrolleuchte nicht ständig glüht, versuchen Sie zunächst mal, die Kabelverbindung aus der Netzwerkkarte zu lösen und nach kurzer Zeit wieder zu verbinden.

- ✔ Prüfen Sie die Netzwerkkartenkonfiguration um sicherzustellen, daß keine Konflikte mit anderen Geräten vorliegen. Kontrollieren Sie auch, ob die Konfiguration der Netzwerksoftware mit den Einstellungen Ihrer Netzwerkkarte übereinstimmt.

Teil III

Der ultimative Ratgeber für die Netzwerkverwaltung

In diesem Teil...

... entdecken Sie, daß zur Netzwerkumgebung noch mehr gehört als Hardware und Software zu installieren. Sobald das Netzwerk nämlich läuft und arbeitet, müssen Sie auch dafür sorgen, daß es läuft und arbeitet. Das nennt man dann Netzwerkverwaltung.

Die Kapitel in diesem Teil verraten Ihnen, wie Sie ein Sicherheitssystem für das Netzwerk aufbauen, die Leistungsfähigkeit des Netzes steigern und es vor Schaden bewahren. Ich habe hier und da ein paar technische Details einfließen lassen, aber die werden Sie wohl oder übel in Kauf nehmen müssen.

Unterstützung gesucht (Stellenbeschreibung eines Netzwerkverwalters)

11

In diesem Kapitel erfahren Sie, wie Sie ...

- herausfinden, wer sich als Netzwerkverwalter eignet.
- die Netzwerkbibel erstellen.
- die Hardware und Software des Netzwerks verwalten.
- Routinearbeiten erledigen.
- die Netzwerkbenutzer in den Griff bekommen.
- die richtigen Werkzeuge für diesen Job auswählen.

Unterstützung gesucht! Netzwerkverwalter gesucht, der kleinem Unternehmen hilft, sein außer Kontrolle geratenes Netzwerk wieder in den Griff zu bekommen. Hervorragende organisatorische und verwalterische Fähigkeiten werden vorausgesetzt. Erfahrungen mit Computer wünschenswert, aber nicht erforderlich. Nur auf Teilzeitbasis.

Sollte Ihre Firma auch so eine Anzeige aufgeben? Jedes Netzwerk braucht zweifelsohne einen Netzwerkverwalter, egal ob das Netz aus zwei oder zweihundert Rechnern besteht. Sicherlich wäre die Verwaltung eines Netzwerks mit 200 Rechnern eine Vollzeitbeschäftigung, ein Netzwerk mit zwei Rechnern beansprucht sehr viel weniger Zeit. Zumindest sollte es das.

Dieses Kapitel erzählt Ihnen etwas über den langweiligen Job des Netzwerkverwalters. Oh je! Sie lesen dieses Kapitel vermutlich, weil Sie das kürzeste Streichholz gezogen haben und jetzt diesen Job übernehmen müssen. Nun, dann sollte ich vielleicht lieber so sagen: In diesem Kapitel gebe ich Ihnen einen kleinen Einblick in die wundervolle und aufregende Welt der Netzwerkverwaltung! Sie werden einen Mordsspaß haben!

Der Netzwerkverwalter: Ein heimlicher Computerfreak

Die meisten kleineren Firmen brauchen keinen Vollzeitcomputerfreak und könnten ihn sich obendrein auch gar nicht leisten. Der Netzwerkverwalter ist daher meistens ein Halbtagscomputerfreak. Der ideale Netzwerkverwalter ist eigentlich ja der heimliche Computerfreak, der sich zwar für Computer interessiert, aber sich nicht traut, das auch zuzugeben.

Wer ein Netzwerk verwalten möchte, braucht zwar ein Minimum an Computerkenntnissen, aber eigentlich hat der Job wenig mit Technik zu tun. Die meisten Arbeiten, die der Netzwerkverwalter ausführen muß, sind Routinearbeiten. Im Grunde genommen besteht seine Aufgabe darin, das Netzwerk regelmäßig abzustauben, zu wischen und zu polieren, damit alles in bester Ordnung bleibt.

- ✔ Der Netzwerkverwalter sollte ordentlich sein. Inspizieren Sie mal ganz unverhofft das Büro und ernennen Sie die Person zum Netzwerkverwalter, die den aufgeräumtesten Schreibtisch hat. (Geben Sie Ihre Absicht nicht zu erkennen, sonst werden alle am Abend zuvor die Schreibtische absichtlich in Unordnung bringen.)
- ✔ Die Netzwerkverwaltung braucht ihre Zeit. Bei einem kleinen Netzwerk (also drei bis vier Rechner) sollten ein oder zwei Stunden in der Woche ausreichen. Allerdings wird der Netzwerkverwalter anfänglich etwas mehr Zeit brauchen, um das Netzwerk näher kennenzulernen. Nach dieser Eingewöhnungsphase sollte die Verwaltung eines kleinen Netzwerks jedoch nicht mehr als ein bis zwei Stunden in der Woche in Anspruch nehmen. (Je größer das Netzwerk, um so mehr Zeit muß investiert werden. Aber das dürfte ja klar sein, oder?)
- ✔ Sorgen Sie dafür, daß jeder im Büro den Netzwerkverwalter kennt, und statten Sie ihn oder sie auch mit den nötigen Befugnissen aus, um Entscheidungen, die das Netzwerk betreffen, auch fällen zu können – beispielsweise welche Dateien auf dem Server gespeichert werden können und welche nicht, wie oft Sicherungskopien erstellt werden, etc.
- ✔ In den meisten Fällen wird die Person, die das Netzwerk installiert hat, auch zum Netzwerkverwalter bestimmt. So sollte es eigentlich auch sein, denn niemand kennt das Netz besser als die Person, die es geplant und installiert hat.
- ✔ Der Netzwerkverwalter sollte sich einen Assistenten zulegen, der das Netzwerk fast genauso gut kennt, sich gerne mal hervortut und auch dann noch lächelt, wenn man die undankbarsten Jobs im Netzwerk »delegiert«.

Die Netzwerkbibel

Eine der wichtigsten Aufgaben des Netzwerkverwalters ist es, das Netzwerkbuch auf dem neuesten Stand zu halten. In Kapitel 6 habe ich Ihnen ans Herz gelegt, sich einen Ordner mit allen wichtigen Informationen zum Netzwerk anzulegen. Dieser Ordner ist Ihre *Netzwerkbibel.*

- ✔ Er sollte ein aktuelles Diagramm des Netzwerks enthalten. Sie können einen exakten Lageplan von allen Rechnern anlegen, oder das Ganze mehr picassomäßig gestalten. Hauptsache, Sie steigen durch. Wenn Sie das Layout des Netzwerks ändern, müssen Sie allerdings auch das Diagramm aktualisieren. Sie sollten auch eine genaue Beschreibung der durchgeführten Änderung, das Datum der Änderung und den Grund für die Änderung eintragen.
- ✔ Der Ordner sollte ein genaues Inventarverzeichnis für jeden Rechner enthalten. Vielleicht können Sie ja mit meinem Formularbeispiel was anfangen. Sie dürfen es gerne verwenden, um Infos über die Hardware und Software zu erfassen.

Computer-Checkliste

Standort des Rechners: ______________________________

Benutzer: ______________________________

Hersteller: ______________________________

Modellnummer: ______________________________

Seriennummer: ______________________________

Anschaffungsdatum: ______________________________

Prozessortyp und -geschwindigkeit: ______________________________

Arbeitsspeicher: ______________________________

Festplattenspeicher: ______________________________

Bildschirmtyp: ______________________________

Druckertyp: ______________________________

Sonstige Ausrüstung: ______________________________

DOS- bzw. Windows-Version: ______________________________

Software & Version: ______________________________

Netzwerkkarte: ______________________________

Steckersystem (BNC/RJ45): ______________________________

IRQ: ______________________________

I/O-Adresse: ______________________________

DMA-Kanal: ______________________________

- ✔ Dieser Ordner sollte auch eine detaillierte Aufstellung der Netzwerkressourcen und Laufwerkszuordnungen enthalten.
- ✔ Wenn Sie mit LANtastic arbeiten, sollten Sie eine Kopie der STARTNET.BAT erstellen (von jedem Rechner) und in diesem Ordner aufbewahren. Bei NetWare-Netzwerken braucht man Kopien der Login-Scripts.

- ✔ Heben Sie in diesem Ordner einfach alle Informationen auf, die Sie für wichtig halten, beispielsweise wie eine bestimmte Anwendung konfiguriert werden muß, damit sie auf dem Netzwerk läuft oder Kopien der Originalrechnungen von allen Netzwerkkomponenten, für den Fall, daß mal was kaputt geht und Sie wissen wollen, ob die Garantie schon abgelaufen ist.

So managen Sie das Netzwerk

Die wichtigste Aufgabe des Netzwerkverwalters ist, wie der Name schon sagt, die Verwaltung des Netzwerks. Die Hardware des Netzwerks – die Kabel, Netzwerkkarten, Hubs, etc. – muß ebenso beaufsichtigt werden wie das Netzwerkbetriebssystem. Bei einem großen Netzwerk kann diese Aufgabe sich durchaus zu einer Vollzeitbeschäftigung auswachsen. Außerdem sind große Netzwerke auch großen Schwankungen unterworfen: Benutzer kommen und gehen, Hardware gibt den Geist auf, Netzwerkkabel gehen kaputt und überhaupt scheint man von einer Krise in die nächste zu stürzen.

Kleinere Netzwerke sind da sehr viel stabiler. Wenn Sie das Netzwerk erst einmal installiert und konfiguriert haben, werden Sie wahrscheinlich kaum noch Zeit für die Verwaltung der Netzhardware und -software aufbringen müssen. Sicherlich wird es hier und da mal ein Problem geben, aber wenn nur wenige Rechner am Netz hängen, wird sich das in Grenzen halten.

- ✔ Der Netzwerkverwalter ist gefragt, wenn ein neuer Computer in das Netzwerk eingefügt wird. Er oder sie muß dann überlegen, welche Änderungen bei der Verkabelung notwendig sind, welcher Computername und welche Benutzer-ID dem neuen Benutzer zugewiesen werden, welche Zugriffsberechtigungen der Benutzer erhalten soll, etc.
- ✔ In gewissen Zeitabständen wird der Softwarehersteller eine neue Version Ihres Netzwerkbetriebssystems auf den Markt bringen. Ihre Aufgabe als Netzwerkverwalter ist es nun, sich über diese neue Version zu informieren und zu entscheiden, ob es die neuen Funktionen wert sind, daß Sie sich in das Abenteuer einer Aufrüstung stürzen. Sie dürfen nämlich nicht vergessen, daß die Installation einer neuen Version nur nach dem Prinzip »Alle oder keiner« funktioniert, d. h. Sie können nicht auf ein paar Rechnern die Version X haben und auf den anderen die Version Y. Die Aufrüstung auf eine neue Version ist also ein ganz schönes Stück Arbeit, deshalb sollten Sie die Vor- und Nachteile ganz besonders gut abwägen.
- ✔ In eine Falle werden Sie als Netzwerkverwalter garantiert geraten: in die Geschwindigkeitsfalle. Denn merke: Das Netzwerk ist nie schnell genug, und die Benutzer werden nur Ihnen allein die Schuld daran geben. Also wird der Netzwerkverwalter Stunden um Stunden damit verbringen, das Netzwerk zu optimieren, um auch noch die letzten zwei Prozent an Leistung aus ihm herauszukitzeln. Sie werden sich nur ungern in dieser Falle fangen lassen wollen, aber falls es mal zu spät ist und Sie bereits festsitzen, bietet Ihnen das Kapitel 13 seine Hilfe an. Es verrät Ihnen nämlich, wie Sie die Leistung des Netzwerks optimieren können.

Lästige Routinearbeiten

Ein großer Teil der Arbeit des Netzwerkverwalters sind Routinearbeiten. Sie wissen schon: abstauben, wischen, polieren. Langweilige Arbeiten, die aber leider auch einer oder eine machen muß.

- ✔ Eine der Routineaufgaben des Netzwerkverwalters ist es, dafür zu sorgen, daß das Netzwerk immer ordnungsgemäß gesichert wird. Wenn was schief läuft und das Netzwerk nicht gesichert war, dann dürfen Sie dreimal raten, wer schuld ist? Andererseits, wenn mal alles zusammenbricht und Sie anhand der gestrigen Sicherungskopie den Schaden in Grenzen halten können, raten Sie mal, wer dann anerkennende Worte hört, den fetten Bonus und den Urlaub auf den Bahamas bekommt? Kapitel 14 beschreibt alles Wissenswerte über die Sicherung des Netzwerks. Sie sollten es lieber heute als morgen lesen!
- ✔ Kapitel 14 beschäftigt sich auch noch mit anderen Routinearbeiten, beispielsweise wie Sie dem Virus auf die Spur kommen. Falls Sie noch nicht wissen, was ein Virus ist, dann rate ich Ihnen dringend, Kapitel 14 zu lesen.
- ✔ Die Benutzer halten den Netzwerk-Server für eine wunderbare Ablage: Sie schmeißen ihre Dateien dorthin und lassen sie bis zum Nimmerleinstag dort liegen. Der Netzwerkverwalter darf dann immer mal wieder diese Ablage entrümpeln. Superaufgabe! Den einzigen und besten Rat, den ich zu diesem Thema parat habe, ist, daß Sie sich ständig darüber beklagen, wie unordentlich diese Ablage ist, und daß Sie die Benutzer daran erinnern, demnächst mal wieder Frühjahrsputz zu machen.

Benutzermanagement

Die Verwaltung des technischen Teils des Netzwerks ist eigentlich der einfachste Teil bei der Netzwerkverwaltung. Zugegeben, anfangs ist die Computertechnik etwas verwirrend, aber Computer sind nur halb so verwirrend wie der Mensch. Die wahre Herausforderung bei der Verwaltung eines Netzwerks ist nämlich die Verwaltung der Netzwerkbenutzer.

Der Unterschied zwischen der Verwaltung von technischen Geräten und der Verwaltung von Benutzern liegt auf der Hand: Computer sind berechenbar, was man von den Menschen an sich und dem Netzwerkbenutzer im besonderen nicht gerade sagen kann.

- ✔ Eine der wichtigsten Aufgaben des Netzwerkverwalters ist die Schulung der Netzwerkbenutzer. Sorgen Sie dafür, daß jeder, der mit dem Netzwerk arbeitet, weiß, wie es funktioniert und wie man damit arbeitet. Wenn der Netzwerkbenutzer nämlich die Funktionsweise des Netzes nicht durchschaut, kann er – wenn auch gänzlich unbeabsichtigt – die fürchterlichsten Dinge damit anstellen.
- ✔ Behandeln Sie die Netzwerkbenutzer niemals wie Idioten. Wenn sie das Netzwerk nicht verstehen, dann ist das nicht ihre Schuld. Erklären Sie es ihnen. Bieten Sie entsprechende Schulungen an. Kaufen Sie jedem dieses Buch und legen Sie ihnen die ersten fünf Kapitel ans Herz. Halten Sie ihre Hand. Aber behandeln Sie sie niemals wie Idioten!

- Stellen Sie eine Schummelseite fürs Netzwerk zusammen, auf der alles steht, was die Benutzer über das Arbeiten im Netzwerk wissen müssen. Achten Sie darauf, daß auch wirklich jeder/jede eine bekommt.
- Gehen Sie darauf ein, wenn ein Netzwerkbenutzer sich über ein Netzwerkproblem beschwert. Wenn Sie nämlich das Problem nicht bald lösen, wird der Benutzer es selbst versuchen. Und ich weiß nicht, ob Sie das gut finden werden.

Diese Werkzeuge braucht ein Netzwerkverwalter

Netzwerkverwalter brauchen bestimmte Werkzeuge für ihren Job. Verwalter von großen, komplizierten und teuren Netzwerken brauchen große, komplizierte und teure Werkzeuge. Verwalter von kleinen Netzwerken brauchen demnach auch nur kleine Werkzeuge.

Für die Hardware braucht der Netzwerkverwalter Werkzeuge, wie Schraubenzieher, Crimpzange und Hammer. In diesem Abschnitt wollte ich Ihnen aber nur was über die Software-Werkzeuge erzählen.

- Die meisten Werkzeuge, die Sie für die Verwaltung eines Netzwerks brauchen, werden irgendwie gleich mit dem Netzwerk mitgeliefert. Als Netzwerkverwalter sollten Sie sich die Handbücher durchlesen, die zu der Netzwerksoftware gehören, damit Sie wissen, welche Verwaltungswerkzeuge Ihnen zur Verfügung stehen. Bei LANtastic erhalten Sie beispielsweise das Programm LANCHECK dazu, mit dem Sie prüfen können, ob alle Rechner im Netzwerk miteinander kommunizieren können.
- Microsoft Office enthält die Microsoft System-Info, eine recht nützliche Utility für Netzwerkverwalter; auch das Gegenstück auf der DOS-Ebene, MSD, kann recht hilfreich sein. (Mehr zur Microsoft System-Info finden Sie in Kapitel 6.)
- Sie sollten sich eines dieser »100 Hilfsprogramme in 1 Produkt«-Pakete, wie Norton Utilities oder PC Tools kaufen. Beide enthalten eine Unmenge von wertvollen Utilities zum Reparieren von kaputten Festplatten, zum Umstrukturieren der Verzeichnisstruktur auf der Festplatte, zum Sammeln von Informationen über Ihren Rechner und seine Ausrüstung, etc. Diese Programme können Sie in NetWare- und Windows NT-Netzwerken einsetzen, allerdings sind sie noch nützlicher in Peer-to-Peer-Umgebungen, da man sie sowohl auf dem Server als auch auf den Clients einsetzen kann.
- Für NetWare und Windows NT werden mehr Werkzeuge angeboten als für Peer-to-Peer-Netzwerke, und zwar nicht nur, weil diese häufiger eingesetzt werden als Peer-to-Peer-Netzwerke, sondern weil NetWare- und Windows NT-Netzwerke in der Regel größer sind und daher einen größeren Bedarf an Werkzeugen für die Verwaltung der Software haben.

Ihren Ausweis, bitte! (oder Das BND-Handbuch zur Sicherheit im Netzwerk)

12

In diesem Kapitel erfahren Sie, wie Sie ...

- herausfinden, wieviel Sicherheit Sie brauchen.
- Benutzer-IDs und Kennwörter einrichten.
- die Netzwerkressourcen schützen.
- die Sicherheit des Netzwerks durch Benutzergruppen einfacher gestalten.

Bevor Sie ein Netzwerk hatten, war die Sache mit der Sicherheit eine einfache Sache. Sie haben einfach Ihre Bürotür abgeschlossen, wenn Sie abends nach Hause gegangen sind. Sie konnten ganz beruhigt sein, denn Sie wußten ja, daß die »Bösen« die Tür aufbrechen mußten, um an Ihren Rechner zu kommen.

Mit dem Netzwerk haben sich die Dinge grundlegend geändert. Jetzt kann jeder der Zugriff auf einen der Rechner im Netz hat, in das Netzwerk einbrechen und *Ihre* Dateien stehlen. Jetzt müssen also nicht nur Sie Ihre Tür abends zusperren, sondern alle anderen Mitbenutzer ebenfalls.

Glücklicherweise hat fast jedes Netzwerkbetriebssystem Funktionen zur Netzwerksicherheit integriert. Daher ist es, selbst wenn es den »Bösen« gelingt, Ihre Bürotür aufzubrechen, trotzdem noch schwierig, an Ihre Dateien heranzukommen. Alle Netzwerke, die ich in diesem Buch beschreibe, bieten Sicherheitsmaßnahmen, die in jeder Hinsicht mehr als ausreichend sind.

Wenn ich sage »*mehr* als ausreichend«, dann meine ich das auch so. Die meisten Netzwerke verfügen über Sicherheitsfunktionen, die selbst Maxwell Smart beglücken würden. Hüten Sie sich jedoch davor, das System so abzusichern, daß selbst die »Guten« nicht mehr damit arbeiten können.

Wieviel Sicherheit soll's denn sein?

Die meisten kleinen Netzwerke finden Sie in kleinen Firmen oder Abteilungen, in denen jeder jedem vertraut. Da werden keine Schreibtische abgeschlossen, wenn man in die Mittagspause geht, und auch wenn alle wissen, wo die Portokasse steht, stimmt die Kasse immer auf Heller und Pfennig.

Sie glauben also, daß Netzwerksicherheit in einer so idyllischen Arbeitsumgebung gar nicht nötig ist? Weit gefehlt! Sie sollten niemals ein Netzwerk einrichten, daß nicht zumindest die Mindestanforderungen an die Sicherheit erfüllt.

- ✔ Selbst im nettesten und freundlichsten Arbeitsklima gibt es Daten, die vertraulich sind und es auch bleiben sollten. Wenn diese Daten im Netzwerk gespeichert sind, dann sollten sie in einem Ordner abgelegt werden, auf den nur berechtigte Benutzer zugreifen können.
- ✔ Nicht jeder, der vertrauliche Dateien liest, tut dies aus bösem Willen. Vielleicht durchforstet mal ein Netzwerkbenutzer seine Dateien und stößt auf eine Datei mit einem Namen, der ihm gar nichts sagt. Also öffnet er die Datei, nur um festzustellen, daß sie persönliche Daten oder irgendeinen Bürotratsch enthält. Glauben Sie mir, vertrauliche Daten geraten eher aus Neugierde als aus kriminellem Antrieb in die falschen Hände.
- ✔ Klar, in Ihrem Büro können Sie jedem blind vertrauen. Aber, was ist, wenn jemand außer Kontrolle gerät, sich die berühmte Schraube im Kopf lockert oder beschließt, alle Netzwerkdateien ins Nirwana zu schicken, bevor er oder sie aus dem Fenster springt? Oder was wäre, wenn diese Person sich mal schnell ein paar Tausend Mark überweist und dann nach Tahiti abdampft? Unvorstellbar? Ich weiß nicht. Ich finde es menschlich.
- ✔ Wenn sich zu offensichtlich die Gelegenheit zu Täuschung und Diebstahl bietet, dann kann manchmal auch der Rechtschaffenste nicht widerstehen. Der freie Zugriff auf die Gehaltsdateien könnte dazu verführen, sich mal schnell eine Gehaltserhöhung zu genehmigen, wenn gerade keiner zuschaut.
- ✔ Denken Sie auch daran, daß nicht jeder Netzwerkbenutzer weiß, wie DOS und das Netzwerk funktionieren. Ein uneingeschränkter Zugriff auf die Netzwerkdateien könnte fürchterliche Folgen haben. Da braucht nur jemand einmal unbedachterweise DEL *.* einzugeben, und schon ist ein kompletter Ordner mit Netzwerkdateien futsch. Wenn Sie also die Sicherheitsfunktionen des Netzwerks aktivieren, dann in erster Linie, um das Netzwerk vor Fehlern zu schützen, die die Benutzer machen, weil sie nicht wissen, was sie tun.

Benutzerkonten

Die erste Stufe der Netzwerksicherheit ist die Verwendung von *Benutzerkonten* oder *Accounts*, die nur denen einen Zugriff aufs Netz ermöglichen, die hierzu berechtigt sind. Ohne Account kann sich ein Benutzer nicht anmelden und somit auch nicht im Netz arbeiten.

- ✔ Jedes Benutzerkonto ist mit einer *Benutzer-ID* verknüpft, die der Benutzer eingeben muß, wenn er sich im Netzwerk anmeldet.
- ✔ Zu jedem Konto gehören noch weitere Netzwerkinformationen, wie Benutzerkennwort, der vollständige Name des Benutzers und eine Liste mit *Zugriffsrechten*, die dem Netzwerk mitteilen, was der Benutzer im Netzwerk tun darf und was nicht. Zu den Zugriffsrechten lasse ich mich später noch näher aus.

- Sowohl mit IntranetWare als auch mit Windows NT Server können Sie festlegen, daß sich bestimmte Benutzer nur zu bestimmten Tageszeiten anmelden können. Mit Hilfe dieser Funktion begrenzen Sie den Zugriff auf die normale Arbeitszeit und verhindern, daß sich jemand nachts um 2 Uhr ins Büro schleicht und Dinge tut, die er oder sie lieber lassen sollten. Aber Achtung! Sie verhindern damit unter Umständen auch, daß die Benutzer Überstunden machen. Wägen Sie also genau ab!

- Mit Windows NT Server und IntranetWare können Sie *Gruppen-Accounts* einrichten, mit denen Sie mehrere Benutzerkonten zusammenfassen, die über dieselben Zugriffsrechte verfügen. Auch wenn Sie einen Gruppen-Account einrichten, behält jeder Benutzer sein persönliches Benutzerkonto mit Benutzer-ID und Kennwort. Außerdem zeigen die Benutzerkonten zu welcher Gruppen oder zu welchen Gruppen ein Benutzer gehört. Alle Benutzerkonten, die zu einer bestimmten Gruppe gehören, »erben« sozusagen die Zugriffsrechte des Gruppen-Accounts.

  Gruppen-Accounts sind der Schlüssel für die Verwaltung der Benutzer-Accounts. Richten Sie Gruppen-Accounts für die verschiedenen Typen von Netzwerkbenutzern ein, die sich im Netzwerk tummeln. Sie können beispielsweise einen Gruppen-Account für die Buchhaltung und einen für den Vertrieb einrichten. Dann können Sie die Gruppen-Accounts so konfigurieren, daß die Benutzer der Buchhaltung nicht mit denen des Vertriebs ins Gehege kommen.

- In älteren NetWare-Versionen (3.12 und älter) hat jeder Server-Computer seine eigenen Benutzerkonten, was sowohl bei den Benutzern als auch beim Netzwerkverwalter zu einem ziemlichen Durcheinander führt. Die Verwalter müssen verschiedene Sätze mit Benutzerkonten verwalten, und, wenn ein Benutzer auf Dateien zugreifen will, die sich auf mehr als nur einem Server befinden, muß er oder sie sich bei jedem Server separat anmelden. Sowohl NetWare 4.1 und Windows NT Server haben nur eine einzige Liste mit Benutzerkonten, die für das gesamte Netzwerk gelten. Der Verwalter muß sich daher auch nur um einen Satz von Konten kümmern, die aktualisiert werden müssen. Und auch der Benutzer, der auf mehr als einen Server zugreifen will, muß sich nicht bei jedem Server separat anmelden.

Kennwörter

Einer der wohl wichtigsten Aspekte bei der Sicherheit eines Netzwerks ist die Verwendung von Kennwörtern. Benutzer-IDs sind eigentlich nicht so richtig geheim, zumal es häufig erforderlich ist, daß die Netzwerkbenutzer ihre Benutzer-IDs untereinander kennen. Wenn Sie beispielsweise Ihr Netzwerk für das Senden von elektronischer Post verwenden, müssen Sie die Benutzer-IDs der Kollegen kennen, um die Mail richtig adressieren zu können.

Ein Kennwort jedoch ist geheim, »top secret« sozusagen. Mit dem Netzwerkkennwort kann sich ein Eindringling mit Ihrer Benutzer-ID im Netzwerk anmelden und erhält damit dieselben Zugriffsrechte, die Sie normalerweise haben. *Geben Sie Ihr Kennwort also auf keinen Fall preis!*

- Ihr Kennwort sollte nicht zu leicht zu durchschauen sein, also nicht Ihr Familienname, der Name des Kindes oder des Hundes sein. Auch Kennwörter, die mit Ihrem Hobby zu tun haben, sind eher ungeeignet. Ein Bekannter ist ein passionierter Angler, sein Kennwort ist »Angel«. Sinnig, oder? Jeder, der ihn nur entfernt kennt, hat das Kennwort nach ein paar Anläufen geknackt. Übrigens: Wenn Sie als Kennwort den Namen Ihres Bootes wählen, kann das mit Prügelstrafe geahndet werden!

- Speichern Sie Ihr Kennwort im Kopf, schreiben Sie es nicht auf. Ganz besondere Schlaumeier schreiben sich das Kennwort auf einen von diesen Stickerzetteln und kleben ihn an die Seite des Bildschirms. Darauf steht auch die Prügelstrafe! (Wenn Sie das Kennwort unbedingt aufschreiben müssen, schreiben Sie es auf Eßpapier. Sobald Sie sich das Kennwort gemerkt haben, essen Sie das Papier auf, und alle Spuren sind beseitigt.)

- Sie sollten das Kennwort auch nicht in einer Stapeldatei speichern. Sicherlich sparen Sie sich Zeit, wenn Sie das Kennwort nicht bei jedem Anmelden eingeben müssen, aber eigentlich bräuchten Sie dann überhaupt kein Kennwort. Jeder kann die Stapeldatei öffnen und Ihr Kennwort sehen oder noch einfacher, die Stapeldatei ausführen und sich unter Ihrem Namen einloggen. (Verschärfte Prügelstrafe für das Speichern des Kennworts in der Stapeldatei.)

- Bei vielen Netzwerkbetriebssystemen können Sie ein Verfallsdatum für das Kennwort eingeben. So können Sie beispielsweise festlegen, daß Kennwörter nach 30 Tagen verfallen. Wenn das der Fall ist, muß der Benutzer das Kennwort ändern. Gut möglich, daß viele Netzwerkbenutzer dies sehr umständlich finden, aber es begrenzt das Risiko, daß Unbefugte ein Kennwort knacken, um irgendwann damit in das Computersystem einzudringen.

- Einige Netzwerkverwalter sind ganz und gar gegen Kennwörter. Bei kleinen Netzwerken kann man auch ohne Kennwort ganz gut zurechtkommen, da hier die Sicherheit keine so große Rolle spielt. Das gilt auch, wenn geheime Daten nicht auf dem Fileserver gespeichert werden oder der Hauptgrund für das Netzwerk der gemeinsame Zugriff auf den Drucker war. (Aber selbst wenn Sie keine Kennwörter verwenden, sollten Sie doch ein paar grundlegende Sicherheitsvorkehrungen treffen, indem Sie einigen Benutzern den Zugriff auf bestimmte Ordner im Netzwerk verweigern.)

Kennwörter für Dummies

Welches Kennwort ist leicht zu merken, aber schwierig zu erraten? Eine schwierige Frage. Viele Sicherheitsexperten raten, ein Kennwort zu verwenden, daß nicht aus einem Wort sondern aus einer Folge von Buchstaben, Zahlen und Sonderzeichen besteht. Aber wie sollen Sie sich ein Kennwort wie DKS4%DJ2 merken können? Vor allem, wenn Sie es drei Wochen später wieder ändern müssen in 3PQ&X(D8.

Ich verrate Ihnen eine Methode, mit der Sie Kennwörter kreieren, die aus zwei Wörtern mit jeweils vier Buchstaben zusammengezogen zu einem Wort bestehen. Verstanden? Nein? Also lesen Sie aufmerksam weiter: Nehmen Sie sich Ihr Lieblingsbuch und schlagen Sie irgendeine

Seite auf. Suchen Sie das erste Wort mit vier Buchstaben auf dieser Seite: WENN. Machen Sie sich nun auf die Suche nach dem zweiten Wort mit vier Buchstaben: MEHR. Jetzt kombinieren Sie die beiden Wörter zu dem Kennwort WENNMEHR. Sie werden mir sicher zustimmen, daß man sich WENNMEHR besser merken kann als 3PQ&X(D8, leicht zu knacken ist es deswegen aber trotzdem nicht.

- ✔ Wenn sich die beiden Wörter gleichen, suchen Sie nach einem neuen zweiten Wort. Auch wenn die Kombination der Wörter eine ganz normales zusammengesetztes Wort ergibt, wie FUSSBALL oder WESTWIND, sollten Sie sich erneut auf die Suche machen.
- ✔ Eine ganz interessante Variante ist die Kombination eines Worts mit vier und eines mit drei Buchstaben, die mit irgendeinem Sonderzeichen auf der Tastatur verbunden werden (mit *, &, >). Auf diese Weise erhalten Sie Kennwörter wie HUND#HUT, BALL&UND oder BROT>TIP.
- ✔ Wenn das Netzwerk nichts gegen Kennwörter einzuwenden hat, die aus mehr als acht Zeichen bestehen, dann verwenden Sie ruhig längere Wörter. Bei einem Kennwort, das aus zehn Zeichen bestehen darf, könnten Sie dann ein Wort mit fünf und eines mit vier Buchstaben plus einem Sonderzeichen miteinander kombinieren. Beispiel: BRAUN)AUTO, PFERD!GELD oder KRIMI^MORD.
- ✔ Um Freund und Feind vollständig zu verwirren, verwenden Sie Fremdwörter (ANDANTE, PARANOID, ALEGRO, EXITUS) oder Begriffe aus einer Fremdsprache Ihrer Wahl (TODOLOCO, STUPIDJOB).
- ✔ Wenn Sie sich nach diesen Regeln ein Kennwort zusammenbauen und es trotzdem geknackt wird, dann schieben Sie die Schuld bitte nicht auf mich! Entweder haben Sie einfach eins von den Kennwörtern genommen, die ich hier aufgelistet habe oder Sie hätten sich eben doch D#SCH@ merken sollen.

Auch Benutzer haben Rechte

Benutzerkonten und Kennwörter sind nur die erste Verteidigungslinie bei diesem Spiel um die Sicherheit des Netzwerks. Nachdem der Benutzer diese durchbrochen hat und sich mit einer gültigen Benutzer-ID und dem Kennwort Zugang zum Netzwerk verschafft hat, kommt die zweite Verteidigungslinie ins Spiel: die Zugriffsrechte.

Eine der Regeln zum Leben im Netzwerk besagt, daß zwar alle Benutzer gleich sind, jedoch einige gleicher als andere sind. Diese Benutzer haben vom Netzwerkverwalter besondere Zugriffsrechte erhalten und dürfen daher etwas mehr als die anderen.

Die Zugriffsrechte, die Sie den Benutzern zuweisen können, sind vom eingesetzten Netzwerkbetriebssystem abhängig. Hier ist eine Aufstellung einiger Benutzerrechte, die mit Windows NT Server eingeräumt werden können:

- ✔ **Log on locally**: Diese Option gibt dem Benutzer das Recht, sich direkt beim Server (lokal) als Benutzer anzumelden.

- **Change system time**: Wenn der Benutzer mit diesem Recht ausgestattet ist, darf er Zeit und Datum des Servers ändern.
- **Shut down the system**: Dieses Recht birgt eine große Verantwortung: Der Benutzer darf den Server ordnungsgemäß herunterfahren.
- **Back up files and directories**: Dieses Recht wird in der Regel nur für Systemverwalter oder die Gruppe der Sicherungsadministratoren gelten, denn mit dieser Option ist man berechtigt, Dateien und Ordner auf dem Server zu sichern.
- **Restore files and directories**: Ein sehr nützliches Recht, mit dem der Benutzer gesicherte Dateien wiederherstellen darf.
- **Take ownership of files and other objects**: Wieder ein Recht, das wohl nur einem Systemverwalter eingeräumt wird, denn damit darf man Dateien und sonstige Objekte übernehmen, die anderen Benutzern gehören.

Gleiche Netzwerkrechte für alle

Die Rechte, die dem Benutzer von den meisten Netzwerkbetriebssystemen eingeräumt werden, sind alle ziemlich langweilig. Ich habe mal ein paar Rechte zusammengestellt, die meiner Meinung nach alle haben sollten:

Rechte	Beschreibung
Mogeln	Eine spezielle Option, mit deren Hilfe Sie in die Karten des Mitspielers gucken können, wenn Sie »Hearts« spielen.
Dampf ablassen	Verschickt automatisch E-Mails an die Mitbenutzer, in denen steht wie beschäftigt, müde oder sauer Sie sind.
Gehalt erhöhen	Verschafft Ihnen Zugriff auf die Gehaltsabrechnungen, damit Sie sich eine Gehaltserhöhung gönnen können.
Kritisieren	Sendet E-Mails mit positiver oder negativer Kritik an die Mitbenutzer Ihrer Wahl.

Wer hat welche Rechte (oder Rechte für die Dateiverwaltung)

Die Zugriffsberechtigungen der Benutzer steuern, was er oder sie im Netzwerk tun darf und was nicht. Mit den Rechten für die Dateiverwaltung optimieren Sie die Netzwerksicherheit, indem Sie bestimmte Dateioperationen für bestimmte Benutzer festlegen. Beispiel: Sie können Zugriffsrechte für Dateien einrichten, die den Benutzern aus der Buchhaltung den Zugriff auf die Dateien im Server-Verzeichnis \BUCHH ermöglicht. Zugriffsrechte auf Dateien können auch regeln, daß manche Benutzer bestimmte Dateien zwar lesen aber nicht ändern oder löschen dürfen.

Jedes Netzwerkbetriebssystem verwaltet die Zugriffsberechtigungen anders. Grundsätzlich ist der Effekt aber immer derselbe, nämlich, daß jedem Benutzer bestimmte Rechte für den Zugriff auf bestimmte Dateien, Ordner oder Netzwerklaufwerke eingeräumt werden. Tabelle 12.1 enthält Rechte für den Zugriff auf Dateien, die in NetWare 4.1 verfügbar sind. Eine ähnliche Tabelle könnte man auch auf Windows NT Server und andere Netzwerke erstellen.

Rechte	Abkürzung	Was der Benutzer darf
Read	R	Der Benutzer darf die Datei öffnen und lesen.
Write	W	Der Benutzer darf die Datei öffnen und bearbeiten.
Create	C	Der Benutzer darf neue Dateien und Verzeichnisse erstellen.
Modify	M	Der Benutzer darf die Verzeichnis- und Dateiattribute ändern sowie das Verzeichnis und die Datei umbenennen.
File Scan	F	Der Benutzer darf den Inhalt des Verzeichnisses anzeigen lassen.
Erase	E	Der Benutzer darf die Datei oder das Verzeichnis löschen.
Access Control	A	Der Benutzer darf die Zugriffsrechte für die Datei oder das Verzeichnis ändern.
Supervisor	S	Der Benutzer hat uneingeschränkte Verfügungsgewalt über die Datei.

Tabelle 12.1: Rechte für den Zugriff auf Dateien in NetWare 4.1

Diese Operationen können in der Regel für jedes Verzeichnis separat gesteuert werden, aber Sie können die Rechte auch nur auf eine einzelne Datei oder eine Gruppe von Dateien anwenden, indem Sie die Dateinamen mit Stellvertreterzeichen festlegen (z. B. BUCH* für alle Dateien, die mit BUCH (für Buchhaltung) anfangen).

Bei den meisten Netzwerken werden die Rechte, die für ein Verzeichnis zugewiesen werden, automatisch auch auf jedes Unterverzeichnis dieses Verzeichnisses angewendet, es sei denn, daß für die Unterverzeichnisse anderslautende Zugriffsrechte festgelegt werden.

Der große Meister (besser bekannt als der Systemverwalter)

Es dürfte mittlerweile allen klar sein, daß zumindest ein Netzwerkbenutzer die Befugnis haben muß, das Netzwerk ohne die Beschränkungen zu nutzen, die den anderen Benutzern auferlegt werden. Dieser Benutzer ist der *Netzwerkverwalter* oder *Systemadministrator*. Seine oder ihre Aufgabe ist es, das Sicherheitssystem des Netzwerks einzurichten. Das ist auch der Grund, warum dem Verwalter keinerlei Einschränkungen in puncto Sicherheit auferlegt werden.

Lassen Sie die DOS-Dateiattribute schnell vorüberziehen

DOS hat schon immer eine ziemlich rudimentäre Form von Zugriffsrechten über die Dateiattribute zur Verfügung gestellt. Sie finden diese Attribute auch heute noch unter Windows 95 und 98. Jeder Datei, die auf Ihrer Festplatte abgelegt wird, können Sie eines oder mehrere der folgenden Attribute zuweisen:

Attribute	Definition
Schreibgeschützt	Die Datei darf geöffnet, aber nicht geändert, gelöscht oder umbenannt werden.
Versteckt	Die Datei wird im DIR-Verzeichnis bzw. im Datei-Manager oder Explorer nicht angezeigt.
System	Die Datei gehört zum Betriebssystem und sollte unbehelligt bleiben. In der Regel haben Systemdateien auch noch das Versteckt-Attribut.
Archiv	Die Datei wurde seit dem letzten Backup verändert und sollte erneut gesichert werden.

Sie können diese Attribute auf der DOS-Ebene mit dem Befehl ATTRIB festlegen oder im Datei-Manager bzw. Explorer über den Befehl EIGENSCHAFTEN im Kontextmenü der entsprechenden Datei. Allerdings sollten Sie sich diese Mühe sparen, da beispielsweise der schreibgeschützte Zugriff, den Sie mit Ihrer Netzwerksoftware verwalten, viel flexibler ist als das entsprechende DOS-Attribut.

Der Hauptunterschied zwischen den DOS- bzw. Windows-Dateiattributen und den Dateiverwaltungsrechten des Netzwerks ist der, daß, wenn Sie ein DOS-Attribut einer Datei zuweisen, dieses Attribut für jeden gilt, der diese Datei öffnen will. Die Zugriffsrechte für bestimmte Dateien im Netzwerk werden jedoch benutzerbezogen zugewiesen, so daß eine Datei für den einen Benutzer schreibgeschützt ist, während ein anderer volle Zugriffsberechtigung für die Datei besitzt.

Viele Netzwerke erstellen automatisch einen Benutzer-Account für den Verwalter, wenn Sie das Netz installieren. Die Benutzer-ID und das Kennwort für diesen Verwalter finden Sie in der Dokumentation zum Netzwerk. Sie sind für alle Netzwerke, die mit diesem Netzwerkbetriebssystem arbeiten, identisch. Eines der ersten Dinge, die Sie in Angriff nehmen, nachdem das Netzwerk läuft, sollte daher sein, daß Sie das Kennwort für dieses Standardverwalterkonto ändern. Ansonsten sind nämlich alle Ihren ausgefeilten Sicherheitsvorkehrungen für die Katz'. Jeder, der die Benutzer-ID des Standardverwalters und das dazugehörige Kennwort kennt, kann auf das System mit allen Rechten und Privilegien eines Verwalters zugreifen und damit alle Sicherheitsbeschränkungen umgehen, die Sie so sorgfältig eingerichtet haben.

Wenn der letzte »Vorsicht Technik« nichts für Sie war, ist es dieser erst recht nicht

Einer der Gründe, warum Novell sein NetWare als komplett neues Betriebssystem geschrieben hat, anstatt es auf DOS aufzubauen, liegt auch in den Beschränkungen der DOS-Dateiattribute. NetWare bietet viele Dateiattribute, die die MS-DOS-Attribute ergänzen:

Attribut	Beschreibung
Archiv (A)	wie DOS
Copy inhibit (C)	Die Datei kann nicht kopiert werden.
Delete inhibit (D)	Die Datei kann nicht gelöscht werden.
Execute only (X)	Die Datei kann nur ausgeführt werden (Programmdateien).
Hidden (H)	wie DOS (versteckt)
Indexed file (I)	Vom NetWare-Dateisystem besonders gekennzeichnete Datei
Purge (P)	Gelöschte Datei wird sofort entfernt.
Read only (Ro)	wie DOS (schreibgeschützt)
Rename Inhibit (R)	Die Datei kann nicht unbenannt werden.
Shareable (S)	Die Datei kann von mehreren Benutzern gleichzeitig verwendet werden.
System (Sy)	wie DOS
Transactional (T)	Die Datei ist durch das fortschrittliche NetWare Transaction Tracking System geschützt.

✔ Die meisten Netzwerkverwalter verwenden langweilige Benutzer-IDs für Ihren Account, wie ADMIN, MANAGER oder VERWALT. Einige Netzwerkverwalter wollen gerne ihre Kreativität unter Beweis stellen, indem Sie ganz besonders schlaue Benutzer-IDs für ihren Account wählen. Ich habe Ihnen mal ein paar geeignete Benutzer-IDs zusammengestellt:

MEISTER	SKIPPER
GENIE	DATABOSS
TITAN	DATACHEF
ZEUS	NETZGURU

Vergessen Sie nie das Kennwort für den Verwalter-Account! Wenn ein Netzwerkbenutzer sein Kennwort vergißt, dann können Sie sich als Verwalter anmelden und das Kennwort des Benutzers ändern. Wenn Sie jedoch Ihr eigenes Kennwort vergessen, stehen Sie auf dem Schlauch.

Zu viele Listen! (Wie Sie mehrere Server verwalten)

Wenn das Netzwerk an Umfang zunimmt, werden Sie sicherlich irgendwann mal auf dieses Problem stoßen: Jeder Fileserver im Netzwerk hat seine eigene Liste mit Benutzerkonten. Wenn Sie ein Netzwerk mit fünf Rechnern eingerichtet haben, in dem jeder Rechner gleichzeitig der Client und der Server ist, müssen Sie auf jedem Server eine separate Liste mit den Benutzerkonten führen. Wenn Sie diese Listen nicht richtig verwalten, haben Sie schnell ein komplettes Chaos!

- ✔ Bemühen Sie sich um Konsistenz bei den Benutzer-IDs. Wenn die Benutzer-ID eines Benutzers auf dem einen Server HUGO ist, dann sollte sie auch auf allen Servern so lauten.
- ✔ Nicht jeder Benutzer muß auf jeden Server zugreifen. Eine der besten Methoden für mehr Sicherheit ist, auf den Servern nur Accounts für die Benutzer einzurichten, die auch wirklich auf sie zugreifen müssen.
- ✔ Einige Netzwerke verfügen über eine Funktion, mit der Sie die Benutzerliste von einem Server auf den anderen übertragen können. Mit dieser Funktion lassen sich Benutzerkonten auf mehreren Servern viel einfacher handhaben. Sie brauchen dann nämlich nur die Liste mit den Benutzern entsprechend zusammenzustellen und sie auf alle Server übertragen. Wenn Sie ein Benutzerkonto ändern müssen, brauchen Sie die Änderung nur auf einem Server auszuführen und dann die aktualisierte Liste auf die restlichen Server kopieren.
- ✔ Einige Netzwerke, wie die unter NetWare 4.1 und Windows NT Server, unterhalten nur eine Benutzerliste für das gesamte Netzwerk. In diesem Fall brauchen Sie also keine separate Benutzerliste für jeden Server.

Schnell, schneller, am schnellsten (Das Handbuch zur Leistungssteigerung)

13

In diesem Kapitel erfahren Sie, ...

- was Engpässe sind.
- wie Sie das Netzwerk optimal einstellen.
- wie Sie die Server optimieren.
- wie Sie den Netzwerk-Server beschleunigen.
- wie Sie die Netzwerk-Clients schneller machen.

Nichts auf dieser Welt ist umsonst. Wenn Sie Ihre Computer vernetzen, profitieren Sie von den Vorteilen, Daten und Ressourcen, wie Laufwerke und Drucker gemeinsam nutzen zu können. Aber es entstehen auch viele Kosten. Sie müssen Netzwerkkarten, Kabel und Software kaufen und die Zeit einkalkulieren, die für die Installation des Netzwerks benötigt wird und um heraus zu finden, wie das Netzwerk funktioniert und wie man es am Laufen hält.

Es gibt da noch einen Kostenpunkt, den Sie bis jetzt vielleicht noch gar nicht ins Auge gefaßt haben: die Kosten für die Leistungsfähigkeit des Systems. Denn egal, wie sehr Sie sich bemühen, Sie können nicht verhindern, daß ein Computer, der am Netz hängt, langsamer arbeitet. Ob Sie nun ein Textdokument von einem Netzwerklaufwerk anstatt von Ihrer Festplatte laden, eine große Datenbankdatei sortieren oder einen 300-seitigen Bericht drucken, alles braucht ein bißchen länger.

Das Netzwerk führt unweigerlich dazu, daß die angeschlossenen Computer langsamer arbeiten, aber wirklich nur ein bißchen. Wenn das Arbeiten im Netzwerk jedoch so langsam geworden ist, daß Schneckentempo noch ein Kompliment ist – die Benutzer ständig eine Kaffeepause einschieben, wenn sie eine Datei speichern –, dann haben Sie ein Problem mit der Leistungsfähigkeit des Netzwerks, das es zu lösen gilt.

Was genau ist eigentlich ein Engpaß?

Der Ausdruck *Engpaß* hat nichts mit engen kurvigen Paßstrecken zu tun. Oder doch? Je enger die Kurven, um so langsamer die Autos und um so eher Stillstand, Stau. Kennen wir das nicht irgendwie vom Computer? Eine einzelne langsame Komponente kann die Leistungsfähigkeit des gesamten Systems zwar nicht zum Stillstand bringen, aber doch erheblich einschränken.

Somit kommen wir zu dem Leitsatz, der Computergeschichte geschrieben hat: Ein Computersystem ist nur so schnell wie seine langsamste Komponente. In der guten alten Zeit hieß das wohl noch: Eine Kette ist nur so stark wie ihr schwächstes Glied. Wahr ist es aber immer noch.

Lassen Sie mich dieses Phänomen mit einem einfachen Beispiel erklären. Was passiert wohl, wenn Sie ein Textdokument auf einem langsamen Matrixdrucker ausgeben? Das Textverarbeitungsprogramm liest die Daten von der Platte und schickt sie an den Drucker. Ratz, fatz. Doch dann sitzen Sie herum und warten, bis der Drucker das Dokument gedruckt hat.

Wie könnte man den Druckvorgang beschleunigen? Wäre ein schnellerer Prozessor oder mehr Arbeitsspeicher die Lösung? Nein! Der Prozessor ist jetzt schon schneller als der Drucker, und der Rechner hat bereits mehr als genug Arbeitsspeicher, um das Dokument zu drucken. Der Engpaß liegt beim Drucker. Wenn Sie also das Dokument schneller drucken wollen, dann müssen Sie den langsamen Drucker durch einen schnelleren ersetzen.

✔ Irgendwo hat ein Computersystem immer einen Engpaß. Der Kauf eines schnelleren Druckers kann den Engpaß etwas weniger gravierend machen, aber der Drucker kann immer noch die Schwachstelle sein. Im Extremfall kann der Drucker nämlich die Daten schneller verarbeiten als der Rechner sie senden kann. In diesem Fall ist nicht mehr der Drucker der Engpaß, sondern die parallele Schnittstelle, an die der Drucker angeschlossen ist. Der Engpaß besteht immer noch, nur an einer anderen Stelle. Ich will Ihnen damit nur zeigen, daß das System immer irgendwo einen Engpaß haben wird. Das Beste, was Sie tun können, ist seine Auswirkungen zu begrenzen.

✔ Am effektivsten begrenzen Sie die Auswirkungen eines Engpasses, indem Sie gar nicht erst warten, bis einer entsteht. Sie können beispielsweise mit dem Drucker-Spooler verhindern, daß der Benutzer auf den Drucker warten muß. Mit dieser Funktion arbeitet der Drucker zwar nicht schneller, der Benutzer kann aber trotzdem weiterarbeiten, während der Drucker im Hintergrund das Dokument druckt. Mehr zu diesem Thema finden Sie im Kapitel 3.

Achtung! Dieser Abschnitt gefährdet Ihre Gesundheit!

Jeder Computer hat einen *Bus*. Darunter versteht man eine Reihe von Steckplätzen, in die man Erweiterungskarten, wie Festplatten-Controller, Modems, Grafikkarten oder Netzwerkkarten, steckt. Heute finden Sie in der Regel die folgenden Bus-Typen auf dem Markt:

ISA: ISA ist die Abkürzung für *Industry Standard Architecture*. Der ISA-Bus dürfte der wohl gängigste Erweiterungsbus sein. Er wurde vor vielen Jahren entwikkelt, als IBM die ersten 80286er-Computer auf den Markt brachte. Der ISA-Bus sendet Daten zwischen dem Prozessor und der Erweiterungskarte mit einer Breite von jeweils 16 Bit. Der ISA-Bus arbeitet mit 8 MHz.

MCA: Steht für *Microchannel Architecture*. Der MCA-Bus wurde von IBM in seinem PS/2-Modell eingeführt und arbeitet mit 32 Bit. Irgendwie hat sich dieser Bus jedoch nicht durchgesetzt. Der MCA arbeitet mit 10 MHz und ist daher etwas schneller als der ISA.

EISA: Diese Abkürzung bedeutet *Extended Industry Standard Architecture*. Der EISA-Bus ist eine 32-Bit-Version des alten ISA-Bus mit ein paar zusätzlichen Feinheiten. Er wird häufig in Netzwerk-Servern eingesetzt, da der 32-Bit-Bus die Leistung der Festplatte und des Netzwerks steigern kann, wenn gleichzeitig spezielle 32-Bit-Festplatten-Controller und Netzwerkkarten installiert sind. Damit er mit den Standard-ISA-Karten kompatibel ist, arbeitet der EISA-Bus mit 8 MHz.

PCI: Abkürzung für *Peripheral Component Interconnect*. Fast alle neuen Rechner verfügen über den Hochgeschwindigkeitsbus PCI. Heutzutage haben die Computer in der Regel vier bis sechs ISA-Steckplätze und zwei oder drei PCI-Slots für die schnellen Sachen. An den PCI-Bus werden in erster Linie schnelle Grafikkarten und Festplatten-Controller gesteckt. Netzwerk-Controller gibt's für diesen Busstandard auch.

VESA: Bedeutet *Video Electronics Standards Association*. Der VESA-Bus ist ein veralteter, jedoch schneller Bus, der noch in vielen 486ern zu finden ist. VESA wurde vom PCI verdrängt, als die PCs mit den Pentium-Prozessoren auf den Markt kamen.

Welches sind die acht häufigsten Engpässe im Netzwerk?

Wenn Sie mich schon so fragen, dann würde ich sagen ... (die Reihenfolge stellt keine Wertung dar!)

1. **Der Prozessor des Fileservers**: Wenn der Fileserver (Datei-Server) stark beansprucht wird, dann sollte er mit einem leistungsstarken Prozessor ausgerüstet sein – am besten mit einem Pentium II. Wenn Sie mit NetWare oder Windows NT Server arbeiten, sollten Sie sich einen Server-Computer zulegen, in den man zwei oder mehr Prozessoren einbauen kann. Das erhöht die Leistungsfähigkeit enorm.

2. **Der Arbeitsspeicher des Fileservers**: Der Server kann nie genug Arbeitsspeicher haben. Da Speicherchips zur Zeit so billig sind, warum rüsten Sie nicht auf 64 MB oder gleich auf 128 MB auf?

3. **Der Bus des Fileservers**: Hm ... Das ist doch etwas sehr technisch. Wer's unbedingt genau wissen will, muß den »Vorsicht Technik«-Abschnitt über die Busse lesen. Wen es nur am Rande interessiert, dem sei so viel gesagt, daß der Server-Computer immer über genügend PCI-Steckplätze verfügen muß.

Bitte nichts Technisches über Festplattenschnittstellen!

Festplatten gibt es in verschiedenen Variationen. Deswegen habe ich Ihnen hier einmal die gängigsten Typen aufgelistet:

ESDI: Abkürzung für *Enhanced Small Device Interface*. In den Anfängen der 386er Computer war dies ein Standard für Festplattenschnittstellen, der aber längst von IDE abgelöst wurde.

IDE: Steht für *Integrated Drive Electronics*. Heute der wohl gängigste Typ, der sich sowohl für Festplatten- als auch für CD-ROM-Laufwerke eignet.

EIDE: Eine neuere Version der IDE-Schnittstelle, die größere Festplattenlaufwerke (etwa ab 4 GB) unterstützt. Außerdem ist EIDE schneller als IDE.

SCSI: Das ist die Abkürzung von *Small Computer System Interface*. SCSI-Schnittstellen haben gegenüber den IDE-Schnittstellen einige Vorteile zu bieten, allerdings sind sie auch um einiges teurer. Mit einer SCSI-Schnittstelle im Rechner können Sie ganze sechs Peripheriegeräte anschließen, etwa eine Festplatte, ein CD-ROM-Laufwerk, einen Scanner, noch eine Festplatte, noch ein CD-ROM-Laufwerk, noch ...

4. **Die Netzwerkkarte**: Verwenden Sie 32-Bit-PCI-Netzwerkkarten für optimale Leistungsfähigkeit. Der Server-Computer ist letztendlich der Rechner, der das Netzwerk mehr als jeder der Clients benutzt.
5. **Die Festplatten des Fileservers**: Wenn möglich, verwenden Sie EIDE- oder SCSI-Festplatten. Verzeihung! Jetzt werde ich schon wieder technisch. Wer mehr wissen will, liest den »Vorsicht Technik«-Abschnitt über die Festplattenschnittstellen.
6. **Der Festplatten-Controller des Fileservers**: Alle Festplatten müssen mit dem Rechner über eine Controllerkarte verbunden sein. Der Engpaß kann also auch bei der Controllerkarte zu suchen sein. Ein aufgemotzter Controller kann manchmal Wunder wirken.
7. **Die Konfigurationseinstellungen des Servers**: Selbst die einfachen Peer-to-Peer-Netzwerke bieten eine Vielzahl von Konfigurationsmöglichkeiten. Einige dieser Optionen entscheiden darüber, ob das Netzwerk langsam oder schnell ist. Leider gibt es keine festen Regeln dafür, welche Option Sie wählen sollen. Sonst wären es ja keine Optionen mehr.
8. **Das Netzwerk selbst**: Wenn zu viele Benutzer am Netz hängen, dann kann das Netzwerk schon mal in die Knie gehen. Als Lösung kann ich Ihnen nur anbieten, aus einem Netzwerk zwei kleinere zu machen, die Sie mit einer netten, kleinen, schwarzen Box verbinden, die man *Bridge* oder *Brücke* nennt.

Das größte Problem bei der Steigerung der Leistungsfähigkeit eines Netzwerks liegt darin, zu erkennen, welches die Engpässe sind. Selbst mit modernsten Testgeräten und ihrer jahrelangen Erfahrung liegen die richtigen Netzwerkgurus nicht immer richtig. Doch auch ohne diese Hilfsmittel können Sie richtig raten. Versuchen Sie Ihr Glück!

Der zwanghafte Weg der Netzwerkoptimierung

Sie können das Netzwerk auf zwei verschiedene Weise optimieren. Entweder überlegen Sie ein bißchen, was die Leistungsfähigkeit steigern könnte, probieren es aus und testen, ob das Netzwerk jetzt schneller läuft. So machen es wohl die meisten.

Oder Sie wählen die zwanghafte Methode, die ist etwas für Leute, die die Socken im Schrank nach Farben sortieren oder die Dosen in der Speisekammer alphabetisch nach Gruppen unterteilt zusammenstellen. Der zwanghafte Ansatz zur Optimierung des Netzwerk sieht in etwa so aus:

1. **Verwenden Sie eine Methode, mit der Sie die Leistungsfähigkeit eines Teils des Netzwerks objektiv testen können.**

   Diese Methode nennt man *Benchmark*. Wenn Sie beispielsweise das Drucken im Netzwerk optimieren wollen, dann stoppen Sie mit einer Stoppuhr die Zeit, die der Druck eines recht langen Dokuments braucht.

2. **Ändern Sie nun eine Variable der Netzwerkkonfiguration und wiederholen Sie den Test.**

   Wenn Sie der Meinung sind, daß ein größerer Disk-Cache die Leistungsfähigkeit verbessern kann, dann ändern Sie seine Größe, starten Sie den Server neu und führen Sie den Benchmark-Test aus. Prüfen Sie, ob sich die Leistungsfähigkeit verbessert hat, gleich geblieben ist oder verschlechtert hat.

3. **Führen Sie Schritt 2 für jede zu testende Variable aus.**

- ✔ Testen Sie möglichst jede Variable separat, oder anders ausgedrückt, bevor Sie weitertesten, machen Sie die Änderungen, die Sie an Netzwerkvariablen vorgenommen haben, wieder rückgängig.
- ✔ Schreiben Sie sich die Ergebnisse jedes Tests auf, damit Sie exakt nachvollziehen können, welche Auswirkung jede Änderung auf die Leistung des Netzwerks hatte.
- ✔ Es ist wichtig, daß Sie jeweils nur eine Komponente des Netzwerks ändern, wenn Sie den Benchmark-Test ausführen. Wenn Sie mehrere Änderungen vornehmen und dann testen, wissen Sie nicht, welche Änderung sich positiv oder negativ ausgewirkt hat. Unter Umständen kann sich auch die eine Änderung positiv und die andere negativ auswirken, dann bleibt alles beim Alten – unentschieden sozusagen.
- ✔ Während des Tests sollte außer Ihnen niemand mit dem Netzwerk arbeiten, da nicht vorhersehbare Aktivitäten anderer Netzwerkbenutzer den Test platzen lassen können.
- ✔ Um einen Ausgangswert für die Bemessung der Leistungsfähigkeit zu erhalten, führen Sie den Benchmark-Test zwei - oder dreimal durch, auch um sicherzugehen, daß die Ergeb-

nisse konstant sind. Wenn der Druckauftrag beim ersten Mal eine Minute, beim zweiten Mal drei Minuten und beim dritten Mal 22 Sekunden dauert, dann stimmt mit dem Test etwas nicht. Abweichungen von ein paar Sekunden hingegen sind vollkommen normal.

- ✔ Standardisierte Benchmark-Tests erhalten Sie über Online-Dienste wie CompuServe. Diese Tests sind zwar nicht so gut wie die, die Sie sich selbst ausdenken, da Ihre Tests wahrscheinlich besser auf das Netzwerk zugeschnitten sind. Wenn Sie jedoch so gar keine Idee haben, wie Sie so einen Benchmark-Test ausführen sollen, sind sie ganz hilfreich.

So optimieren Sie einen Peer-to-Peer-Server

Wenn Sie mit einem Peer-to-Peer-Netzwerk arbeiten, gibt es mehrere Optionen, mit denen Sie herumspielen können, um die Leistungsfähigkeit der Server-Rechner zu steigern. Sie sollten ruhig Zeit in die Optimierung des Netzwerks investieren, denn je effizienter der Server arbeitet um so zufriedener werden die anderen Netzwerkbenutzer sein.

Wenn Sie das Netzwerk zum ersten Mal installieren, versuchen Sie nicht gleich, den Server optimal einzustellen. Im Gegenteil: Richten Sie den Server zunächst so ineffektiv wie möglich ein. Wenn dann das Netzwerk ein oder zwei Wochen läuft, lassen Sie verlauten, daß dieses lahme Netzwerk Ihnen auf die Nerven geht und Sie irgendwas unternehmen wollen. Wenden Sie die hier beschriebenen Optimierungstechniken an und Sie werden der Held (oder die Heldin) der Firma sein.

Setzen Sie einen Disk-Cache ein

Den Spitzenplatz unter den leistungsfördernden Mitteln für Server nimmt ein Hilfsprogramm namens *Disk-Cache* ein. Ein Disk-Cache beschleunigt die Leistung der Festplatten immens. Wenn's recht ist, erkläre ich Ihnen, wie es funktioniert. (Dieser Prozeß ist ein bißchen kompliziert. Setzen Sie sich also erst mal bequem hin, bevor Sie weiterlesen.)

Sie stimmen sicherlich mit mir überein, daß auf den Arbeitsspeicher (RAM) schneller zugegriffen werden kann als auf Festplattenspeicher. Ein Disk-Cache ist ein Bereich im Arbeitsspeicher, in dem Daten abgelegt werden, auf die häufig zugegriffen wird. Immer wenn ein Netzwerkbenutzer Daten von der Festplatte lesen will, prüft das Cache-Programm zuerst, ob diese Daten eventuell bereits im Cache-Speicher abgelegt sind. Ist dies der Fall, so werden die Daten direkt aus dem Speicher eingelesen, was viel schneller ist als wenn auf die Festplatte zugegriffen wird.

Je mehr Arbeitsspeicher Sie für den Cache reservieren um so wahrscheinlicher ist es, daß die Daten schneller aus dem Cache geladen werden als von der Festplatte des Servers. Die goldene Regel für den Disk-Cache lautet: Reservieren Sie so viel Arbeitsspeicher wie möglich für den Disk-Cache. Der Cache ist auch der Grund, warum Sie nie genug Speicher auf einem Netzwerk-Server haben können.

- ✔ Eine Disk-Caching-Software ist kein Programm, das Sie irgendwo kaufen können. Wenn Sie mit Windows 95 arbeiten, ist dieses Hilfsprogramm bereits integriert. Sie können also gleich darauf zugreifen. Windows für Workgroups enthält das Disk-Cache-Programm SMARTDRV. Wenn Sie damit arbeiten wollen, muß die AUTOEXEC.BAT des Servers den Befehl SMARTDRV enthalten. Auch bei LANtastic ist so ein Programm standardmäßig dabei.
- ✔ Bei Windows NT Server und NetWare ist dieses Hilfsprogramm integriert.
- ✔ Wenn Sie noch mit DOS 5.0 (oder früher) arbeiten, dann ist die Caching-Software der Netzwerksoftware wahrscheinlich etwas fortschrittlicher als Ihre Version von SMARTDRV. Die SMARTDRV-Versionen von DOS 6.0 und 6.2 hingegen können denen von LANcache und NLCACHE durchaus das Wasser reichen. Es liegt bei Ihnen, mit welcher Sie arbeiten wollen.
- ✔ Die Computerfreaks haben in der Regel eine feste Meinung, welches Cache-Programm das bessere ist. Sicherlich kann das eine Programm unter Umständen bessere Benchmark-Werte erreichen als ein anderes, aber die Unterschiede zwischen den einzelnen Programme sind ziemlich gering. Machen Sie sich daher nicht zu viel Kopfzerbrechen, welche Caching-Software Sie nehmen. Wichtig ist, daß Sie überhaupt eine einsetzen.
- ✔ Unter Cache-Anhängern wird stets heiß diskutiert, ob man die nicht unumstrittene aber schnelle Funktion *Verzögertes Schreiben* aktivieren soll. Bei dieser Funktion, die es sowohl in SMARTDRV als auch in Windows 95 gibt, laufen die Schreib- und Lesezugriffe fast parallel, aber eben nur fast. Dadurch wird die Leistungsfähigkeit der Festplatte gesteigert, allerdings mit einem nicht ganz unerheblichen Risiko. Wenn nämlich zwischen dem Zeitpunkt, an dem die Daten in den Cache geschrieben werden, und dem, an dem das Cache-Programm sich entscheidet, die Daten auf die Festplatte zu schreiben, der Strom ausfällt oder die Erde bebt, dann können Sie davon ausgehen, daß die Daten futsch sind. Außerdem muß ich gestehen, daß nicht die verzögerte Schreibfunktion bestimmt, wann auf die Festplatte geschrieben wird, sondern in erster Linie das BIOS oder der Festplatten-Controller. Mit dieser Funktion erreichen Sie also nur, daß zeitverzögert geschrieben wird. Blicken Sie noch durch ...?
- ✔ Wenn Sie in einem DOS-basierten Netzwerk arbeiten, sollte der Befehl, mit dem Sie das Disk-Cache-Programm starten, in der AUTOEXEC.BAT integriert sein. Auf diese Weise startet das Cache-Programm automatisch, sobald Sie den Server einschalten.
- ✔ Wenn Sie mit einem Disk-Cache-Programm wie SMARTDRV arbeiten, setzen Sie in der CONFIG.SYS-Datei die Einstellungen für die Puffer auf 3. Suchen Sie nach der Zeile, die mit BUFFERS beginnt und ändern Sie sie so:

  ```
  buffers=3
  ```

Stopp! Sie wissen schon zuviel über SMARTDRV!

Wenn Sie mit einer DOS-Versionen ab 6.0 oder mit Windows bis 3.1 arbeiten, ist das Disk-Cache-Programm SMARTDRV automatisch mit von der Partie. Um SMARTDRV zu aktivieren, fügen Sie in der AUTOEXEC.BAT folgende Zeile ein:

```
smartdrv
```

Fügen Sie den Befehl ziemlich weit oben in der AUTOEXEC.BAT ein, am besten gleich hinter dem Befehl PATH.

SMARTDRV prüft den Arbeitsspeicher des Rechners und entscheidet dann, wieviel es davon für den Cache verwendet. Wenn der Rechner bis zu 4 MB Arbeitsspeicher hat, dann reserviert SMARTDRV 1 MB für den Cache. Wenn mehr als 4 MB zur Verfügung stehen, werden für den Cache 2 MB abgestellt.

Sie können die Größe des von SMARTDRV erstellten Cache ändern, indem Sie die von Ihnen gewünschte Größe in die Befehlszeile eingeben:

```
smartdrv 4096
```

Mit diesem Befehl weisen Sie SMARTDRV an, einen Cache mit 4 MB anzulegen. (Die Zahl, die Sie in diesem Befehl eingeben, gibt die Kilobytes an, die für den Cache-Speicher verwendet werden sollen. 4 MB entsprechen 4096 K.)

SMARTDRV arbeitet mit der verzögerten Schreibfunktion. Wenn Ihnen die zu gefährlich ist, ändern Sie diese Standardeinstellung, indem Sie alle Laufwerke, die »gecacht« werden sollen, mit einem Pluszeichen versehen. Wenn Sie beispielsweise zwei Festplattenlaufwerke – C und D – haben, dann geben Sie den SMARTDRV-Befehl so ein:

```
smartdrv c+ d+
```

Sie finden das etwas kompliziert? Nun, ja. Microsoft hat das eingesehen und ab der DOS-Version 6.2 konnte man die verzögerte Schreibfunktion einfach mit folgendem Befehl deaktivieren:

```
smartdrv /x
```

VFAT für Windows für Workgroups

Wenn Sie mit Windows für Workgroups 3.11 arbeiten, können Sie die Leistung der Server-Festplatte steigern, indem Sie den 32-Bit-Zugriff aktivieren, der auch unter dem Namen *VFAT* (*Virtual File Allocation Table*) bekannt ist. Mit VFAT kann Windows für Workgroups beim Schreib- und Lesezugriff auf die Festplatte komplett ohne MS-DOS auskommen und ist daher viel schneller.

Um VFAT zu aktivieren, öffnen Sie die Systemsteuerung und doppelklicken auf das Symbol für 386 erweitert. Klicken Sie dann auf die Schaltfläche VIRTUELLER ARBEITSSPEICHER und abschließend auf die Schaltfläche ÄNDERN. Im angezeigten Dialogfeld aktivieren Sie das Kontrollkästchen 32-BIT-DATEIZUGRIFF BENUTZEN und stellen den entsprechenden Wert für die Größe des Cache ein. Zum Schluß klicken Sie auf OK und fertig.

Sie wissen nicht genau, wieviel Speicher Sie für den Cache reservieren sollen? Es gibt eigentlich keine festen Regeln, aber ich habe Ihnen hier mal ein paar Vorschläge gemacht, die sich am Arbeitsspeicher des Rechners orientieren:

RAM	Größe des Cache
4 MB	1.024 KB
8 MB	2.048 KB
12 MB	3.072 MB
16 MB	4.096 KB

Und hier noch ein paar Dinge, über die sich Gedanken machen können, wenn Sie heute nacht nicht schlafen können:

- ✔ Microsoft behauptet, daß der 32-Bit-Dateizugriff die Leistung der Festplatte gegenüber Windows 3.1 um mehr als 50% erhöht. Die meisten Benchmark-Tests unterstreichen diese Aussage. Wenn der 32-Bit-Zugriff aktiviert ist, werden Programme schneller geladen, Dokumente schneller geöffnet, Datenbankenabfragen schneller ausgeführt, und und und. Kurzum, jede Windows-Operation, bei der auf die Festplatte zugegriffen wird, wird beschleunigt.
- ✔ Der 32-Bit-Dateizugriff enthält sein eigenes Disk-Cache-Programm, eine Kopie der SmartDrive-Funktion. Sie können daher die SMARTDRV-Befehlszeile aus der AUTOEXEC.BAT entfernen, es sei denn, Sie benutzen SmartDrive, um Disketten und CD-ROM-Laufwerke zu cachen. (Der 32-Bit-Dateizugriff funktioniert nur für Festplatten.)
- ✔ Wenn Sie den Befehl SMARTDRV nicht aus der AUTOEXEC.BAT entfernen, deaktiviert VFAT die SMARTDRV-Funktion, kann aber nicht auf den von ihr reservierten Speicher zugreifen. Wenn Sie also mit VFAT arbeiten, ist SmartDrive eine reine Speicherverschwendung.
- ✔ Auch den Befehl SHARE können Sie aus der AUTOEXEC.BAT entfernen, da auch diese Funktion im 32-Bit-Dateizugriff enthalten ist.

98

VFAT wird von Windows 95 (und Windows 98) automatisch verwendet. Sie brauchen sich also weder um Installation noch Konfiguration Gedanken machen. Auch ganz schön, oder?

So optimieren Sie einen Windows 95-Server

Windows 95 hat eine nette Funktion, mit der Sie die Server-Optionen mit einem einfachen Mausklick optimieren können. Ich habe Ihnen mal Schritt für Schritt aufgeschrieben, wie das geht:

1. **Wählen Sie im Menü Start den Befehl Einstellungen und dort im Untermenü den Befehl Systemsteuerung. Doppelklicken Sie dann auf das Symbol für System.**

   Das Dialogfeld Eigenschaften für System wird angezeigt.

2. **Klicken Sie auf die Registerkarte Leistungsmerkmale.**

3. **Klicken Sie auf die Schaltfläche Dateisystem.**

   Das Dialogfeld aus Abbildung 13.1 wird geöffnet.

4. **Wählen Sie im Listenfeld Standardnutzung dieses Computers den Eintrag Netzwerkserver.**

   Ihr Rechner ist jetzt als Netzwerk-Server eingerichtet.

5. **Klicken Sie auf OK, um das Dialogfeld Eigenschaften für Dateisystem zu schließen.**

   Das Dialogfeld Eigenschaften für System wird wieder angezeigt.

6. **Klicken Sie auf OK, um auch dieses Dialogfeld zu schließen.**

Das war's!

Abbildung 13.1: So wird unter Windows 95 aus dem Rechner ein Netzwerk-Server.

So optimieren Sie einen Windows 98-Server

Windows 98 enthält im Grunde genommen dieselben Optimierungseinstellungen wie Windows 95. Um also unter Windows 98 den Rechner als Netzwerk-Server einzustellen, brauchen Sie nur die Schrittanweisungen aus dem letzten Abschnitt zu befolgen. Windows 98 enthält jedoch noch einige neue Funktionen, mit denen sich die Leistungsfähigkeit des Systems noch weiter verbessern läßt.

Die wohl wichtigste Neuerung zur Leistungssteigerung ist *FAT32*, eine verbesserte Dateiverwaltung für Festplatten, bei der größere Partitionen und gleichzeitig kleinere Zuordnungseinheiten verfügbar sind. Partitionen mit weniger als 512 MB werden jedoch noch nicht unterstützt.

Um die Festplatte zum FAT32-Dateisystem zu konvertieren, klicken Sie auf Start und zeigen nacheinander auf Programme, Zubehör und Systemprogramme und klicken dann auf Laufwerkkonvertierung (FAT32). Während des Konvertierungsvorgangs (kann je nach Größe und Speicherauslastung des Laufwerks eine Stunde oder länger dauern), können Sie an Ihrem Rechner nicht arbeiten. Kurz vor der Mittagspause wäre wohl kein schlechter Termin, um die Konvertierung zu starten.

Leider hat das FAT32-Dateisystem auch seine Schattenseiten:

- ✔ Wenn Sie ein Laufwerk zu FAT32 konvertieren, können Sie nicht mehr mit dem Datenkomprimierungsprogramm DriveSpace arbeiten, um die Daten auf dem Laufwerk zu komprimieren.
- ✔ Wenn Sie ein Laufwerk zu FAT32 konvertiert haben, gibt es eigentlich kein Zurück mehr zum alten Format.
- ✔ Wenn Sie Windows 98 und ein anderes Betriebssystem in einer Dual-Boot-Umgebung ausführen, wird durch das Konvertieren des primären Festplattenlaufwerks zum FAT32-Dateisystem das andere Betriebssystem (Windows 3.11, Windows 95A, DOS) unter Umständen unbrauchbar, wenn es das FAT32 nicht unterstützt.
- ✔ Nachdem Sie die Festplatte zu FAT32 konvertiert haben, können Sie Windows 98 nicht mehr deinstallieren.

Trotz dieser Einschränkungen empfehle ich Ihnen alle Festplattenlaufwerke zu FAT32 zu konvertieren, die hauptsächlich als gemeinsam genutzte Laufwerke auf einem Windows 98-Netzwerk-Server verwendet werden.

Windows 98 enthält noch eine weitere Funktion zur Optimierung der Systemleistung: den Wartungs-Assistenten. Mit Hilfe des Wartungs-Assistenten können Sie mehrere Programme ausführen, die die Leistungsfähigkeit von Windows verbessern, beispielsweise ScanDisk (sucht und behebt Fehler auf der Festplatte), Defragmentierung (ordnet auf der Festplatte verstreute Daten neu) und das neue Programm Datenträgerbereinigung (entfernt nicht mehr benötigte Dateien).

Das Beste am Wartungs-Assistenten ist, daß Sie damit einen Zeitplan aufstellen können, mit dem die Optimierungsprogramme automatisch in bestimmten Abständen ausgeführt werden. Sie können beispielsweise mit dem Wartungs-Assistenten festlegen, daß die Defragmentierung und ScanDisk jede Nacht um Mitternacht und die Datenträgerbereinigung jeden Freitag zur Mittagszeit ausgeführt werden sollen. Mit dieser Funktion haben Sie sichergestellt, daß der Windows 98-Server stets in Höchstform ist.

Habe ich schon gesagt, wo Sie den Wartungs-Assistenten finden? Er hat sich im Menü START versteckt. Zeigen Sie dort auf PROGRAMME und ZUBEHÖR, und klicken Sie auf SYSTEMPROGRAMME. Na, gefunden?

So optimieren Sie einen Windows NT-Server

Einen Windows NT Server-Rechner zu optimieren, ist um einiges schwieriger als einen Windows 95-Rechner. Windows NT Server enthält Dutzende von Optionen, mit denen die Server-Leistung eingestellt werden kann. Sie können Stunden damit verbringen, diese Optionen so einzustellen, daß Sie eine optimale Leistung aus NT herauskitzeln.

Irgendwie kann Windows NT Server sich jedoch auch selbst optimieren. Schalten Sie das System ein und lassen Sie es ein paar Tage laufen. Es paßt sich bald an die Verhaltensmuster in dem Netzwerk an. Bald schnurrt der Server wie ein Kätzchen. Sie brauchen eigentlich nur optimierend eingreifen, wenn irgendwas total verkehrt zu laufen scheint mit der Netzwerkleistung, beispielsweise wenn die Benutzer sich beschweren, daß das Öffnen eines zweiseitigen Dokuments auf dem Netzwerk-Server zehn Minuten dauert oder der Druckauftrag, der letzten Dienstag an den Drucker geleitet wurde, immer noch nicht ausgeführt ist.

Damit Sie die Leistung überprüfen und feststellen können, wo das Problem liegt, ist in Windows NT Server ein Hilfsprogramm integriert, das sich Systemmonitor nennt. Der Systemmonitor sammelt statistische Daten über alle möglichen Aktivitäten auf dem Server-Computer, z. B. Eingabe/Ausgabe, Programmausführung, Verkehr im Netzwerk, etc. Wenn Sie diese Statistiken analysieren, können Sie die Ursache eines Netzwerkproblems feststellen. Je nach Sachlage können Sie das Problem lösen, indem Sie eine der Konfigurationseinstellungen verändern oder zusätzliche Hardware kaufen.

Der Systemmonitor ist ganz einfach anzuwenden, was man von der Auswertung der Statistiken nicht sagen kann. Wenn zu Ihren Lieblingsbeschäftigungen nicht gerade das Zählen von Cache-Hits und durchschnittlicher Suchzeiten gehört, dann sollten Sie den Systemmonitor so gut es geht meiden.

So optimieren Sie einen NetWare Server

Ähnlich wie der Windows NT Server optimiert sich auch NetWare selbst. Lassen Sie es ein paar Tage laufen, damit es sich an die Verhaltensmuster des Netzwerks anpassen kann, und es läuft optimal. Wenn wirklich mal ein Problem auftritt, können Sie immer noch mit den Server-Einstellungen herumspielen, um die Leistung zu verbessern.

Viele NetWare-Konfigurationsoptionen werden mit den SET-Befehlen gesteuert, die Sie in die AUTOEXEC.NCF-Datei oder die STARTUP.NCF-Datei einfügen. Mit SET können Sie beispielsweise festlegen, wieviel Speicherplatz für das Disk-Caching verwendet werden soll, wie groß jeder Cache-Puffer sein soll und jede Menge anderes Zeug, das viel zu technisch und detailliert ist, als daß ich Sie damit belästigen will.

Einige der besten Optimierungsmethoden für NetWare sind nur für größere Netzwerke geeignet. Sie können die Server-Leistung steigern, indem Sie »Super-Server« verwenden, die mehr als einen Prozessor haben. Außerdem werden NetWare-Netzwerke oft mittels Bridges (Brükken) und Routern optimiert, die den Verkehr im Netzwerk regeln. Ganz modern sind auch die neuen Hochgeschwindigkeitsschnittstellen SCSI, damit lassen sich Verbindungen zu anderen Computern und lokalen Netzwerken herstellen.

So optimieren Sie einen Client

Die größte Leistungssteigerung für das Netzwerk erzielen Sie, wenn Sie die Netzwerk-Server optimieren, da Sie mit der Optimierung nur eines Rechners die Leistung aller Benutzer steigern, die mit diesem Server arbeiten. Trotzdem sollten Sie auch die Leistung der einzelnen Client-Rechner hin und wieder überprüfen.

- ✔ Alle Clients sollten mit einem lokalen Disk-Cache arbeiten, sei es mit SMARTDRV für DOS-basierte Computer oder mit dem Disk-Caching, das in Windows 95 integriert ist. Ein lokaler Disk-Cache kann keine Netzwerklaufwerke cachen, aber dennoch die Leistung beim Zugriff auf andere Laufwerke verbessern.
- ✔ Sie können den Verkehr im Netzwerk drastisch verringern, wenn Sie häufig verwendete Daten statt auf einer Server-Festplatte auf lokalen Festplatten speichern. Sicherlich sollten Dateien, die gemeinsam genutzt werden, auf einem Server-Laufwerk abgelegt werden, so daß alle Benutzer, die die Datei gemeinsam nutzen, auf dieselbe Kopie der Datei zugreifen. Manche Dateien müssen jedoch nicht unbedingt gemeinsam genutzt werden. Überlegen Sie beispielsweise, ob Sie nicht lieber häufig verwendete Programmdateien auf jedem Rechner ablegen anstatt jeden Benutzer zu zwingen, sich diese Dateien vom Server zu holen. Sie werden merken, daß die Leistung des Netzwerks sich deutlich verbessert. (Vergessen Sie dabei aber nicht, daß auf jedem Client eine autorisierte Kopie der Software installiert wird.)
- ✔ Bei vielen Anwendungsprogrammen können Sie festlegen, in welchem Verzeichnis temporäre Dateien abgelegt werden sollen. Konfigurieren Sie solche Programme immer so, daß temporäre Dateien auf lokalen Laufwerken gespeichert werden. Das ist besonders empfehlenswert für Datenbankdateien, die zum Sortieren von Informationen verwendet werden.

Was alles über Nacht den Geist aufgeben kann (Wie Sie die Netzwerkdaten schützen)

14

In diesem Kapitel erfahren Sie, ...

- wie Sie einen Katastrophenplan anlegen.
- warum Sie Netzwerkdaten sichern sollten.
- wie Sie Netzwerkdaten sichern.
- wie Sie die Netzwerklaufwerke regelmäßig warten.
- woran Sie erkennen, was ein Virus ist und warum Netzwerke dafür besonders anfällig sind.
- wie Sie das Netzwerk vor Viren schützen.

Wenn man Sie als Netzwerkverwalter ausgeguckt hat, dann fällt auch die Sicherheit des Netzwerkes in Ihren Verantwortungsbereich. Sie werden dafür bezahlt, daß Sie sich nachts schlaflos im Bett wälzen und sich fragen, ob die Daten morgen noch da sein werden. Und wenn sie nicht mehr da sind, ob Sie sie wiederherstellen können? Oder wenn Sie sie nicht mehr wiederherstellen können, ob Sie dann morgen noch da sein werden?

Dieses Kapitel behandelt all die Dinge, die ein guter, verantwortungsvoller und vertrauenswürdiger Netzwerkverwalter tun muß. Es wird Ihnen keiner besonders dafür danken, aber eigentlich wäre es nur recht und billig.

Planen Sie die nächste Katastrophe!

Vor zehn Jahren ist in der Nacht zum 1. April irgend so ein Komiker in unser Büro eingebrochen und hat die gesamte Computerausrüstung mit einer Eisenstange kurz und klein geschlagen. (Das ist kein Aprilscherz!)

Auf einem Regal direkt neben dem Haufen Schrott, der mal ein Wang-Minicomputersystem war, stand ein vollkommen intakter Satz mit Disketten, auf dem alle Daten des zerstörten Rechners gesichert waren. Noch ein Hieb mit der Eisenstange und dieser Vandale hätte uns nicht nur Riesenärger sondern eine Riesenkatastrophe beschert. Zunächst war alles natürlich etwas schwierig, aber als wir dann endlich einen neuen Rechner hatten, brauchten wir nur die Daten von den Sicherungskopien wiederherzustellen und konnten mit dem Stand vom 31.

März weiterarbeiten. Ohne diese Sicherungskopien hätten wir wohl Monate gebraucht, um alle Daten wieder zusammenzusammeln.

Seit dieser Zeit betreibe ich Katastrophenschutz. Davor war ich der Meinung, daß dazu lediglich die alltägliche Sicherung gehört. Sicherlich gehört sie dazu, aber ich werde nie vergessen, daß wir damals auch die Sicherungsdisketten um ein Haar nicht mehr gehabt hätten. Vielleicht kommt wieder mal so ein Schlägertyp vorbei und läßt nichts mehr übrig. Wer sich vor richtigen Katastrophen schützen will, sollte mehr tun als nur Sicherungskopien erstellen.

Sie können sich nicht vorstellen, daß Ihnen so etwas passiert? Nun, Naturkatastrophen wie Hurrikans oder Erdbeben sind bei uns eher selten, aber die Hochwasser der letzten Jahre zeigen, daß auch wir uns wappnen müssen. Computer mögen nämlich weder Überschwemmungen noch damit verbundene Stromausfälle. Und wer weiß, vielleicht kommt El Niño ja auch nach Europa?

Die meisten Katastrophen sind jedoch eher unspektakulär. Sie sollten sich aber dennoch zumindest einen Plan für den Ernstfall zurechtlegen, um das Netzwerk wieder zum Laufen zu bringen.

- ✔ Das A und O jedes Katastrophenplans ist ein Programm mit regelmäßigen Backups. Dieses Kapitel beschäftigt sich eingehend damit, wie Sie ein Backup-Programm starten. Lassen Sie jedoch Ihre wertvollen Sicherungsdisketten oder -bänder nicht einfach neben dem Rechner liegen. Verschließen Sie sie feuer- und erdbebensicher in einem Safe oder zumindest an einem einigermaßen sicheren Ort.
- ✔ Ihr Netzwerkordner (oder falls Ihnen dieser Begriff lieber ist: Ihre Netzwerkbibel) ist eine unersetzbare Quelle an wichtigen Informationen. Deshalb sollten Sie eine Kopie davon anlegen und diese mit nach Hause nehmen, falls die Firma eines Tages abbrennt. Dann haben Sie wenigstens noch alle Informationen über das Netzwerk und können schnell entscheiden, welche Ausrüstung Sie brauchen und wie Sie sie konfigurieren. Im Handumdrehen wird alles wieder wie am Schnürchen laufen.
- ✔ Wenn alle Rechner durch Feuer, Diebstahl oder Vandalismus zerstört sind, wie wollen Sie dann der Versicherung beweisen, daß Sie diese Ausrüstung auch wirklich hatten. Ein nicht ganz unwesentlicher Bestandteil des Katastrophenplans ist eine genaue Aufstellung Ihrer Computerausrüstung. Heben Sie Kopien von allen Rechnungen für Hardware und Software an einem sicheren Ort auf. Vielleicht machen Sie sogar ein paar Fotos von den Rechnern.
- ✔ Was leider oft bei der Katastrophenplanung außer acht gelassen wird, ist das Fachwissen. In vielen Betrieben ist eine Person für alle Rechner zuständig, und diese eine Person weiß als einzige, daß es außer WordPerfect zu starten und ein Dokument zu drucken, noch mehr Dinge gibt, die ein Computer kann. Was passiert, wenn diese Person krank wird, zur Konkurrenz geht, im Lotto gewinnt und sich auf den Bahamas zur Ruhe setzt? Sorgen Sie dafür, daß nicht nur eine Person über alle Computer herrscht, sondern daß auch andere davon Ahnung haben.

So sichern Sie Ihre Daten

Der Leitsatz für die Datensicherung ist einfach: Egal, was passiert, sorgen Sie dafür, daß nie mehr als die Arbeit eines Tages verloren geht. Ob die Börse ihren schwärzesten Freitag aller Zeiten hat oder Kohl wieder Kanzler werden will, lassen Sie sich nicht von der täglichen Sicherung abhalten.

Nachdem wir uns über den Zweck eines Backups einig sind, will ich Ihnen erzählen, wie Sie Backups erstellen.

Arbeiten Sie mit einem anständigen Backup-Programm

MS-DOS enthält ein Backup-Programm, das sich unmißverständlich BACKUP nennt. Wenn Ihr Netzwerk nur ein paar MB an wichtigen Daten enthält, dann könnten Sie dieses Programm eventuell sogar verwenden. Anderenfalls ist BACKUP jedoch nicht zu gebrauchen. Das Leben ist einfach zu kurz, um darauf zu warten, daß der BACKUP-Befehl die Daten Byte für Byte auf Diskette sichert, wo es doch mittlerweile Programme gibt, die diese Arbeit viermal so schnell erledigen. Was wäre Ihnen lieber: täglich fünf Minuten auf die Datensicherung zu warten oder 20 Minuten damit zuzubringen?

- ✔ Andere Backup-Programme sind nicht nur schneller als BACKUP, sondern verwenden auch noch besondere Techniken zur Datenkomprimierung, damit Sie für die Sicherung weniger Disketten brauchen. Komprimierungsfaktoren von 2:1 sind normal, d.h. ein Backup, das mit dem BACKUP-Befehl 20 Disketten gebraucht hätte, würde mit einem anderen Programm nur 10 benötigen.
- ✔ MS-DOS 6.0, 6.2 und 6.22 enthalten ein verbessertes Backup-Programm – MSBACKUP. MSBACKUP ist zwar immer noch nicht das Top-Programm, aber für die meisten Zwecke ist es ausreichend. Der einzige Nachteil ist, daß Sie es nicht mit einem Bandlaufwerk verwenden können. Falls Sie sich also ein Bandlaufwerk zulegen, brauchen Sie auch gleich ein anderes Backup-Programm.
- ✔ Auch Windows 95 hat ein ganz annehmbares Backup-Programm, das Sie im Menü Start finden. Zeigen Sie hier auf Programme, Zubehör und Systemprogramme, und klicken Sie dann auf Backup. Selbstredend, daß dieses Programm Bandlaufwerke unterstützt.

98

Windows 98 enthält ein deutlich verbessertes Backup-Programm. Es verfügt über komfortablere Optionen als Windows 95, mit denen Sie auswählen, welche Dateien zu sichern und wiederherzustellen sind. Außerdem ist die Unterstützung für Bandlaufwerke noch besser – es werden sogar SCSI-Bandlaufwerke unterstützt. In Abbildung 14.1 sehen Sie das Windows 98-Backup-Programm in Aktion.

- ✔ Sowohl bei NetWare als auch bei Windows NT Server sind Backup-Programme integriert. NetWare enthält SBACKUP, mit dem NetWare-Serverdaten auf Band oder Diskette gesichert werden können. Windows NT Server enthält ein ähnliches Programm.

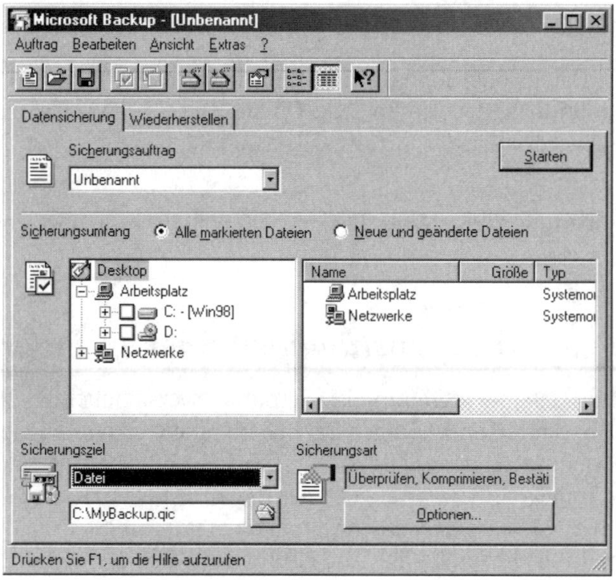

Abbildung 14.1: Datensicherung mit Windows 98

- ✔ Wenn Sie bessere Backup-Programme wollen, dann vergleichen Sie die Angebote der Anbieter von Hilfsprogrammen, wie etwa Symantec.
- ✔ Wenn Sie ein Bandlaufwerk kaufen, bekommen Sie Backup-Software mitgeliefert, die auf dieses Bandlaufwerk zugeschnitten ist. Sie können mit dieser Software arbeiten oder sich irgendein anderes Backup-Programm zulegen.

Warum Sie ein Bandlaufwerk kaufen sollten

Disketten eignen sich ganz gut, wenn man nur ein paar MB an Daten zu sichern hat. Sobald die Datenmenge aber größer wird, sind Sie mit einem Bandlaufwerk besser bedient. Mit einem günstigen Bandlaufwerk können Sie bis zu 800 MB an Daten auf ein einziges Band kopieren.

Was beim Bandlaufwerk auch nicht außer acht zu lassen ist: Sie starten die Datensicherung und gehen nach Hause. Sie brauchen nicht mehr neben dem Rechner zu sitzen, ihn mit Disketten zu füttern und zwischen den Diskettenwechseln Löcher in die Luft zu starren. Mit einem Bandlaufwerk können Sie die Datensicherung vollkommen sich selbst überlassen. Aufgrund der eingesparten Arbeitszeit hat sich das Teil bereits nach einer Woche amortisiert.

- ✔ Bei kleineren Netzwerken werden für die Bandsicherung am häufigsten die QIC-Kassetten eingesetzt. *QIC* steht für *Quarter-Inch-Cartridge*, also für Kassetten mit einer Bandbreite von _ Zoll. QIC-Laufwerke gibt es von verschiedenen Anbietern, wobei die Bandkapazität zwischen 800 MB und 8 GB liegen kann. 800 MB-Laufwerke gibt es schon für unter 100 DM, für die großen wird man schon etwa 300,- DM hinlegen müssen. QIC-Laufwerke sind nicht sehr schnell, aber sie erfüllen ihren Zweck.

✔ Für die größeren Netzwerke gibt es die *DAT*-Laufwerke, die sehr schnell und sehr leistungsstark sind. *DAT* steht für *Digital Audio Tape*, zu deutsch *digitales Audio-Magnetband*. DAT-Laufwerke sind sehr viel teurer als QIC-Laufwerke. Mit 800,- DM müssen Sie für ein DAT-Laufwerk mit 8 GB schon rechnen.

Sie müssen nicht jede Datei jeden Tag sichern

Wenn Sie ein Bandlaufwerk besitzen, und die gesamten Netzwerkdaten auf ein Band passen, dann sollten Sie täglich Ihre gesamten Daten sichern. Wenn aber nicht alle Daten auf ein Band passen, oder wenn Sie für die Datensicherung Disketten verwenden und für ein komplettes Backup mehrere Disketten gebraucht werden, sollten Sie überlegen, ob Sie nicht lieber ein *inkrementelles Backup* ausführen.

Bei einem inkrementellen Backup werden nur die Dateien gesichert, die seit dem letzten Backup geändert wurden. Verständlicherweise sind die inkrementellen Backups sehr viel schneller als die kompletten Backups, da Sie ja wahrscheinlich nur ein paar Dateien jeden Tag verändern. Selbst wenn Sie für ein komplettes Backup 50 Disketten brauchen, reichen Ihnen für ein tägliches inkrementelles Backup ein oder zwei Disketten.

✔ Am einfachsten ist es, jeden Montag ein komplettes Backup zu machen und von Dienstag bis Freitag täglich ein inkrementelles Backup auszuführen.

✔ Wenn Sie mit inkrementellen Backups arbeiten, dann besteht der vollständige Sicherungssatz aus den Disketten mit dem kompletten Backup sowie allen Disketten der inkrementellen Backups, die Sie seit dem letzten kompletten Backup erstellt haben.

✔ Eine Variante des inkrementellen Backups ist das *differentielle Backup*. Bei einem differentiellen Backup werden alle Dateien gesichert, die seit dem letzten kompletten Backup geändert wurden. Wenn Sie mit dieser Variante arbeiten, besteht der vollständige Sicherungssatz aus den Disketten mit dem kompletten Backup sowie den Disketten mit dem letzten differentiellen Backup.

Bremsen Sie mich, wenn ich zu ausschweifend werde

Das Archiv-Bit ist ein kleines Bit, das einem Backup-Programm signalisiert, ob die Datei bereits gesichert wurde. Immer wenn die Datei geändert wird, setzt DOS das Archiv-Bit der Datei auf »EIN«. Nachdem die Datei mit einem Backup gesichert wurde, wird das Archiv-Bit auf »AUS« gesetzt. Da Backup-Programme diese Archiv-Bits zurücksetzen, nachdem sie die Datei gesichert haben, können Sie anhand dieses Archiv-Bits erkennen, welche Dateien seit dem letzten Backup geändert wurden. Ganz schön clever, oder?

Bei einem differentiellen Backup werden die Archiv-Bits nicht zurückgesetzt, da bei jedem differentiellen Backup alle Dateien gesichert werden, die seit dem letzten kompletten Backup geändert wurden.

Wer wird gesichert – Server oder Client?

Wenn Sie ein Peer-to-Peer-Netzwerk sichern, haben Sie zwei Möglichkeiten, wie Sie das Backup-Programm ausführen: entweder auf dem Fileserver selbst oder auf einem der Clients im Netzwerk. Wenn Sie die Datensicherung auf dem Fileserver ausführen, müssen Sie das Netzwerk herunterfahren, um die Sicherung zu starten. Auf dem Client führen Sie die Sicherung aus, ohne den Server lahm zu legen.

Doch obwohl Sie die Datensicherung auf einem Client ausführen können, während das Netzwerk arbeitet, ist die Idee nicht so phänomenal. Das Backup-Programm wird nämlich jede Datei bei der Sicherung überspringen, die gerade von anderen Benutzern bearbeitet wird. Die Sicherung wird also diese Dateien nicht enthalten, obwohl dies gerade die Dateien wären, die am dringendsten gesichert werden sollten, da die Dateien wahrscheinlich geändert wurden.

- ✔ Wenn Sie die Datensicherung von einer Workstation ausführen, können Sie die Netzwerklaufwerke von mehr als einem Server wählen. Wenn Sie die Datensicherung vom Server-Rechner ausführen und dazu das Netzwerk herunterfahren, haben Sie nur Zugriff auf die Laufwerke dieses Servers.
- ✔ Man könnte meinen, daß die Datensicherung direkt vom Server aus effizienter ist als die Datensicherung auf dem Client, da die Daten nicht über das Netzwerk geschickt werden müssen. Da die meisten Netzwerke jedoch schneller als die meisten Bandlaufwerke sind, spielt dies überhaupt keine Rolle. Das Netzwerk verlangsamt den Sicherungsvorgang normalerweise nicht, es sei denn, Sie sichern zu einer Zeit, wenn alle Netzwerkbenutzer auf das Netz zugreifen wollen.
- ✔ Es ist eine gute Idee, für den Benutzer, der das Backup ausführt, eine spezielle Benutzer-ID einzurichten. Mit dieser Benutzer-ID wird der Zugriff auf alle Dateien auf dem Server ermöglicht. Wenn Ihnen die Sicherheit der Daten Kopfzerbrechen macht, dann verwerfen Sie diese Idee gleich wieder. Denn jeder der diese Benutzer-ID – und das Kennwort – kennt, kann sich im Netzwerk anmelden und alle Sicherheitsbeschränkungen umgehen, die Sie bei den Benutzer-IDs der normalen Benutzer eingebaut haben.
- ✔ Sie können jedoch möglichen Sicherheitsproblemen entgegenwirken, indem Sie die Benutzer-ID für die Person, die mit der Datensicherung beauftragt ist, auf einen bestimmten Client und eine bestimmte Tageszeit beschränken. Wenn Sie ganz besonders schlau sind, können Sie das Backup-Benutzerkonto so einrichten, daß damit nur das Backup-Programm ausgeführt werden kann.

(Windows NT Server enthält eine spezielle Benutzergruppe, die Sie für Backup-Benutzer verwenden können. Lesen Sie in Kapitel 12 im Abschnitt »Auch Benutzer haben Rechte« nach.)

Wie viele Sicherungssätze sollte man aufheben?

Versuchen Sie nicht, Kosten zu sparen, indem Sie eine Sicherungskassette kaufen und diese täglich für die Sicherung verwenden. Was ist, wenn Sie am Dienstag versehentlich eine wichtige Datei löschen, den Fehler aber erst am Donnerstag bemerken? Da die Datei am Mittwoch nicht mehr existierte, ist sie nicht auf der Sicherungskassette vom Mittwoch. Wenn Sie nur eine Kassette haben, die Sie täglich überschreiben, dann haben Sie Pech gehabt.

Die sicherste Methode ist, täglich eine neue Sicherungskassette zu verwenden und die alten in einem Tresor zu verwahren. Irgendwann wird die »Sicherungsverwahrung« jedoch aus allen Nähten platzen.

Als Kompromiß zwischen diesen beiden Extremlösungen hätte ich folgenden Vorschlag: Die meisten Benutzer kaufen sich mehrere Kassetten und überschreiben die alten nach einiger Zeit wieder. Auf diese Weise haben Sie immer mehrere aktuellere Sicherungskassetten zur Hand, auf die Sie im Fall X zurückgreifen können.

- ✔ Am einfachsten ist es, sich drei Bänder zu kaufen und diese mit A, B und C zu beschriften. Diese Bänder verwenden Sie dann täglich in der Reihenfolge A, B, C, A, B, C, etc. Somit haben Sie stets drei Generationen von Backups: das von heute, das von gestern und das von vorgestern. Computerfreaks nennen diese Bänder auch Großvater, Vater und Sohn.
- ✔ Sie können sich auch fünf Bänder kaufen, dann haben Sie für jeden Wochentag eins.
- ✔ Es gibt dieses Spielchen auch mit acht Bändern. Die ersten vier beschriften Sie mit Montag, Dienstag, Mittwoch und Donnerstag, und die anderen vier mit Freitag 1, Freitag 2, Freitag 3 und Freitag 4. Jetzt müssen Sie nur noch einen Kalender neben dem Rechner aufhängen und alle Freitage in dem Jahr durchnumerieren: 1, 2, 3, 4, 1, 2, 3, 4, etc. Von Montag bis Donnerstag sichern Sie auf die jeweilige Tageskassette. Beim Freitags-Backup schauen Sie in den Kalender, um zu sehen, welche Freitagskassette dran ist. Auf diese Weise haben Sie stets Sicherungskopien der letzten vier Wochen sowie der letzten fünf Tage.

Wenn sich auf Ihrem Netzwerk Buchhaltungsdaten tummeln, sollten Sie eine Sicherungskopie aller Dateien (oder zumindest aller Buchhaltungsdateien) direkt nach dem monatlichen Rechnungsschluß ausführen und diese Backups für jeden Monat des Jahres aufbewahren. Sie müssen dafür nicht unbedingt zwölf Magnetbänder kaufen. Wenn Sie nur die Buchhaltungsdateien sichern, passen sicherlich alle zwölf Monate auf ein Band. Achten Sie beim Sichern nur darauf, daß Sie im Append-Modus und nicht im Überschreibmodus arbeiten. Außerdem sollten Sie die Sicherung der Buchhaltungsdaten vollkommen getrennt von Ihren normalen täglichen Datensicherungen ausführen.

Wie zuverlässig sind Magnetbänder?

Aus eigener Erfahrung kann ich Ihnen sagen, daß Bandlaufwerke zwar recht zuverlässig sind, aber dennoch ab und zu Amok laufen. Ein Problem liegt dabei auch darin, daß Sie nicht sehen können, ob es arbeitet oder nicht. So ein Bandlaufwerk kann stundenlang vor sich hin sichern, ohne auch nur eine einzige Information zuverlässig auf das Band geschrieben zu haben. Oder anders gesagt: Sie glauben, daß die Sicherung geklappt hat und wenn die Katastrophe eintritt und Sie die Sicherungskopien brauchen, steht nichts drauf.

Keine Panik! Es gibt eine ganz einfache Methode, um sicherzustellen, daß das Bandlaufwerk seine Arbeit auch ausgeführt hat. Die Backup-Programme haben alle eine Funktion, mit der Sie die Daten nach dem Backup mit den Originalen vergleichen können. Die Kassette wird dann nach beendeter Sicherung zurückgespult, jede gesicherte Datei wird gelesen und mit dem Original auf der Festplatte verglichen. Wenn alle Dateien übereinstimmen, können Sie sich auf die Sicherungskopie verlassen.

- ✔ Dieser Datenvergleich braucht natürlich doppelt so lange wie das Backup selbst. Solange das gesamte Backup auf eine Kassette paßt, kann Ihnen das egal sein. Wichtig ist nur, daß die Datensicherung erledigt ist, wenn Sie am nächsten Morgen wieder ins Büro kommen.
- ✔ Wenn Sie für die Datensicherung mehr als eine Kassette brauchen, sollten Sie den Datenabgleich nicht jeden Tag ausführen. Sie sollten ihn jedoch regelmäßig ausführen, schon um zu testen, ob das Bandlaufwerk einwandfrei arbeitet.
- ✔ Alle Backup-Programme verfügen über eine Funktion, mit der die Daten abgeglichen werden, allerdings werden nicht alle automatisch nach einem Backup ausgeführt. Wenn Ihr Programm dazu gehört, können Sie eine Stapeldatei erstellen, die zwei Befehle enthält: einen zur Sicherung der Daten und einen zur Ausführung des Datenabgleichs. Sie erreichen damit denselben Effekt. Diese Stapeldatei sollte in etwa so aussehen:

  ```
  TAPE C:\*.* /S /BACKUP
  TAPE C:\*.* /S /COMPARE
  ```

  TAPE ist der Name des verwendeten Backup-Programms, das alle Dateien in Laufwerk C: einschließlich aller Dateien in Unterverzeichnissen (daher S/) sichern soll. Der nächste Befehl führt TAPE erneut aus, dieses Mal mit dem Schalter /COMPARE, um einen Datenabgleich anstelle einer Sicherung zu machen.

Alle 10.000 km ist ein Ölwechsel fällig

Festplattenlaufwerke müssen wie Autos regelmäßig gewartet werden. Alle DOS-Versionen enthalten den Befehl CHKDSK, der einen Teil dieser Wartungsarbeiten ausführt. Ab MS-DOS 6.2 wurde ein verbessertes Wartungsprogramm ausgeliefert, das auf den Befehl SCANDISK hört. Auch Windows 95 und Windows NT haben das Hilfsprogramm SCANDISK integriert.

Fstpltt chckn mt CHKDSK

CHKDSK soll eigentlich »check disk«, also »prüfe Festplatte«, heißen, und genau das tut das Programm. Es untersucht die Festplatte auf Probleme, leider jedoch nur auf eine bestimmte Sorte von Problemen, eine ganze Reihe von anderen Problemen bleiben unentdeckt. Der CHKDSK-Befehl läßt Sie glauben, daß er die Zuverlässigkeit der Festplatte überprüft, aber weit gefehlt.

CHKDSK sucht nach Problemen, die auftauchen, wenn DOS nicht mehr weiß, wo Dateien auf der Festplatte abgelegt sind. Diese Art von Problemen taucht auf, wenn der Hund aufs Stromkabel des Rechners tritt, während Sie eine Datei speichern. Wenn Sie CHKDSK mit dem Schalter /F ausführen, dann werden derartige Fehler korrigiert.

CHKDSK prüft jedoch *nicht*, ob die Festplatte die Daten auch richtig speichert, und es sagt auch nichts, wenn sich ein Teil der Festplatte auf die Reise in den Süden gemacht hat.

- ✔ Ab der MS-DOS-Version 6.2 hatte Microsoft dann ein Einsehen und hat den neuen Befehl ScanDisk integriert, mit dem die Festplatte eingehender geprüft wird. Wenn Sie also mit einer MS-DOS-Version ab 6.2 arbeiten, ziehen Sie ScanDisk dem Befehl CHKDSK vor.
- ✔ Wenn Sie noch mit einer MS-DOS-Version vor 6.2 arbeiten, sollten Sie sich nicht auf CHKDSK verlassen. Besorgen Sie sich ein Hilfsprogramm wie PC Tools oder Norton Utilities. Oder rüsten Sie auf Windows 95 (oder besser 98) auf.

Scannen Sie die Festplatte mit ScanDisk

Wie gesagt, ab der MS-DOS-Version 6.2 gibt es den neuen Befehl SCANDISK, der alle Funktionen des alten CHKDSK-Befehls ausführt und obendrein die Zuverlässigkeit der Festplatte prüft, indem in jeden Sektor der Platte etwas geschrieben wird und dann wieder zurückgelesen wird, um zu prüfen, ob die Daten auch angekommen sind. (Keine Angst, die Daten auf Ihrer Festplatte werden dabei nicht gestört.)

ScanDisk ist wirklich einfach anzuwenden. Sie geben einfach `SCANDISK` ein und schon geht's los. Windows 95 bietet Ihnen eine noch bessere Version von ScanDisk. Sie finden dieses Prográmmchen, wenn Sie im Menü START auf PROGRAMME, ZUBEHÖR und SYSTEMPROGRAMME zeigen und zu guter Letzt auf SCANDISK klicken. Abbildung 14.2 zeigt die Windows 95-Version von ScanDisk.

ScanDisk führt eine gründliche Prüfung der Festplatte aus, um zu sehen, ob die Festplatte Daten zuverlässig liest und schreibt. Es dauert ein wenig, aber Sie sollten sich die Zeit nehmen.

- ✔ Wenn ScanDisk ein Problem entdeckt, wird eine Mitteilung angezeigt, in der das Problem beschrieben wird und sich das Programm anbietet, die Angelegenheit zu bereinigen. Lesen Sie die Anweisung auf dem Bildschirm und wählen Sie DETAILS, wenn Sie nicht verstehen, worum es geht.

Abbildung 14.2: Die Windows 95-Version von ScanDisk

- ✔ Wenn die MS-DOS-Version von ScanDisk den Test durchführen soll, ohne groß zu fragen, ob geprüft oder repariert werden soll, dann fügen Sie die Schalter /SURFACE, /AUTOFIX und /NOSUMMARY in die Befehlszeile ein:

  ```
  scandisk /surface /autofix /nosummary
  ```

  Da sich niemand so einen langen Befehl merken kann, speichern Sie ihn einfach in einer Stapeldatei SCAN.BAT. Dann genügt die Eingabe `SCAN`, um den Befehl aufzurufen.

- ✔ Wundern Sie sich nicht, daß Microsoft diesen Befehl nicht SCNDSK genannt hat?

- ✔ Wenn Sie nicht mit einer MS-DOS-Version ab 6.2 arbeiten, dann bieten Ihnen Hilfsprogramme wie PC Tools oder Norton Utilities ähnliche, wenn nicht sogar intensivere, Tests.

Einmal Defragmentieren, bitte

Eine andere Routinearbeit, die Sie regelmäßig ausführen sollten, ist die Defragmentierung der Festplatte. Hierbei werden alle Daten, die auf der Festplatte gespeichert sind, so umgeschichtet, daß man darauf schneller zugreifen kann. Da die Daten auf der Festplatte normalerweise irgendwo verstreut abgelegt werden, sollten Sie die Festplatte in regelmäßigen Abständen defragmentieren.

Windows 95 und Windows 98 verfügen über ein Defragmentierungsprogramm. Sie rufen es auf, indem Sie im Menü START auf PROGRAMME, ZUBEHÖR und SYSTEMPROGRAMME zeigen und zu guter Letzt auf DEFRAGMENTIERUNG klicken.

Wie schützen Sie sich vorm Virus?

Ein Virus ist eines dieser Computerphänomene, die keiner so richtig versteht. Was ist ein Virus überhaupt? Was macht er? Wie verbreitet er sich? Es ist mir eine Freude, Ihre Fragen zu beantworten.

Was ist ein Virus?

Nehmen Sie es nicht auf die leichte Schulter. Viren gibt es wirklich, sie sind nur nicht so weit verbreitet, wie die Nachrichten allgemein glauben machen wollen. Jeder Computerbenutzer ist empfänglich für Computerviren, und wenn Sie in einem Netzwerk arbeiten, sind Sie doppelt anfällig.

Viren kommen nicht einfach so aus dem Nichts. Viren sind Computerprogramme, die von Programmierern geschrieben werden, denen gleich mehrere Tassen im Schrank fehlen und die eigentlich hinter Schloß und Riegel gehören.

Ein Virus heißt deshalb Virus, weil er sich fortpflanzen kann, indem er Kopien von sich selbst anfertigt und diese auf andere Computer verteilt, wo die Viren dann wiederum Kopien von sich anfertigen und weiterschicken.

An einem bestimmten Datum oder wenn Sie einen bestimmten Befehl eingeben oder eine bestimmte Taste drücken, passiert es und der Virus schlägt zu. Wenn es ein guter Virus ist, wird nur eine harmlose Meldung angezeigt, bösen Viren löschen alle Daten von der Festplatte. Nicht so toll!

Viren verbreiten sich von Rechner zu Rechner, indem sie sich auf Disketten schmuggeln, die ja häufig zwischen Rechnern ausgetauscht werden. Viren können aber auch über die Netzwerkkabel reisen, die die Rechner im Netzwerk verbinden. Deshalb sind Netzwerkcomputer auch besonders anfällig für Viren.

Ein Virus kann das Netzwerk nur infizieren, wenn dieser Virus auf irgendeinem Weg in das Netzwerk gelangt, und zwar entweder auf einer infizierten Diskette oder mit einer Datei, die aus dem Internet heruntergeladen wird. Sobald ein Computer im Netzwerk infiziert ist, wird es nicht mehr lange dauern, bis er die anderen angesteckt hat.

- ✔ Der Begriff *Virus* wird nicht nur für die echten Virusprogramme (die, die sich selbst vermehren) verwendet, sondern auch für Programme, die entwickelt wurden, um das Computersystem zu zerstören. Diese Programme, die als Spiel, Dienstprogramm oder Anwendung getarnt sind, nennt man *Trojanisches Pferd,* da sie sich nach außen hin ganz normal verhalten, aber in Wirklichkeit die Festplatte formatieren.
- ✔ Experten für Computerviren haben bereits mehrere Tausend Abarten von Viren entdeckt. Viele von ihnen haben wundervolle Namen, wie Michelangelo-Virus oder Jerusalem-Virus.
- ✔ Anti-Viren-Programme können bekannte Viren erkennen und diese aus Ihrem System entfernen. Sie können sogar Anzeichen von unbekannten Viren entdecken. Die Verrück-

ten, die diese Viren schreiben, sind jedoch leider so intelligent, daß sie ständig neue Techniken entwickeln, um nicht von den Anti-Viren-Programmen entdeckt zu werden. Da ständig neue Viren entdeckt werden, werden die Anti-Viren-Programme regelmäßig aktualisiert.

Das Antibiotikum

Am sichersten schützen Sie Ihr Netzwerk vor einer Virusinfektion mit einem Antibiotikum, ich meine natürlich mit einem Anti-Viren-Programm. Diese Programme enthalten einen ganzen Katalog mit Tausenden von bekannten Viren, die sie aufspüren und entfernen können. Außerdem erkennen sie die Veränderungen, die Viren in der Regel an den Dateien vornehmen und reduzieren damit die Möglichkeit, daß ein noch unbekannter Virus unentdeckt bleibt.

MS-DOS 6 wurde mit einem Anti-Viren-Programm ausgestattet, das mit dem Befehl MSAV aufgerufen wurde. MSAV hat die Festplatten nach bekannten Viren durchsucht. Wie oft Sie das Netzwerk nach Viren durchsuchen, liegt bei Ihnen. Wenn Sie jedoch meine Meinung hören wollen, dann würde ich Ihnen dringend raten, das Programm mindestens einmal wöchentlich auszuführen. Leider enthält Windows 95 kein Anti-Viren-Programm mehr.

- ✔ Wenn MSAV automatisch alle Laufwerke, einschließlich der Netzwerklaufwerke, prüfen soll, dann fügen Sie den Schalter /A in den Befehl ein:

  ```
  msav /a
  ```

  Um nur die lokalen Laufwerke und nicht die Netzwerklaufwerke zu prüfen, verwenden Sie den Schalter /L:

  ```
  msav /l
  ```

- ✔ In den Computerläden finden Sie einige exzellente Anti-Viren-Programme: McAfee's VirusScan, FindVirus von Dr. Solomon oder Norton Antivirus von Symantec, um nur ein paar zu nennen. Abbildung 14.3 zeigt die Windows 95/98-Version von FindVirus.

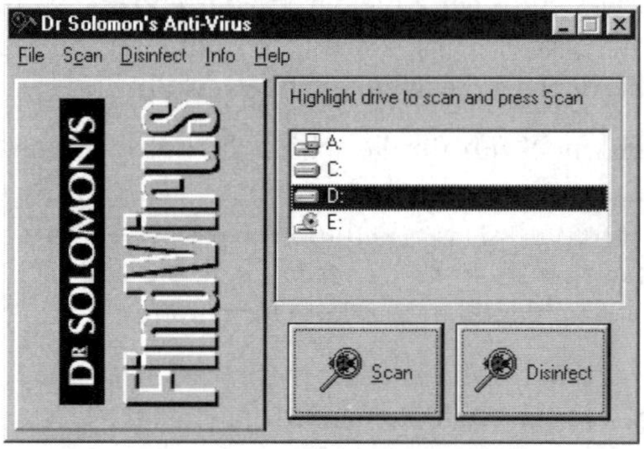

Abbildung 14.3: So oder so ähnlich sieht ein Anti-Viren-Programm aus.

- ✔ Anti-Viren-Programme werden natürlich ständig aktualisiert, um alle neu entdeckten Viren unschädlich zu machen. Vielleicht finden Sie im Handbuch zum Programm einen Hinweis, wo Sie aktualisierte Versionen bekommen.
- ✔ Genau wie die Anti-Viren-Programme enthält MS-DOS 6 Programme, die Sie ausführen können, um den Rechner ständig nach möglichen Anzeichen eines Virus zu untersuchen. Der DOS-Befehl hierzu ist VSAFE. Sobald VSAFE einen Virus riecht, wird eine Meldung auf dem Bildschirm angezeigt. Um VSAFE auszuführen, fügen Sie diese Zeile in der AUTOEXEC.BAT ein:

```
\dos\vsafe
```

Schützen Sie sich vor einer neuen Virenart

Erst vor kurzem ist ein neuer Virus aufgetaucht. Bis dahin war man davon ausgegangen, daß Viren nur über Programmdateien übertragen werden können. Dokumentdateien wie Textdateien galten als virensicher. Leider ist das Schnee von gestern. Die meisten neueren Textverarbeitungs- und Tabellenkalkulationsprogramme (Word, WordPerfect. WordPro, Excel, Lotus 1-2-3) verfügen über eine sogenannte *Auto-Makro*-Funktion, mit der Sie kleine Progrämmchen (Makros) mit Dokumentdateien verknüpfen können. Diese Makros werden beispielsweise automatisch gestartet, wenn das Dokument geöffnet wird.

Skrupellose Mitmenschen haben herausgefunden, wie man diese unschuldige Funktion benutzen kann, um Dokumentdateien mit Viren zu infizieren. Sie können sich jetzt also auch ein Virus von einer Dokumentdatei holen.

Der beste Schutz gegen diese neue Art von Viren sind natürlich die bereits zitierten Anti-Viren-Programme. Also, gehen Sie schon und kaufen Sie sich eins, oder laden Sie sich eins zur Ansicht aus dem Internet.

Noch ein paar ultimative Worte zur Computersicherheit

Trotz Anti-Viren-Programm sollten Sie noch ein paar zusätzliche Sicherheitsvorkehrungen treffen, um die Computer virenfrei zu halten. Wenn Sie mit Ihren Kindern bis jetzt zwar über »Safer Sex« nicht aber über »Safer Computing« gesprochen haben, dann sollten Sie es bald tun.

- ✔ Sichern Sie Ihre Daten regelmäßig. Wenn Sie einen Virus erwischen, werden Sie froh über jede Sicherungskopie sein, mit der Sie die Daten wiederherstellen können.
- ✔ Wenn Sie sich im Computerladen ein Programm kaufen und zu Hause feststellen, daß das Siegel auf der Packung bereits aufgebrochen ist, dann installieren Sie die Software auf gar keinen Fall, sondern tragen Sie das Paket in den Laden zurück. Sie glauben nicht, auf welche Weise man sich alles einen Virus einfangen kann.

- Prüfen Sie Ihren Rechner auf Viren, wenn er von der Reparatur kommt. Nicht daß die Computerleute Ihnen Böses wollen, da sie aber mit so vielen fremden Rechner arbeiten, kann es schon mal passieren, daß sie unbeabsichtigt einen Virus weitergeben.
- Prüfen Sie jede Diskette, die Sie nicht selbst angelegt haben, bevor Sie auf die Dateien zugreifen.
- Und ganz wichtig! Lassen Sie keine fremden Disketten im Laufwerk. Computerviren verbreiten sich besonders gern, wenn der Computer mit einer infizierten Diskette in Laufwerk A: gestartet wird.

Wie Sie im Netzwerk die Oberhand behalten

15

In diesem Kapitel erfahren Sie, wie Sie ...

- die Netzwerkbenutzer schulen.
- eine Netzwerkbibliothek aufbauen.
- geeignete Verbündete finden.
- die richtigen Ausreden finden.

Netzwerkverwalter haben schon einen bescheidenen Job. Die Benutzer stehen ständig in ihrem Büro sobald irgendwas nicht richtig funktioniert, und zwar ganz egal, ob das Problem etwas mit dem Netzwerk zu tun hat oder nicht. Wenn sie sich nicht anmelden können, eine Datei verloren haben oder vergessen haben, wo man die Mikrowelle einschaltet, immer ist es die Tür des Netzwerkverwalters, an die zuerst geklopft wird.

Dieses Kapitel befaßt sich mit ein paar grundlegenden Dingen, die Sie in Angriff nehmen sollten, um Ihr Leben als Netzwerkverwalter so einfach wie möglich zu gestalten.

Schicken Sie die Benutzer auf die Schulbank

Sobald das Netzwerk installiert und funktionsfähig ist, laden Sie alle Netzwerkbenutzer zu sich in die »Netzwerkschule« ein, um ihnen die grundlegenden Verhaltensregeln für das Netzwerk beizubringen. Zeigen Sie ihnen, wie man auf das Netzwerk zugreift und erklären Sie ausführlich, was es bedeutet, mit gemeinsam genutzten Dateien zu arbeiten.

Die Netzwerkbenutzer sollten sich auf diese erste Schulstunde vorbereiten, indem sie die ersten fünf Kapitel dieses Buchs lesen. Die ersten Kapitel richten sich ja mehr an den Benutzer, da sie die Grundlagen des Lebens mit dem Netzwerk erklären. Wenn die Benutzer zuerst diese Kapitel lesen, wissen sie vielleicht schon, was ihnen noch unklar ist und stellen die richtigen Fragen.

- ✔ Machen Sie eine Zusammenfassung von den Dingen, die die Benutzer über das Netzwerk wissen sollten (sollte nicht länger als eine Seite sein). Schreiben Sie alle Benutzer-IDs, die Namen der Server, die Laufwerkszuweisungen im Netzwerk, die Netzwerkdrucker und die Anmeldeprozedur für das Netzwerk auf. *Alle* Benutzer sollten eine Kopie dieses Netzwerkspickzettels haben.

- Sagen Sie ein paar deutliche Wort zu den Benimmregeln im Netzwerk. Alle Benutzer sollten sich hinterher im klaren darüber sein, daß freier Speicherplatz auf dem Netzwerklaufwerk nicht als persönlicher Speicherplatz zu betrachten ist. Unterstreichen Sie ganz besonders, daß die Dateien der anderen Benutzer mit Respekt zu behandeln sind. Bringen Sie auch zur Sprache, daß man sich mit den Kollegen und Kolleginnen absprechen sollte, bevor man einen dreistündigen Druckauftrag an den Netzwerkdrucker schickt.
- Auch ein Netzwerkverwalter muß nicht perfekt sein. Wenn Sie kein Computergenie sind, dann tun Sie auch nicht so als ob, bloß weil Sie ein bißchen mehr wissen als die restlichen Kollegen. Bilden Sie ein Team mit den Benutzern. Sagen Sie ihnen, daß im Netzwerk alle zusammenarbeiten müssen und daß Sie Ihr Bestes geben werden, wenn es darum geht, Probleme zu lösen.
- Wenn Ihre Benutzer die ersten fünf Kapitel dieses Buchs gelesen haben, dann unterstreichen Sie noch mal die Bedeutung von Kapitel 5, insbesondere die Sache mit den »kleinen Dingen, die die Freundschaft erhalten«. Weisen Sie ganz dezent darauf hin, womit Sie sich am liebsten bestechen lassen.

Wie wär's mit einer Netzwerkbibliothek?

Besonders lästig ist es, daß der Benutzer vom Netzwerkverwalter erwartet, daß er oder sie sich in jedem Anwendungsprogramm super auskennt. Bei ein oder zwei Benutzern und einem Textverarbeitungsprogramm ist das nicht besonders schwer, aber bei einer Vielzahl von Benutzer, die zig Programme verwenden, ist es ein Ding der Unmöglichkeit, sich in allen Programmen gut auszukennen.

Aus diesem Dilemma kommen Sie nur raus, wenn Sie eine gut bestückte Bibliothek einrichten, die Informationen zu allen Dingen enthält, die ein Netzwerk so mit sich bringen kann. Wenn ein Benutzer Sie mit einem noch unbekannten Bug nervt, dann versichern Sie ihm, daß Sie der Sache nachgehen werden und sich wieder bei ihm melden.

Ihre Bibliothek sollte enthalten:

- eine Kopie Ihres Netzwerkordners (nichts das Original), mit allen Informationen, die Sie für die Konfiguration des Netzwerks brauchen.
- Handbücher für jedes Programm, mit dem im Netzwerk gearbeitet wird. Die meisten Benutzer schauen grundsätzlich in kein Handbuch rein, so daß Sie es sicherlich für die Bibliothek »ausleihen« dürfen. Wenn ein Benutzer sein Handbuch nicht hergeben will, dann schreiben Sie sich zumindest auf, wo es im Ernstfall zu finden ist.
- ein DOS-Handbuch für jede DOS-Version, die auf dem Netzwerk eingesetzt wird. Wenn Sie Glück haben, arbeiten alle Rechner mit derselben Version, so daß nur ein Handbuch im Regal stehen muß. Bei mehreren DOS-Versionen sollten Sie jedoch ein Handbuch für jede Version haben.

- ✔ ein Handbuch oder Handbücher zur Netzwerksoftware
- ✔ mindestens 20 Ausgaben dieses Buchs (ich muß schließlich auch von etwas leben!). Aber ganz im Ernst. Ihre Bibliothek sollte Bücher enthalten, die Ihrem Wissenstand entsprechen. Die ... *für Dummies*-Bücher gibt es über fast jedes wichtige Computerthema. Richten Sie doch einfach ein ganzes Regal nur mit diesen schwarz-gelben Büchern ein. Das macht aus optisch was her.

Immer auf dem neusten Stand der Technik (Aber wie?)

Die Computerwelt ist schnellebig und doch erwarten die Netzwerkbenutzer von Ihnen, daß Sie über die neusten Trends und Entwicklungen voll informiert sind.

»Was hältst Du von der neusten Version von SkyWriter. Sollen wir aufrüsten, oder bleiben wir bei Version 23?« »Wir wollen ein DTP-Programm kaufen. Welches ist denn zur Zeit top und kostet nicht mehr als 100,- DM?« »Meine Kinder wollen mir eine Soundkarte zu Weihnachten schenken. Welche ist denn besser, die SoundSmacker Pro oder die Plappermaul 9000?«

Kommt Ihnen das bekannt vor? Wenn Sie einigermaßen intelligente Antworten auf diese Fragen geben wollen, dann müssen Sie sich das entsprechende Wissen anlesen. Gehen Sie ab und zu mal am Zeitungsstand vorbei, und suchen Sie sich ein paar Computerzeitschriften aus, die Ihnen gefallen.

- ✔ Abonnieren Sie mindestens eine allgemeine Computerzeitschrift und eine speziell für Netzwerkbenutzer. Auf diese Weise halten Sie sich über die allgemeine Entwicklung auf dem laufenden und erfahren gleichzeitig, was es für Neuerungen bei den Netzwerken gibt.
- ✔ Suchen Sie sich Zeitschriften aus, die eine gute Mischung aus Anwendungsbeispielen und Produkttests bieten.
- ✔ Unterschätzen Sie nicht den Wert von Werbeanzeigen in vielen der größeren Computerzeitschriften. Viele Leute (ich gehöre auch dazu) abonnieren bestimmte Zeitschriften nur, weil darin eine Reihe von interessanten Artikeln angepriesen werden, die man direkt per Post bestellen kann.
- ✔ Viele Computerzeitschriften strotzen nur so vor Fachjargon. Bevor Sie nur Bahnhof verstehen, sollten Sie sich auf die Suche nach Zeitschriften machen, die Ihrem Wissensstand entsprechen. Wenn Sie nach ein oder zwei Jahren feststellen, daß diese Lektüre allmählich zu seicht für Sie wird, können Sie immer noch auf die echten Fachzeitschriften umsteigen.

Auch ein Guru braucht einen Guru

Egal, wieviel Sie über Computer wissen, es wird immer jemanden geben, der noch mehr weiß. Diese Regel ist immer anwendbar, egal wie groß Ihr Fachwissen ist. Sicherlich gibt es irgendwo ein Ende bei dieser Leiter, auf der dann der weltbeste Computerguru sitzt. Aber ich sitze nicht dort und Sie auch nicht!

Als Computerguru Ihrer Firma brauchen Sie einen Freund an Ihrer Seite, der in der Guru-Werteskala ein oder zwei Punkte höher steht als Sie. Wenn Sie dann nämlich auf eines dieser ganz harten Probleme stoßen, wissen Sie, wen Sie anrufen können.

- ✔ Befolgen Sie bei Ihrem persönlichen Guru unbedingt die Goldene Regel für Computerfreaks: »Tun Sie Ihrem Guru nichts an, was Ihre Benutzer auch Ihnen nicht antun sollen.« Gehen Sie ihm also nicht mit einfachen Dingen auf den Geist, die Sie auch selbst lösen könnten, wenn Sie ein bißchen nachdächten. Wenn Sie ein Problem jedoch bereits von allen Seiten angegangen sind und keine Lösung in Sicht ist, dann rufen Sie ihn an – den Guru. Die meisten Computerfreaks freuen sich, wenn sie ein ungewöhnliches Computerproblem lösen dürfen. Das ist ein genetischer Defekt.
- ✔ Wenn Sie noch keinen schlauen Computermenschen an der Hand haben, sollten Sie vielleicht in den örtlichen Computerclub eintreten. Bestimmt gibt es da eine Gruppe, die sich auf Netzwerksoftware spezialisiert hat, oder es gibt eine Benutzergruppe, die sich nur aus Leuten zusammensetzt, die dieselbe Netzwerksoftware verwenden wie Sie. Vielleicht können Sie Ihren Chef sogar überreden, die Kosten für die Aufnahme in den Club zu übernehmen.
- ✔ Wenn Sie keinen Guru zum Anfassen finden, versuchen Sie's mal mit einem Online-Guru. Sehen Sie mal nach, was die verschiedenen Computer-Newsgroups im Internet zu bieten haben.
- ✔ Auch Ihr Guru freut sich über eine kleine Anerkennung. Blättern Sie noch mal zurück zum Ende von Kapitel 5.

Diese Sprüche sollten Sie parat haben

Manchmal können Sie ein Problem einfach nicht lösen, zumindest nicht sofort. In einer solchen Situation können Sie zwei Dinge tun: Entweder Sie sagen, daß das Problem äußerst komplex ist, aber daß Sie so schnell wie möglich eine Lösung finden werden, oder Sie lügen. Ich habe Ihnen mal eine Liste mit meinen Lieblingsausreden und -erklärungen zusammengestellt:

- ✔ Das Ozonloch ist schuld.
- ✔ Die Softwareversion ist veraltet.
- ✔ Es liegt an den billigen, importierten Speicherchips.

- ✔ Schuld an allem sind die Schwarzen, die Roten, die Gelben, die Grünen, etc.
- ✔ Ich hoffe nur, daß es nicht an statischer Aufladung lag. Das ist besonders schwierig zu beheben. Haben Sie sich entladen, bevor Sie den Computer angefaßt haben?
- ✔ Dafür hat der Computer nicht genug Speicherkapazität.
- ✔ Die Festplatte ist dafür zu klein.
- ✔ Für den Job braucht man einen Pentium II.
- ✔ Das funktioniert leider nur unter Windows.
- ✔ Sie haben doch nicht etwa die Festplatte komprimiert?
- ✔ Ach, je. Das hört sich ganz nach einem Virus an.
- ✔ Das wird wohl wegen der Umstellung auf das Jahr 2000 sein.
- ✔ Ich gehe eine Runde Golf spielen und denke dabei über Ihr Problem nach.

Teil IV

Vernetzen Sie Ihr Netzwerk

»Huch, ich habe schon wieder vergessen, mich auszuloggen!«

In diesem Teil...

erfahren Sie, wie Sie Ihr Netzwerk ans Internet anschließen. In Kapitel 16 erkläre ich Ihnen, wie Sie Ihre Netzwerkbenutzer mit dem Internet verbinden, damit die endlich im wunderbaren World Wide Web surfen können. In Kapitel 17 zeige ich Ihnen, wie Sie in Ihrem Netzwerk Ihre eigene Web-Site einrichten. Schließlich in Kapitel 18 lernen Sie, wie ein Intranet funktioniert. Ein Intranet ist so eine Art lokales Internet. Mit einem Intranet sind Sie in der Lage, einen Web-Server einzurichten, der nur von den Benutzern Ihres eigenen Netzwerkes erreicht werden kann. Leute von außerhalb Ihres Netzes müssen draußen bleiben.

Schließen Sie sich ans Internet an

16

In diesem Kapitel erfahren Sie, wie Sie ...

- erste Kontakte mit dem Internet knüpfen.
- Ihre Computer mit dem Internet verbinden.
- einen Browser auswählen.

Unter Computerbenutzern ist das Internet das Topthema. Jeden Tag stürmen Tausende von neuen Benutzern das Internet, und ein Ende ist nicht in Sicht. Sollen Sie dem Trend folgen und Ihr Computernetzwerk auch mit dem Internet verbinden? Dieses Kapitel hilft Ihnen bei der Entscheidung.

Was ist das Internet?

Der Goliath unter den Computernetzwerken, das Internet, verbindet Millionen von Computerbenutzern in aller Welt. Wenn man es genau nimmt, ist das Internet eigentlich ein Netzwerk von Netzwerken. Es besteht aus Zehntausenden separater Computernetzwerke, die alle irgendwie miteinander verknüpft sind. Ein Benutzer eines dieser Netzwerke kann so von seinem Netz aus einen Benutzer in irgendeinem anderen Netzwerk erreichen. Mehr als 16 Millionen Computer werden so miteinander verbunden.

Das Internet besteht aus mehreren völlig verschiedenen Netzwerken. Dazu gehören:

- ✔ Regierungsbehörden, wie die Library of Congress und das Weiße Haus; natürlich auch der Bundestag und die Deutsche Bibliothek in Frankfurt
- ✔ Militärische Stellen (Haben Sie schon einmal den Film »War Games« gesehen?)
- ✔ Bildungseinrichtungen wie Universitäten und Institute (und deren Bibliotheken)
- ✔ Firmen wie IBM und Microsoft
- ✔ Internet Service Provider, die Privatpersonen den Zugang zum Internet ermöglichen
- ✔ Kommerzielle Online-Dienste wie CompuServe, America Online und natürlich T-Online.

Was hat das Internet zu bieten?

Das Internet ist nicht nur riesig groß, sondern bietet seinen Benutzern auch viele verschiedene Dienste. Auf den nächsten Seiten stelle ich Ihnen mal ein paar Internetdienste vor.

Wie groß ist das Internet eigentlich?

Da das Internet keiner Einzelorganisation gehört und auch nicht von irgendwem kontrolliert wird, weiß niemand, wie groß es wirklich ist. Es gibt Einrichtungen, die regelmäßig versuchen, die Größe des Internet zu bestimmen. Eine dieser Organisationen ist Network Wizards. Deren letzte Untersuchung stammt vom Juli 1997 und ergab, daß im Internet 1.301.000 einzelne Computernetzwerke als Domain-Namen vertreten waren und daß mehr als 19 Millionen Host-Rechner existieren. Im Januar 1995 ergab die gleiche Untersuchung lediglich 488.000 Domains und 16 Millionen Host-Rechner; die Größe des Internet ist also beträchtlich angestiegen.

Leider ist die genaue Anzahl der Benutzer im Internet nicht bekannt. Jede Domain kann für einen einzelnen Benutzer stehen oder – im Fall von Domains wie AOL.COM (America Online) oder COMPUSERVE.COM (CompuServe) – für Hunderttausende oder gar Millionen von Anwendern. Deshalb gilt hier: Nichts Genaues weiß man nicht. Das einzige, was feststeht, ist, daß das Internet groß ist und daß es jeden Tag größer wird.

(Wenn Sie bereits Netzzugang haben und sich dafür interessieren, finden Sie auf der Web-Site von Network Wizards die neuesten Statistiken: `www.nw.com`)

File Transfer Protocol (FTP)

File Transfer Protocol oder *FTP*, wie man es normalerweise nennt, ist ein Protokoll, mit dem im Internet Dateien übertragen werden. Stellen Sie sich FTP als den Fileserver des Internet vor. Hunderte, um nicht zu sagen, Tausende von Computern im Internet bieten ihre Dateien zum Herunterladen an. Diese Computer nennt man FTP-Sites. Sie können FTP benutzen, um Dateien von Microsoft oder anderen Computerfirmen, von Regierungsstellen und Universitäten zu bekommen. Die meisten dieser FTP-Sites ermöglichen jedem den Zugang zu ihren Schätzen, bei einigen ist der Zugriff allerdings auf ein paar Glückspilze beschränkt.

Mit MS-Office 97 können Sie aus jedem Office-Programm auf FTP-Sites zugreifen. Sie benutzen dafür die Standard-Dialogfelder DATEI/ÖFFNEN und SPEICHERN UNTER. Das heißt, wenn Sie ein Textdokument laden wollen, das auf einer FTP-Site archiviert ist, können Sie es direkt in Word speichern. Möchten Sie eine Excel-Datei auf eine FTP-Site übertragen, so geht das ebenfalls direkt in Excel.

Eine Liste aller öffentlich zugänglichen FTP-Sites finden Sie unter der Adresse `ftp://rtfm.mit.edu/pub`.

Die Geschichte des Internet ist langweilig. Sie können sie sich schenken!

Das Internet hat eine faszinierende Geschichte, d.h. falls Sie an sowas interessiert sind. Es gibt natürlich keinen bestimmten Grund, weshalb Sie sich dafür interessieren sollten. Ein ungefähres Verständnis dafür, wie das mit dem Internet so begann, könnte Ihnen allerdings helfen zu verstehen, wie dieses riesige Netzwerk heute funktioniert.

Die Anfänge des Internet gehen zurück auf ein kleines Netzwerk namens ARPANET. Es wurde im Jahre 1969 vom Verteidigungsministerium (Department of Defense) aufgebaut, um militärische Einrichtungen elektronisch zu verbinden. Bald erweiterte man das ARPANET und es kamen zivile Forschungseinrichtungen und Universitäten hinzu. In den 70ern teilte man das ARPANET in zwei einzelne Netze auf, eines für den militärischen Einsatz (das MILNET) und eines für nichtmilitärische Zwecke (das Original-ARPANET). Die beiden Netzwerke wurden über eine Netzwerkverbindung namens IP – Internet Protocol – verbunden, das die Kommunikation zwischen zwei Netzwerken ermöglichte.

Die Leute, die IP entwickelten, erkannten in weiser Voraussicht, daß bald mehr als zwei Netze miteinander verknüpft werden müßten. Sie ließen deshalb Platz für Zehntausende von weiteren Netzwerken. Und das war gut so, denn es dauerte nicht mehr lange, bis das Internet zu wachsen begann.

Mitte der 80er Jahre stieß das ARPANET an seine Grenzen. Die National Science Foundation (NSF) kam ins Spiel und etablierte ein landesweites Netzwerk, welches Zugang zu gigantischen, naja, zumindest zu ganz schön großen Supercomputern bieten sollte, diesen monolithischen Rechenmaschinen, mit denen man neue Primzahlen oder die Umlaufbahnen weit entfernter Galaxien berechnen kann. Die Supercomputer selbst wurden niemals so richtig benutzt. Das Netz aber, das sie verbinden sollte, wurde der Renner. Es hörte auf den Namen NSFNET und ersetzte das ARPANET als neues Backbone für das Internet.

Ganz plötzlich schien sich jedoch die ganze Welt für das Internet zu interessieren. In *Time* und *Newsweek* und sogar in der *Bäckerblume* erschienen Reportagen. Das Netz begann so schnell zu wachsen, daß sogar das NSFNET den Ansturm nicht bewältigen konnte, und so kamen kommerzielle Netzwerke ins Spiel. Die Größe des Internet hat sich in den letzten Jahren jährlich verdoppelt. Wer weiß, wie lange diese schwindelerregende Wachstumsrate noch anhalten wird.

Internet E-Mail

Für die meisten Leute ist E-Mail der Hauptgrund, sich für das Internet zu interessieren. Internet E-Mail ist vergleichbar mit der E-Mail in Ihrem lokalen Netzwerk (LAN), wobei Sie nicht auf die Benutzer Ihres eigenen Netzwerkes beschränkt sind. (Um etwas präziser zu sein, E-Mail kann man mit der Gelben Post vergleichen. Es geht nur alles viel schneller und es besteht auch keine Gefahr, daß der Zusteller von Ihrem süßen Wachhund gebissen wird.) Mittels Internet E-Mail können Sie Nachrichten mit jeder beliebigen Person irgendwo im Internet austauschen.

Internet Relay Chat (IRC)

Internet Relay Chat oder *IRC* ist so eine Art CB-Funk im Internet. Benutzer aus aller Welt können zur gleichen Zeit online sein und Nachrichten austauschen. Das funktioniert wie in einer riesigen Konferenzschaltung. Die Themen in den Diskussionen reichen von Politik bis Damenunterwäsche, wobei IRC-Gespräche die Tendenz haben, ziel- und manchmal auch sinnlos zu sein.

Mailinglisten

Eine *Mailingliste* ist eine Liste von E-Mail-Adressen einer Gruppe von Leuten, die an einem bestimmten Thema interessiert sind, wie z. B. Ankündigungen von Steuersenkungen, *Star Trek*-Filme oder Origami. Die Mailingliste selbst hat ebenfalls eine E-Mail-Adresse. Wenn Sie eine Nachricht an die Listen-Mailadresse schicken, wird die Nachricht automatisch an alle Leute auf der Liste weitergegeben. Sie können auf eine Mailingliste gelangen, indem Sie eine E-Mail an den Listenverwalter schicken. (Die Anmeldeadresse ist fast immer anders als die normale Adresse der Mailingliste, achten Sie deshalb darauf, Ihre Anmeldung an die richtige Adresse zu schicken.)

Wenn Sie im folgenden die anderen Internetdienste kennenlernen, fragen Sie sich vielleicht, warum man sich mit Diskussionen in Mailinglisten herumschlagen sollte. Das ist eine sehr gute Frage. Ich glaube, daß es einfach faszinierend ist, sich weltweit mit anderen Menschen auszutauschen. Für viele ist dieser aktive Teil des Internet spannender als das eher passive World Wide Web.

Telnet

Mit Hilfe von *Telnet* kann man eine Verbindung mit einem anderen Computer im Internet aufnehmen und auf diesem Computer Programme ablaufen lassen, als wäre es Ihr eigener Rechner. Telnet ist einer der vielen Dienste, deren Popularität rasend schnell abnimmt, während das World Wide Web (das später in diesem Kapitel beschrieben wird) immer beliebter wird. Viele Internetdienste jedoch – wie z. B. die Recherche in öffentlichen Bibliotheken – können auch weiterhin nur über Telnet erreicht werden.

Usenet-Newsgroups

Newsgroups sind Online-Diskussionsgruppen. Dort treffen sich Leute mit gleichen Interessen zum Erfahrungsaustausch. Newsgroups gibt es für fast jedes vorstellbare Thema – das Spektrum reicht von Gartenarbeit bis Autoreparatur.

Aus technischen Gründen, die Sie vermutlich nicht interessieren werden, verteilt man Internet-Newsgroups über das sogenannte *Usenet*. Deshalb werden die Begriffe Usenet und Newsgroups manchmal gemeinsam verwendet.

Anders als beim Internet Relay Chat, das im vorigen Abschnitt besprochen wurde, gibt es in den Usenet-Newsgroups keine Echtzeit-Diskussion. Newsgroups ähneln mehr der E-Mail: Sie posten (das ist der entsprechende Ausdruck dafür, verwenden Sie auf keinen Fall das Wort mailen; d. h. tun Sie es einfach, Sie werden schon sehen, was Sie davon haben) eine Nachricht und schauen dann einen oder zwei Tage später nach, ob jemand darauf geantwortet hat. Im Gegensatz zur Mailingliste bekommen Sie auch nicht alle Einzelnachrichten direkt als E-Mail geschickt, sondern die Beiträge werden auf sogenannten Newsservern gespeichert und müssen dort abgeholt werden.

Wie steht es mit kommerziellen Online-Diensten?

Das Internet ist nicht die einzige und auch nicht unbedingt die beste Quelle für Online-Informationen. Eine der großen Stärken des Internet ist gleichzeitig ein Nachteil: Es gibt zwar unheimlich viele Informationen im Internet, diese sind aber keinesfalls gut organisiert. Deshalb kann es schwierig, wenn nicht gar unmöglich sein, eine gesuchte Information zu finden. Wenn Sie es gern übersichtlich haben, können Sie einen der kommerziellen Online-Dienste wie America Online, CompuServe oder T-Online ausprobieren. Diese Dienste bieten einen systematischen Zugang zu Online-Informationen an. Sie können an Diskussionsforen teilnehmen oder Bibliotheken nach Themen geordnet herunterladen. Sie werden außerdem feststellen, daß kommerzielle Online-Dienste vor allen Dingen Anfängern freundlicher entgegentreten als das Internet. (Viele Internetbenutzer reagieren sehr unfreundlich auf die Fehler der Millionen neuer Benutzer, die jetzt ihr vormals privates Terrain überschwemmen.)

Viele Online-Dienste bieten mittlerweile auch Zugang zum Internet an, Sie bekommen also das Beste aus beiden Welten und können es direkt vergleichen. Ein großer Nachteil (eigentlich der größte überhaupt) der kommerziellen Online-Dienste ist, daß sie sich ihre Dienste teuer bezahlen lassen. Aber was ist heute schon umsonst?

World Wide Web

Im *World Wide Web* oder *WWW* findet man inzwischen die meisten Informationen. Stellen Sie sich das WWW als grafische Schnittstelle zu Internetinformationen vor, die sich vor allem durch eine wichtige Eigenschaft auszeichnet: Spezielle Hypertext-Links, mit deren Hilfe Sie im Internet von einem Ort zu nächsten springen können.

Das Web besteht aus einer Menge individueller *Seiten*, die man mit einem Programm, dem sogenannten *Web-Browser*, anschauen kann. Die bekanntesten Web-Browser sind Netscape

Navigator und Microsoft Internet Explorer. Im Abschnitt »Sie haben die Wahl: Welcher Browser darf es sein?« werde ich noch etwas über Web-Browser sagen.

Eine Homepage ist eine virtuelle »Seite«, die als Einstiegspunkt für die Web-Seiten einer Firma oder Privatperson dient. Alle großen, viele kleine Firmen und sogar einige »Leute wie Du und icke« haben ihre eigenen Homepages. Die Gesamtheit der Web-Seiten einer Firma oder einer Einzelperson heißt *Web-Site*.

Die neueste Entwicklung im Web ist die *Push-Technik*. Mit dieser Technik können Sie Web-Sites, die Sie interessieren, sozusagen abonnieren. Von der Site werden Ihnen dann automatisch Informationen zugeschickt. Das erfolgt entweder regelmäßig oder wenn die Informationen, die auf der Site verfügbar sind, sich geändert haben. Sie können sich z. B. automatisch darüber informieren lassen, wenn ein Update Ihrer Windows-Software erschienen ist. Oder Sie lassen sich stündlich Sportergebnisse oder Börsenkurse schicken.

Die Push-Technik ist für Leute, die über eine LAN-Verbindung an das Internet angeschlossen sind, nicht unbedingt günstig. Mit Push kann man nämlich einen fast konstanten Informationsstrom aus dem Internet erzeugen. Dummerweise müssen diese Informationen quer durch das LAN wandern, um zum Anwender zu gelangen. Dabei wird natürlich die kostbare Bandbreite des LAN benutzt und die Gesamtgeschwindigkeit des Netzwerkes verringert. Wenn Sie Systemadministrator sind, werden Sie das zu verhindern wissen.

Lernen Sie Internet- und E-Mail-Adressen verstehen

In den Anfangszeiten des Internet war alles noch sehr übersichtlich. Es gab nur wenige Rechner und wenn man daher den Namen eines Rechners sah, wußte man auch gleich, wo diese Maschine stand und wer normalerweise damit arbeitete.

Irgendwann nahm dann die Zahl der Computer so sehr zu, daß es nicht mehr reichte, jedem Computer nur einen einzelnen Namen zu geben. Man mußte sich etwas neues einfallen lassen. Das ist wie im richtigen Leben, stellen Sie sich mal vor, alle Leute auf der Welt hätten nur einen Vor- und keinen Familiennamen. Für das Internet konstruierte man daher ein hierarchisches System, in dem jeder Computer nicht nur einen Namen hat, sondern von ihm auch Ort und Straße bekannt sind (im übertragenen Sinne). Dieses System nennt man Domain Name System oder DNS.

Jedem Rechner im Internet ist eine eindeutige Nummer als Adresse zugewiesen. Diese sogenannte IP-Adresse besteht nur aus einer Zahl, z. B. 195.27.143.5. Da sich aber solche Zahlen niemand merken kann, hat man diesen Zahlen Namen (Domain-Namen) zugewiesen. Das ist jetzt stark vereinfacht, eigentlich muß man bei der Umrechnung von der numerischen IP-Adresse zum Namen noch mit irgendwelchen Binärzahlen herumjonglieren. Das möchte ich Ihnen ersparen.

Die Adressen sind folgendermaßen strukturiert:

`server.organisation.kategorie`

- ✔ **Kategorie**: Die Kategorie ist ein Anhang aus zwei oder drei Zeichen, der anzeigt, zu welchem Bereich das Computersystem des Benutzers gehört. Die sechs in den USA gebräuchlichen Kategorien sind in Tabelle 16.1 zusammengefaßt. Seit es das Internet auch im »Rest der Welt« gibt, sind viele Kategorien dazugekommen, im Prinzip für jedes Land eine. Deutsche Internetadressen werden z. B. mit `.de` bezeichnet, in Großbritannien benutzt man `.uk` (für United Kingdom), in Japan `.jp` usw. Im richtigen Leben ist es noch viel komplizierter mit den Kategoriennamen, hier soll das jedenfalls erst einmal genügen. Der Kategorie-Teil einer Internet-Adresse wird auch Top Level Domain genannt.
- ✔ **Organisation**: Der Organisationsname ist, nun ja, der Name (oder eine Abkürzung des Namens) der Organisation, Einrichtung oder Behörde. `ibm.com` steht beispielsweise für die Firma IBM. Die Bildungseinrichtung MIT hat den Namen `mit.edu`. Und `nasa.gov` ist eine Regierungsbehörde namens NASA. Und was ist `bundesregierung.de`? Richtig, die deutsche Bundesregierung.
- ✔ **Server**: Mit diesem Teil der Adresse wird der eigentliche Computer bezeichnet. Normalerweise vergibt man den Namen beim Einrichten des Computers. Oft ist es so, daß die Namen aller Computer eines Netzwerkes, beispielsweise an einer Universität, irgendwie zusammenhängen. So tragen Computer für die grafische Datenverarbeitung manchmal die Namen irgendwelcher Maler. Oder der Systemadministrator hat eine Vorliebe für seltene Steine, die griechische Mythologie oder exotische Biersorten. Manchmal hat ein Rechner zwei oder mehr Namen; einer ist der richtige Name und die anderen sind Aliasnamen, sozusagen Künstlernamen. Oft findet man sowas bei Computern, die Internetdienste anbieten. Dann heißt ein Rechner eigentlich gandalf, sein Aliasname allerdings ist www (wenn der Rechner als WWW-Server arbeitet).

Gelegentlich gibt es kompliziertere Internet-Adressen. Adressen werden dann komplizierter, wenn große Organisationen ihre Netzwerke in zwei oder mehr Gruppen unterteilen. Eine Universität könnte z. B. ihr Netzwerk in Fachgebiete aufteilen. So könnte die Adresse des Fachgebietes Geschichte einer Universität `geschichte.uni-heidelberg.de` sein, während die Fußballmannschaft unter `rumbolzen.uni-heidelberg.de` zu erreichen ist.

Wenn man erst einmal weiß, wie Internet-Adressen von Computern strukturiert sind, dann versteht man auch besser, wie das mit den E-Mail-Adressen funktioniert. E-Mail-Adressen haben im allgemeinen folgende Form:

`benutzername@organisation.kategorie`

Es ist ganz einfach. Der Benutzername ist der Name, der dem Benutzer oder der Benutzerin auf seinem oder ihrem Computer zugeordnet wird. Es handelt sich um das Internet-Äquivalent zur Benutzer-ID im Netzwerk. Wenn Sie bei bundesregierung.de angestellt sind und sich an Ihrem Computer als jochen anmelden, wäre Ihre volle Internet-Adresse `jochen@bundesregierung.de`.

Ihnen fällt sicher auf, daß in der E-Mail-Adresse nicht von einem Server die Rede ist. Das liegt daran, daß die meisten Netzwerke für den Benutzer transparent sind. Das bedeutet nichts anderes, als daß es vollkommen uninteressant ist, an welchem Rechner man sich zum Arbeiten niederläßt. E-Mail wird nicht an einen speziellen Server gerichtet, sondern an das Netzwerk. Wenn der Benutzer sich anmeldet, bekommt er mitgeteilt, daß er E-Mail hat und kann sie sich anzeigen lassen, ohne sich darum kümmern zu müssen, wie sein aktueller Rechner heißt.

Kategorie	Erklärung
edu	Bildungseinrichtungen
mil	Militär
gov	Regierung
com	Firmen
net	Netzwerkbetreiber
org	Organisationen, die in keine der anderen Kategorien passen

Tabelle 16.1: Kategorien, die in Internet-Adressen verwendet werden

Bei E-Mail-Adressen spricht man das Symbol @ als *ät* aus und die Trennzeichen als *Punkt*. Die Adresse jochen@bundesregierung.de wird also *Jochen ät bundesregierung Punkt de* gesprochen.

Neben E-Mail-Adressen sollten Sie noch etwas über Adressen von Orten wissen, die Sie im Internet besuchen können. Diese Adressen werden *URL* genannt, das bedeutet *Uniform Resource Locator*. URLs bestehen aus drei Teilen, die durch Punkte voneinander getrennt werden. Wenn als erstes *www* kommt, ist dieser Ort eine Seite im World Wide Web. Bei FTP-Sites steht an der Stelle normalerweise *ftp*. Der zweite Teil ist typischerweise der Name der Firma oder Organisation, der die Web-Site gehört und der dritte Teil ist der Name der Kategorie des Betreibers (wie die Kategoriennamen in Tabelle 16.1). Das heißt, `www.ibm.com` ist die URL der Web-Seite von IBM und `www.microsoft.com` bringt Sie zur Microsoft-Web-Seite.

Manchmal finden Sie Web-Adressen, die mit `http://` beginnen, wie in `http://www.microsoft.com`. Alle WWW-Adressen beginnen so. Je nachdem, welche Software Sie verwenden, um ins Internet zu gehen, können Sie das `http://` weglassen oder auch nicht, wenn Sie eine Site-Adresse eingeben.

Außerdem können Sie weitere Informationen am Ende einer Web-Adresse finden, wie in `http://www.nasa.gov/hqpao/nasa_centers.html`. Diese Web-Adresse zeigt eine Seite, die verschiedene Abteilungen innerhalb der NASA auflistet. Es ist notwendig, die Information hinter `www.nasa.gov` einzutippen, um auf die entsprechende Seite bei der NASA zu kommen.

Eine andere Art von Adressen, auf die Sie stoßen könnten, ist die Adresse einer Internet-Newsgroup. Newsgroup-Adressen können mit den folgenden Worten beginnen:

- alt
- comp
- misc
- news
- rec
- sci
- soc
- talk

Der Rest der Adresse beschreibt das Thema, über das in der Gruppe diskutiert wird. Zum Beispiel ist `comp.answers` eine Stelle, an der man Antworten auf allgemeine Fragen zu Computern bekommen kann. Sie können `comp.sys.ibm.pc.hardware.networking` ausprobieren, um Antworten auf Fragen zu Netzwerk-Hardware zu bekommen.

Auch bei den Newsgroups hat in den vergangenen Jahren eine Aufsplittung stattgefunden. Die Gruppen müssen nicht zwangsläufig aus den »Big 8« kommen (das sind die oben aufgeführten Kategorien), sondern können auch mit länder-, firmen- oder sogar mailboxspezifischen Kennungen beginnen. Vielleicht sind ja `cl.freie-liebe` (Gruppe aus dem alternativen CL-Mailbox-Netz), `de.rec.mampf` (Gruppe aus dem deutschsprachigen Usenet) oder `microsoft.public.internetexplorer.nt` (na, woher wohl?) was für Sie?! Vergessen Sie aber auf keinen Fall, zuerst `de.newusers.info` zu lesen.

So können Sie Ihr Netzwerk an das Internet anschließen

Es gibt verschiedene Möglichkeiten, um den Benutzern Ihres Netzes den Zugriff auf das Internet zu ermöglichen. Die gebräuchlichsten Methoden werden in den folgenden Abschnitten beschrieben.

Der Modemanschluß

Ein Modem ist ein Gerät, mit dessen Hilfe Sie Ihren Computer per Telefon mit einem anderen Computer verbinden können. Modemverbindungen stellen die wohl gebräuchlichste Anschlußmethode dar. Modems sind preiswert – ein billiges Modem bekommt man für weniger als 100 DM. Die meisten Modems erreichen eine Geschwindigkeit von 33,6 Kbps. Das bedeutet, das Modem kann in der Sekunde etwa 33.600 Bits mit Informationen über eine normale Telefonleitung schicken. Schnellere Modems, die etwas teurer sind als die 33,6 Kbps-Modems, arbeiten mit 56 Kbps.

Um ein Modem zu benutzen, brauchen Sie außerdem eine Telefonleitung mit einer Telefondose in der Nähe des Computers. Immer dann, wenn Sie mit dem Internet verbunden sind, belegt das Modem die Telefonleitung. Deshalb können Sie nicht gleichzeitig ein Telefongespräch führen und im Internet surfen.

Am einfachsten ist es, wenn Sie jedem Benutzer, der Internetzugang benötigt, sein eigenes Modem und seine eigene Telefonleitung geben. So kann jeder Anwender vom lokalen Netzwerk ins Internet gelangen. Wenn Sie Modems und Telefonleitungen installiert haben, wenden Sie sich an einen örtlichen Internet Service Provider. Der hilft Ihnen sicher, die Internetzugänge einzurichten.

Es ist zwar vermutlich der einfachste Weg, jedem Benutzer ein eigenes Modem und eine eigene Telefonleitung hinzustellen, Sie können sich aber bestimmt vorstellen, daß das mächtig ins Geld geht. Rechnen Sie nur einmal die monatlichen Telefongrundgebühren zusammen. Um Geld zu sparen, können Sie ein Modem an einem Server anschließen und eine Software benutzen, die es den Netzwerkbenutzern ermöglicht, das Modem gemeinsam zu verwenden. Diese Vorgehensweise ist etwas komplizierter, da sie zusätzliche Arbeit erfordert, um das Modem entsprechend einzurichten. Weder NetWare, Windows NT Server, Windows 95 noch LANtastic können das bieten. Sie müssen dafür also zusätzliche Software kaufen.

Leider kann bei dieser Methode immer nur ein Anwender auf einmal ins Internet gehen. Außerdem sinkt die Leistung des Servers, wenn das Modem benutzt wird. Es ist besser, wenn man einen separaten Computer als Kommunikationsserver einrichtet. Dann können Sie ein oder mehrere Modems in dem Kommunikationsserver installieren und alle Netzbenutzer können auf die Modems zugreifen. Allerdings müssen Sie sich auch hier eine besondere Modemsoftware zulegen.

Noch günstiger ist es, wenn Sie ein spezielles Gerät installieren, das extra für den Zweck entwickelt wurde, Netzwerke mit Hilfe von Modems an das Internet anzuschließen. Die Firma Ramp Networks z. B. hat ein Produkt namens WebRamp M3, welches eine Kombination aus verschiedenen Geräten darstellt: Ein *Router* erzeugt eine Verbindung zwischen Ihrem LAN und dem Internet, ein 10BaseT-Ethernet-Hub mit vier Schnittstellen ermöglicht den Anschluß von vier Computern (oder mehr, falls Sie zusätzliche Hubs kaskadieren) und drei serielle Schnittstellen können mit Modems verbunden werden. Mit dem WebRamp M3 können bis zu drei Modems betrieben werden und es kostet weniger als 800 DM. (Weitere Informationen finden Sie im Internet unter `www.rampnet.com`).

ISDN

ISDN, das heißt *Integrated Services Digital Network*, ist die digitale Form der Kommunikation. Dabei ist Ihre Leitung in drei Kanäle aufgeteilt, von denen zwei, die sogenannten B-Kanäle, nutzbar sind. Sie haben eine Übertragungskapazität von 64 Kbps, so daß die Datenübertragung schneller ist als mit einer herkömmlichen Telefonleitung. Bei einer Bündelung der B-Kanäle werden sogar bis zu 128 Kbps statt 33,6 Kbps oder 56 Kbps erreicht. Sie können die beiden B-Kanäle aber auch einzeln verwenden. Das heißt, Sie können ein Telefongespräch führen, während Ihr Computer mit dem Internet verbunden ist.

Klingt großartig. Es ist allerdings in der Anschaffung und in den Fixkosten erst einmal teurer als ein normales Telefon. Eine ISDN-Verbindung erfordert kein Modem. Statt dessen wird eine spezielle ISDN-Karte verwendet, und die kostet Sie mindestens 100 DM. Außerdem ist eine ISDN-Leitung in der Installation teurer als eine normale Telefonleitung und die monatlichen Grundgebühren schlagen dann noch einmal mit etwa 40-50 DM zu Buche. Allerdings sind gerade in diesem Bereich Abwärtsbewegungen zu erwarten.

Auch eine ISDN-Leitung kann von mehreren Netzwerkbenutzern gemeinsam verwendet werden. Sie können die ISDN-Leitung an einen Server anschließen und mit spezieller Software die Leitung mit dem Netz verbinden. Oder Sie legen sich einen *ISDN-Router* zu, der über Standard-10BaseT- oder 10Base2-Ethernet an Ihr Netz angeschlossen wird und so den Internetzugang über eine oder mehrere ISDN-Verbindungen herstellt. ISDN-Router kosten irgendwas zwischen 1.000 und 5.000 DM.

Die schnelle Nummer: Standleitungen

Wenn Sie wirklich und wahrhaftig und ganz ganz ernsthaft eine richtig schnelle Internet-Verbindung haben wollen, dann gehen Sie zu Ihrer Telefongesellschaft und lassen sich eine eigene Standleitung legen. Da diese Leitungen wirklich ziemlich teuer sind (in der Größenordnung von mehreren Hundert DM pro Monat), sollten sie am besten in großen Netzwerken eingesetzt werden, in denen 20 oder mehr Benutzer gleichzeitig im Internet arbeiten wollen.

Übertragungsgeschwindigkeiten von Standleitungen beginnen bei den »normalen« Kapazitäten eines ISDN-Kanals, also etwa bei 64 Kbps und können sich nach oben bis in den Bereich von mehr als 150 Mbps bewegen. Für Privatpersonen und kleinere Firmen stellt sich allerdings die Frage, was wirklich gebraucht wird. Besuchen Sie doch einfach mal die Telefongesellschaft mit dem großen T im Namen und lassen Sie sich beraten. Oder gehen Sie zu Ihrem Internet Service Provider und fragen ihn nach einem guten Angebot. Wenn er wegen Ihrer Leistungs- und Preisvorstellungen (sehr hoch und sehr niedrig – in exakt dieser Reihenfolge) nicht gleich abwinkt, kann er Ihnen ja möglicherweise sogar weiterhelfen. Falls Sie mal einen Blick ins Internet werfen, um festzustellen, wie die Marktlage so ist, werden Sie sehen, daß viele ISPs bei Standleitungen ab 2 Mbps nur auf Anfrage mit den Preisen rausrücken.

Sollten Sie sich für eine dicke Standleitung entscheiden (vielleicht, weil die gerade günstig zu kriegen ist), selbst allerdings Zweifel haben, daß Sie diese auch ausnutzen, können Sie so eine Leitung auch splitten lassen. Das bedeutet, daß Sie nicht die komplette Leitung, sondern nur einen bestimmten Teil zur Verfügung gestellt bekommen. Aber auch hier gilt: Wer fragt, ist klar im Vorteil.

Das Einrichten einer Internetverbindung über eine Standleitung sollte man besser Profis überlassen. Diese Art von Verbindung zum Laufen zu bringen, ist viel komplizierter als das Einrichten eines LAN.

Sie haben die Wahl: Welcher Browser darf es sein?

Wenn Sie mit Ihrem lokalen Netz ans Internet gehen, brauchen Sie für Ihre Netzwerk-Benutzer einen sogenannten *Web-Browser*, ein Programm zum Surfen. Obwohl es viele verschiedene Web-Browser gibt, benutzen die meisten Leute eines dieser beiden beliebten Programme: Netscape Navigator oder Microsoft Internet Explorer. Den Navigator gibt es schon länger als den Internet Explorer, deshalb wird er auch von mehr Leuten verwendet. Der Internet Explorer gewinnt jedoch schnell an Popularität und könnte schließlich den Navigator überflügeln.

Die Diskussion darüber, welcher Browser besser ist – Navigator oder Internet Explorer – ist so etwas wie der Heilige Krieg der Computerszene. Die Verfechter beider Programme haben die schlechte Angewohnheit, die jeweils anderen zu verteufeln. Dabei wird dann behauptet, der Navigator wäre ein Überbleibsel aus der Steinzeit oder andersherum, der Internet Explorer wäre nichts anderes als der neueste Versuch von Microsoft-Boss Bill Gates, die Weltherrschaft zu übernehmen.

Die Wahrheit ist, daß sowohl der Navigator als auch der Internet Explorer exzellent sind. Beide sind eigentlich so gut, daß man Empfehlungen nur auf der Grundlage des persönlichen Geschmacks machen kann.

Beide Programme besitzen Funktionen, die über das einfache Web-Browsen weit hinausgehen. Das komplette Internet Explorer-Paket umfaßt z.B. einen Haufen Goodies:

- ✔ Outlook Express, ein E-Mail-Programm, mit dem man auch Internet-Newsgroups lesen kann.
- ✔ NetMeeting, ein Konferenzprogramm für Online-Treffen mit anderen Internetbenutzern.
- ✔ Microsoft Chat, ein Online-Chat-Programm, mit dem man im normalen Textmodus oder im interessanten (aber nach einiger Zeit lästigen) Comic-Modus chatten kann.
- ✔ Microsoft FrontPage Express, ein Programm zum Erstellen von Web-Seiten.

Netscape vertreibt sein Navigator-Programm zusammen mit anderen Internetprodukten unter dem Namen Communicator. Dieses Paket enthält neben dem Navigator:

- ✔ Netscape Messenger, ein E-Mail-Programm.
- ✔ Netscape Collabra, ein Programm zum Lesen von Newsgroups. Man kann damit außerdem im eigenen LAN private Newsgroups einrichten.
- ✔ Netscape Composer, ein Programm zum Erstellen von Web-Seiten.
- ✔ Netscape Netcaster zum Erstellen von Online-Kanälen, die andere Benutzer abonnieren können (der Internet Explorer besitzt eine ähnliche Funktion).
- ✔ Netscape Conference, ein Konferenzprogramm zum Durchführen von Online-Treffen mit anderen Benutzern (funktioniert ähnlich wie Microsofts NetMeeting).

Das Beste ist, daß beide Programme preiswert sind. Eigentlich ist der Internet Explorer sogar kostenlos. Er wird bei Windows 95 mitgeliefert, und Sie können ihn, ohne zu bezahlen von Microsofts Web-Seite aus dem Internet herunterladen; die Adresse ist `www.microsoft.com/ie`. Netscape berechnet etwa 100 DM für das komplette Communicator-Paket. Sie können aber den Communicator von Netscapes Web-Site unter `www.netscape.com` herunterladen und ihn 90 Tage lang frei benutzen.

Unabhängig davon, welchen Browser Sie dann wirklich verwenden, bietet es sich an, im ganzen Netzwerk den gleichen Browser zu benutzen. Schließlich sind Sie derjenige, der gerufen wird, wenn irgendwo die Internetverbindung zusammenbricht. Wenn Sie sich auf einen Web-Browser festlegen, werden Sie sich mit diesem Programm irgendwann richtig gut auskennen (das ist zumindest zu hoffen). Wenn Sie sich nicht festlegen, wird man von Ihnen erwarten, von beiden Browsern richtig Ahnung zu haben.

Beim neuen Windows 98 ist der Internet Explorer in der Version 4 ein Bestandteil von Windows. Sie müssen ihn also nicht extra installieren. Sie können jedoch weiter den Navigator verwenden, wenn Sie das wollen.

Rechtliche Probleme mit dem Internet Explorer

Als ich das hier geschrieben habe, ging das US-Justizministerium gerade einem besonderen Geschäftsgebahren von Microsoft nach, wonach von Computerherstellern verlangt wurde, auf allen Windows 95-Computern auch den Internet Explorer 4 zu installieren. Bei den Untersuchungen geht es darum, ob die Zusammenfassung von Internet Explorer 4 mit Windows 95 eine Verletzung des »Consent Decree« aus dem Jahre 1995 darstellt. Diese Verordnung besagt, daß Microsoft von Computerherstellern, die Windows 95 lizensiert haben, nicht verlangen kann, noch andere Microsoft-Softwareprodukte zu lizensieren.

Das Justizministerium behauptet, daß Microsoft den »Consent Decree« verletzt hat, indem Computerhersteller gezwungen wurden, den Internet Explorer als Teil von Windows 95 zu installieren. Microsoft behauptet, daß dies keine Verletzung des »Consent Decree« darstellt, da dieser eine Klausel enthält, die es Microsoft erlaubt, neue Funktionen in Windows zu integrieren, und der Internet Explorer wäre so eine integrierte Funktion von Windows 95.

Noch weiß keiner, wie das enden wird, aber aller Wahrscheinlichkeit nach werden sich nur wenige Computerhersteller dafür entscheiden, den Internet Explorer aus ihren Systemen zu entfernen. Schließlich ist der Internet Explorer frei und die Kunden wollen ihn haben. Warum es also ablehnen, ihn auszuliefern?

Bei Windows 98 ist der Internet Explorer wirklich eine in Windows integrierte Funktion, und Microsoft wird ihn wohl auch als solche ausliefern. Wir werden abwarten müssen, ob das Justizministerium den Fall nach der Veröffentlichung von Windows 98 mal weiter verfolgt.

Richten Sie Ihre eigene Web-Site ein

17

In diesem Kapitel erfahren Sie, ...

- wie Sie Ihrem LAN einen Web-Server hinzufügen.
- wie Sie Ihr LAN vor unbefugtem Zugriff schützen.
- welche Programme es zum Bauen von Web-Seiten gibt.
- daß es sich bei Java nicht um kalten Kaffee handelt.

Früher oder später werden alle Ihre Konkurrenten eine eigene Homepage im World Wide Web haben. Bestimmt wollen Sie jetzt auch! Holen Sie tief Luft! Es war schon schwierig genug, den Internetzugang für Ihr LAN hinzubekommen. Das mit der eigenen Internet-Site ist eine vollkommen andere Geschichte. Ich beginne einfach damit, daß ich Ihnen folgendes sage: Nein, nein, nein, tun Sie sich das nicht an! Suchen Sie sich professionelle Hilfe!

Falls Sie dennoch beschließen, meinen weisen Ratschlag zu ignorieren, dann lesen Sie weiter.

Server serven, Surfer surfen, doch das Web webt nicht

Zum Einrichten eines Web-Servers gibt es zwei Ansätze. Der erste und einfachste Ansatz ist der hier: Gehen Sie zu einem Internet Service Provider in Ihrem Ort oder in Ihrem Nachbarort oder sonstwo in Ihrer Nähe. Fragen Sie ihn, was es kosten würde, Ihre Web-Site auf seinen Computern einzurichten. Bei den meisten ISPs kann man einige Megabyte an Daten ablegen. So können Sie leicht eine einfache, nicht zu ausgefallene Homepage erstellen. Auf 2 MB (das ist eine gängige Größe bei Internet Service Providern) kann man nicht viele komplizierte Grafiken, Sounds und Videoclips ablegen – Sachen, die eine Web-Seite sehenswert machen. Vermutlich werden Sie Geld in zusätzlichen Speicherplatz investieren müssen.

Der zweite Weg zur eigenen Homepage führt über einen eigenen Web-Server. Der Web-Server wird über eine schnelle Verbindung wie beispielsweise eine ISDN- oder eine Standleitung an das Internet angeschlossen. Er kann unter den Betriebssystemen Windows NT Server, NetWare oder UNIX laufen. Die meisten Internet-Server laufen unter UNIX, obwohl Windows NT Server an Beliebtheit zunimmt. Außerdem wird noch spezielle Server-Software benötigt.

Das Ganze wird noch etwas komplizierter, wenn der Internet-Server auch noch in Ihr LAN eingebunden werden soll. In diesem Fall müssen Sie dafür sorgen, daß Fremde nicht Ihren Internet-Server als Hintereingang benutzen. Hacker lieben es, auf diese Weise in Computersysteme einzubrechen und entweder Dateien zu löschen, Informationen zu stehlen oder zumindest zu beweisen, daß sie hacken können.

Die Qual der Wahl: Finden Sie den richtigen Web-Server

Wenn Sie eine Web-Site einrichten wollen, müssen Sie einen Computer festlegen, der den Web-Server spielt. Alle Informationen, die Sie verbreiten wollen, werden auf der Festplatte dieses Rechners gespeichert. Deshalb ist eine große Platte ein Muß für Ihren Web-Server. Viel RAM ist ebenfalls ein Muß – 32 MB sind die untere Grenze.

Bei den Betriebssystemen haben Sie zwei grundlegende Möglichkeiten zur Auswahl: Windows NT Server oder UNIX. Da die Wurzeln des Internet in der UNIX-Welt liegen, laufen mehr Web-Sites unter UNIX als unter Windows NT. Windows NT gewinnt jedoch vor allem in Intranets an Boden. Wenn Sie mit Windows vertraut sind, aber noch nie einen UNIX-Computer angefaßt haben, sollten Sie sich allerdings besser für Windows NT Server entscheiden.

Zusätzlich zum Server-Betriebssystem brauchen Sie Web-Server-Software. In den folgenden Abschnitten stelle ich Ihnen kurz die beliebtesten Web-Server-Programme vor.

NCSA HTTPd

Weit und breit die populärste Web-Server-Software im Internet ist NCSA HTTPd, oft auch einfach NCSA genannt. *NCSA* steht für das National Center for Supercomputing Applications. Dieses Center ist an der University of Illinois in Urbana, Illinois beheimatet. HTTPd ist ein UNIX-Web-Server und erfordert eine gewisse Sachkenntnis in UNIX, um ihn zu installieren und zu bedienen.

Es gibt zwei Gründe, weshalb dieser Web-Server so populär ist:

- ✔ NCSA war der erste Web-Server überhaupt. Eigentlich hat das NCSA das Web *erfunden*.
- ✔ NCSA ist frei. Sie können ihn von `hoohoo.ncsa.uiuc.edu` herunterladen.

Apache

Apache ist noch ein UNIX-Web-Server, den es kostenlos gibt. Eigentlich ist Apache eine verbesserte Version des NCSA. Im Internet ist er auch fast genauso populär. Sie finden den Apache im Internet unter `www.apache.org`.

Netscape-Web-Server

Netscape, eine der erfolgreichsten Internetfirmen, vertreibt verschiedene Web-Server. Im Gegensatz zum NCSA oder zum Apache laufen die Netscape-Server unter UNIX oder unter Windows NT Server. Die schlechte Nachricht ist, daß diese Server nicht kostenfrei sind: Sie müssen je nach Server eine einmalige Gebühr bezahlen.

Netscape bietet die folgenden Server-Produkte an:

- ✔ **Netscape Enterprise Server**: Die neueste und beste Version des Web-Servers von Netscape mit Unterstützung für die Web-Programmiersprache Java. Dieser Server ist auch als Teil des Softwarepakets SuiteSpot erhältlich.
- ✔ **Netscape FastTrack Server**: Ein benutzerfreundlicher Web-Server, der neben Setup-Assistenten für die leichtere Installation auch grafische Werkzeuge zum Erstellen von Web-Seiten enthält.

Microsoft Internet Information Server

Der Internet Information Server oder IIS ist die Antwort von Microsoft auf die Server von Netscape. Anders als die Netscape-Server läuft der IIS nur unter Windows NT Server (schließlich ist der IIS von Microsoft). Und im Gegensatz zu den Netscape-Servern ist der IIS frei – Sie können ihn von `www.microsoft.com` herunterladen. Sie bekommen ihn aber auch, wenn Sie Windows NT Server 4.0 kaufen.

Schützen Sie Ihr LAN vor dem Internet

Eine *Firewall* ist ein Router, der zwischen Ihrem Netzwerk und dem Rest der Welt sitzt und die Aufgabe hat, *die* davon abzuhalten, zu *Ihnen* zu gelangen. Die Firewall arbeitet sozusagen als Leibwächter zwischen dem Internet und Ihrem LAN. Der gesamte Netzwerkverkehr in das LAN hinein und aus dem LAN heraus muß die Firewall passieren, auf der spezielle Software unbefugte Benutzer daran hindert, in das LAN einzudringen.

Sowas wie eine Firewall ist besonders wichtig, wenn Sie auf einem Computer in Ihrem LAN eine Web-Site einrichten wollen. Ohne Firewall könnte jeder, der Ihre Web-Site besucht, auch in Ihr LAN einbrechen, Ihre supergeheimen Dateien stehlen, Ihre privaten E-Mail lesen oder, was das schlimmste wäre, Ihre Festplatte formatieren.

Die richtigen Werkzeuge zum Erstellen von Web-Seiten

Damals, als das Web noch jung war, startete man einfach seinen Lieblingstexteditor und begann zu tippen, wenn man Web-Seiten basteln wollte. In dem Text mußten komplizierte Formatierungsbefehle stehen, die man *HTML-Tags* nannte und die einer rudimentären Programmiersprache ähnelten. Das erforderte mindestens einen Abschluß in Informatik, um es zu begreifen.

Diese Tage sind lange vorbei. Jetzt gibt es grafische Programme, die Ihnen helfen, Web-Seiten zu erstellen. Sie müssen sich dabei nicht einmal um die Einzelheiten von HTML kümmern. Man unterscheidet vier grundlegende Gruppen von Entwicklungswerkzeugen:

- **Web-fähige Office-Pakete**: Die drei großen Office-Pakete – Microsoft Office, Lotus SmartSuite und Corel Office – bieten jetzt Internetunterstützung. Das bedeutet, daß Sie z.B. ein Dokument in Microsoft Word erstellen und es dann im HTML-Format abspeichern können, um es so für das Veröffentlichen im Web vorzubereiten. Diese Anwendungen sind geradezu ideal, wenn Sie in Ihrem Intranet vor allem Schriftstücke Ihres Unternehmens (z.B. die Allgemeinen Geschäftsbedingungen) anbieten wollen.
- **HTML-Editoren**: Die besseren HTML-Editoren bieten einen WYSIWYG-Ansatz (What You See Is What You Get; Was Sie sehen, ist das, was Sie bekommen) zum Erstellen von HTML-Dokumenten. Einer der bekanntesten ist HoTMetaL von SoftQuad, der den »gOofiEst UsE oF CapiTalIZation iN a ProDUct NaME«-Preis bekommen hat (den Preis für den »abGedrEhtesTen GeBRauCh vOn GRoßBuchStAben iN eiNEm PrODukTnamEn«). HoTMetaL ermöglicht eine WYSIWYG-Ansicht Ihres HTML-Dokumentes, erlaubt es Ihnen aber auch, die Ärmel hochzukrempeln, in die Hände zu spucken und sich in den HTML-Code zu vergraben.
- **Homepage-Editoren**: Das sind einfach zu bedienende Programme, die es Einzelpersonen oder kleinen Firmen ermöglichen sollen, ihre eigenen Homepages zu erstellen. Das bekannteste Programm ist Microsoft FrontPage. Der Internet Explorer 4 wird mit FrontPage Express geliefert, einer freien, abgespeckten Version von FrontPage. Diese Programme sind zwar einfach zu benutzen, allerdings sind auch ihre HTML-Fähigkeiten beschränkt.
- **Profi-Entwicklungswerkzeuge**: Ernsthafte Web-Entwickler sollten sich die neueste Generation an Java-Entwicklungswerkzeugen anschauen, die gerade auf den Markt gekommen ist, wie etwa Visual Café von Symantec oder Microsofts Visual J++.

CGI benutzen

Die ersten Formen von HTML erlaubten lediglich die Anzeige von statischen Informationen auf Web-Seiten. Benutzer konnten bestimmte Seiten anfordern, die dann angezeigt wurden, der Informationsfluß verlief aber nur in eine Richtung: vom Server zum Client.

Als nächstes gab es die HTML-Funktion *Formular* (form), die es Web-Entwicklern ermöglichte, einfache Eingabefelder für Daten auf ihre Web-Seiten zu legen. Die Formularfelder waren auf einfache Textfelder, Optionsfelder, Kontrollkästchen und lediglich zwei Arten von Befehlsschaltflächen beschränkt: eine zum Versenden der Daten an den Server und eine, um die Daten, die in das Formular eingegeben wurden, wieder zu löschen. Dieses beschränkte Repertoire an Steuerungsmöglichkeiten erlaubte nur einfache Interaktionen, aber die Formulare kamen gut an. Auf den besten Web-Sites wurden mit den Formularen einfache interaktive Anwendungen erstellt.

Die vermutlich bekanntesten Beispiele für Web-Sites, auf denen Formulare eingesetzt werden, sind Suchmaschinen wie Yahoo! und AltaVista. In einer Suchmaschine geben Sie ein Wort in ein Textfeld ein und klicken dann eine Befehlsschaltfläche. Die Suchmaschine liefert dann eine Liste mit Web-Sites zurück, die auf die Suchanfrage zu passen scheinen.

Wenn Sie HTML-Formulare benutzen wollen, müssen Sie sich mit CGI befassen. CGI steht für *Common Gateway Interface*. Und so funktioniert formularbasierte Interaktion mit CGI:

1. Der Client (das ist der Web-Browser) fordert eine Seite an, die ein Formular enthält. Der Server sendet die angeforderte Seite an den Client, der dann die Seite mit ihren Formularfeldern anzeigt.

2. Der Anwender gibt Informationen in die Formularfelder ein und klickt dann auf die Schaltfläche ABSCHICKEN (manchmal auch SUBMIT oder OK oder so ähnlich). Der Web-Browser sammelt die Informationen, die der Anwender eingegeben hat und schickt sie zurück an den Server.

3. Der Server empfängt die Informationen, die ihm der Client gesendet hat, stellt fest, daß es sich um Formulardaten handelt und startet ein Programm, das die Daten aus den Formularen verarbeiten kann. Dieses Programm wird CGI-Programm genannt. Das CGI-Programm müssen Sie selbst schreiben. Sie sollten also eine Scriptsprache oder eine Programmiersprache beherrschen, wenn Sie auf Ihrer Web-Site Formulare einsetzen wollen.

4. Das CGI-Programm prüft die Daten, die in dem Formular eingegeben wurden und stellt irgend etwas damit an. Meist werden Informationen aus einer Datenbank geholt.

5. Das CGI-Programm generiert ein HTML-Dokument, das die Ergebnisse der Vorgänge aus Schritt 4 enthält. Wenn das CGI-Programm z. B. eine Datenbankanfrage gemacht hat, wird das HTML-Dokument die Ergebnisse dieser Anfrage enthalten.

6. Der Server sendet das HTML-Dokument, das durch das CGI-Programm erstellt wurde, an den Client.

7. Der Client zeigt das HTML-Dokument an.

Wichtig ist, daß das CGI-Programm selbst immer auf dem Server läuft. Obwohl CGI es Ihnen also ermöglicht, interaktive Anwendungen für das Web zu erstellen, ist es weder besonders flexibel noch effizient.

Wachen Sie auf und schnuppern Sie den Kaffeeduft

Der neueste Schrei in der Welt des Web ist die Benutzung cleverer neuer Produkte, die nach verschiedenen Kaffeesorten benannt wurden. Die ganze Angelegenheit begann damit, daß die Firma Sun Microsystems eine revolutionäre Programmiersprache für das Web veröffentlichte, die *Java* (eine amerikanische Bezeichnung für Kaffee) genannt wurde. Schon bald sprangen auch andere Firmen auf den fahrenden Zug auf. Jetzt gibt es JavaScript, Visual Café, Latte, Mocha, HotJava (als wenn man sonst kalten Kaffee trinken würde), Star Buck und Java Beans.

Was genau ist Java? Java ist eine Programmiersprache, mit der man Programme schreiben kann, die nicht auf einem Server, sondern auf dem Computer des Internetanwenders ablaufen. Web-Programme in Java nennt man *Applets*, da sie keine eigenständigen Programme darstellen; man könnte sie also als »Programmchen« bezeichnen, aber Applet klingt natürlich professioneller. Ein Applet braucht zum Ablaufen einen java-fähigen Web-Browser wie den Navigator oder den Internet Explorer.

Java löst viele der Probleme, die dem formularbasierten CGI-Ansatz anhaften. Noch einmal zum Mitschunkeln: Formularbasierte Anwendungen haben nur begrenzte Steuerungsmöglichkeiten: Textfelder, Optionsfelder, Kontrollkästchen, Schaltflächen zum Bestätigen und zum Zurücksetzen. Mit Java dagegen ist (fast) jede Steuerung realisierbar, die man sich auf einer Web-Seite vorstellen kann. Mit Java können Sie interaktive Web-Anwendungen herstellen und mit flippigen Schiebereglern, Drehknöpfen, veränderbaren Objekten und allen möglichen Steuerungen herumprotzen.

Besser als die Sache mit den tollen Steuerungen ist allerdings, daß Java-Programme im Web-Browser des Internet-Benutzers ablaufen können. CGI-Programme dagegen laufen auf dem Web-Server. Die Leistung bei Java-Programmen ist dadurch natürlich viel besser.

Selbstverständlich denkt Microsoft nicht daran, sich in den Kaffee-Kriegen geschlagen zu geben. Microsoft hat mit einem eigenen Produkt auf das Java-Phänomen reagiert: ActiveX und VBScript. Und um auf Nummer Sicher zu gehen, wird im Internet Explorer Java (mehr oder weniger) unterstützt.

Wenn Sie eine Web-Site einrichten wollen, müssen Sie entscheiden, ob Sie Java-basierte Programme benutzen wollen oder ActiveX und VBScript-Programme von Microsoft. Beide führen zum gleichen Ergebnis: zu Web-Seiten, die auffallen und deren Benutzung Spaß macht. Die einzige Frage ist, was wird länger existieren?

Ich besitze keine Kristallkugel und kann deshalb auch nicht vorhersagen, ob Java oder ActiveX das Web in den nächsten fünf Jahren beherrschen wird. Sie können also genauso gut eine Münze werfen.

So bauen Sie sich ein Intranet

18

In diesem Kapitel erfahren Sie, ...

- was es mit Intranet auf sich hat.
- wofür ein Intranet eigentlich zu gebrauchen ist.
- wie Sie ein Intranet mit dem Personal Web Server einrichten.

Nein, ich habe mich nicht verschrieben! *Internet* und *Intranet* sind zwei paar Stiefel. Das Intranet ist erst in den letzten Jahren so richtig populär geworden. Es ist eigentlich wie das Internet, mit einer Ausnahme: Statt Ihren Computer mit Millionen anderer Computer in der ganzen Welt zu verbinden, verknüpft ein Intranet Ihren Computer mit anderen Computern in Ihrer Firma oder Behörde. Aber wie unterscheidet sich nun ein Intranet von Ihrem ordinären Durchschnittsnetzwerk? Lesen Sie weiter, und Sie werden es erfahren.

Was ist eigentlich ein Intranet?

Jeder weiß mittlerweile, daß das Internet und besonders das World Wide Web sich zu einem Phänomen entwickelt haben. Millionen von Computerbenutzern in der ganzen Welt benutzen das Web, und Tausende springen täglich auf den Zug auf.

Vor nicht allzulanger Zeit fanden Netzwerkverwalter in großen Firmen heraus, daß das Web zwar gut geeignet ist, um Informationen weltweit zu veröffentlichen, daß es aber noch besser einzusetzen ist, um innerhalb einer Firma interne Informationen zu verbreiten. Und so wurde die Idee des Intranet geboren. Ein Intranet ist ein Netzwerk, das mit den gleichen Werkzeugen und Protokollen eingerichtet wird, die auch im globalen Internet verwendet werden, mit dem Unterschied, daß diese nur im internen Netz einer Firma oder Behörde angewendet werden.

Sie können sich ein Intranet als eine kleine, private Version des World Wide Web vorstellen. Jeder, der mit Ihrem lokalen Netzwerk (LAN) verbunden ist, kann Ihr Intranet erreichen. Auf das Intranet wird über Web-Browser, wie Netscape oder den Internet Explorer von Microsoft, zugegriffen. Es ist jedoch keine Wählverbindung oder ein Internet Service Provider notwendig, da die Informationen im Intranet auf den Firmenrechnern gespeichert sind und nicht auf einem Rechner via Internet angewählt werden müssen.

Stellen Sie sich das Intranet wie ein geschlossenes Fernsehsystem vor, bei dem nur diejenigen fernsehen können, denen das System gehört. Im Internet dagegen kann jeder wie beim Kabelfernsehen mitmachen, der jeden Monat brav dafür bezahlt.

- ✔ Einige Experten aus der Computerbranche behaupten sogar, daß Intranets schon populärer sind als das Internet. Netscape z.B., einer der größten und bekanntesten Anbieter von

Internet-Browsern, verdient mehr Geld mit dem Verkauf von Software für Intranets als für das Internet. Und Novell ist so fasziniert von der Idee des Intranets, daß es den Namen seines wichtigsten Produktes von NetWare in IntranetWare geändert hat.

- ✔ Es gibt jedoch auch Computerfachleute, für die das Intranet-Phänomen lediglich eine Modeerscheinung ist, die in ein paar Jahren von einer anderen vielversprechenden Technologie ersetzt werden wird, wie Schwarzwälder Kuckucksuhren oder Hula Hoop-Reifen. Nun, wir werden sehen.

Wozu braucht man ein Intranet?

Intranets können jede denkbare Art von Informationen innerhalb einer Firma verbreiten. Intranet-Anwendungen gibt es in zwei Grundformen:

- ✔ als **Veröffentlichungen**: Informationen werden in Seitenform verschickt, die dann von jedem Computer im Intranet abgerufen werden können. Diese Art von Intranet-Anwendung wird vor allem für Firmennachrichten, Geschäftspapiere, Preislisten usw. verwendet.
- ✔ als **Transaktionen**: Informationen werden von den Benutzern des Intranets gesammelt. Beispiele sind unter anderem die Ablage von Spesenabrechnungen, Umsatzzahlen, Problemsammlungen aus Helpdesk-Systemen usw.

Der Hauptunterschied zwischen diesen beiden Intranet-Anwendungen ist, daß in Veröffentlichungsanwendungen der Informationsfluß nur in eine Richtung verläuft: vom Intranet zum Benutzer. Der Benutzer fordert eine Information an, und das Intranet-System liefert sie ihm. In einer Transaktionsanwendung fließen die Informationen in beide Richtungen – nicht nur der Benutzer fordert Informationen aus dem Intranet an, sondern auch das Intranet selbst möchte vom Benutzer Informationen haben.

Veröffentlichungsanwendungen sind einfach einzurichten. Sie können das sogar selbst tun, ohne einen hochbezahlten externen Computerexperten um Hilfe zu bitten. Transaktionsanwendungen sind viel komplizierter. Um sie einzurichten, dürfen Sie schon einige Scheinchen für Beratungen hinblättern.

Was Sie zum Einrichten eines Intranets brauchen

Ein Intranet ist ziemlich einfach einzurichten. Sie brauchen dazu nur die folgenden Dinge:

- ✔ Ein LAN. Ein Intranet braucht keine eigene Verkabelung; es kann in einem bestehenden Ethernet-LAN mit Twisted Pair- oder Koaxialverkabelung arbeiten.
- ✔ Ein Server, der nur fürs Intranet da ist. Achten Sie darauf, daß dieser Server viel RAM (wenigstens 16 MB) und jede Menge Gigabytes (wenigstens 2 GB) auf der Platte hat. Selbstverständlich brauchen Sie um so mehr RAM und auch Plattenplatz, je mehr Leute in Ihrem Netzwerk arbeiten und je mehr Informationen Sie speichern wollen.

- ✔ Auf dem Server sollte als Betriebssystem entweder Windows NT Server oder UNIX laufen, da dies von der Web-Server-Software vorausgesetzt wird.
- ✔ Web-Server-Software für den Server-Rechner. Mehr Infos über Web-Server-Software finden Sie im Abschnitt »Server serven, ...« in Kapitel 17.
- ✔ Programme zum Erstellen von Web-Seiten. Wenn Sie zu der Sorte Leuten gehören, die in Binärdaten träumt, können Sie Web-Seiten schreiben, indem Sie den HTML-Code direkt in eine Textdatei eingeben. In diesem Fall benötigen Sie lediglich das Programm NotePad. Anderenfalls können Sie eines der Web-Autoren-Programme verwenden, die im Abschnitt »Die richtigen Werkzeuge zum Erstellen von Web-Seiten« in Kapitel 17 beschrieben werden.
- ✔ Jeder Client-Computer, der auf das Intranet zugreifen soll, sollte einen 486er oder besseren Prozessor und wenigstens 8 MB RAM, 20 MB oder mehr freien Festplattenspeicher und eine LAN-Verbindung haben.
- ✔ Ein Web-Browser wie Netscape oder Internet Explorer muß auf jedem Client-Computer installiert sein.

So bauen Sie ein kleines Intranet mit dem Personal Web Server auf

Einer der wohl einfachsten Wege ein kleines Intranet aufzubauen, führt über das kostenlose Microsoft-Programm »Personal Web Server«. Wie Sie da dran kommen? Entweder finden Sie's auf einer Internet Explorer 4-CD oder auf der CD mit MS Office 97. Ganz sicher finden Sie es aber im Internet bei Microsoft.

Der Personal Web Server läuft unter Windows 95 und ist nicht annähernd so raffiniert wie ein richtiger Web-Server, z. B. der Microsoft Internet Information Server oder Netscapes Enterprise Server. Er ist aber ideal, um ein Intranet in einem kleinen LAN einzurichten, das nur von wenigen Anwendern benutzt wird.

Obwohl der Personal Web Server mit dem Internet Explorer 4 vertrieben wird und auch darauf abgestimmt ist, arbeitet er auch mit anderen Web-Browsern zusammen, so auch mit dem Netscape Navigator.

Mit Windows 98 kam auch eine neue Benutzeroberfläche für den Personal Web Server – der Personal Web Manager, ein erweitertes Dienstprogramm für die Server-Verwaltung, das den Server-Betrieb stark vereinfacht. Auch sonst enthält der neue Personal Web Server 4.0 viele nette neue Funktionen.

Die folgenden Abschnitte zeigen Ihnen Schritt für Schritt, wie Sie den Personal Web Server unter Windows 95 einrichten und benutzen können.

Personal Web Server starten

Führen Sie die folgenden Schritte aus, um den Personal Web Server zu starten:

1. **Klicken Sie auf die Schaltfläche START in der Taskleiste von Windows 95. Wählen Sie im START-Menü den Befehl EINSTELLUNGEN und anschließend den Befehl SYSTEMSTEUERUNG.**

   Der Ordner SYSTEMSTEUERUNG wird angezeigt.

2. **Doppelklicken Sie in der Systemsteuerung auf das Symbol für den Personal Web Server.**

   Das Dialogfeld EIGENSCHAFTEN VON WEB SERVER wird geöffnet (Abbildung 18.1).

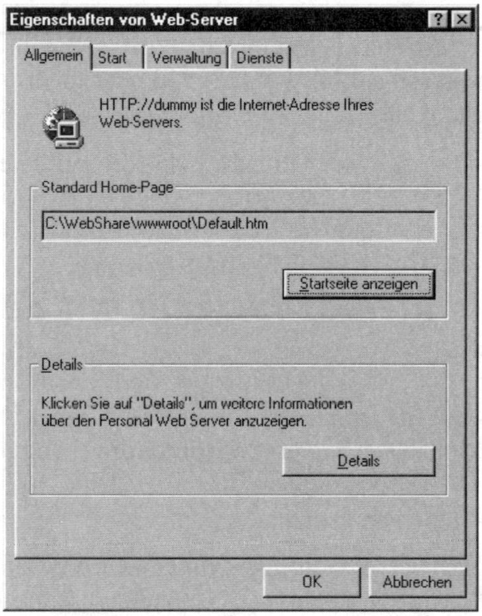

Abbildung 18.1: Das Dialogfeld EIGENSCHAFTEN VON WEB SERVER

Wenn Sie das Symbol für den Personal Web Server in diesem Ordner nicht finden können, haben Sie beim Installieren des Internet Explorers den Personal Web Server nicht mitinstalliert. Gehen Sie ins Internet und surfen Sie zu `www.microsoft.com`. Von dort können Sie den Personal Web Server herunterladen und installieren. Mit einem schnellen Modem (ab 28.800 bps) dauert das weniger als fünf Minuten.

3. **Klicken Sie auf die Registerkarte START im Dialogfeld EIGENSCHAFTEN VON WEB SERVER.**

   Die Startoptionen aus Abbildung 18.2 werden angezeigt.

4. **Klicken Sie auf die Schaltfläche START.**

   Der Personal Web Server reagiert.

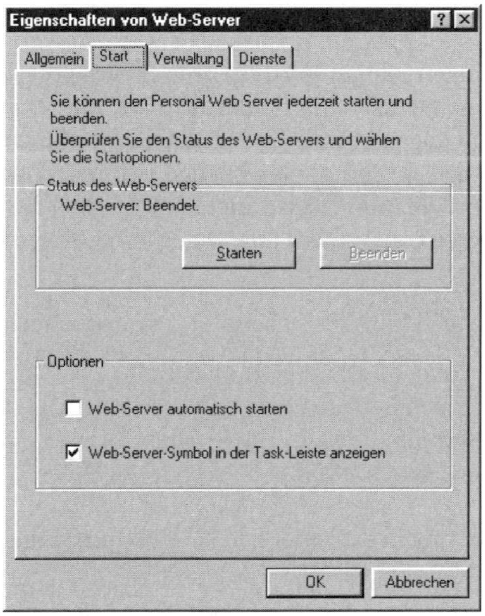

Abbildung 18.2: Die Startoptionen des Personal Web Server

Wenn Sie möchten, daß der Personal Web Server bei jedem Start Ihres Computers automatisch gestartet wird, aktivieren Sie in den Startoptionen das Kontrollkästchen WEB SERVER AUTOMATISCH STARTEN.

5. **Klicken Sie auf OK, um das Dialogfeld zu schließen.**

Wenn der Personal Web Server gestartet ist, erscheint das Web Server-Symbol in der Windows-Taskleiste. Wenn Sie auf dieses Symbol doppelklicken, wird das Dialogfeld EIGENSCHAFTEN VON WEB SERVER angezeigt.

Der Personal Web Server enthält eine Reihe von Web-Seiten, die als Hilfedateien dienen und Ihnen einen Überblick darüber bieten, wie der Web-Server arbeitet und wie Sie ihn verwalten können. Um diese Hilfedateien anzuzeigen, rufen Sie das Dialogfeld mit den Eigenschaften auf und klicken auf die Schaltfläche DETAILS. Der Internet Explorer wird gestartet und zeigt die Hilfedateien an.

Eine Web-Seite an den Personal Web Server senden

Es ist ganz einfach, HTML-Dateien an den Personal Web Server zu senden, um diese von Ihrem oder einem anderen Computer in Ihrem LAN mit Hilfe eines Web-Browsers anzuschauen. Der Personal Web Server benutzt den Ordner C:\WebShare\wwwroot als Basisverzeichnis für Ihre Web-Seiten. Um eine HTML-Datei an den Web-Server zu senden, müssen Sie sie lediglich im Ordner C:\WebShare\wwwroot speichern.

Auf eine Web-Seite auf dem Personal Web Server zugreifen

Um auf eine Seite zuzugreifen, die im Personal Web Server gespeichert ist, müssen Sie die Internet-Adresse für das Basisverzeichnis des Personal Web Servers kennen. Wenn Sie wissen wollen, wie die lautet, dann doppelklicken Sie auf das Symbol für den Personal Web Server in der Windows-Taskleiste oder auf das entsprechende Symbol in der Systemsteuerung. Das Dialogfeld Eigenschaften von Web Server wird angezeigt. Klicken Sie auf die Registerkarte Allgemein (falls diese nicht bereits ausgewählt ist). Die Internet-Adresse Ihres Web-Servers wird angezeigt.

Ein Beispiel finden Sie in Abbildung 18.1. Die Internet-Adresse meines Personal Web Servers ist `HTTP://dummy`.

Die Standard-Web-Seite für den Personal Web Server ist `default.html`. Wenn Sie nun also eine Datei mit dem Namen default.html in C:\WebShare\wwwroot erstellt haben, können Sie diese Seite ganz einfach anzeigen, indem Sie in das Adreßfeld des Internet Explorer die Adresse Ihres Personal Web Server eintragen. Falls also z. B. die Adresse Ihres Web-Servers dummy ist, tippen Sie das Wort **dummy** in das Adreßfeld ein, um Ihre Homepage anzeigen zu lassen.

Zum Anzeigen einer anderen HTML-Datei geben Sie den Dateinamen nach der Internet-Adresse an, abgetrennt durch einen Backslash (\). Um also z. B. eine Datei namens fussball.html anzuzeigen, geben Sie **dummy\fussball.html** ein.

Die Internet-Adresse, die vom Personal Web Server benutzt wird, basiert auf dem Computernamen, den Sie vergeben haben, als Sie das erste Mal Windows 95 auf Ihrem Rechner installiert haben. Wenn Sie diesen Namen ändern wollen, öffnen Sie die Systemsteuerung und doppelklicken Sie auf das Symbol für Netzwerk. Das Dialogfeld Netzwerk wird geöffnet, in dem Sie auf die Registerkarte Identifikation klicken und dann einen neuen Namen in das Feld Computername eingeben. Wenn Sie OK klicken, wird Ihr Computer neu gestartet und Sie können diesen neuen Namen für die Internet-Adresse Ihres Personal Web Server verwenden.

Teil V

Noch mehr coole Sachen, die Sie mit Ihrem Netzwerk anstellen können

»Sicherheitslücken in Ihrem Netzwerk vorhersagen? Kein Problem. Was haben Sie? Twisted Pair-Verkabelung im LAN? Was für ein Betriebssystem benutzen Sie?«

In diesem Teil...

Sie kennen jetzt die Grundlagen. In diesem Teil werden Sie kompliziertere Dinge erfahren. Sie werden Geräte wie CD-ROM-Laufwerke und Faxmodems in Ihr Netzwerk einbinden, ein Netzwerk für Ihr trautes Heim aufbauen und eine DFÜ-Verbindung einrichten. So können Sie auch dann auf Ihr Netzwerk zugreifen, wenn Sie zu Hause oder auf Reisen sind. Außerdem lernen Sie, wie man Macintosh-Computer in ein Netzwerk integriert.

Noch mehr Sachen, die Sie in Ihrem Netzwerk gemeinsam nutzen können

19

In diesem Kapitel ...

- CD-ROM-Laufwerke
- Voice-Mail
- Faxmaschinen
- Computerspiele

In diesem Kapitel zeige ich Ihnen, was Sie für komische Geräte und Programme in Ihrem Netzwerk einsetzen können. Alles, was ich hier beschreibe, ist vollkommen optional. Viele Netzwerke leben jahrelang, ohne daß ein Voice-Mail-System installiert wird oder die Benutzer gemeinsam Quake über das Netz spielen.

CD-ROM-Laufwerke gemeinsam nutzen

CD-ROM-Laufwerke sind beliebte Zusatzgeräte für Computer. Falls Ihr Computer der einzige in Ihrem Büro ist, der ein CD-ROM-Laufwerk hat, stehen die anderen Mitarbeiter vermutlich Schlange, um auch mal das Laufwerk benutzen zu dürfen.

Zum Glück sind alle Netzwerkbetriebssysteme, die in diesem Buch beschrieben werden, in der Lage, CD-ROM-Laufwerke als Netzwerkressource zu verwalten. Auf diese Weise können Benutzer aus dem ganzen Netz darauf zugreifen. Das Einrichten eines CD-ROM-Laufwerkes für den Netzwerkbetrieb ist eigentlich nicht schwieriger als das Einrichten einer Festplatte für den gleichen Zweck.

Allerdings kann es auch sehr lästig sein, wenn Sie sich ein CD-ROM-Laufwerk mit anderen Anwendern teilen. Stellen Sie sich einfach vor, Sie benutzen das CD-ROM-Laufwerk gerade für eine schrecklich wichtige Arbeit, z. B. zum Durchsuchen der neuesten Cinemania-CD von Microsoft, um sich einen schönen Film für das abendliche Kulturprogramm herauszusuchen. Auf einmal möchte irgendein Clown aus der Verkaufsabteilung eine CD mit Preislisten anschauen, die von der Firmenleitung geschickt wurde. Sie kriegen eine eigenartige Meldung, die irgendwas von `Bitte legen Sie die CD mit den Preislisten in Laufwerk D ein` faselt. Und das ist nicht das letzte Mal, daß Sie sowas sehen. Den lieben langen Tag werden Sie mit solch ärgerlichen Unterbrechungen genervt.

Wenn Sie ein CD-ROM-Laufwerk gemeinsam nutzen wollen, sollten Sie dafür sorgen, daß es sich auf einem dedizierten Server befindet und daß das Laufwerk einer bestimmten CD zugeordnet ist. Sollte Ihnen die Firmenleitung nämlich wirklich eine CD mit den ganzen Preislisten zusenden, und die Netzbenutzer müssen oft darauf zugreifen, dann ordnen Sie dieser CD einfach ein komplettes Laufwerk zu. Und schon müssen Sie sich nicht mehr mit blöden Meldungen herumschlagen.

Haben Sie mehr als eine CD, die auf diese Weise zugänglich gemacht werden soll, dann bauen Sie einfach mehr als ein CD-ROM-Laufwerk in den Server ein. Bei den ständig fallenden Preisen für Laufwerke – man bekommt ein gutes CD-ROM-Laufwerk schon für unter 150 DM – ist diese Lösung gar nicht so unrealistisch. Wenn Sie mehr als nur ein paar CD-ROMs teilen wollen, können Sie sich sogar einen CD-ROM-Server mit einem ganzen Stapel eingebauter Laufwerke kaufen. Letztens wurde auf einem dieser Werbezettel eines Mail-Order-Versandes ein »CD-ROM-Tower« mit sieben 12fach-CD-ROM-Laufwerken angeboten. Diese »Tower« sind eigenständige Server mit eingebauter Netzwerksoftware. Sie können sie also direkt an Ihr Netzwerk anschließen.

Eine Alternative zum CD-ROM-Tower ist die *Jukebox*. Eine Jukebox besteht aus einem einzelnen CD-ROM-Laufwerk, in das man mehrere der feinen Scheibchen einlegen kann, die dann bei Bedarf automatisch gewechselt werden. Man kann sie also in etwa mit dem CD-Wechsler vergleichen, den Sie sich letztes Jahr zu Weihnachten gegönnt haben. Jukeboxen sind nicht so teuer wie CD-ROM-Tower, aber auch nicht so schnell. Greift ein Benutzer auf eine CD-ROM zu, die sich gerade nicht im Laufwerk befindet, so muß die Jukebox die CD-ROMs wechseln. Wollen jetzt vielleicht zwei Benutzer gleichzeitig zwei verschiedene CD-ROMs verwenden, braucht die Jukebox ziemlich lange, um die Scheiben hin- und herzurödeln. (Sie umgehen dieses Problem, indem Sie sich – gegen entsprechende Mehrkosten selbstverständlich – eine Jukebox mit mehr als einem Laufwerk zulegen.)

Richten Sie ein Voice-Mail-System ein

Wenn Sie ein kleines Büro haben – sagen wir mal, mit weniger als fünf Angestellten – können Sie in Ihrem LAN ein Voice-Mail-System einrichten, das es selbst mit den eigenartigsten Telefonanlagen der größten Firmen aufnehmen kann. Bei einem Anruf werden Ihre treuen Kunden dann folgendermaßen begrüßt: »Willkommen bei Klitsche und Co! Wenn Sie etwas bestellen wollen, drücken Sie die 1! Für Service und Kundenbetreuung drücken Sie die 2! Wenn Sie eine Nachricht für Fred hinterlassen wollen, drücken Sie die 3! Wenn Sie eine Nachricht für Edith hinterlassen wollen, drücken Sie die 4! Wenn Sie mit richtigen Menschen sprechen wollen, legen Sie auf, und rufen Sie woanders an!«

Dieser ganze Mix aus Computern und Telefonie wird *Computertelefonie* genannt. (Ist nicht wahr!)

Eine Möglichkeit, ein Voice-Mail-System einzurichten, besteht darin, daß man ein spezielles Modem, ein sogenanntes Voice-Modem, an jeden Computer anschließt und jeweils eine eigene

Telefonleitung legt. Ein Voice-Modem ist wie ein Anrufbeantworter, eine Freisprecheinrichtung, ein Faxgerät und ein Modem in einem. Voice-Modems werden mit spezieller Software geliefert, mit deren Hilfe Sie solch ein Voice-Mail-System mit einer oder mehreren Mailboxen einrichten können. In denen werden dann die Anrufe auf der Festplatte gespeichert.

Sie brauchen einen wirklich großen Haufen Festplattenplatz zum Speichern von Voice-Mail-Nachrichten, da diese pro Minute fast ein halbes Megabyte für sich beanspruchen.

Das Problem an einer Telefonanlage mit Voice-Modems ist, daß die Voice-Modems nur für das Arbeiten mit einer einzelnen Telefonleitung geeignet sind. Und die Software, die bei den meisten Modems dabei ist, funktioniert nicht im Netzwerkeinsatz. Ein solches System einzurichten, das mehrere Leitungen unterstützt und in einem LAN arbeitet, ist kein schneller Job für zwischendurch, wenn Sie gerade darauf warten, daß die Kaffeemaschine fertig wird. Sie brauchen fachmännische Hilfe.

Für ein netzwerkfähiges Computertelefoniesystem brauchen Sie spezielle Hard- und Software von einer Firma, die sich auf Computertelefonie spezialisiert hat. Es wird auch nicht billig sein; aber gute Telefonanlagen sind auch nicht billig. Ein gutes Computertelefoniesystem erfordert einen eigenen Server mit Windows NT Server, NetWare oder UNIX.

Informationen über ein Computertelefoniesystem unter Windows NT Server finden Sie auf den Webseiten von Microsoft unter `www.microsoft.com/communications/telephony.htm`. Und bei Novell gibt es natürlich Informationen über Telefonie unter NetWare: `www.novell.com/products/telephony`.

Eine der besten Anwendungen von Computertelefonie ist ein Faxabrufsystem. Bei einem Faxabrufsystem wird der Anrufer durch eine Reihe von Menüs gelotst (»Drücken Sie jetzt die 3!«), damit an die Nummer, die er angibt, ein Dokument gefaxt wird. Diese Funktion kann von einem dedizierten Computer übernommen werden, der nicht einmal an Ihr Netzwerk angeschlossen sein muß. Allerdings werden Sie es vermutlich vorziehen, den Fax-Server im Netz zu haben, damit Sie von jedem Computer im Netzwerk auf die Dokumente zugreifen können.

Teilen Sie Ihr Fax mit anderen!

Wenn Sie ein Modem haben, das zum Senden und Empfangen von Faxen (sozusagen zum Faxenmachen!) in der Lage ist, können Sie dieses Modem als gemeinsame Netzwerkressource konfigurieren, so daß auch die anderen Leute im Netz was davon haben. Sollte Ihre Firma jeden Tag eine Menge Faxe verschicken und auch bekommen, dann investieren Sie doch in ein spezielles Fax-Server-System. Für gelegentliches Faxen können Sie die eingebaute Fax-Funktion von Windows 95 benutzen. Mit dieser Funktion können Sie jeden Windows 95-Rechner im Netzwerk in einen Fax-Server verwandeln.

Wenn Sie einen Windows 95-Rechner als Fax-Server verwenden wollen, dann installieren Sie zuerst ein Fax-Modem. Schließen Sie es anschließend an eine Telefonleitung an.

Danach gehen Sie folgendermaßen vor:

1. **Rufen Sie die Systemsteuerung auf und doppelklicken Sie auf das Symbol für Mail.**

   Das Dialogfeld EIGENSCHAFTEN VON MS EXCHANGE-EINSTELLUNGEN aus Abbildung 19.1 wird angezeigt. (Wenn Sie Outlook installiert haben, kann das Dialogfeld etwas anders aussehen.)

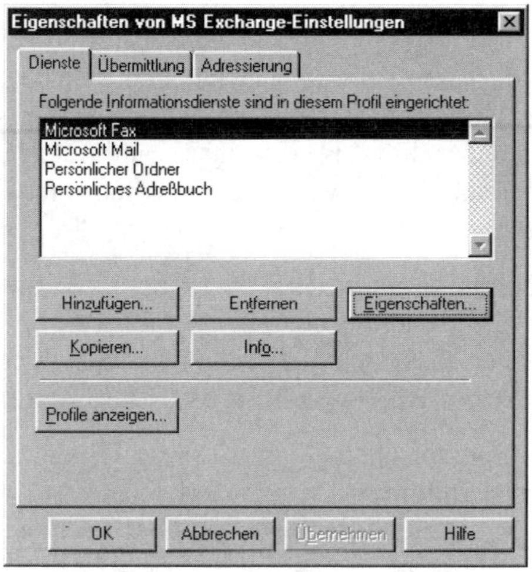

Abbildung 19.1: Das Dialogfeld EIGENSCHAFTEN VON MS EXCHANGE-EINSTELLUNGEN

2. **Doppelklicken Sie in der Liste der Informationsdienste auf MICROSOFT FAX.**

   Dadurch wird das Dialogfeld EIGENSCHAFTEN VON MICROSOFT FAX aufgerufen.

3. **Klicken Sie auf die Registerkarte MODEM im Dialogfeld EIGENSCHAFTEN VON MICROSOFT FAX.**

   Die Modem-Eigenschaften sehen Sie in Abbildung 19.2.

4. **Aktivieren Sie das Kontrollkästchen ANDERE BENUTZER IM NETZWERK DÜRFEN DAS MODEM VERWENDEN.**

   In einem Dialogfeld wird daraufhin nach einem Laufwerk und einem Ordner für den Faxdienst gefragt.

5. **Ändern Sie nötigenfalls das Laufwerk und den Ordner und klicken Sie dann auf OK.**

6. **Drücken Sie die Schaltfläche EIGENSCHAFTEN.**

   Die Freigabe-Eigenschaften für den freigegebenen Fax-Ordner werden angezeigt (Abbildung 19.3).

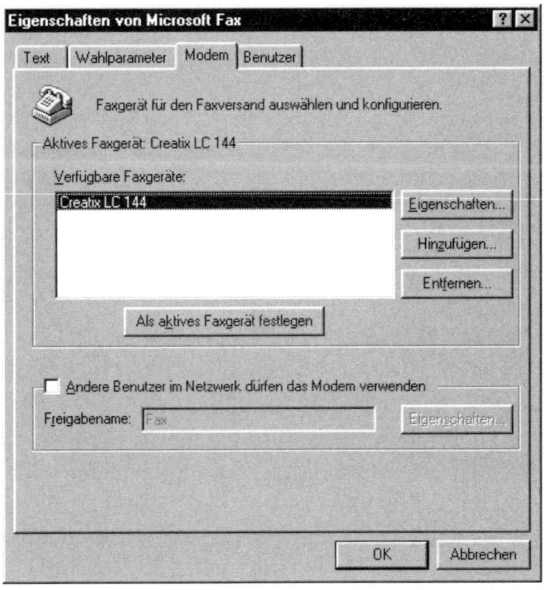

Abbildung 19.2: Das Dialogfeld EIGENSCHAFTEN VON MICROSOFT FAX *mit der Registerkarte* MODEM

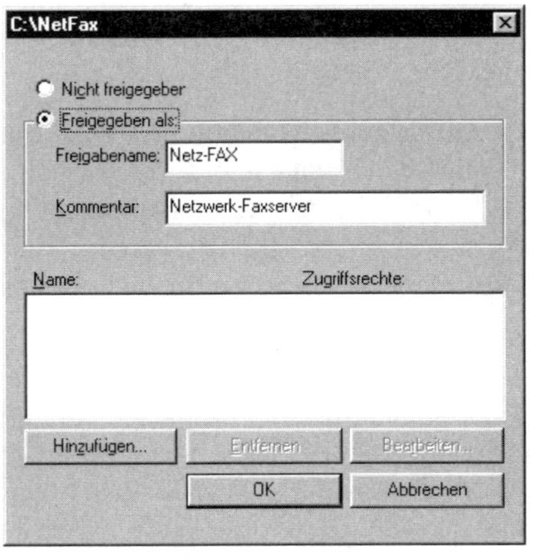

Abbildung 19.3: Die Freigabe-Eigenschaften für einen freigegebenen Fax-Ordner

7. **Jetzt klicken Sie auf das Optionsfeld neben dem Freigabenamen und vergeben Zugriffsrechte für den freigegebenen Fax-Ordner.**

   Wie Sie diese Rechte vergeben, hängt davon ab, wie Sie in Windows 95 die Zugriffssteuerung konfiguriert haben. Haben Sie ZUGRIFFSSTEUERUNG AUF BENUTZEREBENE eingestellt, so müssen Sie jedem Benutzer, dem die Benutzung des Fax erlaubt sein soll, volle Zugriffsrechte gewähren. Bei Zugriffssteuerung auf Freigabeebene erlauben Sie lediglich den Zugriff auf den Fax-Ordner.

8. **Klicken Sie OK.**

9. **Klicken Sie solange OK, bis auch das letzte Dialogfeld verschwunden ist.**

Das ist schon alles. Sie haben Ihren ersten Fax-Server eingerichtet, und es hat Sie keine 150 DM für einen Experten gekostet. Herzlichen Glückwunsch!

Spielen Sie doch mal ein Netzwerkspiel!

Der folgende Abschnitt könnte Sie Ihren Job kosten.

Geben Sie es zu. Einer der Hauptgründe für den Reiz des Computers liegt in den Spielen. In den letzten Jahren ist das Computerspielen – ich will es mal so sagen – sehr viel intensiver geworden. Als es losging mit den Computerspielen, war es schon sehr aufregend, wenn Sie eintippten: »Töte den Troll mit dem Schwert« und das Spiel erwiderte: »Ha, Du hast ihn verfehlt! Der Troll hackt Dir den Arm mit seinem Schwert ab!«. (Worauf Sie antworteten: »Es ist nur eine Fleischwunde, schurkischer Troll!«)

In heutigen Spielen sehen Sie den Troll tatsächlich auf dem Bildschirm, und die ganze Spielfläche wird mit kräftig leuchtendem Blut von 32 Bit-Farbtiefe überschüttet, wenn der Troll Ihnen den Arm abhackt.

Wenn Sie ein Netzwerk einrichten, tauchen vollkommen neue Spielmöglichkeiten auf. Viele der besten Spiele können nämlich heutzutage in einem Netzwerk mit vielen Teilnehmern gespielt werden. Bei Quake von ID Software beispielsweise können bis zu vier Mitspieler mitmachen. Quake kann im Kooperativen Modus gespielt werden. Dabei geht es darum, daß alle Spieler zusammen die computergenerierten bösen Buben bekämpfen. Im DeathMatch-Modus versuchen die Spieler, sich gegenseitig zu eliminieren.

Selbstverständlich gibt es auch friedlichere Netzwerkspiele. Das bekannteste Beispiel ist das Kartenspiel »Hearts«, das mit Windows für Workgroups und Windows 95 geliefert wird. Wenn Sie noch drei Netzwerkbenutzer finden, die gerade nichts besseres zu tun haben, können Sie eine nette Partie Hearts genießen, ohne die heimelige Atmosphäre Ihres Büros verlassen zu müssen. Abbildung 19.4 zeigt ein solches Spiel in Aktion.

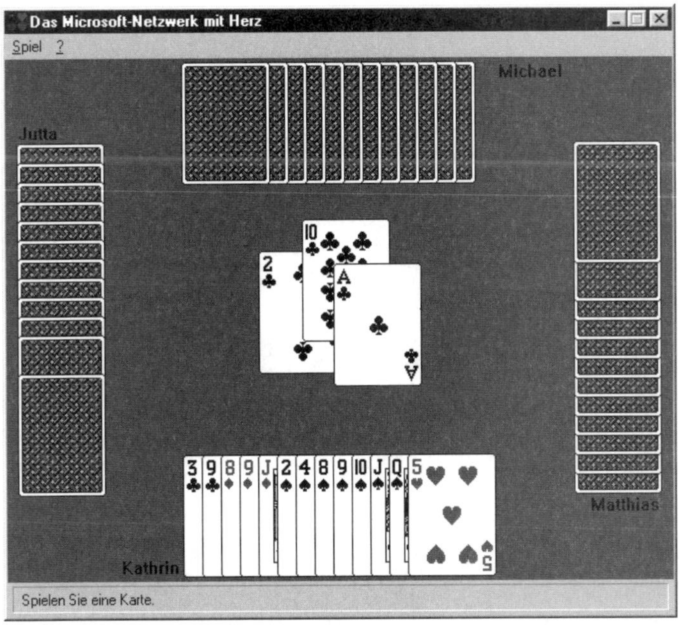

Abbildung 19.4: Eine Partie Hearts im Netzwerk ist eine sichere Methode, seinen Job zu verlieren.

Vernetzen Sie Ihr trautes Heim

20

In diesem Kapitel erfahren Sie, ...

- wie Sie in sieben Schritten ein einfaches Netzwerk aus zwei bis drei Computern für Ihr Zuhause zusammenbauen.
- noch einige wichtige Dinge über Ihr Hausnetzwerk.

Heutzutage gibt es immer mehr Menschen, die mehr als einen Computer zu Hause haben. In einigen Familien gibt es ganze Computergenerationen: eine alte Möhre von 386er, einen gut funktionierenden 486er und einen Pentium – oder vielleicht sogar zwei.

In diesem Kapitel gebe ich Ihnen eine einfache schrittweise Anleitung dafür, wie Sie zwei Computer in Ihrem Heim vernetzen können. Sie können dann einen Drucker, ein Festplatten- oder CD-ROM-Laufwerk gemeinsam nutzen. Nichts Besonderes, nur das, was nötig ist, damit das Netzwerk läuft.

Der Einfachheit halber wird in diesem Kapitel vorausgesetzt, daß alle Computer bereits unter Windows 95 laufen. Wenn Sie Macintosh-Rechner in das Netzwerk einbinden wollen, dann blättern Sie weiter zu Kapitel 22.

Schritt 1: Gehen Sie einkaufen

Als erstes schreiben Sie sich einen Einkaufszettel mit den Dingen, die Sie in Ihrem Computerladen kaufen müssen. Auf der Liste sollten folgende Sachen stehen:

✔ **Eine Ethernet-Karte für jeden Computer**: Sie müssen für die Netzwerkkarten keine Riesensummen bezahlen. Wenn Sie Karten für 40 DM finden können, dann kaufen Sie sie einfach.

Achten Sie darauf, daß auf den Verpackungen »Plug & Play« steht. Falls nicht, kann es sein, daß Sie sich mit der Einstellung der Interrupts und der Schnittstellen-Adressen herumärgern müssen. Bei Plug &Play-Karten werden alle Konfigurationseinstellungen automatisch erledigt, Sie müssen sich nicht um solche Kleinigkeiten kümmern.

Außerdem müssen Sie aufpassen, daß die Karten auf die Steckplätze in Ihrem Computer passen. Finden Sie heraus, welche Erweiterungssteckplätze Ihr Rechner hat. In den meisten Computern gibt es zwei Sorten: ISA und PCI. Besitzen Sie ein älteres Gerät, kann es sein, daß Sie einen anderen Steckplatz haben: wahrscheinlich VESA oder EISA. Am besten, Sie werfen einen Blick in das Handbuch Ihres Computers, um sicherzugehen.

Ethernet-Karten gibt es in zwei Ausführungen: *Koax* mit einem sogenannten BNC-Anschluß und *Twisted Pair* mit einem RJ-45-Anschluß. Auf manchen Ethernet-Karten sind beide Sorten vorhanden. Wenn Sie Ihr Hausnetzwerk mit Koaxialkabeln vernetzen, können Sie Geld sparen. Achten Sie also darauf, daß die Karten, die Sie kaufen, BNC-Anschlüsse haben. Wenn Sie aber Karten finden, auf denen beide Arten sind und die nur ein wenig teurer sind, dann kaufen Sie die. Man kann ja nie wissen.

Jede Karte hat einen T-Stecker und einen Terminator. Falls das bei Ihnen nicht der Fall sein sollte, müssen Sie diese Teile extra kaufen.

✔ **Ein Koaxialkabel mit BNC-Steckern an beiden Enden**: Ein 10 m langes Koaxialkabel kostet ungefähr 15 DM. Wenn Ihnen das nicht lang genug ist, können Sie mehrere Kabel zusammenstecken. Sie brauchen dafür ein spezielles Verbindungsstück, eine *Kupplung*. Oder Sie kaufen gleich ein längeres Kabel.

Kaufen Sie *kein* Antennenkabel. Ein Antennen-Koaxialkabel sieht zwar genauso aus wie ein Ethernet-Koaxialkabel, hat aber andere Eigenschaften. Achten Sie darauf, daß Sie wirklich ein RG 58-Ethernet-Kabel kaufen.

Schritt 2: Installieren Sie die Karten

Befolgen Sie einfach die Gebrauchsanweisung der Netzwerkkarten, um sie in die Computer einzubauen. Sie brauchen lediglich einen Schraubenzieher.

Fahren Sie Windows 95 herunter, schalten Sie den Computer aus und ziehen Sie den Netzstecker aus der Steckdose, bevor Sie das Gehäuse aufschrauben und anfangen, im Rechner herumzubasteln.

Schritt 3: Schließen Sie die Kabel an

Stecken Sie an jede Netzwerkkarte einen T-Stecker. Verbinden Sie anschließend die T-Stecker mit dem Kabel. An den zweiten Anschluß jedes T-Steckers kommt ein Terminator.

Schritt 4: Starten Sie die Computer

Nach dem Neustart merkt Windows 95, daß Sie eine neue Karte installiert haben und konfiguriert sie automatisch. Sollte das aus irgendeinem Grund nicht klappen, dann doppelklicken Sie in der Systemsteuerung auf das Symbol für Hardware. Sagen Sie dem Hardware-Assistenten, daß er die Netzwerkkarte automatisch finden und installieren soll.

Schritt 5: Überprüfen Sie die Netzwerkeinstellungen

Doppelklicken Sie auf das Symbol für Netzwerk in der Systemsteuerung. Das Dialogfeld für das Netzwerk aus Abbildung 20.1 wird angezeigt. Schauen Sie nach, ob die folgenden Einträge in der Liste der installierten Netzwerkkomponenten auftauchen:

- ✔ »Client für Microsoft-Netzwerke«,
- ✔ Ihre Netzwerkkarte, die als »NE2000-kompatibles Gerät« aufgeführt sein könnte bzw. entsprechend dem Kartentyp, den Sie wirklich besitzen,
- ✔ »NetBEUI (oder: TCP/IP) -> NE2000-kompatibles Gerät« (Wenn Sie keine NE2000-kompatible Netzwerkkarte haben, erscheint entsprechend der andere Name),
- ✔ »Datei- und Druckerfreigabe für Microsoft-Netzwerke«

Wenn einer dieser Einträge fehlt, dann klicken Sie die Schaltfläche HINZUFÜGEN, um die Liste zu ergänzen.

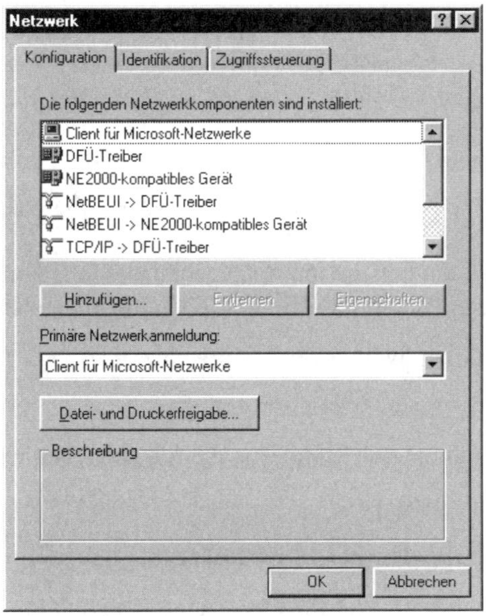

Abbildung 20.1: Die Netzwerk-Eigenschaften

Gehen Sie jetzt zur Registerkarte IDENTIFIKATION über. In Abbildung 20.2 sehen Sie die Identifikationseinstellungen Ihres Computers. Geben Sie jetzt für jeden Computer unterschiedliche Namen und Beschreibungen ein, passen Sie aber auf, daß die gleiche Arbeitsgruppe drinsteht.

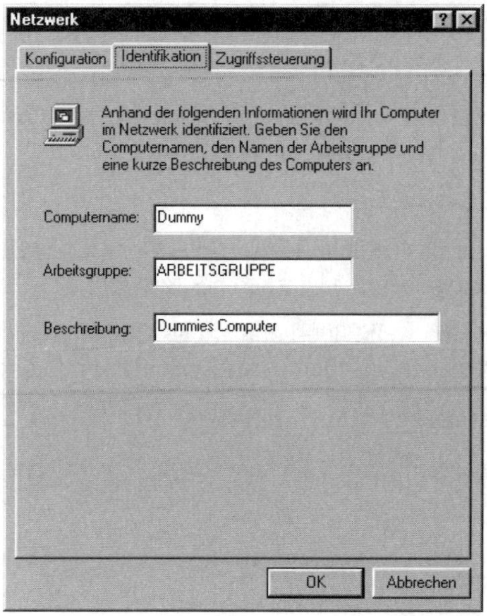

Abbildung 20.2: Beenden Sie die Identitätskrise Ihres Computers.

Schritt 6: Geben Sie Festplattenlaufwerke frei

Im nächsten Schritt sollen die Festplatten freigegeben werden, damit man vom jeweils anderen Computer darauf zugreifen kann. Führen Sie dazu die folgenden Arbeitsschritte aus:

1. **Doppelklicken Sie auf das Symbol für Arbeitsplatz.**

   Daraufhin wird das entsprechende Fenster geöffnet.

2. **Klicken Sie auf das Symbol der Festplatte, die Sie freigeben wollen.**

   Normalerweise ist das Laufwerk C.

3. **Geben Sie im Menü DATEI den Befehl FREIGABE.**

   Das Dialogfeld aus Abbildung 20.3 wird angezeigt. (Die Abbildung zeigt das Aussehen des Dialogfeldes nach den Schritten 4 und 5.)

4. **Klicken Sie auf FREIGEGEBEN ALS.**

   Sie können jetzt nach Belieben den Freigabenamen und das Kommentarfeld ändern.

5. **Geben Sie den Zugriffstyp LESE-/SCHREIBZUGRIFF an.**

   Jetzt können Sie von dem anderen Computer mit dem freigegebenen Laufwerk alles anstellen – einschließlich Dateien oder Ordner darauf erzeugen, sie löschen, umbenennen oder verschieben.

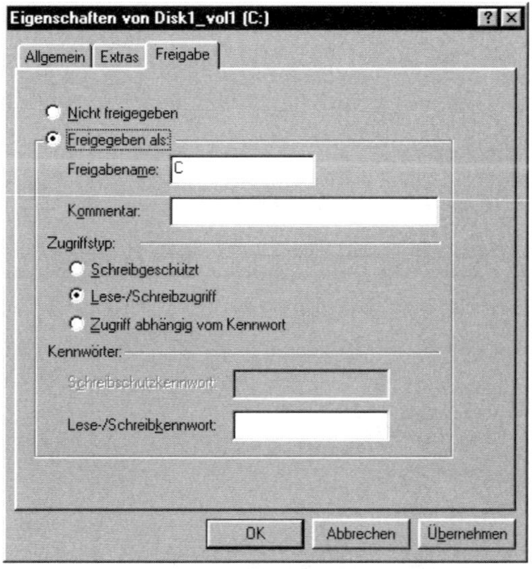

Abbildung 20.3: Die Freigabe-Eigenschaften

6. **Klicken Sie auf OK.**

   Das Dialogfeld wird geschlossen.

Natürlich müssen Sie das auf beiden Computern tun.

Um an das freigegebene Laufwerk des anderen Computers heranzukommen, doppelklicken Sie auf das Symbol für Netzwerkumgebung. In der Netzwerkumgebung sehen Sie die Arbeitsgruppe, in die Sie die beiden Computer gesteckt haben. Nach einem Doppelklick auf den Namen der Arbeitsgruppe bekommen Sie eine Liste mit allen Computern, die zu dieser Gruppe gehören. Wenn Sie nun noch auf den gewünschten Computer doppelklicken, werden alle freigegebenen Laufwerke und Ordner angezeigt.

Schritt 7: Geben Sie Ihre Drucker frei

Wenn Sie Drucker besitzen und diese freigeben wollen, dann führen Sie die folgenden Schritte aus:

1. **Doppelklicken Sie auf dem Computer, an den der Drucker angeschlossen ist, auf das Symbol für Arbeitsplatz.**

2. **Doppelklicken Sie im ARBEITSPLATZ-Fenster auf das Symbol für Drucker.**

   Der Druckerordner wird geöffnet und zeigt alle Drucker an, die an Ihrem Computer verfügbar sind.

3. **Markieren Sie den Drucker, den Sie freigeben wollen, und geben Sie dann im Menü DATEI den Befehl FREIGABE.**

   Die Freigabe-Eigenschaften für den Drucker werden angezeigt.

4. **Klicken Sie auf FREIGEGEBEN ALS.**

   Die Freigabe-Optionen, die in Abbildung 20.4 zu sehen sind, werden aktiviert.

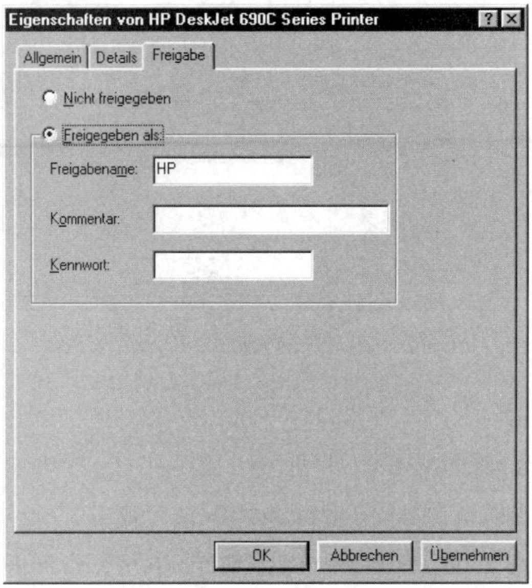

Abbildung 20.4: Einen Drucker freigeben

5. **Geben Sie einen Namen für den Drucker ein.**

6. **Klicken Sie OK.**

7. **Doppelklicken Sie auf dem anderen Computer auf das Symbol für Arbeitsplatz und dann auf das für Drucker.**

   Dadurch wird der Druckerordner geöffnet.

8. **Doppelklicken Sie auf das Symbol für Neuer Drucker.**

   Der ASSISTENT FÜR DRUCKERINSTALLATION (Abbildung 20.5) wird gestartet.

9. **Folgen Sie dem Assistenten, um den Drucker einzurichten, den Sie in den Schritten 1-6 freigegeben haben.**

   Der Drucker-Assistent fragt Sie, ob Sie einen lokalen oder einen Netzwerkdrucker installieren möchten. Sie können dann das Netzwerk nach dem gewünschten Drucker durchsuchen. Außerdem müssen Sie dem Assistenten den Hersteller und die Typbezeichnung des

Druckers verraten. Wenn diese beiden Angaben nicht in der Liste erscheinen, die der Assistent Ihnen anbietet, dann greifen Sie auf die Disketten zurück, die mit dem Drucker geliefert wurden. Damit können Sie die Installation vervollständigen.

10. Sie sind fertig! Ich gratuliere!

Sie können jetzt auf einen Netzwerkdrucker drucken. Wählen Sie einfach das entsprechende Gerät aus, wenn Sie in einem beliebigen Windows 95-Programm den Befehl DRUCKEN im Menü DATEI geben.

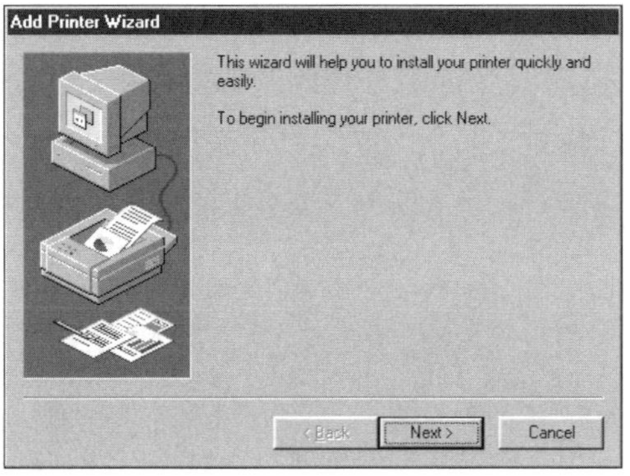

Abbildung 20.5: Fügen Sie einen Drucker hinzu.

So verwalten Sie Ihr Netzwerk

Wenn Sie mit dem Vernetzen der Computer zu Hause fertig sind, sind Sie – oder wer auch immer die Aufsicht über Ihre Computer besitzt – Systemadministrator des Hausnetzwerkes, sozusagen Hausmeister. Dummerweise ist der Unterschied zwischen einem Netzwerk in einer Firma und Ihrem Netzwerk zu Hause gar nicht so groß. Eigentlich gibt es keinen, außer in der Größe (von den Aufgaben, die das Netzwerk erfüllen soll, schweigen wir jetzt mal). Die folgende Liste zeigt im einzelnen, worauf Sie zu achten haben:

✔ **Sorgen Sie dafür, daß alle wissen, wie sie auf das Netzwerk zugreifen können und wie man die freigegebenen Laufwerke und Drucker benutzt.** Veranstalten Sie eine Sitzung mit der ganzen Familie, in der Sie erklären, was geht und was nicht.

✔ **Denken Sie mal darüber nach, ob Sie wirklich den vollen Zugriff auf das Laufwerk C: über das Netz gewähren wollen.** Was wäre, wenn z. B. Ihr Sohn sauer auf Sie ist, weil Sie ihm nicht die Autoschlüssel gegeben haben und jetzt beschließt, einfach ein paar Ihrer wichtigen Dateien zu löschen? Vielleicht sollten Sie sich mal ein paar Gedanken über Sicherheit machen. Geben Sie jedem Benutzer einen Benutzernamen und ein Kennwort. Beschränken Sie die Freigabe auf bestimmte Ordner auf jedem Laufwerk und schützen Sie private Ordner mit einem Kennwort.

- **Jeder sollte wissen, daß er oder sie selbst für Sicherheitskopien verantwortlich ist.** Dann kann es nämlich nicht passieren, daß Ihre Kinder ankommen und Sie vollmaulen, weil ihre 30seitigen Abschlußarbeiten wegen »des blöden Netzes« abhanden gekommen sind. Als moderne Eltern der 90er Jahre werden Sie sicher das Erstellen von Sicherheitskopien in den samstäglichen Aufgabenkatalog übernehmen, gleich nach Treppewischen und Zimmeraufräumen.
- **Achten Sie auf ausreichenden Festplattenplatz.** Sie werden erstaunt sein, wie schnell sich die Gigabytes füllen, wenn die ganze Familie das Netz benutzt.

Wählen Sie sich in Ihr Netzwerk ein

21

In diesem Kapitel erfahren Sie, ...

- wie Sie mit Windows 95 eine DFÜ-Verbindung aufbauen können.
- welche anderen Wege es gibt, eine Verbindung herzustellen.

Seit tragbare Computer und Heimcomputer immer beliebter werden, haben es sich viele Computerbenutzer angewöhnt, Arbeit aus dem Büro mit nach Hause zu nehmen, um sie am Abend oder über das Wochenende zu erledigen. Das funktioniert eigentlich auch ganz gut. Das einzige Problem ist, daß der Datenaustausch zwischen einem tragbaren oder Heimcomputer und dem Bürorechner alles andere als einfach ist.

Eine Möglichkeit besteht darin, die Dateien vom Computer auf eine Diskette zu kopieren und dann weiter auf den anderen Computer. Das hat jedoch so seine Nachteile. Was ist, wenn die Dateien, die Sie mitnehmen wollen, nicht auf eine Diskette passen? Und was passiert, wenn Sie in der morgendlichen Hatz vergessen, die Diskette in die Tasche zu packen?

Wenn Sie einen Laptop oder ein Notebook benutzen, können Sie dieses Gerät mit Hilfe einer Software wie LapLink und eines Kabels an Ihren Bürocomputer anschließen. Sind die Rechner erst einmal miteinander verbunden, überspielen Sie einfach die Dateien. Das ist viel effektiver (und auch eleganter) als die Diskettenlösung, hat aber auch Nachteile. Stellen Sie sich nur einmal vor, Sie kommen nach Hause und merken, daß Sie eine wichtige Datei vergessen haben.

Wenn Sie schon zu Hause arbeiten müssen, dann ist eine direkte Verbindung der beiden Computer mit Modem und Wählverbindung der beste Weg, Ihre Arbeit ins Büro zu transportieren. Sie können dann von Ihrem Heimcomputer aus auf alle freigegebenen Laufwerke im Netzwerk zugreifen. Ihr Computer zu Hause wird im Prinzip Teil des Netzwerkes im Büro.

In diesem Kapitel erfahren Sie, wie Sie mit Hilfe einer Funktion in Windows 95 namens *DFÜ-Netzwerk* eine Fernverbindung aufbauen. Diese Funktion unterstützt eine einfache, aber eingeschränkte Modemverbindung zwischen einem entfernten Rechner und einem Computer in einem Netzwerk. Anschließend stelle ich Ihnen die Vorteile von fortschrittlicheren Techniken wie Windows NT Remote Access Service oder IntranetWare Connect vor.

Beim Einrichten einer Wählverbindung sollten Sie Ihr Hauptaugenmerk auf die Sicherheitsaspekte richten. Wenn *Sie* sich in Ihren Bürocomputer einwählen und auf Dateien zugreifen können, dann kann das auch jeder andere. Kennwörter bieten einen gewissen Schutz. Allerdings kann ein echter Hacker ein Kennwort genauso schnell knacken, wie ein erfahrener Autodieb ein Auto. Falls Sicherheit wirklich wichtig ist, dann benutzen Sie statt des DFÜ-Netzwerkes unter Windows 95 lieber Windows NT Server oder IntranetWare Connect. In beiden Programmen gibt es bessere Sicherheitsvorkehrungen als in Windows 95.

Ich werde im ganzen Kapitel davon ausgehen, daß Sie den Fernzugriff dazu benutzen, sich von Ihrem Heimcomputer in den Computer in Ihrem Büro einzuwählen. Das ist natürlich nicht die einzige Einsatzmöglichkeit für DFÜ-Verbindungen. Sie können es selbstverständlich auch andersherum machen: Rufen Sie den Computer zu Hause von Ihrem Büro aus an. Oder versuchen Sie es aus einem Hotelzimmer heraus mit einem Laptop. Es ist eben nur so, daß ich den Computer, mit dem Sie einen anderen Computer anrufen, *Heimcomputer* nennen werde. Den anderen Computer, also den Rechner, den Sie anrufen, nenne ich *Bürocomputer*.

DFÜ-Netzwerke mit Windows 95

Wenn sowohl auf dem Bürocomputer als auch auf Ihrem Heimrechner Windows 95 laufen, ist es ganz einfach, eine DFÜ-Verbindung zwischen beiden einzurichten. Nachdem Sie die Verbindung aufgebaut haben, können Sie die Festplatten und die Drucker des anderen Rechners benutzen. Außerdem haben Sie Zugriff auf alle im Netzwerk freigegebenen Festplatten und Drucker. Mit anderen Worten, jede Ressource – ob Laufwerk oder Drucker – die an Ihrem Bürocomputer verfügbar ist, steht Ihnen auch zu Hause zur Verfügung.

Die Windows 95-Funktion, mit der Sie Wählverbindungen erstellen können, heißt DFÜ-Netzwerk. DFÜ steht übrigens für Datenfernübertragung. Computerfreaks neigen dazu, andere mit dreibuchstabigen Abkürzungen zu verwirren.

Um ein DFÜ-Netzwerk benutzen zu können, müssen beide Computer ein Modem besitzen und an eine Telefonleitung angeschlossen sein. Weiterhin brauchen Sie ein Programm namens Microsoft Plus! auf dem Computer in Ihrem Büro. Sie können Microsoft Plus! in praktisch jedem Computergeschäft kaufen, falls Sie es noch nicht besitzen.

Sie können leicht feststellen, ob Microsoft Plus! bei Ihnen bereits auf dem Rechner ist. Achten Sie beim Hochfahren von Windows auf den Startbildschirm. Wenn die Worte Microsoft Plus! neben dem Windows 95-Logo auftauchen, dann haben Sie das Programm bereits. Oder Sie gehen in die Systemsteuerung und doppelklicken auf das Symbol für Software. Wenn Microsoft Plus! für Windows 95 in der Liste der Programme auftaucht, dann ist es vorhanden. Wenn nicht, müssen Sie es erst installieren, bevor Sie den Computer als DFÜ-Server einrichten können.

Im neuen Windows 98 gibt es jetzt eine Funktion zum Einrichten eines DFÜ-Knotens. Wenn Sie also bereits mit Windows 98 arbeiten, dann vergessen Sie alles, was ich bisher über Microsoft Plus! gesagt habe. Sie haben alles, was Sie brauchen.

Bevor Sie eine Wählverbindung benutzen können, müssen Sie zunächst beide Computer auf diese Aufgabe vorbereiten. Zuerst richten Sie den Computer an Ihrer Arbeitsstelle als DFÜ-Server ein. Aus dem Computer zu Hause wird ein DFÜ-Client. Wenn beide Computer konfiguriert sind, können Sie den Client benutzen, um sich in den DFÜ-Server in Ihrem Büro einzuwählen. In den nächsten Abschnitten werden alle Arbeitsschritte beschrieben, die nötig sind, um DFÜ-Server und -Client einzurichten.

So richten Sie einen DFÜ-Server ein

Die folgenden Schritte beschreiben, wie Sie aus Ihrem Bürorechner einen DFÜ-Server machen:

1. **Wählen Sie den Befehl START/PROGRAMME/ZUBEHÖR/DFÜ-NETZWERK.**

   Das DFÜ-NETZWERK-Fenster aus Abbildung 21.1 wird angezeigt. Wenn Sie vorher bereits einmal eine Wählverbindung, z. B. zu einem Internet Service Provider oder einem anderen Netzwerk aufgebaut hatten, werden Sie neben dem Symbol für Neue Verbindung erstellen noch andere Symbole bemerken.

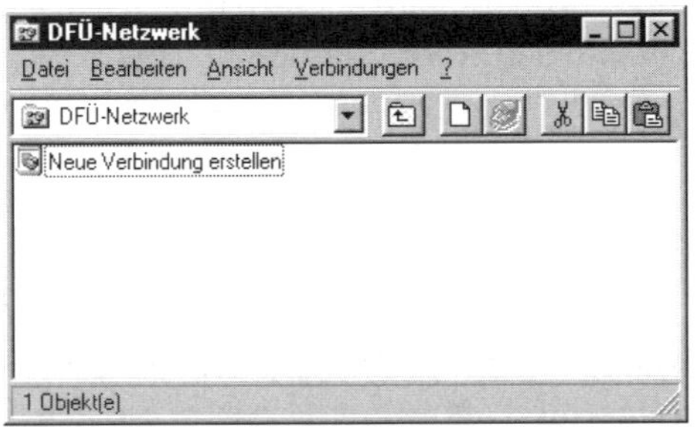

Abbildung 21.1: Das Fenster DFÜ-NETZWERK

2. **Wählen Sie im Menü VERBINDUNGEN den Befehl DFÜ-SERVER.**

   Das Dialogfeld DFÜ-SERVER aus Abbildung 21.2 wird geöffnet.

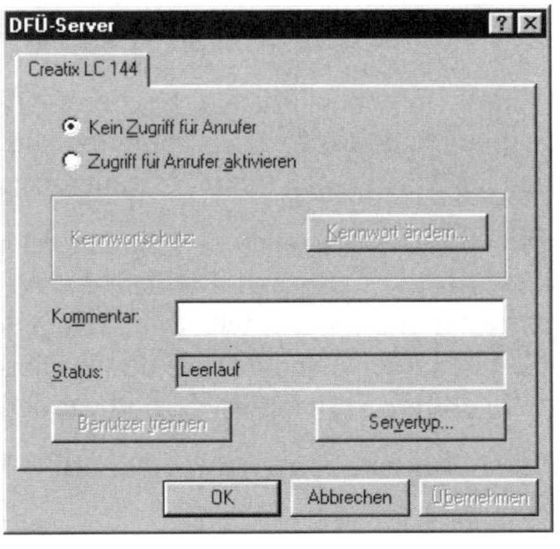

Abbildung 21.2: Das Dialogfeld DFÜ-SERVER

3. **Klicken Sie auf Zugriff für Anrufer aktivieren.**

   Damit wird anderen Computern erlaubt, auf den Bürocomputer zuzugreifen. Nachdem Sie auf Zugriff für Anrufer aktivieren geklickt haben, wird die Schaltfläche Kennwort ändern aktiviert.

4. **Klicken Sie auf die Schaltfläche Kennwort ändern.**

   Sie werden aufgefordert, ein Kennwort einzugeben.

5. **Geben Sie ein Kennwort ein, und klicken Sie anschließend auf OK.**

   Dieses Kennwort benutzen Sie, wenn Sie sich in Ihren Bürocomputer einwählen. Schreiben Sie es sich irgendwo auf, damit Sie es nicht vergessen.

   Es ist wirklich sehr wichtig, daß Sie ein Kennwort festlegen, wenn Sie einen DFÜ-Server einrichten. Anderenfalls kann nämlich jeder, der die Telefonnummer kennt, Ihren Computer anrufen und damit nicht nur über Ihren Rechner, sondern über das gesamte Netzwerk verfügen. Und das wollen Sie doch nicht, oder?

6. **Klicken Sie auf OK.**

   Der Computer ist jetzt ein waschechter DFÜ-Server. Sie müssen jetzt nur noch irgendwelche Laufwerke oder Drucker freigeben, die Sie von zu Hause aus benutzen wollen.

7. **Doppelklicken Sie auf das Symbol für Arbeitsplatz, um Laufwerke freizugeben. Klicken Sie dann auf das gewünschte Laufwerk und geben Sie den Befehl Freigabe aus dem Menü Datei. Klicken Sie auf Freigegeben als und anschließend auf OK.**

8. **Um einen Drucker freizugeben, doppelklicken Sie auf das Symbol für Drucker im Arbeitsplatz-Fenster. Wählen Sie dann den Drucker, geben Sie den Befehl Datei/Freigabe, klicken Sie auf Freigegeben als und dann auf OK.**

Jetzt sind Sie fertig.

Die folgenden Dinge sollten Sie noch wissen, wenn Sie einen DFÜ-Server einrichten:

- ✔ Nachdem Sie in Schritt 6 auf OK geklickt haben, erscheint ein Symbol für DFÜ-Server in der Taskleiste. Dieses Symbol zeigt an, daß der Computer die Telefonleitung überwacht, um bei einem ankommenden Anruf eine Verbindung aufzubauen.
- ✔ Zum Ausschalten des DFÜ-Servers doppelklicken Sie auf das Symbol für DFÜ-Server in der Taskleiste. Daraufhin wird das DFÜ-Server-Dialogfeld aufgerufen. Klicken Sie auf Kein Zugriff für Anrufer und bestätigen Sie mit OK. Das Dialogfeld wird wieder geschlossen und das Symbol für DFÜ-Server verschwindet aus der Taskleiste. Zum erneuten Starten des DFÜ-Servers muß der gesamte Vorgang wiederholt werden.
- ✔ Wenn Sie Ihren Computer herunterfahren, während der DFÜ-Server aktiv ist, wird dieser beim nächsten Hochfahren automatisch gestartet.

Sollte im DFÜ-Netzwerk-Fenster der Befehl Verbindungen/DFÜ-Server nicht vorhanden sein, dann haben Sie MicrosoftPlus! nicht installiert. Denken Sie daran, Sie müssen zuerst dieses Programm installieren.

✔ Falls DFÜ-Netzwerk sich noch nicht auf Ihrem Computer befindet, können Sie es von der Windows 95-CD-ROM installieren. Rufen Sie die Systemsteuerung auf und klicken Sie dann auf das Symbol für Software. Im Dialogfeld Eigenschaften von Software klicken Sie dann auf die Registerkarte Windows Setup. Doppelklicken Sie auf das Symbol für Verbindungen in der Liste der optionalen Windowskomponenten und dann auf DFÜ-Netzwerk. Drücken Sie OK und legen Sie die Windows 95-CD-ROM ein, um die Installation zu vervollständigen.

Richten Sie unter keinen Umständen einen DFÜ-Server ohne Kennwort ein! Ja, ich weiß selbst, daß ich Sie schon einmal deswegen gewarnt habe, aber ich denke, ich sollte es noch einmal tun. Also, nie ohne Kennwort!

Wenn Sie Netzwerkverwalter sind, wird Ihnen vielleicht schon ganz schlecht bei dem Gedanken an Benutzer, die selbsttätig DFÜ-Server einrichten, um Zugang zu Ihrem Netzwerk zu bekommen. Sollte dies der Fall sein, dann verbannen Sie mit Hilfe eines Windows 95-Programmes poledit (Policy Editor) die DFÜ-Server-Funktion von den Rechnern.

So bereiten Sie Ihren Computer zu Hause auf die Datenfernübertragung vor

Wenn Sie Ihren Heimcomputer so konfigurieren wollen, daß Sie sich in Ihren Bürorechner einwählen können, müssen Sie eine neue Wählverbindung erzeugen:

1. **Wählen Sie den Befehl Start/Programme/Zubehör/DFÜ-Netzwerk.**

   Das DFÜ-Netzwerk-Fenster, das Sie bereits in Abbildung 21.1 besichtigen konnten, wird geöffnet.

2. **Doppelklicken Sie auf das Symbol für Neue Verbindung.**

   Daraufhin wird der Verbindungsassistent zum Leben erweckt. Dieser Assistent stellt Ihnen ein paar ganz leichte Fragen. Dann erzeugt er ein Symbol für die Verbindung zu Ihrem Bürocomputer.

3. **Geben Sie der Verbindung zu Ihrem Bürocomputer einen Namen.**

   Sie sollten sich einen einfachen Namen ausdenken, etwa »Buero« (und nicht etwa »krzlbfff«).

4. **Klicken Sie auf Weiter.**

   Der Assistent fragt Sie jetzt nach der Telefonnummer Ihres Büros.

5. **Geben Sie die Telefonnummer ein, die zum Modem an Ihrem Bürorechner führt und klicken Sie dann auf Weiter.**

   Der Assistent blendet ein Dialogfeld als Bestätigung dafür ein, daß Sie jetzt eine Verbindung aufmachen könnten.

6. **Klicken Sie auf Fertigstellen.**

   Der Assistent erzeugt eine neue Verbindung, die als Symbol im DFÜ-Netzwerk-Fenster angezeigt wird.

Hier noch ein paar Kleinigkeiten, die Sie beim Einrichten Ihres Computers beachten sollten:

- ✔ Der Assistent fragt Sie möglicherweise nach zusätzlichen Informationen, wenn er entdeckt, daß Ihr Modem überhaupt noch nicht für die Datenfernübertragung benutzt wurde. Sie sollten das Angebot annehmen und alle Fragen nach bestem Wissen beantworten. Wenn es Sie etwas verwirrt, dann tun Sie einfach so, als wüßten Sie genau, was Sie tun; der Assistent wird es nicht merken.
- ✔ Wenn Sie nirgendwo auf Ihrem Computer einen Eintrag DFÜ-Netzwerk entdecken können, dann werden Sie es wohl nicht installiert haben. Nehmen Sie die Windows 95-CD-ROM, und rufen Sie die Systemsteuerung auf. Klicken Sie dann auf das Symbol für Software. Im Dialogfeld Eigenschaften von Software klicken Sie auf die Registerkarte Windows Setup. Doppelklicken Sie auf das Symbol für Verbindungen in der Liste der optionalen Windowskomponenten und dann auf DFÜ-Netzwerk. Drücken Sie OK und legen Sie die Windows 95-CD-ROM ein, um die Installation zu vervollständigen.

Sollten Sie vorhaben, Ihren Bürocomputer sehr häufig anzurufen, dann ziehen Sie das Symbol für die Verbindung zum Bürocomputer aus dem DFÜ-Netzwerk-Fenster auf Ihren Desktop. Sie müssen sich dann nicht immer von Start/Programme/Zubehör zu DFÜ-Netzwerk durchhangeln, wenn Sie mal eine Verbindung öffnen möchten.

Stellen Sie eine Verbindung her

Okay, Sie haben Ihren Heim- und Ihren Bürocomputer für die Datenfernübertragung konfiguriert. Jetzt ist es an der Zeit, endlich eine Verbindung zu starten und das DFÜ-Netzwerk zum Leben zu erwecken. Auf geht's!

1. **Wählen Sie auf Ihrem Heimcomputer den Befehl DFÜ-Netzwerk aus dem Menü Start/Programme/Zubehör und doppelklicken Sie auf das Symbol für die Verbindung zu Ihrem Bürocomputer.**

   Falls Sie eine Kopie des Symbols auf Ihren Desktop gezogen haben, doppelklicken Sie einfach auf das Symbol. Wie auch immer Sie es anstellen, es wird auf jeden Fall das Dialogfeld Verbinden mit angezeigt, das in Abbildung 21.3 zu sehen ist.

Abbildung 21.3: Das Dialogfeld VERBINDEN MIT

2. **Kontrollieren Sie noch einmal, ob Telefonnummer, Benutzername und Kennwort richtig sind. Klicken Sie dann auf VERBINDEN.**

   Windows 95 ruft Ihren Bürocomputer an und etabliert eine Verbindung. Das kann einige Minuten dauern, seien Sie also geduldig. Während die Verbindung aufgebaut wird, sehen Sie verschiedene Meldungen auf dem Bildschirm, wie etwa »Wähle...«, »Überprüfe Benutzernamen und Kennwort«, »Warten auf Godot«, »Drehe Däumchen« usw. Irgendwann kommt die Nachricht »Verbindung aufgebaut« und Sie sind ganz offiziell mit Ihrem Bürocomputer verbunden.

Nachdem Sie verbunden sind, können Sie die Festplatten und Drucker Ihres Bürorechners benutzen. Es ist jedoch nicht möglich, auf die Netzwerkumgebung zuzugreifen. Windows 95 deaktiviert bei Wählverbindungen automatisch die Netzwerkumgebung, weil diese Verbindungen im Vergleich zu normalen Ethernet-Verbindungen so schrecklich langsam sind. Führen Sie statt dessen die folgenden Schritte durch, um Zugriff auf die Ressourcen Ihres Bürocomputers zu haben, wenn Sie per Telefon verbunden sind:

1. **Wählen Sie den Befehl AUSFÜHREN im Menü START.**

2. **Geben Sie zwei Slash-Zeichen (/), gefolgt vom Namen Ihres Bürorechners, ein.**

   Das könnte z. B. so aussehen: //Buero.

3. **Klicken Sie OK.**

   Ihr Computer zu Hause braucht eine Weile. Aber schließlich wird ein Fenster wie das aus Abbildung 21.4 angezeigt.

Sie können von Ihrem Computer zu Hause die freigegebenen Laufwerke und Drucker an Ihrem Bürorechner benutzen.

Sie beenden die Verbindung, indem Sie auf das Symbol für Modem in der Taskleiste doppelklicken und dann den Befehl VERBINDUNG BEENDEN geben.

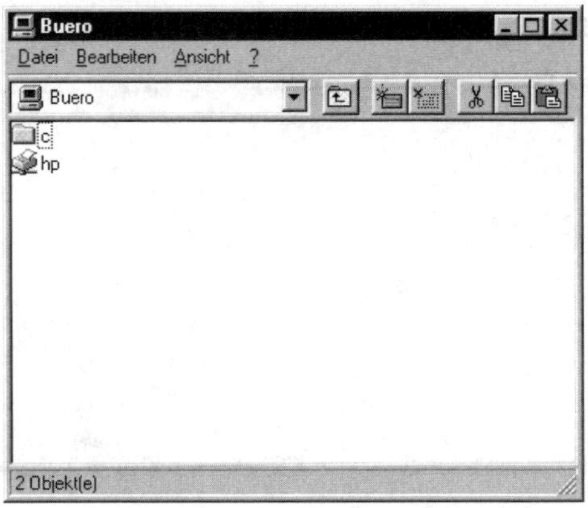

Abbildung 21.4: So greifen Sie mit der Funktion DFÜ-NETZWERK auf die Ressourcen eines anderen Computers zu.

Andere Wege, über die Benutzer sich einwählen können

Wenn Sie sich Sorgen um die Sicherheit Ihrer Netzwerkanbindung machen oder mehreren Netzwerkbenutzern erlauben wollen, sich von zu Hause einzuwählen, lassen Sie gleich die Finger vom DFÜ-Server unter Windows 95 und benutzen Sie ein ausgefeilteres Programm, um Ihren Benutzern Wählverbindungen zu ermöglichen. Es gibt zwei grundlegende Lösungsansätze: Entweder Sie verwenden Software wie den Remote Access Service unter Windows NT Server bzw. Novells IntranetWare Connect. Oder Sie erweitern Ihr Netzwerk um spezielle Hardware für den Fernzugriff.

Software für den Fernzugriff

Windows NT Server besitzt eine eingebaute Unterstützung für den Fernzugriff, bei der das Programm Remote Access Service, oder auch kurz RAS benutzt wird. Mit RAS statten Sie einen Server mit einem oder mehreren Modems (normale Modems oder ISDN-Geräte) aus und machen ihn so zum Server für den Fernzugriff. Benutzer können sich von außen in das Netzwerk einwählen und es dann so nutzen, als wären sie per Ethernet-Kabel verbunden. Natürlich ist die Verbindung viel langsamer als über echtes Ethernet-Kabel, weil alles per Telefonleitungen geschieht.

Der Vorteil des Remote Access Service gegenüber einem einfachen DFÜ-Server unter Windows 95 besteht darin, daß Sie mit RAS mehr Kontrolle über die Sicherheit haben. Mit RAS können Sie alle grundlegenden Sicherheitsfunktionen von Windows NT Server benutzen. Außerdem besitzt es noch ein paar Zusatzfunktionen, die extra auf die Benutzer von Wählverbindungen abgestimmt wurden. Man kann z. B. per Rückruf die Sicherheit erhöhen. Das funktioniert folgendermaßen:

1. Ein Benutzer wählt sich von zu Hause in den RAS-Server ein.
2. Der RAS-Server stellt den Benutzernamen und das Kennwort fest.
3. Der RAS-Server beendet die Verbindung zum Benutzer.
4. Der RAS-Server ruft zurück, wobei er eine vorher vereinbarte Telefonnummer verwendet.
5. Der Computer des Benutzers nimmt den Anruf entgegen und prüft seinerseits die Verbindung.
6. Der Benutzer kann jetzt das Netzwerk benutzen.

Die Firma Novell bietet mit IntranetWare Connect ein ähnliches Programm. Mit Connect kann man einen Modem-Pool einrichten, den Netzwerkbenutzer sowohl für ausgehende Anrufe (z. B. zum Internetsurfen oder zum Faxe verschicken) als auch für Fernzugriffe benutzen können.

Hardware für den Fernzugriff

Eine Alternative zum Aufbau eines dedizierten Kommunikationsservers mit Windows NT Server oder IntranetWare besteht in spezieller Hardware für den Fernzugriff. Bei dieser Möglichkeit müssen Sie sich nicht mit dem Einrichten und Warten von Windows NT Server oder IntranetWare herumschlagen, und Sie müssen auch nicht einen ganzen PC dazu verschwenden, Modems für den Fernzugriff bereitzustellen.

Die bekannteste Hardware für den Fernzugriff ist LanRover von Shiva. Der LanRover ist ein eigenständiger Server, der einen Ethernet-Anschluß besitzt, so daß Sie ihn in Ihr Netzwerk einbinden können, sowie vier bzw. acht serielle Schnittstellen für die Modems. Oder Sie kaufen sich gleich den LanRover Plus, der eingebaute Modems hat. LanRover können Sie mit normalen Modemverbindungen oder mit ISDN-Verbindungen für schnellere Übertragungen einsetzen.

Weitere Infos über LanRover finden Sie im Internet auf der Homepage von Shiva unter `www.shiva.com`.

Vernetzen Sie Macintosh-Computer

22

In diesem Kapitel erfahren Sie, wie Sie ...

- ein Macintosh-Netzwerk einrichten.
- ein Macintosh-Netzwerk benutzen.
- ein gemischtes Netzwerk aus Macintosh-Rechnern und PCs einrichten.

Dieses Buch hat sich bisher nur mit dem Vernetzen von PCs befaßt, so als gäbe es neben IBM nichts anderes mehr. Der Vollständigkeit halber sollte ich wenigstens die Existenz einer anderen Computersorte erwähnen: die Apple Macintosh-Computer.

Bei Apple rühmt man sich immer der Tatsache, daß man in das Macintosh-Betriebssystem Dinge eingebaut hat, die Windows-Benutzer extra kaufen müssen. Im Prinzip ist Windows selbst dafür das klassische Beispiel; Macintosh-Benutzer müssen sich nicht zusätzlich eine grafische Benutzungsoberfläche kaufen, weil das Betriebssystem selbst die grafische Oberfläche hat. Ein anderes Beispiel ist die Netzwerkunterstützung. Jeder jemals gebaute Mac hat eingebaute Netzwerkfähigkeiten. Um seinen Mac zu vernetzen, muß man sich nur ein Netzwerkkabel kaufen.

Es geht sogar noch weiter. In diesem Kapitel erfahren Sie, was Sie brauchen, um ein Macintosh-Netzwerk einzurichten, was Sie wissen müssen, um ein solches Netzwerk zu benutzen und wie Sie Macs und PCs gemeinsam in einem Netzwerk unterkriegen. Das ist hier allerdings kein umfassendes Werk über die Vernetzung von Macintosh-Rechnern. Wenn Sie mehr wissen wollen und vielleicht sowieso Mac-Benutzer sind, können Sie sich ja das Buch *Mac & Co für Dummies* von David Pogue, Claudia und Christian Koch (ITP 1998) kaufen.

Was Sie wissen müssen, um ein Macintosh-Netzwerk einzurichten

Die Einrichtung eines kleinen Macintosh-Netzwerkes ist sehr einfach: Man muß einfach nur Kabel kaufen und sie anstöpseln.

AppleTalk und Open Transport

Ich sagte bereits, daß jeder Macintosh Netzwerkunterstützung besitzt. Die eingebauten Funktionen sind denen von Windows 95 ähnlich: Nicht so leistungsfähig wie IntranetWare oder Windows NT Server, aber ausreichend, um ein kleines Netz aufzubauen, so daß mehrere Benutzer Dateien und Drucker gemeinsam benutzen können.

Die in Macintosh-Rechner eingebaute Netzwerkfunktion heißt AppleTalk. Einer der Vorteile des eingebauten AppleTalk besteht darin, daß es sich zu einem Netzwerkstandard unter Macintosh-Benutzern entwickelt hat. Man muß sich also keine Gedanken um Unterschiede zwischen verschiedenen Netzwerkbetriebssystemen machen, weil der ganze Netzwerkbetrieb auf dem Mac auf AppleTalk beruht.

Mit der Veröffentlichung von MacOS 7.5.3 wurde AppleTalk in das neuere Netzwerkschema Open Transport integriert. Der Gedanke hinter Open Transport ist es, die ganze unterschiedliche Kommunikationssoftware, die auf Macs benutzt wird, unter einen Hut zu bringen. Sie soll so leichter zu konfigurieren und zu benutzen sein. Gegenwärtig gibt es zwei Netzwerktypen, die mit Open Transport laufen.

- ✔ Open Transport/AppleTalk bedient lokale Netzwerke auf der Basis von AppleTalk. Es handelt sich dabei um eine aufgestylte Version von AppleTalk, die effizienter und flexibler ist.
- ✔ Open Transport/TCP erledigt die Kommunikation über TCP/IP, wie sie z. B. in Internet-Verbindungen auftritt.
- ✔ Open Transport ist auf allen neuen Macs Standard. Ältere Modelle können mit Open Transport nachgerüstet werden, vorausgesetzt, sie sind leistungsfähig genug dafür. (Die minimalen Systemanforderungen für Open Transport sind ein 68030-Prozessor, 5 MB RAM und MacOS 7.5.3)
- ✔ AppleTalk ermöglicht die Aufteilung eines Netzwerkes in Zonen, ähnlich wie die Arbeitsgruppen in Windows für Workgroups. Jede Zone besteht aus den Netzwerkbenutzern, die regelmäßig die gleichen Informationen gemeinsam benutzen.
- ✔ Obwohl die grundlegenden Netzwerkfunktionen in jeden Mac eingebaut sind, müssen Sie die Verbindungskabel extra kaufen. Sie haben verschiedene Kabeltypen zur Auswahl. AppleTalk kann über zwei verschiedene Kabel gehen. Entweder man schließt die Kabel an den Druckerausgang an oder man verwendet die schnelleren Ethernet-Karten.

LocalTalk: Der preiswerte Weg zum Netzwerk

LocalTalk ist das langsame Verkabelungsschema von Apple für AppleTalk-Netzwerke. Um einen Macintosh an ein LocalTalk-Netzwerk anzuschließen, stecken Sie einen LocalTalk-Stecker an den Druckerausgang jedes Macs. Anschließend verbinden Sie die Stecker mit LocalTalk-Kabel.

- ✔ LocalTalk-Stecker sind selbstterminierend, d. h. man benötigt keine separaten Terminatoren an beiden Enden des Kabels.
- ✔ Jeder LocalTalk-Stecker besitzt ein 2 Meter langes LocalTalk-Kabel; es gibt sie aber auch länger – nur für den Fall, daß Ihre Macs nicht alle auf einem Haufen stehen.
- ✔ LocalTalk benutzt abgeschirmtes Twisted Pair-Kabel. Die Abschirmung schützt das Kabel vor elektrischen Störungen. Allerdings ist die Gesamtlänge der Kabel in einem Netzwerksegment dadurch auf 100 Meter beschränkt.

- ✔ In einem einzelnen Segment können nicht mehr als 32 Computer und Drucker miteinander verbunden werden.
- ✔ Eine beliebte Alternative zu LocalTalk ist PhoneNET von Farallon Computing. PhoneNET benutzt statt des abgeschirmten Twisted Pair-Kabels billige Telefonschnur.

Wird die AFP gewinnen?

AFP ist nicht etwa eine bisher unbekannte Befreiungsbewegung eines kleinen, kaum bekannten zentralafrikanischen Urwaldstammes, sondern die Abkürzung für »AppleTalk Filing Protocol«. Das ist der Teil von AppleTalk, der entscheidet, wie Dateien im Netzwerk gespeichert werden. AFP wurde so gestaltet, daß man auch mit DOS-Computern auf die Dateien zugreifen kann. Macintosh-Rechner können in jedes Netzwerk integriert werden, in dem AFP »gesprochen« wird. NetWare, Windows NT und Windows 95 benutzen AFP, um Macs in ihren Netzwerken zu unterstützen. Dummerweise versteht Windows für Workgroups kein AFP, man kann also in solchen Netzwerken keine Macs benutzen.

Falls es Sie interessiert (es muß Sie nicht interessieren), AFP ist ein Protokoll, das auf der Darstellungsschicht läuft. Wenn Sie jetzt überhaupt nicht wissen, was ich hier von Ihnen will, schauen Sie in Kapitel 27 nach.

Macintosh-Computer in einem Ethernet-Netzwerk

LocalTalk ist deshalb so beliebt, weil es billig ist. Es gibt nur ein großes Problem: es ist unglaublich langsam. LocalTalk benutzt den seriellen Druckeranschluß des Macs und überträgt deshalb die Daten im Netzwerk mit armseligen 230.400 Bits pro Sekunde. Diese Übertragungsrate mag für die Benutzung eines Netzwerkdruckers und das gelegentliche Kopieren einer kleinen Datei auf einen anderen Rechner akzeptabel sein. Sie ist aber für ernsthafte Arbeit in einem Netzwerk alles andere als ausreichend.

Zum Glück unterstützt AppleTalk auch Ethernet-Karten und -Kabel. Damit werden Daten mit einer Geschwindigkeit von 10 Millionen Bits pro Sekunde durch das Netz geschickt. Damit wird das schon eher was!

Wenn Sie Ethernet benutzen, stehen Ihnen alle Möglichkeiten für die Verkabelung offen, die irgendwo in diesem Buch beschrieben werden: 10Base5 (Yellow Cable), 10Base2 (ThinNet) und 10BaseT (Twisted Pair). Auch Fast Ethernet (100 Mbps) funktioniert damit.

- ✔ Manchmal werden AppleTalk-Netzwerke, die Ethernet einsetzen, auch *EtherTalk* genannt.
- ✔ Ethernet-Karten für den Mac sind etwas teurer als ihre entsprechenden Gegenstücke für den PC, meist weil sie nicht so oft eingesetzt werden. Die meisten Macs, die in den letzten

Jahren gebaut worden sind, haben jedoch Ethernet-Unterstützung bereits eingebaut. Wenn Ihr Mac neu ist, brauchen Sie also vielleicht gar keine Karte.

- ✔ Die PowerMacintosh-Rechner, die es zur Zeit gibt, benutzen die gleichen PCI-Erweiterungssteckplätze wie PCs, Sie können also jede PCI-Ethernet-Karte in einem mit PCI ausgerüsteten Macintosh verwenden. (Naja, fast jede. Der Hersteller der Karte muß auch einen passenden Macintosh-Treiber für die Karte liefern und manche Hersteller verzichten darauf.)
- ✔ Wenn Sie sich für ein Ethernet-Netzwerk entscheiden, brauchen Sie einen Gerätetreiber für die Netzwerkkarte. Benutzen Sie ein Installationsprogramm, um den Treiber einzurichten.
- ✔ Apple hatte für die ersten PowerMacs Ethernet-Karten mit einer speziellen Schnittstelle entwickelt. Dabei hatten die Netzwerkkarten selbst keine Koaxial- oder 10BaseT-Stecker. Statt dessen benutzten sie das sogenannte Apple Attachment Unit Interface (AAUI). An diese Schnittstelle wird ein Ethernet-Transceiver angeschlossen, daran kommt dann das eigentliche Koaxial- oder Twisted Pair-Kabel.
- ✔ Mit Hilfe eines Routers können Sie ein LocalTalk- und ein Ethernet-Netzwerk miteinander verbinden. So etwas wird oft gemacht, um eine kleine Gruppe von Macintosh-Benutzern an ein größeres Netzwerk anzuschließen oder um ein bereits bestehendes LocalTalk-Netzwerk mit einem Ethernet-Netzwerk zu verbinden.

AppleShare

AppleShare macht aus einem Macintosh-Computer einen dedizierten Fileserver. Das funktioniert dann wie unter Windows NT oder IntranetWare.

Die aktuelle Version von AppleShare, AppleShare IP 5.0, bietet folgende Funktionen:

- ✔ Fileserver auf der Grundlage des Standardprotokolls AFP,
- ✔ Drucker-Server,
- ✔ Mail-Server,
- ✔ Web-Server,
- ✔ FTP-Server,
- ✔ es unterstützt sowohl AppleTalk als auch TCP/IP, so daß Sie es in Ihrem AppleTalk-Netzwerk und im Internet benutzen können.

Was Sie wissen müssen, um ein Macintosh-Netzwerk zu benutzen

In diesem Abschnitt beantworte ich Ihnen einige Fragen, die Ihnen vermutlich kommen, wenn Sie das Netzwerkkabel angeschlossen haben. Ich setze voraus, daß Sie mit AppleTalk arbeiten. Wenn Sie Open Transport einsetzen, sehen einige Schritte etwas anders aus.

Wie man einen Mac für das Netzwerk vorbereitet

Bevor Sie anfangen können, mit Ihrem Mac im Netz zu arbeiten, müssen Sie ihn darauf vorbereiten, indem Sie AppleTalk aktivieren und Ihren Benutzernamen und ein Kennwort zuweisen.

AppleTalk aktivieren

Sind alle Strippen an der richtigen Stelle, müssen Sie AppleTalk einschalten. Das geht so:

1. **Öffnen Sie AUSWAHL im APPLE MENÜ.**
2. **Klicken Sie auf das Optionsfeld AKTIVIERT.**
3. **Schließen Sie AUSWAHL.**

Das ist alles.

Weisen Sie einen Namen und ein Kennwort zu

Als nächstes legen Sie einen Benutzernamen, ein Kennwort und einen Namen für Ihren Computer fest. Damit ermöglichen Sie es anderen Netzwerkbenutzern, auf Ihren Mac zuzugreifen.

1. **Öffnen Sie das Kontrollfeld FILE SHARING im APPLE MENÜ.**
2. **Geben Sie in das Feld BENUTZERNAME Ihren Namen ein.**
3. **Geben Sie ein Kennwort in das entsprechende Feld ein. Vergessen Sie es nicht!**
4. **Schreiben Sie in das Feld GERÄTENAME einen schönen Namen für Ihren Computer. Unter diesem Namen werden die anderen Benutzer im Netzwerk Ihren Computer kennen.**
5. **Schließen Sie das Kontrollfeld FILE SHARING.**

Einfach, was?!

Wie man auf einen Netzwerkdrucker zugreift

Zwischen dem Benutzen eines Netzwerkdruckers und dem Benutzen eines Druckers ohne Netzwerk gibt es praktisch keinen Unterschied. Wenn im Netzwerk mehr als ein Drucker zur Verfügung steht, verwenden Sie die Auswahl, um den gewünschten Drucker zu aktivieren. In der Auswahl werden alle angeschlossenen Drucker angezeigt; Sie können sich einfach einen aussuchen:

- ✔ Achten Sie darauf, daß HINTERGRUNDDRUCK eingeschaltet ist. Wenn das nicht der Fall ist, wird Ihr Mac solange blockiert sein, bis der Druckauftrag erledigt ist – und das kann ziemlich lange sein. Stellen Sie sich nur einmal vor, jemand schickt vor Ihnen einen 500-seitigen Artikel an den Drucker. Ist dagegen HINTERGRUNDDRUCK aktiviert, wird Ihre Druckerausgabe in einer Datei auf der Festplatte gespeichert und später zum Drucker geschickt. Sie können in der Zeit mit Ihrer normalen Arbeit fortfahren.

  Um HINTERGRUNDDRUCK einzuschalten, wählen Sie den gewünschten Drucker in der AUSWAHL und klicken dann auf das Optionsfeld EIN.

- ✔ Wenn es einen Drucker-Server gibt, können Sie das, was ich eben gesagt habe, vergessen. In diesem Fall werden die Druckdaten automatisch auf die Festplatte des Drucker-Servers kopiert. Ihr Mac muß also nicht warten, bis der Drucker irgendwann mal frei wird.

Wie man Dateien mit anderen Benutzern gemeinsam nutzt

Um Dateien auf Ihrem Mac mit anderen Benutzern gemeinsam benutzen zu können, müssen Sie die entsprechenden Ressourcen freigeben. Sie können eine komplette Festplatte freigeben oder auch nur einzelne Ordner. Und Sie können den Zugriff auf bestimmte Benutzer beschränken, wenn Ihnen das lieber ist.

File Sharing aktivieren

Bevor Sie Dateien mit anderen Benutzern gemeinsam benutzen können, müssen Sie die FILE SHARING-Funktion von AppleTalk einschalten. Und das geht so:

1. **Öffnen Sie das Kontrollfeld FILE SHARING im APPLE MENÜ.**
2. **Klicken Sie auf die Schaltfläche START im Abschnitt FILE SHARING des Kontrollfeldes.**
3. **Schließen Sie das Kontrollfeld.**

Einen Ordner oder eine Festplatte gemeinsam nutzen

Um einen Ordner oder eine ganze Festplatte für die gemeinsame Nutzung durch andere Benutzer freizugeben, führen Sie die folgenden Schritte aus:

1. **Wählen Sie den Ordner oder die Festplatte aus, die Sie für die gemeinsame Benutzung freigeben wollen.**
2. **Geben Sie den Befehl GEMEINSAM NUTZEN im Menü ABLAGE.**
3. **Aktivieren Sie das Kontrollkästchen GEMEINSAME NUTZUNG ERMÖGLICHEN.**

4. Schließen Sie das Fenster.

Sie können diesen Vorgang später natürlich wieder rückgängig machen.

Den Zugriff auf bestimmte Benutzer beschränken

Wenn Sie wollen, können Sie den Zugriff auf die gemeinsam genutzten Ressourcen auf bestimmte Benutzer oder Gruppen beschränken. Als erstes müssen Sie eine Liste mit registrierten Benutzern aufstellen:

1. **Öffnen Sie das Kontrollfeld BENUTZER & GRUPPEN aus dem APPLE MENÜ.**
2. **Wählen Sie NEUER BENUTZER aus dem Menü ABLAGE.**
3. **Geben Sie den Namen des Benutzers ein.**
4. **Doppelklicken Sie auf das Symbol des Benutzers und geben Sie ein Kennwort ein, wenn der Benutzer ein Kennwort haben soll.**

Wenn Sie mehr als einem Benutzer den Zugriff auf einen bestimmten Ordner oder eine bestimmte Festplatte erlauben wollen, müssen Sie eine Gruppe erzeugen, die diese Benutzer enthält. Das geht so:

1. **Öffnen Sie das Kontrollfeld BENUTZER & GRUPPEN aus dem APPLE MENÜ.**
2. **Wählen Sie im Menü ABLAGE den Befehl NEUE GRUPPE.**
3. **Geben Sie für die Gruppe einen Namen ein.**
4. **Ziehen Sie das Symbol jedes Benutzers, der in der Gruppe auftauchen soll, aus dem BENUTZER & GRUPPEN-Fenster in das NEUE GRUPPE-Fenster.**

Jetzt haben Sie also Benutzer und Gruppen eingerichtet. Sie können nun noch den Zugriff auf Ordner oder Festplattenlaufwerke beschränken:

1. **Wählen Sie den Ordner oder die Festplatte, die Sie gemeinsam nutzen wollen.**
2. **Wählen Sie den Befehl GEMEINSAM NUTZEN aus dem ABLAGE-Menü.**
3. **Geben Sie im Popup-Menü MITBENUTZER einen einzelnen Benutzer oder eine Gruppe an, die auf die Ressource zugreifen dürfen.**
4. **Deaktivieren Sie den Eintrag neben dem Popup-Menü JEDER. Andere Benutzer haben jetzt keinen Zugriff mehr auf den gemeinsam genutzten Ordner oder das Laufwerk.**
5. **Schließen Sie das Fenster.**

Schließen Sie Gastbenutzer von Ihrem System aus

Auch wenn Sie eine Liste mit registrierten Benutzern eingerichtet haben, kann immer noch jeder auf Ihren Mac zugreifen, solange Sie einen Gastzugang zulassen. Das können Sie aber verhindern:

1. **Öffnen Sie das Kontrollfeld Benutzer & Gruppen im Apple Menü.**
2. **Doppelklicken Sie auf das Gast-Symbol.**
3. **Deaktivieren Sie das Kontrollkästchen Gäste dürfen sich bei diesem Computer anmelden.**
4. **Schließen Sie das Fenster Benutzer & Gruppen.**

Wie man auf die Dateien anderer Benutzer zugreift

Führen Sie die folgenden Schritte aus, wenn Sie auf die Dateien anderer Benutzer zugreifen wollen:

1. **Öffnen Sie Auswahl im Apple Menü.**
2. **Klicken Sie im Auswahl-Fenster auf AppleShare.**
3. **Wählen Sie den Namen des Computers, auf den Sie zugreifen wollen. (Falls Ihr Netzwerk in Zonen eingeteilt ist, müssen Sie zuerst auf die Zone klicken, in der sich der gewünschte Rechner befindet.)**
4. **Klicken Sie auf OK.**
5. **Es wird ein Anmeldefenster angezeigt. Wenn Sie auf dem anderen Computer ein registrierter Benutzer sind, klicken Sie auf den Radio-Button Registrierter Benutzer und geben Sie Ihren Namen und Ihr Kennwort ein. Anderenfalls melden Sie sich als Gast an. Klicken Sie anschließend auf OK.**
6. **Es wird eine Liste mit freigegebenen Ordnern und Festplatten angezeigt. Markieren Sie diejenigen, auf die Sie zugreifen wollen und klicken Sie dann auf OK.**

Neben jedem Listeneintrag steht ein Kontrollkästchen. Wenn Sie dieses Kontrollkästchen aktivieren, werden Sie beim nächsten Starten Ihres Computers automatisch mit diesen Ordnern oder Festplatten verbunden.

Macs und PCs gemeinsam in einem Netzwerk

Das Leben wäre wirklich zu langweilig, wenn die Macs auf der einen Seite der Straße leben würden und die PCs auf der anderen. Falls Ihre Firma sowohl Macs als auch PCs besitzt, kann es durchaus passieren, daß Sie sie irgendwann miteinander vernetzen wollen. Zum Glück gibt es dafür mehrere Möglichkeiten:

- ✔ Wenn Ihr Netzwerk einen AppleShare-Server besitzt, können Sie Windows-Client-Software benutzen, die mit AppleShare geliefert wird, um alle Windows-Versionen an den Server anzubinden.
- ✔ Unter Windows NT Server benutzen Sie eine Funktion namens Services für Macintosh, um Macintosh-Computern über AppleTalk den Zugriff auf Dateien und Drucker zu erlauben, die vom Windows NT-Server verwaltet werden. Mit dieser Funktion müssen Sie nicht extra Client-Software auf den Macs installieren.
- ✔ Wenn Sie NetWare einsetzen, müssen Sie eine spezielle NetWare-Client-Software für Ihre Macs bei Novell erwerben. Nach der Installation der Software können die Macintosh-Computer auf die Dateien und Drucker zugreifen, die vom NetWare-Server verwaltet werden.

Die größte Komplikation, die auftreten kann, wenn Sie Windows 95- und Macintosh-Computer zusammen in einem Netzwerk einsetzen wollen, ist, daß MacOS und Windows unterschiedliche Ansichten darüber vertreten, wie Dateinamen zu gestalten sind. Macintosh-Dateinamen sind beispielsweise auf 31 Zeichen beschränkt, unter Windows 95 können sie dagegen bis zu 255 Zeichen lang sein. Andererseits darf ein Macintosh-Dateiname außer dem Doppelpunkt jedes Zeichen enthalten. Bei Windows 95 dürfen Backslash (\), Größer-als- und Kleiner-als- und noch einige andere komische Zeichen nicht auftauchen.

Diese Dateinamenkonflikte werden folgendermaßen gelöst: Dateinamen, welche die Regeln des benutzten Systems verletzen, werden in eine Form überführt, die sowohl von Windows- als auch von Macintosh-Rechnern akzeptiert wird. Unglücklicherweise kommen dabei manchmal sehr kryptische oder mehrdeutige Namen raus. Vermeiden Sie daher solche Probleme, indem Sie sich auf kurze Namen beschränken (unter 31 Zeichen) und in den Namen nur Buchstaben, Ziffern und erlaubte Symbole wie Bindestriche verwenden.

Teil VI

Die Top Ten

In diesem Teil...

Wenn Sie dieses Buch als Gute-Nacht-Lektüre neben Ihrem Bett liegen haben, dann werden Sie die Kapitel in diesem Teil am häufigsten lesen. Jedes dieser Kapitel besteht aus zehn (oder ungefähr zehn) Dingen, die man über die unterschiedlichen Aspekte des Netzwerkens wissen sollte. Ich will nicht lange drumherum reden, hier sind sie, direkt aus Fresno, Kalifornien.

Die Top Ten der großen Netzwerkfehler

23

In diesem Kapitel erfahren Sie, was passiert, wenn Sie ...

- einen Server ausschalten oder neustarten, während Benutzer angemeldet sind.
- wichtige Dateien auf dem Server löschen.
- eine Datei vom Server kopieren, sie verändern und sie zurückkopieren.
- etwas erneut an den Drucker schicken, weil es beim ersten Mal nicht gedruckt wurde.
- bei eingeschaltetem Computer ein Kabel herausziehen.
- annehmen, daß es auf jeden Fall ein Backup vom Server gibt.
- denken, daß Sie nicht arbeiten können, weil das Netzwerk nicht funktioniert.
- immer dem Netzwerk die Schuld geben.

Gerade in dem Moment, in dem Sie herausgefunden haben, wie Sie am Computer die schrecklichsten Fehler vermeiden können, wie z.B. eine 5¼"-Diskette zu falten, um sie in ein 3½"-Laufwerk zu stopfen, wurde Ihr Computer an ein Netzwerk angeschlossen. Es gibt jetzt wieder eine ganze Latte von dummen Dingen, die Ihnen passieren können, Fehler, bei denen ein Computerexperte lachend unter den Tisch sinkt, weil diese Fehler wirklich zu blöde sind. Das liegt wahrscheinlich daran, daß er ein Computerexperte ist. Niemand mußte ihm erklären, daß man eine Diskette nicht zusammenfalten darf – er wurde mit einem besonderen Sinn geboren, der ihm instinktiv verrät, wie man sowas richtig macht.

Ich habe Ihnen hier eine Liste mit den Fehlern mitgebracht, die von Netzwerkneulingen am häufigsten gemacht werden. Vermeiden Sie diese Fehler und Sie ersparen sich die Belustigung Ihres Computergurus auf Ihre Kosten.

Einen Server ausschalten oder neu starten, während Benutzer angemeldet sind

Die schnellste Methode, andere Benutzer ins Datennirwana zu schicken, besteht darin, einen Server einfach auszuschalten, während diese noch eingeloggt sind. Ein Neustart durch Drükken des Reset-Knopfes oder durch die »Geierkralle« (Strg+Alt+Entf) kann den gleichen schlimmen Effekt haben.

Wenn Ihr Netzwerk einen dedizierten Fileserver hat, werden Sie wahrscheinlich gar nicht in die Versuchung kommen, ihn auszuschalten oder neu zu starten. Haben Sie jedoch ein echtes Peer-to-Peer-Netzwerk, in dem jeder Rechner – einschließlich Ihres eigenen – auch als Server dient, dann hüten Sie sich davor, jeder spontanen Eingebung zu folgen, die Ihnen sagt, daß Sie den Rechner ausschalten oder neu starten sollen. Es könnte nämlich sein, daß jemand genau in diesem Augenblick auf eine Datei auf Ihrem Computer bzw. auf Ihren Drucker zugreift.

Wichtige Dateien auf dem Server löschen

Ohne Netzwerk können Sie mit Ihrem Computer anstellen, was Sie wollen. Die einzige Person, der Sie schaden, sind Sie selbst. Wenn Sie jedoch Ihren Rechner an ein Netzwerk anschließen, übernehmen Sie auch eine gewisse Verantwortung. Sie müssen dann lernen, sich wie ein verantwortungsbewußtes Mitglied der Netzwerkgemeinde zu verhalten.

Das bedeutet, daß Sie nicht einfach nach Lust und Laune Dateien von einem Netzwerk-Server löschen können, nur, weil Sie sie nicht brauchen. Vielleicht sind es ja nicht Ihre! Sie wollen ja auch nicht, daß irgend jemand Ihre Dateien löscht, nicht wahr?

Passen Sie besonders bei Dateien auf, die für den Betrieb des Netzwerks gebraucht werden. Jeder LANtastic-Server hat beispielsweise ein Verzeichnis namens LANTASTI.NET. Löschen Sie Dateien aus diesem Verzeichnis und voilà – schon ist der Server Geschichte!

Eine Datei vom Server kopieren, sie verändern und sie wieder zurückkopieren

Manchmal bietet es sich zum Bearbeiten einer Netzwerkdatei an, daß man sie sich auf das lokale Laufwerk kopiert. Man kann dann schneller mit seinem Anwendungsprogramm auf die Datei zugreifen, weil man nicht den Weg über das Netz gehen muß. Das gilt vor allem für große Datenbankdateien, die zum Ausdrucken vorbereitet werden sollen.

Das kann jedoch schwer ins Auge gehen, wenn Sie die Datei auf Ihr lokales Festplattenlaufwerk kopieren, sie verändern und die neue Version dann wieder zurück auf den Server kopieren. Sie wollen wissen, warum? Weil es nämlich keine Garantie dafür gibt, daß nicht irgend jemand anderes zur gleichen Zeit das gleiche getan hat. Sollte das der Fall sein, dann sind die Änderungen verloren, die einer von Ihnen beiden gemacht hat – und zwar die Änderungen desjenigen, der die Datei als erster wieder zurückkopiert hat.

Es ist in Ordnung, wenn Sie sich Dateien auf Ihr lokales Laufwerk kopieren, allerdings nicht, wenn Sie vorhaben, Änderungen an der Datei vorzunehmen und sie wieder zurückzukopieren.

Etwas wiederholt an den Drucker schicken, weil es beim ersten Mal nicht gedruckt wurde

Was machen Sie, wenn Sie etwas an den Drucker schicken und nichts passiert? Die richtige Antwort lautet: Ich finde heraus, warum nichts passiert und kümmere mich darum, daß es repariert wird. Die falsche Antwort dagegen: Ich schicke es noch einmal los und schaue, ob es dieses Mal funktioniert. Es gibt Benutzer, die es immer und immer wieder versuchen, in der Hoffnung, daß einer ihrer Druckaufträge schon erledigt werden wird. Das Ergebnis ist dann ziemlich peinlich, wenn jemand sich erbarmt und den Papierstau beseitigt und dann sieht, wie dreißigmal der gleiche Brief gedruckt wird.

Ein Kabel abziehen, solange der Rechner eingeschaltet ist

Ganz schlechte Idee! Wenn Sie, aus welchem Grund auch immer, ein Kabel von Ihrem Computer entfernen müssen, schalten Sie ihn auf jeden Fall zuerst aus. Sie möchten doch sicher nicht eines der sauteuren Elektronikbauteile im Inneren Ihres schönen Rechners grillen, oder?

Sollten Sie das Netzwerkkabel entfernen wollen, paßt das ganz gut, wenn alle Computer im Netzwerk ausgeschaltet sind. Das gilt vor allem dann, wenn Ihr Netzwerk mit ThinNet-Koaxialkabel verkabelt ist; bei Twisted Pair ist das nicht ganz so kritisch.

Bemerkung: Beim ThinNet ist es in Ordnung, wenn Sie den T-Stecker von Ihrem Rechner abziehen, solange Sie das Kabel selbst am T-Stecker lassen.

Annehmen, daß es auf jeden Fall ein Backup vom Server gibt

Manche Benutzer gehen unglücklicherweise immer davon aus, daß das Netzwerk irgendwie wie eine effiziente und gut organisierte Bürokratie funktioniert, der man auf jeden Fall vertrauen kann. Das ist aber weit gefehlt. Gehen Sie niemals davon aus, daß die Netzwerktypen jeden Tag ein Backup vom Netzwerk ziehen. Testen Sie es mal aus. Führen Sie eine überraschende Inspektion durch: Stürmen Sie mit weißen Handschuhen an den Händen in den Computerraum und verlangen Sie, sofort die Backup-Bänder zu sehen. Kontrollieren Sie die Rotation der Bänder, um zu sehen, ob für mehr als einen Tag Backups gemacht werden können.

Wenn die Kontrollen Sie nicht überzeugen konnten, dann nehmen Sie die Sache selbst in die Hand. Setzen Sie keine wichtigen Daten aufs Spiel! Sichern Sie Ihre wichtigsten Dateien auf Disketten.

Glauben, daß man nicht arbeiten kann, weil das Netzwerk nicht funktioniert

Vor ein paar Jahren habe ich festgestellt, daß ich ohne Strom nicht arbeiten kann. Wenn der Strom ausfällt und ich im Dunkeln stehe, kann ich mir nicht einmal eine Kerze anzünden und mit Bleistift und Papier weiterarbeiten, weil der einzige Bleistiftanspitzer, den ich habe, elektrisch funktioniert.

Manche Leute glauben von einem Netzwerk das gleiche: Sie behaupten, daß sie auch nach Hause gehen können, wenn das Netzwerk mal ausfällt. Das ist nicht immer der Fall. Nur weil Ihr Computer an einem Netzwerk hängt, heißt das noch lange nicht, daß er ohne Netzwerk nicht arbeitet. Sollte das Netz mal in die Knie gehen, können Sie natürlich nicht auf die Netzwerkgeräte zugreifen. Sie bekommen keine Dateien von Netzwerklaufwerken, und das Drucken auf Netzwerkdruckern ist auch nicht möglich. Sie können aber Ihren Computer immer noch zum lokalen Arbeiten verwenden: Dateien und Programme auf Ihrer lokalen Festplatte benutzen und auf Ihrem lokalen Drucker drucken (wenn Sie das Glück haben, einen zu besitzen).

Die Schuld immer auf das Netzwerk schieben

Manche Menschen behandeln das Netzwerk wie einen Dorftrottel, dem man immer die Schuld in die Schuhe schieben kann, wenn mal was schiefgeht. Netzwerke verursachen selbstverständlich auch Probleme, sie sind aber nicht die Wurzel allen Übels.

Wenn Ihr Monitor nur Großbuchstaben anzeigt, liegt das vielleicht daran, daß Sie die Caps Lock-Taste gedrückt haben. Machen Sie nicht das Netzwerk dafür verantwortlich.

Wenn Sie Kaffee in die Tastatur schütten, dann ist das Ihre Schuld. Schieben Sie es nicht auf das Netz.

Ihre Dreijährige hat das Diskettenlaufwerk mit Knete zugepappt? So sind Kinder nunmal. Beschuldigen Sie nicht das Netzwerk.

Sie haben verstanden?

Die Zehn Gebote des Netzwerkes

24

In diesem Kapitel lernen Sie die Zehn Gebote kennen:

- Du sollst gewissenhaft Backups von Deiner Festplatte machen.
- Du sollst nicht die Wachen gegen die unheiligen Viren ausschalten.
- Du sollst Dein Netzwerklaufwerk achten und es rein halten von alten Dateien.
- Du sollst nicht an Deiner Netzwerkkonfiguration herumbasteln, es sei denn, Du weißt, was Du tust.
- Du sollst nicht begehren Deines Nachbars Netzwerk.
- Du sollst die Ausfallzeiten planen, bevor Du wichtige Arbeiten am Netzwerk durchführst.
- Du sollst ein ausreichendes Angebot an Ersatzteilen haben.
- Du sollst nicht stehlen Deines Nachbars Programm ohne Lizenz.
- Du sollst Deine Benutzer auf ihren Wegen anleiten, die sie gehen.
- Du sollst Deine Netzwerkkonfiguration auf Tafeln von Stein schreiben.

»Gelobt sei der Netzwerkadministrator, der nicht vor den Rat der Ignoranten geht, noch auf dem Weg des Vergessens wandelt, noch auf dem Sitz des blutigen Anfängers sitzt, sondern sich am Gesetz des Netzwerkes erfreut und dieses Gesetz Tag und Nacht achtet und es schützt bis in alle Ewigkeit.«

– Netzwerke 1, 1

Und so geschah es, daß diese Zehn Gebote des Netzwerkes überliefert wurden von Generation zu Generation, getragen als ein Zeichen zwischen den Augen der Computerfreaks und geschrieben an ihre Türpfosten. Befolge diese Gebote und Dir wird es wohl ergehen und Deinen Kindern und Deinen Kindes-Kindern.

I. Du sollst gewissenhaft Backups von Deiner Festplatte machen

Gebete sind etwas wunderbares. Wenn es jedoch um den Schutz der Daten im Netzwerk geht, ist ein wohlüberlegtes Backup-System durch nichts zu übertreffen.

II. Du sollst nicht die Wachen gegen die unheiligen Viren ausschalten

Können Sie sich noch an Colonel Flagg aus M*A*S*H erinnern, der immer in die Mülltonne gestiegen ist, weil er dort die Roten gesucht hat? Es ist sicher nicht Ihr Ziel, so zu werden wie er. Andererseits sollten Sie die Möglichkeit nicht vollständig ignorieren, von einem Virus erwischt zu werden. Beginnen Sie damit, allen Benutzern klarzumachen, daß jede Diskette von außerhalb infiziert sein kann und daß das Netzwerk in Schwierigkeiten ist, wenn erst einmal ein Computer befallen ist. Zeigen Sie dann, wie leicht es ist, verdächtige Disketten vor der Benutzung zu scannen.

III. Du sollst Dein Netzwerklaufwerk achten und es rein halten von alten Dateien

Warten Sie nicht, bis Ihr 2 GB-Laufwerk fast voll ist, bevor Sie es aufräumen. Machen Sie sich für das Plattenputzen einen Zeitplan, nach dem Sie sich dann durch die Dateien und Verzeichnisse auf dem Netzlaufwerk arbeiten und den alten Kram entsorgen.

IV. Du sollst nicht an Deiner Netzwerkkonfiguration herumbasteln, es sei denn, Du weißt, was Du tust

Netzwerke sind ziemlich pingelig. Wenn Ihr Netz erstmal funktioniert, spielen Sie nicht damit herum, es sei denn, Sie wissen genau, was Sie tun. Und seien Sie besonders vorsichtig, wenn Sie glauben zu wissen, was Sie tun. Es sind eigentlich immer die Leute, die von sich annehmen, daß sie Bescheid wissen, die sich in Schwierigkeiten bringen.

V. Du sollst nicht begehren Deines Nachbars Netzwerk

Neid auf Netzwerke ist unter Netzwerkverwaltern ein verbreitetes Übel. Wenn Ihr Netzwerk mit LANtastic läuft und auch funktioniert, gewinnen Sie überhaupt nichts, wenn Sie lieber das NetWare-Netzwerk eines anderen haben wollen. Wenn Sie NetWare 3.12 benutzen, dann hüten Sie sich davor, auf 4.1 aufzurüsten, es sei denn, Sie haben einen wirklich guten Grund dafür. Und wenn bei Ihnen NetWare 4.1 läuft, dann ist das Phantasieren über Windows NT Server unverzeihlich.

Sie sind besonders anfällig für Netzwerkneid, wenn Sie ein Hardware-Freak sind. Es gibt immer einen besseren Hub, den man haben könnte, oder ein schöneres Netzwerkgerät, nach dem es einen gelüstet. Geben Sie dem anfänglichen Verlangen nicht nach! Widerstehen Sie dem Teufel, und er wird fliehen!

VI. Du sollst die Ausfallzeiten planen, bevor Du wichtige Arbeiten am Netzwerk durchführst

Seien Sie so freundlich und geben Sie Ihren Benutzern rechtzeitig Bescheid, wenn Sie vorhaben, das Netzwerk für eine wichtige Arbeit herunterzufahren. Natürlich können Sie es nicht vorhersehen, wenn plötzlich Probleme auftauchen. Doch wenn Sie wissen, daß Sie am Donnerstag morgen einen neuen Computer in das Netzwerk einbinden wollen, können Sie Punkte sammeln. Sagen Sie einfach schon zwei Tage vorher Bescheid, daß es eine Störung geben wird und nicht erst zwei Minuten vor dem Abschalten des Netzwerks.

VII. Du sollst ein ausreichendes Angebot an Ersatzteilen haben

Es gibt keinen Grund für einen zweitägigen Netzausfall, nur weil ein Kabel gebrochen ist. Achten Sie immer darauf, daß Sie wenigstens eine Minimalausstattung an Ersatzteilen zur Hand haben. Und wie es der Zufall so will, werden in Kapitel 25 zehn Dinge vorgeschlagen, die Sie immer auf Vorrat haben sollten.

VIII. Du sollst nicht stehlen Deines Nachbars Programm ohne Lizenz

Wie fänden Sie es, wenn Inspektor Clouseau in Ihr Büro käme, Ihnen über die Schulter sähe, wie Sie gerade Lotus 1-2-3 von Ihrem Netzwerk-Server laufen ließen und Sie fragen würde: »Haben Sie eine Lizenz?«

»Eine Lizenz?« antworteten Sie verblüfft.

»Ja, natürlich, eine Lizenz. Genau das habe ich gesagt. Das Gesetz verbietet die Benutzung eines Computerprogrammes in einem Netzwerk ohne eine passende Lizenz.«

Und Sie wollen doch nicht gegen das Gesetz verstoßen, nicht wahr?!

IX. Du sollst Deine Benutzer auf ihren Wegen anleiten, die sie gehen

Machen Sie nicht Ihre Benutzer dafür verantwortlich, wenn sie nicht wissen, wie man ein Netzwerk bedient. Es ist nicht ihre Schuld. Wenn Sie der Netzwerkverwalter sind, dann gehört es zu Ihrer Aufgabe, Schulungen anzubieten, damit die Netzwerkbenutzer lernen, wie man mit einem Netzwerk umgeht.

X. Du sollst Deine Netzwerkkonfiguration auf Tafeln von Stein schreiben

Weiß irgend jemand außer Ihnen über die Tücken des Netzwerkes Bescheid, falls Ihnen mal was zustößt und Sie aber nichts aufgeschrieben haben? Das, was Sie vielleicht mal auf einen Bierdeckel geschmiert haben, reicht nicht aus. Schreiben Sie alles auf und heften Sie es in einen wichtig aussehenden Ordner mit der Aufschrift »Netzwerkbibel«. Diesen Ordner müssen Sie schützen, als wäre er heilig.

Sie können ja hoffen, daß Archäologen in 2000 Jahren bei Ausgrabungen in Ihrer heutigen Gegend Ihre Netzwerkdokumentation in einem Krug versteckt finden. Die werden sich wundern, wie ordentlich die Leute aus unserer Zeit ihre Netzwerkkonfigurationen aufgezeichnet haben.

Vielleicht ziehen sie auch lächerliche Schlußfolgerungen, wie z.B., daß wir einer Gottheit namens NOS (network operating system; Netzwerkbetriebssystem) verbrannte Datenpakete geopfert haben. Das wäre doch lustig.

Zehn Dinge, die Sie immer im Büro haben sollten

25

In diesem Kapitel erfahren Sie, daß Sie ...

- Werkzeuge,
- Ersatzkabel,
- Ersatzstecker,
- vorkonfektionierte Patch-Kabel,
- Gummibärchen,
- eine Ersatznetzwerkkarte,
- eine komplette Dokumentation des Netzwerkes auf Steintafeln,
- die Netzwerkhandbücher und -disketten und
- zehn Exemplare dieses Buches.

immer vorrätig haben sollten.

Wenn Sie Ihre Bürocomputer zu einem Netzwerk zusammenbauen, brauchen Sie einen Raum, in dem Sie einige Zusatzteile für das Netzwerk horten können. Sollten Sie keinen ganzen Raum finden, suchen Sie sich ein Regal, eine Schublade oder wenigstens einen stabilen Pappkarton.

Sie sollten folgende Dinge dort aufbewahren.

Werkzeuge

Sie brauchen wenigstens eine einfache Werkzeugsammlung, etwa von der Art, die man für 20 DM bei fast jedem Büroausstatter bekommen. Außerdem sollten Sie Seitenschneider, Abisolierer und Crimpzangen für Ihren Kabeltyp haben.

Ersatzkabel

Kaufen Sie nie genau die Menge an Netzwerkkabel, die Sie brauchen. Eigentlich ist es gar nicht so schlecht, wenn Sie immer etwa zweimal mehr Kabel als notwendig kaufen, dann bleibt immer die Hälfte für den Fall, daß Sie später noch mal was benötigen. Und Sie werden immer was brauchen. Irgendwas geht schief und Sie werden ein Kabelproblem vermuten. Deshalb brauchen Sie ein Ersatzkabel, um das kaputte Stück zu ersetzen. Oder Sie wollen weitere Computer in das Netzwerk einbauen und brauchen dafür Kabel.

Wenn Sie Ihr ganzes Netzwerk mit vorkonfektionierten ThinNet-Koaxialkabeln von 10 m Länge zusammenstöpseln und dann noch ein Kabel übrigbehalten, dann ist das schon in Ordnung.

Ersatzstecker

Passen Sie ebenfalls auf, daß Ihnen nie die Stecker ausgehen. Wenn Sie eine Twisted Pair-Verkabelung einsetzen, werden Sie feststellen, daß Sie öfter kaputte Stecker haben, als Ihnen lieb ist. Kaufen Sie am besten immer gleich 25, 50 oder 100 Stecker auf einmal, damit Sie immer genügend Ersatzteile herumliegen haben.

Sollten Sie ThinNet-Kabel verwenden, so halten Sie immer einige BNC-Stecker bereit, außerdem einige T-Stecker und ein paar Terminatoren. Terminatoren sind dafür bekannt, daß sie auf mysteriöse Weise verschwinden. Es gibt Gerüchte, die besagen, daß sie durch Wurmlöcher in Paralleluniversen gesaugt werden, im 21. Jahrhundert wieder auftauchen, dort verändert werden und in Gestalt von Arnold Schwarzenegger wieder in unsere Zeit zurückkehren.

Vorkonfektionierte Patch-Kabel

Wenn Sie Ihr Netzwerk ganz professionell verkabelt haben, d. h. mit Anschlußdosen in jedem Büro, dann halten Sie immer ein paar vorkonfektionierte Patch-Kabel in verschiedenen Längen bereit. So müssen Sie nicht immer die Crimpzange bemühen, wenn Sie mal ein Patch-Kabel wechseln wollen.

Gummibärchen

Wenn man sie in ihrer Verpackung läßt, halten sich Gummibärchen ziemlich lange (sie werden nur etwas härter). Möglicherweise überleben sie sogar das Netzwerk selbst. Sie können die kleinen Tierchen an künftige Netzwerkbetreuer weitergeben. So sorgen Sie dafür, daß der Netzwerkbetrieb noch generationenlang weitergeht. (Und wenn Sie wissen wollen, was mit den Gummibärchen in der Zeit alles geschehen kann, dann schauen Sie doch einmal hier nach: `www.psychologie.uni-bonn.de/sonstige/gummibaer/`)

Eine Ersatznetzwerkkarte

Im Idealfall haben Sie in allen Computern identische Netzwerkkarten. Wenn allerdings der Computer Ihres Chefs ausgefallen ist, werden Sie wahrscheinlich losgehen und schauen, was für Netzwerkkarten der Händler an der Ecke gerade am Lager hat. Deswegen sollten Sie immer eine Ersatznetzwerkkarte in Ihrem Büro (oder in Ihrem Pappkarton) haben. Sie werden sich mit der Gewißheit, noch eine identische Netzwerkkarte in der Hinterhand zu haben, die nur darauf wartet, eingebaut zu werden, besser fühlen – und Sie müssen keine Netzwerkkarte von jemandem kaufen, der auch nachgemachte persische Teppiche vertreibt.

Selbstverständlich ist es bei nur zwei Rechnern im Netzwerk nicht einfach zu entscheiden, ob man Geld für eine Ersatznetzwerkkarte ausgeben sollte. Bei großen Netzwerken fällt die Entscheidung leichter.

Komplette Dokumentation des Netzwerkes auf Steintafeln

Ich habe in diesem Buch bereits mehrere Male erwähnt, wie wichtig es ist, das Netzwerk zu dokumentieren. Verbringen Sie nicht Stunden damit, Ihr Netzwerk zu dokumentieren und verstecken dann die Dokumentation unter einem Stapel alter Zeitschriften hinter Ihrem Schreibtisch. Stellen Sie den Ordner dorthin, wo auch die anderen für das Netzwerk wichtigen Dinge stehen, damit Sie und auch andere immer wissen, wo sie ihn finden können.

Schreiben Sie jedoch nicht Ihre Kennworte in die Dokumentation. Schämen Sie sich, daß Sie überhaupt an so etwas gedacht haben!

Falls Sie sich entschließen sollten, die Netzwerkdokumentation in Stein zu meißeln, sollten Sie sich für Sandstein entscheiden. Er sieht gut aus, ist preiswert und man kann leicht Updates machen (man rubbelt die alte Information weg und meißelt eine neue hin). Sie sollten aber daran denken, daß Sandstein leicht korrodiert, z. B. wenn man Cola oder Kaffee draufkippt. Ach ja, achten Sie außerdem darauf, daß Sie ihn auf einem verstärkten Regal lagern.

Die Netzwerkhandbücher und -disketten

Von Netzwerkverwaltern ist oft zu hören: »Wenn ich doch bloß das Handbuch hätte.« Handbücher sind zwar wirklich nicht der Gefahr ausgesetzt, den Literaturnobelpreis zu kriegen, das heißt aber auch nicht, daß Sie sie in den Müll schmeißen müssen. Legen Sie die Handbücher dorthin, wo sie hingehören: zu den anderen wichtigen Netzwerkdingen.

Genauso sieht es mit den Disketten aus. Eines Tages brauchen Sie sie vielleicht, heben Sie sie deshalb gut auf.

Zehn Exemplare dieses Buches

Selbstverständlich haben Sie immer ausreichende Mengen dieses Buches vorrätig, um es an alle Ihre Benutzer zu verteilen. Je mehr diese wissen, um so weniger Streß haben Sie. Mal überlegen, zehn Bücher werden nicht reichen – wahrscheinlich brauchen Sie zwanzig davon.

Zehn Netzwerkgeräte für große Netzwerke

26

In diesem Kapitel ...

- Repeater
- Bridges
- Switches
- Router
- Gateways
- Superserver
- RAIDs
- Firewalls
- Fast Ethernet

Die Leute, die immer diese Statistiken aufstellen, z.B. wieviele Hühner auf einen Einwohner Berlins entfallen oder die Wahrscheinlichkeit, daß Bayern München gegen Freiburg beim Fußball verliert, haben herausgefunden, daß in etwa 40% aller Netzwerke weniger als zehn Computer sind und daß sich dieser Prozentsatz in den kommenden Jahren noch erhöhen wird.

Wenn Sie zu den glücklichen 40% mit weniger als zehn Rechnern im Netzwerk gehören, können Sie dieses Kapitel einfach überspringen. Hier werden kurz die verschiedenen Netzwerkgeräte beschrieben, die beweisen, daß ein Netzwerk wirklich groß ist. Doch was heißt groß? Es gibt keine feste Regel dafür. Sie sollten sich diesen Kram auf jeden Fall anschauen, wenn Ihr Netzwerk bereits auf 25 Computer angewachsen ist.

Die Ausnahmen von der 25-Computer-Regel sind: (1) Ihre Firma besitzt zwei oder mehr Netzwerke, die jetzt miteinander verbunden werden sollen. Diese Netzwerke wurden allerdings von unterschiedlichen Leuten entworfen und diese Leute haben es solange vermeiden können, miteinander zu reden, bis es zu spät war; (2) in Ihrem Netzwerk müssen Computer verbunden werden, die mehr als 100 Meter auseinander liegen, sich möglicherweise sogar in verschiedenen Gebäuden befinden.

Repeater

Ein *Repeater* ist ein Gerät, das die Netzwerksignale verstärken soll, damit sie über größere Distanzen übertragen werden können. Stellen Sie sich das wie eine Tankstelle vor. Die Signale tanken bei ihrer Reise durch das Netzwerk neue Energie und können nun sicher sein, auch am Ziel anzukommen.

Sie brauchen einen Repeater, wenn die Gesamtlänge eines einzelnen Netzwerkarmes länger ist als das, was für Ihren Kabeltyp erlaubt ist:

Kabel	Maximale Länge
Dickes Koaxialkabel (Yellow Cable)	500 Meter
Dünnes Koaxialkabel (Cheapernet)	200 Meter
10BaseT (Twisted Pair-Kabel)	100 Meter

Bei Koaxialkabel (dick und dünn) ist damit die Länge der Segmente gemeint, nicht die Länge der einzelnen Kabel. Ein Segment ist der gesamte Kabelstrang vom Terminator am einen Ende bis zum Terminator am anderen Ende. An einem Segment kann mehr als ein Computer angeschlossen werden. Mit anderen Worten, wenn Sie zehn Computer haben und diese alle mit jeweils zehn Meter langem Kabel verbinden, dann beträgt die Gesamtlänge des Segmentes 90 Meter. (Da schauen Sie, was?! Es werden nur neun Kabel gebraucht, um die Computer zu verbinden, deshalb ist das Segment nicht 100 Meter lang.)

Bei 10BaseT ist mit der Länge von 100 Metern der Abstand vom Computer zum Hub gemeint bzw. der Abstand zwischen zwei Hubs, falls man Hubs mit Twisted Pair-Kabel in Reihe schaltet. Das heißt also, daß das Kabel vom Computer zum Hub nicht länger als 100 m sein darf und auch zwischen zwei Hubs dürfen nicht mehr als 100 m Kabel sein.

In Abbildung 26.1 ist dargestellt, wie man mit einem Repeater zwei Gruppen von Computern verbinden kann, die zu weit auseinander liegen, um sie in einem Segment zu haben. Wenn Sie einen Repeater auf diese Weise verwenden, teilt er das Kabel in zwei Segmente. Die Begrenzung der Kabellänge gilt dann auf jeder Seite des Repeaters.

✔ Repeater werden nur in Ethernet-Netzwerken eingesetzt, die mit Koaxialkabel verkabelt sind. In 10BaseT-Netzwerken verwendet man keine Repeater.

Eigentlich stimmt das nicht so ganz: 10BaseT benutzt ebenfalls Repeater. Nur ist der Repeater dort kein eigenständiges Gerät. In einem 10BaseT-Netzwerk ist der Hub eigentlich ein Multiport-Repeater. Deswegen sieht man jedes Kabel, mit dem ein Computer an den Hub angeschlossen wird, als separates Segment an.

✔ Die meisten 10BaseT-Hubs haben auf der Rückseite einen BNC-Anschluß. Dieser BNC-Anschluß stellt einen ThinNet-Repeater dar, an den man ein komplettes 200 m-ThinNet-Segment anschließen kann. An dieses Segment können andere Computer, 10BaseT-Hubs oder eine Kombination aus beiden Gerätearten angeschlossen werden. (Bei manchen billigeren 10BaseT-Hubs fehlt dieser Extra-Anschluß, sie können also nicht mit einem ThinNet-Segment verbunden werden.)

- ✔ Eine Grundregel bei Ethernet lautet, daß ein Signal bei seinem Weg von einem Knoten zum nächsten nicht mehr als drei Repeater passieren kann. Das bedeutet jetzt nicht, daß Sie nicht mehr als drei Repeater oder Hubs haben dürfen. Sie müssen nur die Verkabelung sehr sorgfältig planen, damit die Drei-Repeater-Regel nicht verletzt wird.
- ✔ Repeater mit fünf Anschlüssen bekommt man schon für 280 DM.
- ✔ Baut man ein lehrbuchmäßiges Ethernet auf, dann sind Repeater die passenden Komponenten. Sie vergrößern nicht die Maximallänge eines einzelnen Segmentes, sondern ermöglichen es lediglich, zwei Segmente miteinander zu verbinden. Hüten Sie sich vor diesen kleinen schwarzen Kästchen, mit denen man angeblich die Länge eines Segmentes von 200 m bei ThinNet bzw. von 500 m bei Yellow Cable verlängern kann. Diese Teile funktionieren zwar prinzipiell, man sollte sich aber besser an die Regeln halten.

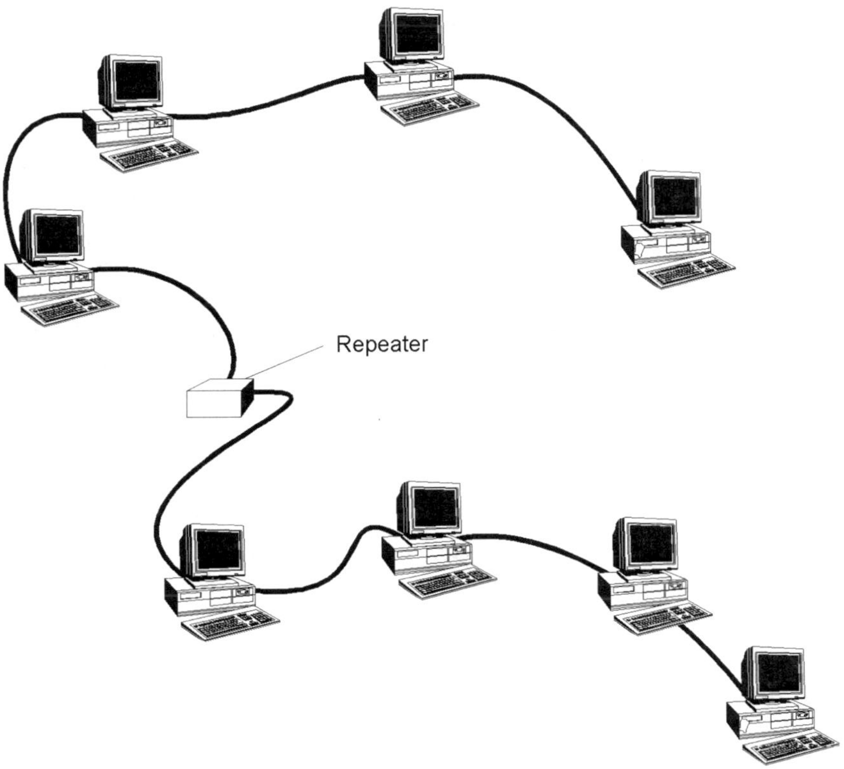

Abbildung 26.1: Der Einsatz eines Repeaters

Bridges

Eine *Bridge* wird dazu verwendet, zwei Netzwerke – auch unterschiedlicher Topologien – so miteinander zu verbinden, daß sie wie ein Netzwerk arbeiten. Außerdem kann man mit einer Bridge ein großes Netzwerk aus Leistungsgründen in zwei kleinere Netzwerke aufteilen. Sie können sich eine Bridge als eine Art schlauen Repeater vorstellen. Repeater warten auf Signale, die aus dem Netzwerkkabel kommen, verstärken sie und schicken sie weiter in das andere Kabel. Sie tun dies blind und achten nicht auf den Inhalt der Nachrichten, die sie weiterschicken.

Bridges sind im Gegensatz dazu etwas cleverer in bezug auf die Nachrichten, die aus dem Draht kommen. Die meisten Bridges besitzen die Fähigkeit, am Netzwerk zu »lauschen« und automatisch die Adresse jedes Computers auf beiden Seiten der Bridge zu registrieren. Die Bridge kann dann jede Nachricht, die von der einen Seite kommt, prüfen und sendet sie nur dann auf die andere Seite, wenn sie auch für einen Computer auf der anderen Seite gedacht ist.

Durch diese Funktion können Bridges ein großes Netzwerk in zwei kleinere, effizientere Netzwerke unterteilen. Bridges funktionieren am besten in Netzwerken, die mehr oder weniger getrennt sind. Stellen Sie sich z.B. folgende Situation vor: In einer Firma, die aus den Bereichen A und B besteht, werden alle Computer miteinander vernetzt. Irgendwann stellt man dann fest, daß zwar die Computer in den beiden Bereichen A und B untereinander häufig kommunizieren, daß aber zwischen A und B kaum Daten hin und her gehen.

Mit einer Bridge kann nun das Firmennetzwerk in zwei Netzwerke aufgeteilt werden: das A-Netz und das B-Netz. Die Bridge merkt automatisch, welche Computer im A- und welche im B-Netz sind. Nachrichten werden nur von der einen auf die andere Seite (oder von der anderen auf die eine Seite) geschickt, wenn das unbedingt notwendig sein sollte. Die Gesamtleistung beider Netzwerke hat sich verbessert, obwohl jede Netzwerkoperation, die über die Bridge in das jeweils andere Teilnetz führt, jetzt etwas langsamer geht.

- ✔ Wie ich bereits andeutete, können einige Bridges Nachrichten von einem Format in ein anderes übersetzen. Wenn z.B. das A-Netz als Ethernet gebaut wurde und im B-Netz Token Ring benutzt wird, kann die Bridge die beiden Netzwerke miteinander verbinden.
- ✔ Die Preise für eine Bridge zum Verbinden von zwei Ethernet-Netzwerken liegen bei etwa 2500 DM, ausgefeiltere Modelle sind natürlich teurer.

Switches

Ein *Switch* funktioniert so ähnlich wie eine Bridge, bietet aber eine viel bessere Leistung. Der Unterschied zwischen einem Switch und einer Bridge besteht darin, daß ein Switch eine eigene interne Verbindung (ein sogenanntes *Segment*) zwischen zwei beliebigen Eingängen aufbauen kann. Jede dieser Verbindungen läuft mit vollen 10 MHz oder, im Falle eines 100 MHz-Switch, mit 100 MHz.

Die besten Switches sind in der Lage, ständig den Netzwerkverkehr, der sie durchläuft, zu überwachen und ihn intern umzulenken, um so automatisch die für das Netzwerk effektivsten Operationen zu ermöglichen. Diese Technik wird *Lastausgleich* genannt.

Switches sind so beliebt geworden, daß sie Bridges – außer für ungewöhnliche Anwendungen – beinahe verdrängt haben. Sie bekommen einen Switch mit zwei Eingängen für 650 DM und einen mit 16 Eingängen für 2500 DM. Für ein richtig tolles Gerät müssen Sie natürlich etwas mehr hinblättern.

Router

Ein *Router* ist wie eine Bridge oder ein Switch, allerdings mit einem großen Unterschied. Bridges und Switches stellen die Adresse des Netzwerkknotens fest, an die die Nachricht geschickt werden soll und leiten die Nachricht an das passende Segment weiter. Router haben außerdem die Fähigkeit, in die Nachricht hineinzuschauen, um festzustellen, was für eine Art von Information geschickt wird. Eine Bridge oder ein Switch sind im Gegensatz dazu vollkommen blind, was den Inhalt der Netzwerknachrichten betrifft.

Stellen Sie sich einen Router als eine superintelligente Bridge vor. Eine Bridge kennt die Adressen aller Computer auf beiden Seiten und kann die Nachrichten entsprechend weiterleiten. Router wissen noch mehr über das Netzwerk. Ein Router kennt nicht nur die Adressen aller Computer, sondern auch die Adressen aller anderen Router im Netzwerk und kann dadurch entscheiden, welches der beste Weg zum Verschicken der Nachrichten ist. Eigentlich weiß der Router alles über Sie und Ihr kleines Netzwerk.

Einer der Hauptunterschiede zwischen einer Bridge und einem Router besteht darin, daß eine Bridge gegenüber dem Netzwerk transparent ist. Ein Router ist dagegen selbst ein Knoten im Netzwerk mit einer eigenen Adresse. Das bedeutet, daß man auch Nachrichten direkt an den Router richten kann. Der Router überprüft dann den Inhalt und entscheidet, wie die Nachricht behandelt werden sollte.

In einem Netzwerk können sich verschiedene Router befinden, die zusammenarbeiten. Einige Router sind z. B. in der Lage, das Netzwerk zu überwachen, um den besten Weg einer Nachricht an ihr endgültiges Ziel zu finden. Wenn ein Teil des Netzwerkes extrem stark beschäftigt ist, kann ein Router Nachrichten über weniger belastete Wege umleiten. Der Router arbeitet also wie der Reporter im Verkehrsfunk, der im Hubschrauber über die Autobahnen düst und den Verkehr beobachtet. Der Router merkt, wo Stau im Netzwerk ist und schickt die Nachrichten über einen anderen Weg.

- ✔ Router sind nicht billig. Für große Netzwerke sind sie aber sehr wichtig.
- ✔ Die funktionalen Unterschiede zwischen Bridges, Switches und Routern verwischen immer mehr. Bridges und Switches werden »intelligenter« und übernehmen Aufgaben, die bisher von Routern erledigt wurden.

- Router sind nichts anderes als Computer mit verschiedenen Netzwerkkarten und spezieller Software für die Routerfunktionen. NetWare hat z.B. ein Routerprogramm, das aus einem NetWare-Server einen Router macht.
- Mit Routern kann man Netzwerke per Modem oder ISDN verbinden, die räumlich weit voneinander entfernt sind. Mit einer Bridge ist so etwas nicht möglich.

Sollte Sie der Unterschied zwischen Bridges, Switches und Routern verwirren, dann kann ich nur sagen: »Willkommen im Club«. Der technische Unterschied hat etwas mit der OSI-Schicht zu tun, auf der die Geräte aufsetzen. Bridges arbeiten auf der MAC-Teilschicht (MAC heißt Media Access Control; manchmal nennt man diese Schicht auch Mediumzugriffs-Teilschicht). Router dagegen setzen auf der nächsthöheren Schicht auf, der Vermittlungsschicht.

Gateways

Nein, nein, das ist nicht der Bill-Gates-Weg. Ein *Gateway* ist ein superintelligenter Router, der eine superintelligente Bridge ist, die ein superintelligenter Repeater ist. Merken Sie was?

Mit einem Gateway kann man vollkommen unterschiedliche Netzwerktypen verbinden. Sie erledigen diese Aufgabe, indem Sie Nachrichten vom Format des einen Netzwerkes in das Format des anderen Netzwerkes übersetzen, so ähnlich wie ein Babelfisch oder wie der universelle Übersetzer, den Kirk und Spock immer auf ihre Abenteuerreisen mitnehmen. (Ist Ihnen eigentlich schon mal aufgefallen, daß es auf diesen Planeten mit den sagenhaften Frauen nie ein Wort für »Kuß« zu geben scheint, weshalb Kirk das dann immer selbst vorführen muß?!)

Gateways werden normalerweise dazu benutzt, ein Netzwerk an einen Großrechner oder eine Workstation anzuschließen. Wenn Sie keinen Großrechner oder keine Workstation besitzen, brauchen Sie vermutlich auch kein Gateway.

Gateways sind eigentlich nur deshalb wichtig, weil Computerhersteller ständig mit ihren eigenen proprietären Netzwerken ankommen. Hätten die Entwickler der Computerfirmen vor 20 Jahren mal miteinander ein Bier getrunken und sich über ihre Arbeit ausgetauscht, müßten wir heute nicht solche komischen Geräte einsetzen, damit die Netzwerke sich verstehen.

Superserver

Als Netzwerke populär wurden, geschah mit den PCs etwas komisches. Aus ihnen wurden Großrechner.

Die Netzwerke wurden immer größer und einige Firmen merkten, daß sie Dutzende von PCs als dedizierte Fileserver brauchten. In manchen Netzwerken gab es 50 oder 100 dedizierte Server! Man kann sich die Alpträume eines Netzwerkverwalters vorstellen, der mit einem Netzwerk dieser Größe arbeiten muß.

Um die Mühen zu erleichtern, die es kostet, eine Schar Fileserver zu bändigen, kehren manche Netzwerkverwalter wieder zu *Superservern* zurück, unglaublich leistungsfähigen Computern, die mit der linken Hand die Aufgaben von mehr als einem halben Dutzend sterblichen Computern erledigen. Diese Superserver besitzen große Gehäuse, in denen stapelweise Festplatten Platz finden, haben spezielle schnelle Festplatten-Controller, Platz für mehr Speicher als man sich vorstellen kann, und mehr als eine CPU.

Superserver sind nicht billig – sie kosten mehrere 10.000 DM. Sie sind aber oft billiger als eine entsprechende Anzahl gewöhnlicher Computer, arbeiten effektiver und sind leichter zu verwalten.

Ein Argument, das oft gegen Superserver ins Rennen geworfen wird, ist der alte Spruch »Pack' nicht alle Eier in einen Korb.« Was passiert, wenn der Superserver kaputtgeht? Das Gegenargument ist, daß Superserver mit moderner, fehlertoleranter Technik vollgestopft sind, die es unwahrscheinlich erscheinen lassen, daß sie jemals kaputtgehen. Wenn Sie statt dessen zehn Fileserver einsetzen, erhöhen Sie die Wahrscheinlichkeit dafür, daß einer von ihnen ausfällt, und vermutlich geschieht das früher, als Ihnen lieb ist.

RAID

In den meisten kleinen Firmen ist es ein ziemliches Drama, wenn eine Festplatte ihren Geist aufgibt und zur Reparatur geschickt werden muß. In größeren Netzwerken ist eine kaputte Festplatte mehr als ein Drama: es ist eine ausgewachsene Katastrophe. In großen Firmen weiß man nicht, was man machen soll, wenn der Computer nicht funktioniert. Alle sitzen rum, gucken sich die Tapeten an und warten andächtig, bis der Computer wieder zum Leben erwacht.

Ein *RAID-System* ist ein besonderer Typ von Festplattenspeicher, der selten ausfällt. Dabei werden mehrere Festplatten zusammengepackt und wie eine einzige Riesenplatte behandelt. RAID setzt Techniken ein, die sich die Experten in Berkeley ausgedacht haben. Die garantieren, daß keine Daten verlorengehen, wenn eine Festplatte im RAID-System ausfällt. Die defekte Festplatte kann entfernt und repariert werden. Die Daten, die auf dieser Platte waren, werden mit Hilfe der anderen Festplatten rekonstruiert.

- ✔ RAID heißt »Redundant Array of Inexpensive Disks«. Sie müssen sich das aber nicht merken.
- ✔ Ein RAID-System befindet sich normalerweise in einem separaten Gehäuse und hat seinen eigenen speziellen Festplatten-Controller.
- ✔ In den besten RAID-Systemen kann man die Festplatten während des Betriebs wechseln. Das heißt, man fährt eine der Festplatten herunter und entfernt sie, während das RAID-System weiterarbeitet. Die Netzwerkbenutzer merken nicht einmal, daß eine der Platten fehlt, da das RAID-System die Daten, die auf der nun fehlenden Platte sind, mit Hilfe der Daten auf den anderen Festplatten rekonstruiert. Die neue Festplatte wird ohne Schwierigkeiten in Betrieb genommen.

Firewalls

Eine *Firewall* ist ein spezieller Router, der zwischen Ihrem Netzwerk und dem Rest der Welt sitzt und *die* davon abhält, *Sie* zu kriegen.

Normalerweise setzt man Firewalls ein, wenn man eine WWW-Site aufbauen möchte, bei der dann Benutzer aus der ganzen Welt Zugriff auf Ihre Dateien bekommen. Natürlich wollen Sie nicht, daß alle Dateien frei zugänglich sind. Mit einer Firewall kann man ganz hervorragend dafür sorgen, daß die Surfer nicht zu weit gehen.

Wenn sich in Ihrem Netzwerk keine Web-Site befindet, brauchen Sie keine Firewall. Sollte das aber doch der Fall sein, müssen Sie jemanden einstellen, der die Firewall betreut.

Fast Ethernet

Die meisten kleinen Netzwerke funktionieren mit den Standard-Ethernet-Verbindungen ganz ausgezeichnet. Wenn jedoch Ihr Netzwerk so groß ist, daß es sich lohnt, ein schnelles Backbone einzurichten oder wenn Ihre Benutzer oft große Datenmengen, wie Video-Dateien, gemeinsam benutzen, sollten Sie mal über Fast Ethernet nachdenken. *Fast Ethernet* ist eine relativ neue Version von Ethernet. Es ist zehnmal so schnell: 100 Mbps statt 10 Mbps.

Die verbreitetste Form des Fast Ethernet wird 100BaseT genannt. Wie der Name schon sagt, benutzt 100BaseT ebenso wie 10BaseT Twisted Pair-Kabel. Manchmal kann man bereits existierendes 10BaseT-Kabel verwenden, allerdings geht das nur, wenn Sie das sehr gute Kategorie-5-Kabel benutzen und die Kabellängen unter 100 m bleiben. Eine andere beliebte Form von Fast Ethernet ist 100VG AnyLAN. Es benutzt ebenfalls Twisted Pair-Kabel der Kategorie 5 mit Längen unter 100 m. Dummerweise gibt es keine Fast Ethernet-Variante, die mit Koaxialkabel funktioniert.

Wenn Sie das Geld ausgeben wollen, können Sie alle Ihre Computer statt mit normalem Ethernet mit Fast Ethernet ausrüsten. Pro Computer müssen Sie mit etwa 150 DM für Netzwerkkarten rechnen, außerdem brauchen Sie schnelle Hubs für Fast Ethernet. Die Hubs sind auch ganz schön teuer. Der billigste 8-Port-Hub kostet etwa 400 DM. Das ist ca. viermal soviel wie ein 10BaseT-Hub. Es ist jedoch wie mit allen Computerteilen: sie werden immer billiger.

Die zehn (oder weniger) Schichten des ISO-OSI-Referenzmodells

27

In diesem Kapitel erfahren Sie Interessantes über ...

- die physikalische Schicht,
- die Sicherungsschicht,
- die Vermittlungsschicht,
- die Transportschicht,
- die Vanillepuddingschicht,
- die Schokoladensaucenschicht,
- die Sitzungsschicht,
- die Darstellungsschicht und
- die Anwendungsschicht.

OSI klingt wie eine supergeheime Regierungsbehörde, die im neuesten Bond-Film eine tragende Rolle spielt. Soweit, wie es dieses Buch betrifft, bedeutet OSI nichts anderes als »Open System Interconnection«, wie in »Open System Interconnection Reference Model«, das auch unter dem Decknamen OSI-Modell bekannt ist. Da das Modell mittlerweise soviel wie ein Standard ist und Standards von der ISO (International Standards Organization) gemacht werden, heißt das ganze vollständig: ISO-OSI-Referenzmodell.

Das ISO-OSI-Referenzmodell stellt die verschiedenen Aspekte eines Computernetzwerkes in sieben Schichten dar. Diese Schichten sind ein bißchen wie Zwiebelschalen: Jede der aufeinanderfolgenden Schichten schließt eine weitere Schicht ein und verbirgt sie so vor den darüberliegenden Schalen bzw. Schichten. Und es gibt noch etwas, was wie bei einer ordinären Zwiebel funktioniert. Wenn man anfängt, es auseinanderzunehmen, muß man immer ein paar Tränen vergießen.

Das ISO-OSI-Referenzmodell ist kein eigentlicher Netzwerkstandard wie Ethernet oder Token Ring. Statt dessen ist es wie ein Rahmen, in den sich die verschiedenen Netzwerkstandards einpassen können. Das ISO-OSI-Referenzmodell legt fest, welche Aspekte einer Netzwerkoperation von den verschiedenen Standards angesprochen werden können. In diesem Sinne ist das ISO-OSI-Referenzmodell eine Art Standard für Standards.

Obwohl das ISO-OSI-Referenzmodell aus sieben Schichten besteht, sind doch die untersten zwei Schichten für kleine Netzwerke am wichtigsten. Netzwerkstandards wie Ethernet und Token Ring sind Standards, die auf Schicht 1 und 2 beruhen. Die höheren Schichten schlagen sich in diesen weitverbreiteten Standards nicht nieder.

Lesen Sie das nicht, wenn Sie Legastheniker sind!

Der OSI-Standard wurde von einer Gruppe entwickelt, die als ISO bekannt ist, als »International Standards Organization«. Technisch gesehen, kann man also vom ISO-OSI-Standard sprechen. Schauen Sie mal in den Spiegel und passen Sie auf, was passiert.

Die ISO entwickelt für allen möglichen Kram Standards, wie die Größe von Duschköpfen und elektrischen Schraubenziehern. Andere ISO-Standards beinhalten SOI, SIO, OIS und IOS.

Schicht 1: Die physikalische Schicht

Die unterste Schicht des ISO-OSI-Referenzmodells ist die physikalische Schicht oder auch Bitübertragungsschicht. (Sogar die Experten sind sich nicht einig darüber, wie sie das Teil nennen sollen. Wundern Sie sich also nicht, wenn Sie verschiedene Bezeichnungen finden. Im Zweifelsfall sagen Sie einfach »Schicht 1«. Das ist eindeutig.) Sie beschreibt die physikalischen Gegebenheiten eines Netzwerkes: die Kabeltypen, mit denen man die Geräte verbindet, die Stecker, die benutzt werden können, wie lang die Kabel sein dürfen usw. Der Ethernet-Standard für 10BaseT-Kabel legt z. B. die elektrischen Eigenschaften des Twisted Pair-Kabels fest, die Größe und Form der Stecker, die maximale Länge des Kabels und solche Dinge.

Ein anderer Aspekt der physikalischen Schicht sind die elektrischen Eigenschaften der Signale, mit denen die Daten von einem Netzwerkknoten zum anderen übertragen werden. In der physikalischen Schicht wird allerdings nicht die Bedeutung dieser Signale festgelegt. Es ist die Aufgabe der höheren Schichten, den Bits, die auf der physikalischen Schicht übertragen werden, Bedeutungen zuzuweisen.

Schicht 2: Die Sicherungsschicht

In der Sicherungsschicht bekommen die Bits, die durch das Netzwerk transportiert werden, eine Bedeutung zugewiesen. Ein Standard für die Sicherungsschicht muß solche Dinge wie die Größe jedes zu sendenden Datenpakets beschreiben, eine Möglichkeit, jedes Paket zu adressieren, damit es an den richtigen Empfänger geschickt wird und einen Weg, um zu verhindern, daß zwei oder mehr Knoten gleichzeitig Daten auf das Netzwerk schicken wollen.

Die Sicherungsschicht bietet außerdem eine erste Fehlererkennung und -korrektur. Damit soll abgesichert werden, daß die Daten, die ankommen, auch die gleichen sind wie die, die abgeschickt wurden. Wenn ein Fehler auftritt, der nicht korrigiert werden kann, muß die Sicherungsschicht entscheiden, wie der Knoten informiert werden kann, damit er die Daten noch einmal überträgt.

Sie wollen nicht wirklich wissen, wie Ethernet in das ISO-OSI-Referenzmodell paßt, oder?

Ethernet ist ein Standard, der von der IEEE veröffentlicht wurde (wenn Sie das Ei-Trippel-Iiihh aussprechen, dann glaubt jeder, daß Sie genau wissen, was Sie tun). Sein offizieller Titel ist 802.3. Dieser Standard beschreibt sowohl die physikalische Schicht des ISO-OSI-Referenzmodells als auch die Sicherungsschicht.

Sie können den Teil des 802.3, der die physikalische Schicht beschreibt, dafür verantwortlich machen, daß an jedem Ende eines ThinNet-Koaxialkabels Terminatoren sein müssen, daß BNC-Stecker sich wahnsinnig schlecht anbauen lassen und daß die Anzahl der Hubs, die man beim Einsatz von Twisted Pair-Kabeln hintereinanderklemmen kann, begrenzt ist. Außerdem ist der Teil für die physikalische Schicht auch für die blumigen Ausdrücke 10Base5, 10Base2 und 10BaseT verantwortlich.

Der Bereich des 802.3-Standards, der die Sicherungsschicht beschreibt, handelt eigentlich nur von einem Teil der Sicherungsschicht, der sogenannten »Mediumzugriffs-Teilschicht« oder MAC-Teilschicht (von Media Access Control Sublayer). Die MAC legt fest, wie in einem Ethernet CSMA/CD (Carrier Sense Multiple Access with Collision Detection) funktioniert – wie das Ethernet auf den Netzwerkverkehr »lauscht«, Daten hinausschickt, wenn das Netzwerk frei zu sein scheint, anschließend auf Kollisionen lauscht und gegebenenfalls die Daten noch einmal losschickt.

Der andere Teil der Sicherungsschicht des ISO-OSI-Referenzmodells wird Logical Link Control Sublayer oder LLC-Teilschicht genannt. In der LLC-Teilschicht werden die Grundlagen des Sendens und Empfangens von Informationspaketen über ein Netzwerk sowie die Fehlerkorrektur beschrieben. Der LLC-Standard, der bei Ethernet benutzt wird, heißt 802.2.

Wenn Sie nicht gerade planen, selbst Netzwerkkarten in Ihrer Garage zusammenzubasteln, kann Ihnen dieser ganze Kram ziemlich egal sein.

Schicht 3: Die Vermittlungsschicht

Die Vermittlungsschicht beschreibt, wie Netzwerke durch das Routen von Datenpaketen miteinander verbunden werden. Diese Schicht ist besonders wichtig, wenn Sie zwei unterschiedliche Netzwerke, wie z. B. ein Ethernet- und ein Token Ring-Netzwerk mit Hilfe eines Routers verbinden wollen. Da die Vermittlungsschicht einen Schritt über der Sicherungsschicht liegt, ist es ziemlich egal, ob auf der physikalischen Schicht und auf der Sicherungsschicht unterschiedliche Standards verwendet werden.

Schicht 4: Die Transportschicht

Die Transportschicht bildet die Grundlage der Kommunikation zweier Netzwerkcomputer. Sie identifiziert jeden Knoten im Netzwerk über eine einmalige Adresse und steuert die Verbindungen zwischen den Knoten. Außerdem unterteilt die Transportschicht große Nachrichten in kleinere Portionen und setzt sie auf der anderen Seite, d.h. im empfangenden Knoten, wieder zusammen.

Die Transportschicht sowie die darüberliegenden Schichten sind in den verschiedenen Netzwerkbetriebssystemen unterschiedlich implementiert worden. Dank des ISO-OSI-Referenzmodells können Sie trotzdem NetWare, LANtastic, Windows für Workgroups oder auch andere Netzwerkbetriebssysteme auf einem Ethernet-Netzwerk laufen lassen. Ethernet spricht die unteren Schichten des ISO-OSI-Referenzmodells an. Solange die Transportschicht Ihres Netzwerkbetriebssystems eine Schnittstelle zum Ethernet hat, ist alles in Ordnung.

Schicht 4a: Die Vanillepuddingschicht

Die Vanillepuddingschicht wurde zwischen die trockene Transportschicht und die geschmacklose Sitzungsschicht gequetscht, um dem Ganzen ein wenig Aroma zu verleihen.

Schicht 4b: Die Schokoladensaucenschicht

Die Schokoladensaucenschicht erfüllt genau die gleiche Aufgabe, wie die anderen Schichten (bis auf Schicht 1) auch: sie schirmt die darunterliegende Schicht (Schicht 4a) vor der darüberliegenden Schicht ab.

Schicht 5: Die Sitzungsschicht

Die Sitzungsschicht baut »Sitzungen« zwischen den Netzwerkknoten auf. Bevor Daten über das Netzwerk ausgetauscht werden können, muß eine Sitzung eröffnet worden sein. Die Sitzungsschicht paßt auf, daß diese Sitzungen ordentlich aufgebaut und aufrechterhalten werden.

Schicht 6: Die Darstellungsschicht

Die Darstellungsschicht ist dafür verantwortlich, daß die Daten, die über das Netzwerk geschickt werden, von einer Darstellungsform in eine andere umgewandelt werden. Auf der Darstellungsschicht können z.B. fortgeschrittene Komprimierungstechniken angewendet werden, damit für das Verschicken der Daten über das Netzwerk weniger Bytes notwendig sind. Am anderen Ende der Übertragungsstrecke werden die Daten von der Transportschicht wieder dekomprimiert.

Die Darstellungsschicht kann Daten auch auf der einen Seite verschlüsseln und auf der anderen Seite wieder entschlüsseln. Dabei werden Verschlüsselungstechniken eingesetzt, an denen auch ein Sherlock Holmes gescheitert wäre.

Schicht 7: Die Anwendungsschicht

Die oberste Schicht des ISO-OSI-Referenzmodells, die Anwendungsschicht, arbeitet mit Techniken, über die Programme mit dem Netzwerk kommunizieren. Der Name der Schicht ist vermutlich etwas verwirrend. Anwendungsprogramme wie Lotus 1-2-3 und WordPerfect sind nicht Teil der Anwendungsschicht. Statt dessen ist es das Netzwerkbetriebssystem selbst, das in der Anwendungsschicht arbeitet.

Ungefähr zehn Tips für ein Netzwerk mit Windows 3.1

28

In diesem Kapitel erfahren Sie, ...

- daß Sie sich überlegen sollten, eine gemeinsam genutzte Version von Windows zu installieren.
- daß Sie in Betracht ziehen sollten, auf Windows 95 oder Windows 98 umzusteigen.
- daß Sie Windows nicht auf einem Server laufen lassen sollten, wenn es sich um ein Peer-to-Peer-Netzwerk mit einem dedizierten Server handelt.
- wie Sie eine permanente Auslagerungsdatei auf jeder lokalen Festplatte einrichten.
- daß Sie vor dem Start von Windows alle Netzwerkverbindungen einrichten sollten.
- wie Sie den Druck-Manager deaktivieren.
- wie Sie eine gemeinsam genutzte Programm-Manager-Gruppe für die gemeinsam verwendeten Netzwerkanwendungen einrichten.

Im ganzen Buch habe ich bisher Netzwerke mit Windows 95 und 98 besprochen. Es gibt jedoch noch immer Millionen von Windows-3.1-Benutzern. Die meisten von ihnen sind glückliche Einzelgänger, die noch darauf warten, an ein Netzwerk angeschlossen zu werden. Viele arbeiten noch mit Computern, die kaum in der Lage sind, Windows 3.1 zu bewältigen. Ein Umstieg auf Windows 95 oder Windows 98 kommt deswegen nicht in Frage. Diesen Benutzern widme ich meine Tips für Netzwerke mit Windows 3.1.

Die Mutter aller Windows-3.1-Netzwerktips ist: Werfen Sie Ihre Windows-3.1-Computer weg, kaufen Sie sich brandneue 300 MHz-Pentium II-Rechner mit 32 MB RAM, einer 5 GB-Festplatte und – natürlich – Windows 95 oder noch besser Windows 98. (Naja, werfen Sie die alten Computer nicht einfach weg. Spenden Sie sie lieber für einen guten Zweck. Viele Schulen wären Ihnen dankbar!)

Denken Sie doch mal über die Installation einer gemeinsam genutzten Version von Windows nach

Wenn Sie in einem Netzwerk Windows benutzen – und das gilt besonders in einem NetWare-Netzwerk – müssen Sie eine grundlegende Entscheidung treffen: Installieren Sie eine separate Kopie von Windows auf jeder lokalen Festplatte oder installieren Sie eine gemeinsam genutzte Version von Windows auf dem Netzwerk-Server? Jede dieser Möglichkeiten hat Vor- und Nachteile.

Der Vorteil der separaten Kopien von Windows auf jedem Rechner besteht darin, daß jeder Benutzer eine größere Kontrolle über die Windows-Einstellungen hat und man sich nicht mit den speziellen Optionen für gemeinsam genutzte Windows-Versionen rumärgern muß. Der Nachteil bei diesem Ansatz ist, daß Sie die individuellen Einstellungen jedes Benutzers betreuen müssen. Und falls Sie mal an der Installation was ändern wollen, müssen Sie die Änderungen bei jedem Benutzer wiederholen.

Der Vorteil einer gemeinsam genutzten Windows-Version liegt in der Platzersparnis von ungefähr 10 MB Festplattenplatz auf jedem Client. Außerdem müssen Sie nur eine Kopie von Windows betreuen und nicht so viele, wie Sie Rechner haben. Der Nachteil ist, daß Windows dann nicht so leistungsfähig ist.

Wenn Sie sich dafür entscheiden, eine gemeinsam genutzte Version von Windows auf dem Server einzurichten, dann gehen Sie folgendermaßen vor:

1. **Legen Sie die Diskette mit der Aufschrift Windows Setup #1 in das Diskettenlaufwerk ein, wechseln Sie auf das Laufwerk und geben Sie ein:**

   ```
   SETUP /A
   ```

   Dieser Befehl kopiert alle Dateien von den Setup-Disketten auf ein Netzwerklaufwerk. Wenn das Setup-Programm Sie nach einem Laufwerk und einem Verzeichnis fragt, in das es die Dateien kopieren soll, dann geben Sie ein Netzwerklaufwerk an.

2. **Melden Sie sich mit dem Client am Netzwerk an, um eine gemeinsam genutzte Windows-Version zu installieren. Wechseln Sie dann auf das Netzwerklaufwerk, auf dem die Windows-Dateien liegen, und geben Sie den folgenden Befehl ein:**

   ```
   SETUP /N
   ```

   Dieser Befehl installiert nur die Dateien, die notwendig sind, um Windows für diesen Computer zu konfigurieren. Wenn das Setup-Programm Sie nach einem Laufwerk und einem Verzeichnis fragt, auf das es diese Dateien kopieren soll, dann geben Sie entweder ein lokales Laufwerk oder ein privates Netzwerkverzeichnis an. Kopieren Sie diese Dateien auf keinen Fall auf ein freigegebenes Netzwerklaufwerk!

Sollten Sie sich dazu entschließen, eine gemeinsam genutzte Version von Windows auf einem Server zu installieren, brauchen Sie immer noch eine separate Lizenz für jeden Client, auf dem Windows läuft. Es reicht nicht aus, einfach eine Kopie von Windows legal zu erwerben und sie dann für jeden Client im Netzwerk zu benutzen!

Ziehen Sie den Umstieg auf Windows 95 in Betracht

Windows 95, bzw. neuerdings auch Windows 98, ist eine gute Alternative für kleine Netzwerke, vorausgesetzt, alle Computer sind so leistungsfähig, daß man es dort laufen lassen kann. Bei Windows 95 und Windows 98 ist die gewünschte Netzwerkunterstützung bereits eingebaut.

Sie müssen weder ein besonderes Programm installieren, noch müssen Sie zwei Handbücher lesen oder Konferenzschaltungen mit Microsoft und Ihrem Händler abhalten, um zu entscheiden, ob Sie nun einen Windows-Bug oder einen Netzwerk-Bug entdeckt haben. (Sie kennen ja sicher die Standardauskunft der Microsoft-Hotline, wenn man sich mal mit einem Problem an sie wendet: »It's not a bug, it's a feature!«)

Vermeiden Sie es, Windows in einem Peer-to-Peer-Netzwerk mit dediziertem Server auf dem Server zu installieren

Wenn Sie LANtastic oder ein anderes Peer-to-Peer-Netzwerk installiert haben (auf jeden Fall was anderes als Windows für Workgroups) und einen Computer als dedizierten Server einrichten, dann lassen Sie auf diesem Server nicht Windows laufen. Da werden nämlich ziemlich große Teile des Speichers und der CPU-Zeit belegt, um die Windows-Oberfläche anzeigen zu lassen. Weil nun aber niemand den Server dazu benutzt, Anwendungen auszuführen, kann man den Speicher als größeren Cache einsetzen. Die CPU-Zeit dagegen wird zum Bedienen der Netzwerkanfragen benötigt.

Erzeugen Sie eine permanente Auslagerungsdatei auf der lokalen Festplatte jedes Benutzers

Die wichtigste Maßnahme, mit der Sie die Leistungsfähigkeit von Windows im Netzwerk verbessern, besteht darin, auf der lokalen Festplatte jedes Benutzers eine permanente Auslagerungsdatei anzulegen.

Windows benutzt so eine Auslagerungsdatei als Ausgleich für fehlenden Speicher. Im Prinzip ist diese Datei eine Erweiterung des RAM ihres Computers. Windows stellt sich einfach vor, daß der Computer mehr RAM hat, als er wirklich besitzt.

Normalerweise benutzt Windows eine temporäre Auslagerungsdatei. Wenn sich diese Auslagerungsdatei auf einem Netzwerklaufwerk befindet, arbeitet Windows nur noch im Schneckentempo. Wird eine permanente Auslagerungsdatei benutzt, kann Windows auf diesen RAM-Erweiterungsbereich viel effizienter zugreifen. Und so erzeugt man auf einem lokalen Laufwerk eine solche schnelle Auslagerungsdatei:

1. **Doppelklicken Sie auf das Symbol für Systemsteuerung in der Hauptgruppe des Programm-Managers.**
2. **Doppelklicken Sie dann im Systemsteuerungsfenster auf das Symbol für 386 erweitert.**
3. **Wählen Sie die Schaltfläche Virtueller Speicher.**
4. **Klicken Sie auf die Schaltfläche Ändern.**

5. **Ändern Sie das Feld Typ in Permanent und das Feld Laufwerk auf ein lokales Laufwerk (normalerweise C:). Sie können auch eine Größe für die Auslagerungsdatei festlegen. Je größer, um so besser, Sie müssen nur dran denken, daß die Auslagerungsdatei Festplattenplatz benutzt. Ich stelle normalerweise eine Auslagerungsdatei von 4.096 oder 8.192 K ein.**

6. **Klicken Sie auf OK, um die Einstellungen zu ändern und starten Sie Windows neu, damit die Änderungen wirksam werden.**

Richten Sie die Netzwerkverbindungen ein, bevor Sie Windows starten

Wenn es sich irgendwie arrangieren läßt, sollten Sie ein Login-Script oder eine STARTNET.BAT-Datei einrichten, damit das Netzwerklaufwerk und die Druckerzuweisungen bereits da sind, bevor Sie Windows starten.

Je nachdem, welche Netzwerksoftware Sie benutzen, können Sie festlegen, daß alle Änderungen, die Sie an den Netzwerkkonfigurationen vornehmen während Windows läuft, beim Beenden von Windows bestehen bleiben. Obwohl sich diese Funktion ganz gut anhört, schalte ich sie normalerweise aus. Das tue ich, weil ich mich lieber auf ein Login-Script oder eine STARTNET.BAT-Datei verlasse, um meine Netzwerkeinstellungen zu machen. Alle Änderungen, die ich während einer Windows-Sitzung vornehme, sind dann nur temporär und ich bekomme meine Standardeinstellungen jederzeit ganz leicht wieder zurück, indem ich Windows neu starte.

Deaktivieren Sie den Druck-Manager

Alle Netzwerke besitzen sowas wie eine Druckerwarteschlange. Auch der Druck-Manager von Windows stellt etwas in der Art dar. Wenn Sie sowohl die Druckerwarteschlange des Netzwerkes als auch die von Windows benutzen, verschwenden Sie Zeit und machen das Ganze anfällig für Fehler.

Deshalb sollten Sie den Druck-Manager ausschalten:

1. **Doppelklicken Sie auf das Symbol für Drucker in der Hauptgruppe des Programm-Managers.**

2. **Deaktivieren Sie im Fenster Drucker das Kontrollkästchen Druck-Manager verwenden.**

3. **Klicken Sie auf die Schaltfläche Schliessen, damit die Änderung wirksam wird.**

Erzeugen Sie für die Netzwerkanwendungen eine gemeinsam genutzte Gruppe im Programm-Manager

Ich zeige Ihnen jetzt eine schlaue Technik, die es leichter macht, Programme zu warten, die im Netzwerk gemeinsam genutzt werden: Erzeugen Sie eine Gruppe im Programm-Manager, auf die alle Netzwerkbenutzer zugreifen können. Legen Sie dann Ihre gemeinsam genutzten Programme in dieser Gruppe ab. Alle Änderungen, die Sie an dieser Gruppe vornehmen – das Hinzufügen eines Programms, das Verändern eines Symbols usw. – werden automatisch auf jedem Client angezeigt.

Gehen Sie folgendermaßen vor:

1. **Wählen Sie im Programm-Manager den Befehl Neu aus dem Datei-Menü.**
2. **Der Programm-Manager fragt Sie, ob Sie eine Programmgruppe oder ein Programmsymbol erzeugen wollen. Wählen Sie Programmgruppe.**
3. **Geben Sie für die Gruppe eine Beschreibung ein, z. B. »Netzwerkanwendungen«. Legen Sie dann im Feld Gruppendatei eine Datei auf dem Netzwerklaufwerk fest, wie etwa H:\NETAPPS.GRP.**
4. **Sie müssen dann auf jedem Client die Datei PROGMAN.INI (im \Windows-Verzeichnis) bearbeiten und dort im Bereich [groups] etwa folgende Zeile hinzufügen:**

   Group9=H:\NETAPPS.GRP

Die Gruppennummer hängt von den Gruppen ab, die in der Datei PROGMAN.INI bereits existieren. Der Laufwerksbuchstabe (in unserem Fall H:) legt ein Netzwerklaufwerk fest, so daß alle Benutzer auf die gleiche Kopie der Programmgruppen-Datei zugreifen können.

29 Zehn heiße Netzwerk-Modeworte, mit denen Sie garantiert eine Cocktailparty beleben

In diesem Kapitel lernen Sie, klug zu reden über ...

- Intranet,
- Client/Server,
- Unternehmensrechentechnik,
- Interoperabilität,
- Glasfaser,
- SNA,
- Groupware,
- TCP/IP,
- ATM und
- Breitband.

Haben Sie auch die Nase voll von diesen Cocktailparties, auf der jeder nur über den neuesten Spielberg-Film redet oder wer warum mit wem und was man davon halten soll? Ich präsentiere Ihnen hier ein paar Gesprächsthemen, mit denen Sie die Szene garantiert beleben oder auch einfach nur rausgeworfen werden. Egal wie, es funktioniert. Versuchen Sie es.

Intranet

Was damit gemeint ist: Ich habe genug vom Internet gesehen und möchte nun in meinem LAN mein eigenes kleines privates Internet aufbauen. In einem Intranet benutzt man die Werkzeuge des Internet: TCP/IP, HTTP, HTML und Web-Server-Software, allerdings ist es nicht mit dem Internet verbunden. Intranets benutzt man, um »interne« Homepages zu erstellen, die nur aus dem Firmennetzwerk, aber nicht von außerhalb erreicht werden können.

Wie man es in einem Satz verwenden kann: Ich werde heute abend zum Essen nicht zu Hause sein, Schatz. Ich muß noch die Quartalsumsätze in das Intranet der Firma hochladen!

Client/Server

Was damit gemeint ist: Ein Computersystem, in dem ein Teil der Arbeit auf einem Client-Computer erledigt wird und ein anderer Teil auf dem Server-Computer. In einer echten Client/Server-Anwendung muß die Hauptarbeit auf dem Server verrichtet werden. Man kann im Prinzip jedes Server-basierte Netzwerk als Client/Server-System bezeichnen, allerdings wird in einem echten Client/Server-System die richtige Arbeit – und nicht nur der Dateizugriff – auf dem Server getan. Zum Beispiel wird in einer echten Client/Server-Datenbank die Datenbankabfrage auf dem Server getätigt und an den Client-Computer werden nur die Ergebnisse zurückgeschickt.

Wie man es in einem Satz verwenden kann: Ich habe gehört, daß Sie in Ihrer Firma fünf Jahre gebraucht haben, um Ihr altes Großrechnersystem durch Client/Server-Systeme zu ersetzen. Vielleicht hätten Sie mal jemanden fragen sollen, der Ahnung davon hat!

Unternehmensrechentechnik

Was damit gemeint ist: Der komplette Bedarf an Rechentechnik eines Unternehmens. In der Vergangenheit wurden Computer immer nur nach den Bedürfnissen einzelner Abteilungen oder Arbeitsgruppen gekauft. Das Ergebnis war ein Mischmasch aus Systemen, die nicht miteinander kompatibel waren: in der Marketingabteilung hatte man ein Kleinrechensystem, im Verkauf benutzte man ein NetWare-Netzwerk und in der Buchhaltung einen Abakus. Wenn man heute von der Rechentechnik im Unternehmen spricht, dann versucht man, das Unternehmen als Ganzes zu betrachten und seinen Bedarf als Firma zu befriedigen. Sehr klug!

Wie man es in einem Satz verwenden kann: Mit unserer Unternehmensrechentechnik wird schon Warp 9 erreicht. Ich habe gehört, bei Euch dümpelt man noch bei 1/4-Impuls. Faszinierend!

Interoperabilität

Was damit gemeint ist: Man stopft runde Stifte in eckige Löcher, d. h. man verbindet Netzwerke, die eigentlich nicht zueinander passen, damit sie zusammenarbeiten. Das Thema ist so brandheiß, daß es sogar eine Konferenz namens Interop gibt, die sich nur damit befaßt, wie man unterschiedliche Netzwerke zu einer Zusammenarbeit überredet.

Wie man es in einem Satz verwenden kann: Wir haben endlich die Probleme mit der Interoperabilität geklärt – wir haben den Kerl entlassen, der den Kram gekauft hat.

Glasfaser

Was damit gemeint ist: Die schnellste Form eines Netzwerkkabels, bei der die Signale nicht durch Elektrizität sondern durch Licht übertragen werden. Glasfaserkabel werden normalerweise in Backbones großer Netzwerke verwendet oder zur Verbindung von Netzwerken, die sich in verschiedenen Gebäuden befinden und wo man wegen der 500 m-Grenze kein Yellow Cable einsetzen kann. In Glasfaser sausen die Daten mit coolen 100 Mbps (Megabit pro Sekunde), das ist zehnmal schneller als das lahme Ethernet.

Wie man es in einem Satz verwenden kann: Sie wollen wissen, was ich machen werde, jetzt, nachdem ich die drei Gebäude auf dem Firmengelände mit dem Glasfaser-Backbone vernetzt habe? Ich werde erstmal Urlaub machen.

SNA

Was damit gemeint ist: Das ist der alte Plan von IBM, mit dem sie das Netzwerkgeschäft beherrschen wollten. Wo immer es IBM-Großrechner gibt, gibt es auch SNA. SNA heißt »Systems Network Architecture« und wird von Großrechnerbenutzern *sno* ausgesprochen.

Wie man es in einem Satz verwenden kann: Wenn wir erstmal unser SNA und das Ethernet verbunden haben, haben die Großrechnerbenutzer endlich auch etwas von der Rechenpower der PCs.

Groupware

Was damit gemeint ist: Software, die dafür gedacht ist, die Vorteile eines Netzwerkes für die gemeinsame Arbeit auszunutzen, z. B. ermöglicht es eine Textverarbeitung mit Groupware-Funktionen mehreren Netzwerkbenutzern, einem Dokument Kommentare hinzuzufügen oder es zu überarbeiten. Die Software achtet dabei selbst darauf, was geändert wurde und wann Veränderungen gemacht wurden.

Wie man es in einem Satz verwenden kann: Unsere Produktivität ist so sehr angestiegen, seit wir auf Groupware umgestellt haben, daß wir uns entschlossen haben, erstmal alle für ein halbes Jahr Urlaub zu machen. Ich habe gehört, bei Ihnen wird immer noch WordStar benutzt.

TCP/IP

Was damit gemeint ist: TCP/IP ist das Protokoll, das im Internet benutzt wird. Die Abkürzung steht für »Transmission Control Protocol/Internet Protocol«.

Wie man es in einem Satz verwenden kann: Mach Dir mal keine Sorgen, wenn bei Dir erstmal TCP/IP läuft, bist Du im Handumdrehen im Internet.

ATM

Was damit gemeint ist: Ein Mechanismus zur Datenübertragung, bei dem die Daten in Form von Päckchen konstanter Größe (sogenannte *Zellen*) übermittelt werden. ATM bietet den Vorteil, daß eine immer gleich große Übertragungsrate gewährleistet werden kann. Das ist besonders günstig bei Echtzeitdatenübertragung (Video, Audio). ATM heißt »Asynchronous Transfer Mode«.

Wie man es in einem Satz verwenden kann: Du, paß auf, ich ruf Dich morgen an. Über unsere neue ATM-Strecke können wir eigentlich mal eine Videokonferenz abhalten.

Breitband

Was damit gemeint ist: Breitband ist ein neuartiges System fürs Kabelfernsehen, mit dem man eines Tages nicht nur Fernsehen empfängt, sondern auch Telefongespräche und Internetverbindungen. Eine Internetverbindung über ein Breitbandkabel soll sogar fast genauso schnell sein wie eine Ethernet-Verbindung in einem LAN.

Wie man es in einem Satz verwenden kann: Äh, nein, Breitband habe ich noch nicht. Sag mal, kann es sein, daß das Wetter umschlägt? Ich habe so ein Ziehen im Kreuz ...

Teil VII

Referenzen für Kenner (und solche, die es werden wollen)

In diesem Teil...

In diesem Abschnitt des Buches werden die gebräuchlichsten Befehle für zwei der beliebtesten Netzwerkbetriebssysteme zusammengefaßt: NetWare und Windows.

Aber warum soll man sich in den Tagen von Windows (und damit von grafischen Oberflächen) mit Netzwerkbefehlen herumschlagen? Weil es oft viel effektiver ist, von der Kommandozeile zu arbeiten, als sich Schicht um Schicht durch irgendwelche Symbole und Menüs hindurchzuwühlen. Und manche von uns sehnen sich außerdem nach den Tagen zurück, als wahre Computerkenner noch mit der Tastatur statt der Maus jonglierten.

NetWare-Befehle für alle

30

In diesem Kapitel finden Sie ...

- eine Zusammenfassung verschiedener NetWare-Befehle,
- die Syntax dieser Befehle,
- Beispiele und
- ein paar Zusatzinformationen.

Sind Sie ein Kommandozeilen-Freak und wollen ein Gefühl für NetWare-Befehle bekommen? In diesem Kapitel finden Sie Befehle, die Sie wahrscheinlich mal benutzen werden. Außerdem sind Befehle aufgeführt, die Sie zwar eigentlich nicht einsetzen wollen, was sich aber vermutlich nicht umgehen lassen wird. Und dann sind da noch ein paar, die Sie kennen sollten, auch wenn Sie sie nie verwenden.

ATTACH

Zweck des Befehls:	Verbindet Sie mit einem anderen Fileserver. Wird nur eingesetzt, wenn es in einem Netzwerk mehr als einen Server gibt.
Syntax:	ATTACH Server/Benutzer-ID
Beispiel:	ATTACH SERVER2/JOCHEN
Wer ihn benutzen kann:	Jeder
Zusatzinfos:	Sollte Ihr Zugang ein Kennwort erfordern, werden Sie danach gefragt. ATTACH wird oft in Login-Scripts benutzt.

BROADCAST

Zweck des Befehls:	Übermittelt allen Benutzern, die an einem Server angemeldet sind, eine Nachricht.
Syntax:	BROADCAST Nachricht
Beispiel:	BROADCAST Dieses Netzwerk wird sich in fünf Minuten selbst zerstören!
Wer ihn benutzen kann:	Verwalter
Zusatzinfos:	BROADCAST wird im allgemeinen dazu benutzt, vor dem Herunterfahren des Servers einen Hinweis an die Benutzer zu senden.

CAPTURE

Zweck des Befehls:	Richtet die Druckerwarteschlange im Netzwerk ein.
Syntax:	CAPTURE L=Anschluß Q=Warteschlange TI=Sekunden
	CAPTURE L=Anschluß EC
Beispiel:	CAPTURE L=2 Q=Laser TI=10
Wer ihn benutzen kann:	Jeder
Zusatzinfos:	Wenn Sie L=Anschluß vergessen, wird LPT1 eingesetzt. CAPTURE hat noch eine ganze Reihe anderer Optionen zum Steuern von Druckaufträgen. Die Variante EC ersetzt den älteren Befehl ENDCAP.

CHKVOL

Zweck des Befehls:	Zeigt Informationen über ein Server-Volumen an.
Syntax:	CHKVOL
	CHKVOL Laufwerk:
	CHKVOL [Server\]Volumen:
Beispiel:	CHKVOL F:
	CHKVOL WARD\SYS:
Wer ihn benutzen kann:	Jeder
Zusatzinfos:	Zeigt die Größe des Volumens, die Anzahl der Dateien darauf, den benutzten Festplattenplatz, den freien Festplattenplatz und die Anzahl der Verzeichniseinträge, die noch für neue Dateien verfügbar sind, an.

CLAP ON

Zweck des Befehls:	Man kann damit den Server herunterfahren, indem man ein- oder zweimal in die Hände klatscht.
Syntax:	CLAP ON [1|2]
Wer ihn benutzen kann:	Verwalter
Zusatzinfos:	Keine

CLEAR STATION

Zweck des Befehls: Räumt nach einem Crash die Arbeitsstation auf.

Syntax: CLEAR STATION n

Wer ihn benutzen kann: Verwalter

CONFIG

Zweck des Befehls: Zeigt Informationen über die Netzwerkkonfiguration des Servers an.

Syntax: CONFIG

Wer ihn benutzen kann: Verwalter

Zusatzinfos: Es werden die Netzwerktreiber, die Netzwerkadresse des Servers, die Einstellungen der Netzwerktreiber und die Festplattenkonfiguration des Servers angezeigt.

DISABLE LOGIN

Zweck des Befehls: Verhindert, daß sich Benutzer an einem Fileserver anmelden können.

Syntax: DISABLE LOGIN

Wer ihn benutzen kann: Verwalter

Zusatzinfos: Mit DISABLE LOGIN kann man nicht jeden aus dem System ausschließen, aber zumindest können Benutzer, die noch nicht eingeloggt sind, sich nicht anmelden. Der Befehl wird normalerweise vor dem Befehl DOWN eingesetzt. Das Anmelden kann man später mit dem Befehl ENABLE LOGIN wieder erlauben.

DISMOUNT

Zweck des Befehls: Entfernt ein Volumen aus dem Netzwerk, damit man daran Wartungsarbeiten vornehmen kann.

Syntax: DISMOUNT Volumen

Beispiel: DISMOUNT SYS2:

Wer ihn benutzen kann: Verwalter

Zusatzinfos: Es ist sehr nett, wenn man vorher eine Nachricht verschickt (siehe BROADCAST).

DOWN

Zweck des Befehls: Fährt einen Fileserver herunter

Syntax: DOWN

Wer ihn benutzen kann: Verwalter

Zusatzinfos: Benutzen Sie immer den Befehl DOWN, bevor Sie einen Server ausschalten. Auf diese Weise wird der Server ordnungsgemäß heruntergefahren, so daß Dateien, die noch geöffnet sind, nicht einfach zerstört werden. Man sollte seine Benutzer mit dem Befehl BROADCAST warnen, bevor man den Server herunterfährt.

DSPACE

Zweck des Befehls: Begrenzt den Festplattenplatz, den ein Benutzer für sich in Anspruch nehmen kann.

Syntax: DSPACE

Wer ihn benutzen kann: Supervisor

Zusatzinfos: Dieses Programm ist menügesteuert, deshalb gibt es keine Optionen für die Kommandozeile.

ENABLE LOGIN

Zweck des Befehls: Erlaubt das Anmelden, nachdem vorher DISABLE LOGIN benutzt wurde.

Syntax: ENABLE LOGIN

Wer ihn benutzen kann: Verwalter

Zusatzinfos: Wenn Sie den Server herunter- und wieder hochgefahren haben, müssen Sie diesen Befehl nicht benutzen, das Anmelden wird dann automatisch wieder erlaubt.

ENDCAP

Zweck des Befehls:	Beendet die Ausgabe auf den Netzwerkdrucker
Syntax:	ENDCAP [L=Anschluß]
	ENDCAP ALL
	ENDCAP C=Anschluß
	ENDCAP CANCEL=ALL
Beispiel:	ENDCAP L=1
Wer ihn benutzen kann:	Jeder
Zusatzinfos:	Wenn Sie den Befehl ENDCAP ohne Optionen eingeben, wird die Ausgabe auf LPT1 gestoppt. ENDCAP ALL beendet die Ausgabe für alle Anschlüsse. Mit ENDCAP C=Anschluß wird die Ausgabe auf den angegebenen Anschluß gestoppt und jede Ausgabe, die bereits gemacht wurde, verworfen; ENDCAP CANCEL ALL verwirft die Ausgabe für alle Anschlüsse. In NetWare 4.1 wurde der Befehl ENDCAP durch den Befehl CAPTURE EC ersetzt.

ENGAGE

Zweck des Befehls:	Nichts, aber vielleicht fühlen Sie sich dann wie Captain Kirk.
Syntax:	ENGAGE
Wer ihn benutzen kann:	Picard
Zusatzinfos:	Keine. Vergessen Sie es!

EXIT

Zweck des Befehls:	Bringt Sie zurück an die DOS-Eingabeaufforderung, nachdem der Server heruntergefahren ist.
Syntax:	EXIT
Wer ihn benutzen kann:	Verwalter
Zusatzinfos:	EXIT wird manchmal benutzt, um einen Server mit neuen Parametern hochzufahren. Zuerst gibt man den Befehl DOWN und dann EXIT. Man kommt zur DOS-Eingabeaufforderung und kann mit dem Befehl SERVER den Server mit neuen Parametern wieder starten.

FCONSOLE

Zweck des Befehls: Zeigt Informationen über den Fileserver an.

Syntax: FCONSOLE

Wer ihn benutzen kann: Verwalter

Zusatzinfos: FCONSOLE bietet für einige andere NetWare-Befehle wie BROADCAST und DOWN ein Menü-Interface. Diese Funktionen werden jedoch nur von Anfängern benutzt.

FILER

Zweck des Befehls: Erzeugt und verwaltet Verzeichnisse.

Syntax: FILER

Wer ihn benutzen kann: Jeder

Zusatzinfos: FILER ist ein menügesteuertes Programm mit vielen Optionen, mit dem man in Verzeichnisse und Unterverzeichnisse und auf die darin enthaltenen Dateien schauen kann. Mit FILER kann man außerdem Dateien löschen, umbenennen und Dateien oder auch ganze Unterverzeichnisse auf andere Laufwerke oder in andere Verzeichnisse kopieren oder verschieben.

In NetWare 4.0 wurde der Befehl FILER erweitert und enthält nun die Funktionen von SALVAGE, PURGE und VOLINFO.

FLAG

Zweck des Befehls: Setzt Dateiattribute und zeigt sie an.

Syntax: FLAG [Verzeichnis\]Dateiname [Flags]

Es gibt folgende Flags:

A Archive needed

C Copy inhibit (nur in Version 3.x)

D Delete inhibit (nur in Version 3.x)

E Execute only

H Hidden

I Indexed

	P	Purge (nur in Version 3.x)
	RO	Read only
	RW	Read Write
	R	Rename inhibit (nur in Version 3.x)
	S	Shareable
	SY	System file
	T	Transactional

Beispiel: FLAG *.EXE SRO

Wer ihn benutzen kann: Supervisor

Zusatzinfos: FLAG wird oft benutzt, nachdem Software installiert wurde, um Programmdateien für die gemeinsame Nutzung freizugeben und nur lesbar zu machen.

FLAGDIR

Zweck des Befehls: Verändert Verzeichnisattribute oder zeigt sie an.

Syntax: FLAGDIR [Verzeichnis] [Flags]

Es gibt die folgenden Flags:

D	Delete inhibit (nur in Version 3.x)
H	Hidden
N	Normal
P	Private (nur in Version 2.x)
P	Purge (nur in Version 3.x)
R	Rename inhibit (nur in Version 3.x)
SY	System

Beispiel: FLAGDIR DOCS DR

Wer ihn benutzen kann: Supervisor. In NetWare 4.1 wird statt dessen FLAG benutzt.

GRANT

Zweck des Befehls: Weist Benutzern Rechte für eine Datei oder ein Verzeichnis zu.

Syntax: GRANT Rechte FOR Pfad TO USER/GROUP Name [/F oder /S]

Beispiel: GRANT S FOR SYS:DOCS TO USER JOCHEN /S

Wer ihn benutzen kann: Supervisor

Zusatzinfos: /F weist Rechte für Dateien zu, /S für Unterverzeichnisse. Man kann auch mit dem Befehl FILER Rechte zuweisen. Nachdem sie zugewiesen wurden, können Rechte mit dem Befehl REVOKE wieder aufgehoben werden. Der Befehl wird in NetWare 4.0 durch NETADMIN ersetzt.

LISTDIR

Zweck des Befehls: Listet die Verzeichnisstruktur eines Volumens auf.

Syntax: LISTDIR [/A]

LISTDIR [Server\]Volumen:Verzeichnis[/A]

LISTDIR Laufwerk: [/A]

Beispiel: LISTDIR WARD\SYS:

LISTDIR F: /A

Wer ihn benutzen kann: Jeder

Zusatzinfos: Der Schalter /A zeigt neben dem Verzeichnisnamen noch zusätzliche Informationen an.

LOAD (nur in Version 3.x)

Zweck des Befehls: Lädt ein NLM (NetWare Loadable Module).

Syntax: LOAD Name

Wer ihn benutzen kann: Verwalter

LOGIN

Zweck des Befehls: Meldet Sie am Netzwerk an.

Syntax: LOGIN [Benutzer /ID]

Beispiel: LOGIN JOCHEN

Wer ihn benutzen kann: Jeder

Zusatzinfos: LOGIN fragt nach dem Kennwort und der Benutzer-ID, falls Sie sie nicht als Kommandozeilenoption angeben. Wechseln Sie auf das Netzwerklaufwerk (normalerweise F), bevor Sie LOGIN eingeben. Meistens steht der Befehl LOGIN in der Datei AUTOEXEC.BAT.

LOGOUT

Zweck des Befehls: Meldet Sie aus dem Netzwerk ab.

Syntax: LOGOUT

Wer ihn benutzen kann: Jeder

MAKEUSER

Zweck des Befehls: Erstellt mit Hilfe einer Stapeldatei Benutzer. Dabei wird eine Script-Datei gelesen, in der die Angaben zu den Benutzern enthalten sind.

Syntax: MAKEUSER Script-Datei

Wer ihn benutzen kann: Supervisor

Zusatzinfos: Die Scriptsprache, die für MAKEUSER benutzt wird, ist kompliziert, man spart aber auch eine Menge Zeit damit, wenn man viele Benutzer einrichten muß. USERDEF kann dabei Abhilfe schaffen. Wenn Sie nur einige Benutzerkonten einrichten müssen, geht es möglicherweise mit SYSCON schneller. Wurde in Version 4.0 durch NETADMIN ersetzt.

MAP

Zweck des Befehls: Weist Netzwerklaufwerken Laufwerksbuchstaben zu.

Syntax: MAP [ROOT] Laufwerk:=Volumen:Verzeichnis

Beispiel: MAP M:=SYS:DOCS

Wer ihn benutzen kann: Jeder

Zusatzinfos: Laufwerk kann ein Laufwerksbuchstabe oder ein Suchlaufwerksbuchstabe sein (S1 bis S16). Wenn Sie ROOT hinschreiben, behandelt NetWare das Verzeichnis als Root-Verzeichnis des gemappten

Laufwerkes, d.h. daß die Verzeichnisse, die in der Struktur über dem gemappten Verzeichnis liegen, nicht erreicht werden können. Der Befehl MAP wird normalerweise im Anmeldescript verwendet.

MEMORY

Zweck des Befehls: Zeigt den auf dem Server verfügbaren Speicher an.

Syntax: MEMORY

Wer ihn benutzen kann: Verwalter

MENU

Zweck des Befehls: Zeigt für Benutzer, die noch unsicher sind, ein Menü mit Programmen an.

Syntax: MENU

Wer ihn benutzen kann: Jeder

Zusatzinfos: MENU benutzt eine Definitionsdatei, in der das angezeigte Menü beschrieben wird.

MODULES

Zweck des Befehls: Zeigt die verschiedenen Module an, die im Speicher des Servers geladen sind.

Syntax: MODULES

Wer ihn benutzen kann: Verwalter

MONITOR

Zweck des Befehls: Zeigt die NetWare-Konsole an.

Syntax: MONITOR

Wer ihn benutzen kann: Verwalter

Zusatzinfos: Über den Befehl MONITOR kann die Konsole mit Hilfe eines Kennwortes gesperrt werden.

MOUNT

Zweck des Befehls: Mountet (verbindet) Server-Volumen, damit die Netzwerkbenutzer darauf zugreifen können.

Syntax: MOUNT Volumen

MOUNT ALL

Wer ihn benutzen kann: Verwalter

Zusatzinfos: Die MOUNT-Befehle stehen normalerweise in der Datei AUTOEXEC.NCF

NCOPY

Zweck des Befehls: Kopiert Dateien von einer Stelle auf dem Server an eine andere Stelle desselben Servers, ohne daß die Inhalte der Dateien über das Netzwerk geschickt werden.

Syntax: NCOPY Quelle Ziel [Optionen]

Beispiel: NCOPY M:MAI94*.* M:\JUNI94*.*

Wer ihn benutzen kann: Jeder

Zusatzinfos: NCOPY funktioniert so ähnlich wie COPY, ist aber effizienter, weil sich sowohl die Quelle als auch das Ziel auf dem gleichen Server befinden.

NDIR

Zweck des Befehls: Listet die Verzeichnisse von Netzwerklaufwerken auf, so ähnlich wie der Befehl DIR unter DOS.

Syntax: NDIR Pfad [/Optionen]

Beispiel: NDIR SYS:*.EXE

Wer ihn benutzen kann: Jeder

Zusatzinfos: NDIR hat wirklich zu viele Optionen, um sie alle hier aufzuzählen. Tut mir leid.

NETADMIN (nur in Version 4.0)

Zweck des Befehls: Verwaltet den Server.

Syntax: NETADMIN

Wer ihn benutzen kann: Supervisor

Zusatzinfos: NETADMIN ist menügesteuert, deshalb gibt es keine Kommandozeilenoptionen. NETADMIN vereint die Funktionen der Befehle SYSCON, DSPACE, USERDEF und SECURITY auf sich.

NPRINT

Zweck des Befehls: Druckt eine Datei auf einem Netzwerkdrucker.

Syntax: NPRINT Datei

Beispiel: NPRINT CONFIG.SYS

Wer ihn benutzen kann: Jeder

Zusatzinfos: NPRINT ist die Netzwerk-Entsprechung des DOS-Befehls PRINT.

PCONSOLE

Zweck des Befehls: Steuert den Netzwerkdrucker.

Syntax: PCONSOLE

Wer ihn benutzen kann: Verwalter

Zusatzinfos: PCONSOLE ist menügesteuert. Obwohl es keine ausgeklügelten Kommandozeilenoptionen gibt, handelt es sich um einen komplizierten Befehl.

PRINTCON

Zweck des Befehls: Konfiguriert Druckaufträge, damit Sie bei den Befehlen CAPTURE und NPRINT nicht so schrecklich viele Optionen eingeben müssen.

Syntax: PRINTCON

Wer ihn benutzen kann: Jeder

Zusatzinfos: PRINTCON ist menügesteuert, deshalb gibt es keine Kommandozeilenoptionen.

PRINTDEF

Zweck des Befehls: Definiert spezielle Drucker und andere Ausgabegeräte.

Syntax: PRINTDEF

Wer ihn benutzen kann: Jeder

Zusatzinfos: PRINTDEF ist menügesteuert, deshalb gibt es keine Kommandozeilenoptionen.

PSC

Zweck des Befehls: PCONSOLE für den Kommandozeilenfreak

Syntax: PSC [Optionen nach Bedarf]

Wer ihn benutzen kann: Kommandozeilenfreaks

PURGE

Zweck des Befehls: Radiert Dateien von der Festplatte.

Syntax: PURGE

Wer ihn benutzen kann: Jeder

Zusatzinfos: Solange Sie PURGE nicht benutzt haben, ist eine gelöschte Datei nicht endgültig verschwunden.

RENDIR

Zweck des Befehls: Benennt ein Verzeichnis um.

Syntax: RENDIR Verzeichnis TO neuer Name

Beispiel: RENDIR Aepfel TO Birnen

Wer ihn benutzen kann: Jeder

Zusatzinfos: DOS hätte diesen Befehl schon vor Jahren gebraucht.

REVOKE

Zweck des Befehls: Hebt Rechte auf, die mit GRANT zugewiesen wurden.

Syntax: REVOKE Rechte FOR Pfad FROM USER/GROUP Name [/F oder /S]

Beispiel: REVOKE S FOR SYS:DOCS FROM USER JOCHEN /S

Wer ihn benutzen kann: Supervisor

Zusatzinfos: Man kann das auch mit dem Befehl FILER erledigen. Der Befehl wurde in NetWare 4.0 durch NETADMIN ersetzt.

RIGHTS

Zweck des Befehls: Zeigt Ihre Rechte an einem Verzeichnis an.

Syntax: RIGHTS Verzeichnis

RIGHTS Laufwerk

Beispiel: RIGHTS SYS:AEPFEL

RIGHTS L:

Wer ihn benutzen kann: Jeder

SALVAGE

Zweck des Befehls: Stellt eine gelöschte Datei wieder her.

Syntax: SALVAGE

Wer ihn benutzen kann: Jeder

Zusatzinfos: SALVAGE ist menügesteuert und führt Sie durch den Vorgang des Wiederherstellens der gelöschten Dateien. Es wäre übrigens nicht gut, wenn Sie vorher schon den Befehl PURGE ausgeführt hätten.

SECURE CONSOLE

Zweck des Befehls: Schließt den Server ab und schmeißt dann den Schlüssel weg.

Syntax: SECURE CONSOLE

Wer ihn benutzen kann: Verwalter

Zusatzinfos: SECURE CONSOLE ist eine gute Methode, um den Server zu sichern. Unter anderem wird DOS aus dem Speicher des Servers entfernt.

SECURITY

Zweck des Befehls:	Überprüft Ihr System auf mögliche Sicherheitslücken, wie z.B. Benutzer ohne Kennwort.
Syntax:	SECURITY
Wer ihn benutzen kann:	Paranoide Supervisor

SEND

Zweck des Befehls:	Sendet Nachrichten an einen oder mehrere bestimmte Benutzer.
Syntax:	SEND »Nachricht« TO Benutzer [,Benutzer...]
Beispiel:	SEND »Lust auf eine Pizza nach der Arbeit?« TO SYLVIA, JOCHEN
Wer ihn benutzen kann:	Verwalter

SET

Zweck des Befehls:	Setzt verschiedene Server-Parameter.
Syntax:	SET Parameter=Wert
Beispiel:	SET MAXIMUM PACKET RECEIVE BUFFERS=200
	SET DIRECTORY CACHED BUFFER NONREFERENCED DELAY=10
Wer ihn benutzen kann:	Verwalter
Zusatzinfos:	Es gibt für diesen Befehl Unmengen an Optionen. Normalerweise stehen SET-Befehle in der Datei STARTUP.NCF, sie werden also beim Starten des Servers automatisch ausgeführt.

SET TIME

Zweck des Befehls:	Stellt das Datum oder die Zeit ein.
Syntax:	SET [mm/dd/yy][hh:mm:ss]
Beispiel:	SET 10/13/98
	SET 11:15:00
Wer ihn benutzen kann:	Verwalter

SETPASS

Zweck des Befehls: Erlaubt es Ihnen, Ihr Kennwort zu ändern.

Syntax: SETPASS [Server]

Wer ihn benutzen kann: Jeder

Zusatzinfos: SETPASS fragt nach Ihrem alten Kennwort und dann nach einem neuen. Das neue Kennwort wird beim Eingeben nicht angezeigt, Sie werden allerdings aufgefordert, es zweimal einzugeben. Das ist eine Vorsichtsmaßnahme – NetWare geht davon aus, daß Sie das Kennwort richtig eingegeben haben, wenn Sie es zweimal auf die gleiche Weise geschrieben haben.

SLIST

Zweck des Befehls: Listet alle Fileserver im Netzwerk auf.

Syntax: SLIST

Wer ihn benutzen kann: Jeder

SYSCON

Zweck des Befehls: SYSCON ist ein universelles Konsolenprogramm für NetWare. Sie können damit fast alles machen.

Syntax: SYSCON

Wer ihn benutzen kann: Verwalter. Normale Benutzer haben nur Zugriff auf einige der Funktionen.

Zusatzinfos: Probieren Sie es aus. Es wird Ihnen gefallen.

TRACK OFF

Zweck des Befehls: Beendet das Anzeigen von Nachrichten, die von oder zu einer Arbeitsstation oder einem Server geschickt werden.

Syntax: TRACK OFF

Wer ihn benutzen kann: Verwalter

TRACK ON

Zweck des Befehls: Zeigt Nachrichten an, die von oder zu einer Arbeitsstation oder einem Server geschickt werden.

Syntax: TRACK ON

Wer ihn benutzen kann: Verwalter

Zusatzinfos: TRACK ON hat sehr viele Optionen. Werfen Sie einfach einen Blick in das NetWare-Handbuch.

UNLOAD (nur in Version 3.x)

Zweck des Befehls: Entfernt ein NLM.

Syntax: UNLOAD Name

Wer ihn benutzen kann: Verwalter

USERDEF

Zweck des Befehls: Erleichtert die Benutzung des Befehls MAKEUSER.

Syntax: USERDEF

Wer ihn benutzen kann: Supervisor, die keine Zeit für MAKEUSER haben.

Zusatzinfos: USERDEF ist die menügesteuerte Version von MAKEUSER.

USERLIST

Zweck des Befehls: Listet alle Benutzer auf, die gerade eingeloggt sind.

Syntax: USERLIST [/A]

Wer ihn benutzen kann: Jeder

Zusatzinfos: Bei Angabe der Option A wird zu jedem Benutzer noch seine Adresse angezeigt.

VERSION

Zweck des Befehls: Zeigt die Versionsnummer von NetWare-Befehlen an.

Syntax: VERSION [Befehl]

Beispiele:	VERSION VERSION MAP
Wer ihn benutzen kann:	Jeder

VOLINFO

Zweck des Befehls:	Zeigt Informationen über Netzwerk-Volumen an.
Syntax:	VOLINFO
Wer ihn benutzen kann:	Jeder
Zusatzinfos:	VOLINFO zeigt eine Liste aller Volumen des Standard-Servers mit der Größe der Volumen und dem freien Platz an. Die Liste wird alle fünf Sekunden erneuert.

VOLUMES

Zweck des Befehls:	Listet die gerade verfügbaren Volumen auf.
Syntax:	VOLUMES
Wer ihn benutzen kann:	Verwalter

VREPAIR

Zweck des Befehls:	Repariert Schäden an einem Netzwerk-Volumen.
Syntax:	LOAD VREPAIR
Wer ihn benutzen kann:	Verwalter

WHOAMI

Zweck des Befehls:	Sagt Ihnen, wer Sie sind. Kann manchmal ganz nützlich sein (z.B. nachdem Sie eine Nacht vor dem Rechner durchgemacht haben.)
Syntax:	WHOAMI
Wer ihn benutzen kann:	Jeder
Zusatzinfos:	WHOAMI teilt Ihnen Ihre Benutzer-ID, die Adresse der Arbeitsstation, an der Sie gerade angemeldet sind und Ihre Verzeichnisrechte mit. WHOAMI? 24601!

Wichtige Windows-NET-Befehle

31

In diesem Kapitel finden Sie ...

- NET-Befehle für Windows 95, Windows für Workgroups und Windows NT Client.
- die Syntax dieser Befehle.
- Beispiele.

Alle drei Netzwerkversionen von Windows – Windows für Workgroups, Windows 95 und Windows NT Client – haben einige Befehle, die man von der Kommandozeile aus benutzen kann. Meist werden Funktionen angeboten, die mit Windows-basierten Programmen viel einfacher auszuführen sind. Doch es kann ja vorkommen, daß Sie die Befehle mal in eine Stapeldatei schreiben wollen, oder daß Sie überhaupt auf Befehle stehen. In diesem Fall finden Sie hier eine schöne Auswahl nützlicher Dinge.

Obwohl alle drei Windows-Versionen die gleichen Befehle verwenden, gibt es in der Syntax komischerweise genügend Unterschiede, um Sie verrückt zu machen. Ich habe in diesem Kapitel den Schwerpunkt auf die Syntax von Windows für Workgroups und Windows 95 gelegt (die Befehle sind fast identisch), zeige aber die Varianten für Windows NT, wenn sie wichtig sein sollten.

Beachten Sie, daß Sie diese Befehle auf einem Client-Computer ausführen müssen, auf dem Windows für Workgroups, Windows 95 oder Windows NT läuft. Es gibt auch NET-Befehle, die man auf Windows NT Server ausführen kann, allerdings werde ich darauf hier nicht eingehen.

Viele der in diesem Kapitel gezeigten Befehle haben zusätzliche Parameter, die hier nicht aufgeführt werden. Es werden nur die gebräuchlichsten Formen dieser Befehle präsentiert.

NET CONFIG

Zweck des Befehls: Zeigt die aktuellen Einstellungen für Ihre Arbeitsgruppe an.

Syntax: NET CONFIG [/YES]

Beispiel: NET CONFIG

Zusatzinfos: Mit /YES wird der Befehl NET CONFIG ohne weitere Fragen ausgeführt. Für Windows NT ist eine andere Syntax erforderlich.

NET DIAG

Zweck des Befehls: Startet das Netzwerkdiagnoseprogramm und testet, ob zwei Computer miteinander kommunizieren können. Zeigt außerdem Informationen über Ihren Computer an.

Syntax: NET DIAG [/NAMES | /STATUS]

Beispiel: NET DIAG /STATUS

Zusatzinfos: Mit /STATUS testen Sie die Kommunikation zwischen zwei Computern.

NET HELP

Zweck des Befehls: Zeigt Hilfe-Informationen über die NET-Befehle an.

Syntax: NET HELP Befehl

NET HELP Fehlernummer

Beispiel: NET HELP USE

Zusatzinfos: Wirklich sehr nützlich. Wenn Sie NET HELP eingeben, bekommen Sie eine Liste mit allen NET-Befehlen. Die Variante NET HELP Fehlernummer funktioniert bei Windows NT nicht.

NET LOGOFF

Zweck des Befehls: Meldet Sie aus dem Netzwerk ab.

Syntax: NET LOGOFF [/YES]

Beispiel: NET LOGOFF

Zusatzinfos: Benutzen Sie /YES, damit keine weiteren Fragen gestellt werden. Unter Windows 95 funktioniert der Befehl nur, wenn Sie sich im MS-DOS-Modus befinden; von der normalen DOS-Eingabeaufforderung geht es nicht.

NET PASSWORD

Zweck des Befehls: Damit können Sie Ihr Kennwort ändern.

Syntax: NET PASSWORD [altes Kennwort][neues Kennwort]

Beispiel: NET PASSWORD HALLIHALLO KRZLBFF

Zusatzinfos: Wenn Sie Ihr Kennwort ändern, dann vergessen Sie das neue nicht! Unter Windows NT funktioniert auch dieser Befehl nicht.

NET PRINT

Zweck des Befehls: Zeigt Informationen über die Druckerwarteschlange eines gemeinsam genutzten Druckers an bzw. steuert Ihre Druckaufträge.

Syntax: NET PRINT \\Computer[\Drucker] | Anschluß [/YES]

NET PRINT \\Computer | Anschluß [Job# [/PAUSE | /RESUME | /DELETE]] [/YES]

NET PRINT \\Computer\Drucker Job# [/HOLD | /RELEASE | /DELETE] (nur NT)

Beispiel: NET PRINT \\Wally\LASER

Zusatzinfos: Sie können mit diesem Befehl alles mögliche machen: das Drucken anhalten, nach dem Anhalten das Drucken fortsetzen oder einen Druckauftrag löschen.

NET TIME

Zweck des Befehls: Zeigt die Zeit an oder synchronisiert die Uhr des Computers mit der Uhr des Netzwerks.

Syntax: NET TIME [\\Computer] [/SET] [/YES]

Beispiel: NET TIME /SET

Zusatzinfos: Verwenden Sie /SET, um die interne Uhr mit der zentralen Uhr des Netzwerkes zu synchronisieren.

NET USE

Zweck des Befehls: Richtet die Netzwerklaufwerke und die Druckerverbindungen ein.

Syntax: NET USE Laufwerk: \\Computer\Verzeichnis

NET USE Drucker \\Computer\Drucker

Beispiel: NET USE G: \\WALLY\DRIVE-C

NET USE LPT2: \\WALLY\LASER

Zusatzinfos:	Wenn Sie NET USE ganz ohne Parameter verwenden, werden Ihre aktuellen Verbindungen angezeigt.

NET VER

Zweck des Befehls:	Zeigt die Versionsnummer Ihres Netzwerk-Redirectors an.
Syntax:	NET VER
Beispiel:	NET VER
Zusatzinfos:	Sie werden schon wissen, wofür Sie es brauchen.

NET VIEW

Zweck des Befehls:	Zeigt eine Liste aller im Netzwerk verfügbaren Computer an.
Syntax:	NET VIEW [\\Computer]
Beispiel:	NET VIEW

Glossar

100BaseT: Der führende Standard für 100 Mbps-Ethernet. 100BaseT verwendet ebenfalls Twisted Pair-Kabel wie 10BaseT. Zu diesem Standard gehören auch die Spielarten 100BaseT4 und 100BaseTX. Siehe *Fast Ethernet*.

100VG-AnyLan: Ein Standard für 100 Mbps-Ethernet, der nicht ganz so verbreitet ist wie 100BaseT, aber ebenso wie dieser mit Twisted Pair-Kabeln arbeitet. Siehe *Fast Ethernet*.

10Base2: Das Koaxialkabel, das am häufigsten in Ethernet-Netzwerken verwendet wird. Manchmal finden Sie hierfür auch die Bezeichnung *Cheapernet*, *dünnes Ethernet-Kabel* oder *ThinNet*. Ein Einzelsegment ist nicht länger als 185 Meter.

10Base5: Das ursprüngliche Ethernet-Koaxialkabel, das heute vorwiegend als Backbone in größeren Netzwerken eingesetzt wird. Auch *Yellow Cable* oder *dickes Ethernet-Kabel*. Ein Einzelsegment ist nicht länger als 500 Meter.

10BaseT: Ein Twisted Pair-Kabel, das in der Regel in Ethernet-Netzwerken verwendet wird. Ein Einzelsegment ist hier nicht länger als 100 Meter. Von allen drei Ethernet-Kabelarten läßt sich mit diesem am einfachsten arbeiten.

802.2: Der vergessene IEEE-Standard. Der bekanntere 802.3-Standard beruht jedoch auf ihm.

802.3: Der IEEE-Standard, der fürs Ethernet verwendet wird.

80286: *Computo habilis*, ein Vorfahre des heutigen Computers, mit dem immer noch viel zu viele Leute arbeiten.

80386: Der erste 32-Bit-Prozessor in einem Personalcomputer, der dem 486er-Chip Platz machen mußte. 386-Rechner sind langsamer als die neuen 486er, aber sie erfüllen ihren Zweck.

80486: Der wohl bekannteste CPU-Chip für PCs bis zu seiner Abservierung durch den Pentium-Prozessor.

8088: Der Mikroprozessorchip, um den herum der Original-IBM-PC entworfen wurde und der das Ende der Computersteinzeit bedeutete.

AAUI: *Apple Attachment Unit Interface*, eine Steckverbindung, die in einigen Apple-Ethernet-Netzwerken verwendet wird.

abmelden: Der Prozeß des Abmeldens aus dem Netzwerk. Wenn Sie sich abgemeldet haben, können Sie nicht mehr auf die Netzwerkverzeichnisse und -drucker zugreifen, mit denen Sie zuvor verbunden waren.

Abschlußwiderstand: Siehe *Terminator*.

Account: Ohne so ein *Konto* kommen Sie gar nicht ins Netzwerk. Nur aufgrund des Account weiß das Netzwerk, wer Sie sind und welche Rechte Sie im Netzwerk haben.

Adreßbuch: Ein elektronisches Verzeichnis, in dem Sie E-Mail-Adressen der Benutzer ablegen können, mit denen Sie häufig kommunizieren.

AFP: Siehe *AppleTalk Filing Protocol*.

anmelden Der Prozeß, bei dem Sie sich dem Netzwerk vorstellen und bei richtiger Eingabe des Namens und Kennworts auch den Zugang zu den Netzwerkressourcen erhalten.

Anti-Viren-Software: Ein Programm, daß im Netzwerk nach Viren sucht und sie ins Nirwana schickt.

Anwendungsschicht: Die oberste Schicht des ISO-OSI-Referenzmodells, die steuert, wie die Software mit dem Netzwerk kommuniziert.

AppleTalk Filing Protocol: Ein Protokoll von Apple, das es verschiedenen Arbeitsstationen verschiedener Systemumgebungen ermöglicht, auf einen gemeinsamen Server zuzugreifen.

AppleTalk: Von Apple entwickeltes lokales Netzwerk, in dem Macintosh- und IBM-kompatible PCs miteinander kommunizieren können.

Arbeitsspeicher: Der elektronische Speicher, in dem der Rechner Daten, die gerade bearbeitet werden, ebenso ablegt wie Programme, die gerade ausgeführt werden.

Arbeitsstation: Siehe *Workstation*.

Archiv-Bit: Ein Bit, das von einem Sicherungsprogramm verwendet wird und kennzeichnet, ob die Datei bereits gesichert wurde.

ARCnet: Ein langsames aber zuverlässiges Netzwerkprotokoll, das von der Fa. Datapoint entwickelt wurde und auf dem Token Passing-Verfahren basiert, das dem Token Ring-Netzwerk ähnelt.

Artisoft: Die Firma, die LANtastic entwickelt hat.

Attribut: Merkmale, die einer Datei zugewiesen werden. DOS hat vier Attribute: System, Versteckt, Schreibschutz und Archiv. Netzwerke haben eine ganze Liste mit Dateiattributen.

AUI: *Attachment Unit Interface*, der große Anschluß an vielen Netzwerkkarten und 10BaseT-Hubs, an den ein Yellow Cable über den Transceiver angesteckt wird.

AUTOEXEC.BAT: Eine Stapeldatei, die DOS bei jedem Rechnerstart automatisch ausführt.

AUTOEXEC.NCF: Eine Stapeldatei, die NetWare automatisch bei jedem Starten der Server-Software ausführt.

Backbone: Leitung, die den Datenverkehr in einem Netzwerk trägt; meistens 10Base5, Glasfaserkabel oder 100 Mbps Ethernet.

BackOffice: Ein Softwarepaket aus Microsoft-Programmen für Server-Rechner, die auf Windows NT Server basieren.

Backup: Eine Kopie aller wichtigen Dateien, um sicherzustellen, daß, falls die Originaldateien aus irgendeinem Grund zerstört werden, die Daten wiederherzustellen sind. Sicherungskopien (Backups) sollten täglich erstellt werden.

Bandlaufwerk: Die beste Art die Daten einen Netzwerk-Servers zu sichern. Bandlaufwerke sind mittlerweile so günstig, daß man sie sich auch für kleinere Netzwerke anschaffen sollte.

Benchmark: Ein Test, mit dem die Leistung des Netzwerks getestet wird. Die besten Benchmark-Tests sind die, die die Art der Arbeit, die Sie im Netzwerk ausführen, so gut wie möglich nachahmen.

Benutzergruppe: Eine Zusammenfassung von Benutzern, die irgend etwas gemeinsam haben (z.B. gemeinsam in einem Netzwerk arbeiten).

Benutzer-ID: Der Name, unter dem Sie das Netzwerk kennt.

Benutzerkennung: Siehe *Benutzer-ID*.

Benutzername: In einem Windows-Netzwerk ist dies der Name, mit dem sich der Benutzer dem Netzwerk vorstellt. Siehe *Benutzer-ID*.

Bindery: Die große Datenbank, in der auf einem NetWare-Server Benutzer-Accounts und andere damit verbundene Info gespeichert sind.

Bitübertragungsschicht: Siehe *physikalische Schicht*.

BNC-Stecker: Die Steckverbindung für ein 10Base2-Kabel.

Bridge: Damit ist nicht das bekannte Kartenspiel gemeint, sondern ein Gerät, mit dem Sie wie mit einer Brücke zwei Netzwerke miteinander verbinden. Solche Brücken wissen genau, welche Computer auf welcher Seite der Brücke sind, und lassen daher nur die Nachrichten über die Brücke, die auch auf die andere Seite müssen. Sie können damit ein größeres Netz aufbauen oder zwei Netzwerke mit verschiedenen Transportverfahren miteinander verknüpfen. Außerdem wird damit die Leistung auf beiden Seiten der Brükke gesteigert.

Btrieve: Ein Verfahren für den indizierten Dateizugriff, das häufig in NetWare-Netzwerken verwendet wird.

BUFFERS: Befehl in der CONFIG.SYS, der im Arbeitsspeicher Puffer einrichtet, in denen Datenträgerzugriffe zwischengespeichert werden. Wenn ein Disk-Cache verwendet wird, geben Sie für BUFFERS nur eine kleine Zahl wie 2 oder 3 ein.

Bus: Eine Reihe von Erweiterungssteckplätzen im Rechner.

Bustopologie: Eine von mehreren Möglichkeiten, Computer in einem Netzwerk anzuordnen. Da gibt es ein Hauptkabel (den Bus), an dem alle Rechner hängen. Wenn ein Rechner nun an einen anderen Rechner Daten sendet, kriegen alle Computer diese Daten auch ab.

Cache: Eine besonders fortschrittliche Form eines Datenpuffers, mit dem ein größerer Speicherplatz für Daten reserviert wird, auf die schnell zugegriffen werden sollen.

CAPTURE: Der NetWare-Befehl, mit dem die Druckausgabe an den Netzwerkdrucker umgeleitet wird. CAPTURE wird in der Regel als Stapeldatei oder Login-Script ausgeführt.

cc:Mail: Eine weitverbreitete E-Mail-Software von Lotus.

CD-ROM: Ein nicht wiederbeschreibbares, optisches Speichermedium mit großer Kapazität.

Certified NetWare Engineer: So darf sich jemand nennen, der einen offiziellen von Novell ausgearbeiteten Test bestanden hat.

CGA: *Color Graphics Adapter*. Name eines frühen Grafikstandards für IBM- und IBM-kompatible PCs.

chatten: Neudeutsch fürs Plaudern via Modem oder Netzwerk. Die Unterhaltung wird live über die Tastatur geführt.

Cheapernet: Siehe *10Base2*.

CHKDSK: Ein DOS-Befehl, der Datenträger auf Fehler überprüft.

Client: Ein Computer, der ans Netzwerk angeschlossen ist, aber keine seiner Ressourcen mit dem Netzwerk teilen kann. Siehe *Server*.

Client/Server: Ein vager Begriff, der eigentlich nur besagt, daß die Arbeitslast zwischen einem Client- und einem Server-Rechner aufgeteilt wird.

Cluster: Siehe *Zuordnungseinheit*.

COM1: Die erste serielle Schnittstelle eines Computers.

CompuServe: Ein kommerzieller Online-Dienst, der Ihnen den Austausch mit anderen Benutzern auch via Internet ermöglicht.

Computername: Der Name, der einem Computer in einem Netzwerk zugewiesen ist.

CONFIG.SYS: Eine DOS-Konfigurationsdatei, die beim Systemstart verschiedene Optionen für die Laufwerke festlegt und spezielle Programme in den Arbeitsspeicher lädt, die sich Gerätetreiber nennen.

CPU: Die *Central Processing Unit* bzw. die Zentraleinheit oder der Mikroprozessor des Rechners.

Crimpzange: Ein spezielles Werkzeug, mit dem Stecker und Kabel verbunden werden. Wer ein echter Netzwerkverwalter sein will, braucht unbedingt eine.

CSMA/CD: Abkürzung für *Carrier Sense Multiple Access with Collision Detection* oder einfacher gesagt: Ein Zugangsverfahren im lokalen Netzwerk, bei der die Workstation vor dem Senden prüft, ob das Übertragungsmedium auch frei ist.

Daisy Chain: Eine Anschlußart, bei der mehrere Geräte hintereinander in einer Reihe geschaltet sind. In einem 10BaseT-Ethernet können die Hubs auf diese Weise untereinander verbunden werden.

Darstellungsschicht: Die sechste Schicht im ISO-OSI-Referenzmodell. Diese Schicht ist für die Formatierung und die Umwandlung von Daten zuständig.

DAT: Ein *digitales Audio-Magnetband*, das wegen seiner hohen Speicherkapazität häufig zur Datenarchivierung im Netzwerk eingesetzt wird.

Datenpaket: Ein Bündel von Daten, das in der Regel nicht per Post, sondern per Modem oder Netzwerk von einem Rechner zum anderen transportiert wird. Die Größe und Zusammensetzung des Pakets ergibt sich aus dem verwendeten Protokoll.

Datenträger: Ein Medium, auf dem Daten gespeichert werden. Eine Festplatte sitzt fest mit dem Computer verbunden in einem Gehäuse und kann eine Speicherkapazität von mehreren Tausend Megabytes haben. Eine Diskette läßt sich in den PC einlegen und wieder herausnehmen und kann heutzutage 1,2 MB, 1,44 MB oder 2,88 MB speichern.

dedizierter Server: Ein Computer, der ausschließlich als Netzwerk-Server eingesetzt wird.

differentielles Backup: Ein Backup-Verfahren, bei dem nur die Dateien gesichert werden, die seit dem letzten vollständigen Backup geändert wurden.

digitalisierter Sound: Eine Datei, die einen Klang enthält, der abgespielt werden kann, wenn der Computer mit einer Soundkarte ausgerüstet ist.

DIP-Schalter: Eine Reihe von Schaltern, mit der ältere Adapterkarten konfiguriert werden. Die neueren Steckkarten konfigurieren sich automatisch, so daß die DIP-Schalter allmählich aus der Mode kommen. Siehe *Jumperfeld*.

DMA-Kanal: Ein Verfahren, bei dem Daten ohne die Hilfe des Mikroprozessors übertragen werden. Netzwerkkarten verwenden DMA, um den Zugriff aufs Netz zu beschleunigen.

DOS: Das Betriebssystem für IBM- und IBM-kompatible Rechner. Seit es Windows 95 gibt, wird DOS nicht mehr so häufig verwendet.

DriveSpace: Ein Datenkomprimierungsprogramm, das bei allen MS-DOS-Versionen ab 6.22 und Windows 95 zum Lieferumfang gehört. Mit DriveSpace können Sie mehr Daten auf eine Festplatte packen, da es die Dateien beim Speichern in der Regel im Verhältnis 2:1 (oder höher) komprimiert.

Druckauftrag: Ein Bericht, ein Brief, ein Memo oder sonstiges Dokument, das an den Netzwerkdrucker übertragen wurde, aber noch nicht gedruckt wurde. Druckaufträge warten geduldig, bis der Drucker sich bereit erklärt, sie zu drucken.

Drucker-Server: Ein Rechner, der das Drukken im Netzwerk regelt.

Druckerwarteschlange: Die Schlange, in der der Druckauftrag wartet, bis er zum Drucker vorgelassen wird.

Druck-Manager: Eine Utility in älteren Windows-Versionen (Windows 3.1 und Windows für Workgroups), die den Drucker-Spooler steuert.

dummes Terminal: In den Tagen der Großrechner wurden eine Tastatur und ein Bildschirm über ein Netzwerkkabel mit dem Rechner verbunden. Die eigentliche Verarbeitung der Daten erfolgte über den Großrechner, am Terminal wurden nur die Ergebnisse angezeigt und über die Tastatur die Eingaben vorgenommen.

DVD-Laufwerk: Ein neuer Laufwerkstyp für die superschnellen CD-ROMs, die mit einer wahnsinnig hohen Speicherkapazität von 17 GB die normale CD mit ihren 600 MB alt aussehen lassen.

Editor: Ein Programm zum Erstellen und Bearbeiten von Textdateien. Die DOS-Versionen ab 5.0 enthalten den Basic-Editor EDIT. Es gibt auch noch andere Editoren, aber für die Verwendung im Netzwerk ist er ausreichend.

EDLIN: Ein Zeileneditor, der bis zur MS-DOS-Version 5.0 zum Lieferumfang gehörte, jedoch so benutzerunfreundlich war, daß sich nur richtige Netzwerkgurus dafür erwärmen konnten.

EGA: Ein Grafikstandard (*Enhanced Graphics Adapter*) der frühen 80er Jahre, als es noch IBM AT-Computer mit 80286-Prozessoren gab.

einloggen: Siehe *anmelden*.

EISA-Bus: Abkürzung für *Extended Industry Standard Architecture*. Der EISA-Bus war der Versuch einiger Hardwarehersteller, den ISA-Standard zu verbessern. Rechner mit EISA-Bus wurden oft als Fileserver eingesetzt, bis der PCI-Bus auf den Markt kam und ihn verdrängte. Siehe *ISA-Bus, MCA-Bus, PCI-Bus*.

E-Mail: Eine Nachricht, die in speziellen E-Mail-Programmen erstellt wird und im lokalen Netzwerk, über Online-Dienste oder das Internet gesendet wird.

ENDCAP: Der NetWare-Befehl, mit dem Sie eine Druckerumleitung beenden.

Engpaß: Das langsamste Glied im Netzwerk, das dazu führt, daß sich die Arbeit staut. Der erste Schritt zur Leistungsoptimierung im Netzwerk ist das Auffinden der Engpässe.

Erweiterungsspeicher: Arbeitsspeicher oberhalb der magischen 640 KB bzw. 1 MB-Grenze. Soviel Speicher und mehr haben nämlich die Prozessoren ab Intel 80286. Bei Windows 95 oder Windows NT gibt es so etwas nicht mehr. Da ist Speicher einfach nur Speicher.

ESDI: Ein Uraltstandard für Festplattenschnittstellen.

Ethernet: Das wohl bekannteste Übertragungsverfahren für lokale Netzwerke.

Expansionsspeicher: Eine Uralt-Technik, um mehr als die 640 KB nutzen zu können. Der Expansionspeicher war auf einer Karte installiert, die in den Rechner eingebaut wurde. Dazu gab es noch einen Expansionsspeicher-Manager, der das Ganze steuern sollte. Irgendwie war aber alles furchtbar langsam und nicht so effektiv wie geplant.

Fast Ethernet: Ein neuer Ethernet-Standard, der mit 100 Mbps anstatt mit 10 Mbps arbeitet.

FAT: Die *File Allocation Table* bzw. *Dateizuordnungstabelle* hilft DOS die Dateien auf der Festplatte wiederzufinden. Sie gibt Auskunft darüber, welche Zuordnungseinheiten belegt sind und welche nicht.

FAT32: Ein verbessertes Verfahren, um die Dateien auf der Festplatte zu orten – eine der Neuerungen von Windows 98.

FDDI: Die *Fiber Distributed Data Interface* ist ein Übertragungsprotokoll in 100 Mbps-Netzwerken, die mit Lichtwellenleitern arbeiten. FDDI/Ethernet-Bridges werden in diesem Systemen verwendet, um die Ethernet-Segmente mit dem Backbone zu verbinden.

Fehlerwartezeit: Die Zeit, die der Drucker wartet, bevor er entscheidet, daß der Druckauftrag beendet ist.

Fileserver: Ein Netzwerk-Rechner, der die Laufwerke enthält, auf die die Netzwerkbenutzer zugreifen können.

FTP: Das *File Transfer Protocol* ist ein Protokoll zur Datenübertragung ins und vom Internet.

Gateway: Eine Schnittstelle zwischen zwei verschiedenen Netzwerken. Wird häufig verwendet, um Ethernet-Netzwerke mit Großrechnern oder dem Internet zu verbinden.

GB: Abkürzung für *Gigabyte,* ungefähr eine Milliarde Byte oder um genau zu sein 1.073.741.824 Byte.

gemeinsam genutzte Ressource: Eine Ressource – ein Drucker oder eine Festplatte –, die von allen Netzwerkbenutzern genutzt werden kann.

Generationen-Backup: Ein Sicherungsverfahren, bei dem mehreren Sicherungssätze auf Diskette oder Magnetband aufbewahrt werden.

Generationenproblem: Dieses Problem haben Sie am Hals, wenn Sie beim Backup eine Sicherung auslassen.

Gesamt-Backup: Siehe *komplettes Backup.*

Glasfaserkabel: Ein wahnsinnig schnelles Netzwerkkabel, daß Daten über Lichtsignale überträgt. Diese Kabel werden häufig als Backbone in großen Netzwerken eingesetzt, vor allem, wenn große Distanzen zu überbrücken sind.

Großrechner: Ein riesiger Computer, der kühles, gemäßigtes Klima, viel Platz und noch mehr Strom braucht. Das Kabel, mit dem die Festplatte mit der CPU verbunden ist, wiegt mehr als ein PC.

Groupware: Eine Kategorie von Anwendungsprogrammen speziell für Netzwerke, da sie von mehreren Leuten verwendet werden können, um ihre Arbeit besser zu koordinieren und die Kommunikation untereinander zu verbessern.

Gruppen-Account: Eine Zusammenfassung von Benutzerkonten, die über dieselben Zugangsberechtigungen verfügen.

Guru: Jede(r), der (die) mehr von Computern versteht als Sie.

hoher Speicherbereich: Der Teil des Arbeitsspeichers, der zwischen 640 KB und 1 MB eingekeilt ist. Er ist reserviert für Gerätetreiber wie Festplatten-Controller und Grafikkarten. Da dieser Speicher in vielen Rechnern brach liegt, reklamieren ihn DOS 5 und 6 für andere Zwecke. Wenn Sie mit Windows 95 oder Windows NT arbeiten, dann brauchen Sie sich darüber keine Gedanken zu machen.

HTML: Abkürzung für *Hypertext Markup Language*. Die Sprache, in der Seiten erstellt werden, die dann via World Wide Web verbreitet werden.

HTTP: Das *Hypertext Transfer Protocol* wird im Internet zur Übertragung von HTML-Seiten von einem Server-Rechner zu einem Client-Rechner verwendet.

Hub: Im Ethernet ist das ein Gerät, mit dem 10BaseT- und 100BaseT-Kabel an die Rechner eines Netzwerks angeschlossen werden. Die meisten Hubs haben 8 bis 24 Ports.

I/O-Adresse: Jedem I/O-Gerät (Eingabe-/Ausgabegerät) – einschließlich der Netzwerkkarten – muß eine eindeutige Adresse zugewiesen werden. Früher machte man das über die DIP-Schalter und Jumper. Die neueren Netzwerkkarten konfigurieren ihre Port-Adresse automatisch.

IDE: Heißt *Integrated Drive Electronics* und ist eine gängige Schnittstelle für Festplattenlaufwerke, die preisgünstig und flexibel ist. Für Server-Computer werden allerdings eher SCSI-Schnittstellen eingesetzt. Siehe *SCSI*.

IEEE: Abkürzung für *Institute of Electrical and Electronic Engineers*. Eine Organisation, die sich, wie viele andere auch, ganz dem Frieden, der Freiheit und dem Aufstellen von Normen für die Elektronikbranche verschrieben hat.

inkrementelles Backup: Ein Sicherungsverfahren, bei dem nur die Dateien, die seit dem letzten Backup bearbeitet wurden, gesichert werden. Anders als beim differentiellen Backup setzt ein inkrementelles Backup das Archiv-Bit jeder Datei nach der Sicherung zurück. Siehe *Archiv-Bit, differentielles Backup* und *komplettes Backup*.

Internet: Ein unvorstellbar großes Netzwerk aus Netzwerken, das sich über den gesamten Globus erstreckt und Ihnen einen Zugriff auf alle möglichen und unmöglichen Dinge verschafft – sofern Sie herausfinden, wie es funktioniert.

Internet Explorer: Der bekannte Web-Browser von Microsoft.

Internet Service Provider (ISP): Ein Dienstleistungsunternehmen, das gegen Entgelt einen Zugang zum Internet bereitstellt.

Interoperabilität: Der Versuch, verschiedene Netzwerke miteinander zu verbinden, in der Hoffnung, daß sie problemlos zusammenarbeiten.

Intranet: Ein Netzwerk, ähnlich dem Internet, das jedoch nur den Mitarbeitern eines Unternehmens oder einer Behörde zugänglich ist. Die meisten Intranets nutzen das World Wide Web, um Informationen an die Angestellten zu übermitteln.

IntranetWare: Die neuste und beste Version des Netzwerkbetriebssystems, das sich bisher NetWare nannte. IntranetWare ist eigentlich NetWare 4.01 plus ein paar Zusatzprogrammen, um NetWare zum idealen Server für Internet- und Intranet-Anwendungen zu machen.

IPX: Das Übertragungsprotokoll von NetWare.

IPX.COM: Die Programmdatei, die IPX implementiert.

IRQ: Eine Unterbrechungsaufforderung (*Interrupt ReQuest*), die der Kommunikation zwischen Hardware und Mikroprozessor dient. Netzwerkkarten müssen mit der entsprechenden IRQ konfiguriert sein, sonst läuft gar nichts.

ISA-Bus: Der wohl bekannteste Erweiterungsbus für Steckkarten. Die Abkürzung bedeutet *Industry Standard Architecture*. Siehe *EISA-Bus, MCA-Bus* und *PCI-Bus*.

ISO: Die *International Standards Organisation*, der wir das ISO-OSI-Referenzmodell zu verdanken haben.

ISO-OSI-Referenzmodell: Dieses Modell enthält alle Funktionen, die ein Kommunikationssystem benötigt. Systeme, die sich danach richten, verstehen sich untereinander prächtig. Es ist in sieben Schichten aufgeteilt, wobei jede Schicht auf der darunterliegenden aufbaut. Wichtig ist dabei nicht, was in den Schichten drin ist, sondern wie die Schichten zusammenarbeiten.

ISP: Siehe *Internet Service Provider*.

JetDirect: Ein Gerät von Hewlett-Packard, mit dem Drucker direkt ans Netzwerk angeschlossen werden können, ohne dafür einen separaten Drucker-Server einzusetzen.

Jumperfeld: Früher wurden über diese Drahtbrücken die Adapterkarten konfiguriert. Um die Einstellung eines Jumperfelds zu ändern, mußte man den Jumper »versetzen«, d.h. auf zwei andere Stifte stecken.

Kabelverteilerfeld: Ein Teil, an dem Kabel schnell angeschlossen werden können. Gibt es in den Verteilerkästen für Telefon und Netzwerk.

KB: Kilobyte, also etwa tausend Byte (genauer gesagt 1.024 Byte). Siehe *GB, MB,* und *TB*.

Kennwort: Nur mit einem Kennwort lassen sich Dateien sicher vor feindlichen Übergriffen schützen. Halten Sie es also auf jeden Fall streng geheim.

klicken: Was Sie in Windows ständig tun müssen, um Fenster zu öffnen, Befehle auszuführen, Dateien zu löschen, etc.

Knoten: Ein einzelner Rechner oder ein einzelnes Terminal in einem Netzwerk. In einem Netzwerk kann es jede Menge Knoten geben, die alle unabhängig voneinander arbeiten.

Koaxialkabel: Ein Kabel, dessen drahtförmiger Mittelleiter von einem Isoliermantel umgeben ist, der wiederum von einem Drahtgeflecht umschlossen ist und dann nochmals einen Isoliermantel trägt. Dieses tolle Kabel wird in lokalen Netzwerken eingesetzt, da sie mehr Daten als gewöhnliche Telefonkabel übertragen können.

komplettes Backup: Die Sicherung aller Dateien auf einem Datenträger, unabhängig davon, ob die Dateien seit dem letzten Backup geändert wurden oder nicht. Siehe *differentielles Backup*.

Konsole: Darunter versteht man die Tastatur und den Bildschirm des Fileservers. Über die Konsole steuert und wartet der Netzwerkverwalter das System.

konventioneller Speicher: Die ersten 640 KB Speicher auf einem DOS-basierten Computer.

LAN: Die Abkürzung für *local area network*, das lokale Netzwerk, worum es in diesem Buch geht.

LAN-Manager: Ein veraltetes Netzwerkbetriebssystem von Microsoft, aus dem aber schon vor langer Zeit Windows NT wurde.

LAN-Server: Die IBM-Version des LAN-Managers.

LANcache: Das Disk-Cache-Programm zu LANtastic.

LANtastic: Ein Betriebssystem für Peer-to-Peer-Netzwerke, das mal marktführend bei den kleinen Netzwerken war. Heute wird es immer mehr ersetzt durch Windows für Workgroups und Windows NT.

Laserdrucker: Ein Superdrucker, der mit Hilfe von Laserstrahlen wunderschöne Ausdrucke zaubert.

LASTDRIVE: Eine Befehlszeile in der CONFIG.SYS, mit der DOS angewiesen wird, wie viele Laufwerksbuchstaben es für sich in Anspruch nehmen darf. NetWare arbeitet mit dieser Konfigurationseinstellung, um festzulegen, welcher Laufwerksbuchstabe dem LOGIN-Verzeichnis des Servers zuzuordnen ist.

LLC-Teilschicht: Die logische Verbindungsschicht der zweiten Schicht des ISO-OSI-Referenzmodells.

Local Bus: Ein schneller Erweiterungsbus in 486- und Pentium-Rechnern, die schneller arbeiten als die alten ISA-Busse und einen 32-Bit Datentransfer ermöglichen. Zu diesen »lokalen Bussen« gehören der VESA- und der PCI-Bus. Viele 486er haben mehrere VESA-Busse, die neueren Pentiums verwenden eher PCI-Steckplätze. Für optimale Leistung im Netzwerk sollten alle Server VESA- oder PCI-Netzwerkkarten oder -I/O-Karten haben.

LocalTalk: Das Verkabelungsschema, das Apple für AppleTalk-Netzwerke herstellt.

LOGIN: Der NetWare-Befehl, mit dem Sie sich im NetWare-Netzwerk anmelden.

Login-Script: Eine Datei mit NetWare-Befehlen, die ausgeführt wird, wenn ein Benutzer sich anmeldet.

LOGIN-Verzeichnis: Bei NetWare ein Netzwerkverzeichnis, das einer Workstation zugeordnet ist, bevor der Benutzer sich anmeldet. Das LOGIN-Verzeichnis enthält Befehle und Programme, auf die jeder Rechner im Netzwerk zugreifen kann, auch wenn er noch nicht angemeldet ist. An erster Stelle dieser Befehle steht der LOGIN-Befehl.

LOGOUT: Der NetWare-Befehl, mit dem Sie sich abmelden.

lokale Ressourcen: Disketten- und Festplattenlaufwerke, Drucker und sonstige Geräte, die direkt an eine Workstation angeschlossen sind und auf die nicht übers Netzwerk zugegriffen wird.

LPT1: Der erste Druckeranschluß an einem PC. Wenn an einem Rechner ein lokaler Drucker angeschlossen ist, dann hängt dieser sicherlich an diesem Port. Aus diesem Grund sollten Druckumleitungen auch nur über LPT2 und LPT3 erfolgen.

Mac OS 8.5: Das neuste und beste Betriebssystem für Macintoshler.

Macintosh: Ein kleiner niedlicher Computer, mit dem man tolle Bilder erstellen kann und der bereits mit integrierten Netzwerkfunktionen ausgestattet ist.

MAC-Teilschicht: Die Mediumzugriffskontrolle der zweiten Schicht des ISO-OSI-Referenzmodells.

Mail-Server: Der Server-Computer, auf dem die E-Mails abgelegt werden. Dieser Computer kann auch gleichzeitig als Fileserver oder Drucker-Server verwendet werden.

Mapping: Noch unbelegte Laufwerksbuchstaben Netzwerklaufwerken oder unbelegte Druckeranschlüsse Netzwerkdruckern zuordnen. Siehe *Umleitung*.

Matrixdrucker: Ein vorsintflutlicher Drucker, der allmählich den Laser- und Tintenstrahldruckern Platz machen muß. Der eine oder andere Hochgeschwindigkeitsmatrixdrucker ist noch in Netzwerken zu finden, da man mit ihnen wunderbar Formularsätze drucken kann.

Maus: Ein Zeigegerät, mit dem Sie Ihren Computer herumkommandieren können. Wenn Sie sie in die Hand nehmen und auf einer Oberfläche bewegen, dann bewegt sich der Mauszeiger auf dem Bildschirm hin und her. Jetzt müssen Sie nur noch die Bewegungen Ihrer Hand mit denen des Mauszeigers koordinieren, dann ist alles ein Kinderspiel.

MB: Megabyte, ungefähr eine Million Byte (1.048.567 Byte um genau zu sein). Siehe *GB, KB* und *TB*.

MCA-Bus: Ein neuer Busstandard, der in einigen IBM PS/2-Computern eingesetzt wird. Mit diesem Bus kann man mit mehreren CPUs in nur einem Rechner jonglieren.

MEM: Der DOS-Befehl, der Informationen zum Arbeitsspeicher anzeigt.

MEMMAKER: Der DOS 6.0 und 6.2-Befehl, mit dem der Arbeitsspeicher optimiert wird.

Mikrokanalarchitektur: Siehe *MCA-Bus*.

Modem: Ein Gerät, das die digitalen Signale des Rechners in analoge Signale konvertiert, die über die Telefonleitung zu einem anderen Modem übertragen werden, das dann die Signale wieder in digitale für den Rechner verständliche Signale zurückverwandelt. Modem ist eine Abkürzung für *MOdulator-DEModulator*.

monochrom: Einfarbige Monitore mit Schwarzweißdarstellung oder grünen bzw. bernsteinfarbenen Hintergrund. Diese Bildschirme werden oft auf NetWare-Servern eingesetzt, da dort tolle Farbmonitore rausgeschmissenes Geld wären.

MSAV: Der DOS 6.0- und 6.2-Befehl, mit dem der Computer nach einer möglichen Virusinfektion sucht. Für lokale Rechner könnte es ganz gut sein, aber fürs Netzwerk sollte man sich schon was besseres zulegen. Windows hilft Ihnen da nicht weiter!

MSBACKUP: Der DOS 6.0- und 6.2-Befehl, um Daten auf Disketten zu sichern. Da dieser Befehl keine Bandlaufwerke unterstützt, ist er für Backups im Netzwerk ungeeignet. Unter Windows funktioniert dieser Befehl nicht, allerdings enthält Windows 95 ein eigenes integriertes Backup-Programm.

MSD: Das Programm *MicroSoft Diagnostics*, das zum Lieferumfang von DOS 6.0, 6.2 und Windows 3.1 gehört und nützliche Daten zur Konfiguration des Rechners sammelt und anzeigt. Windows 95 enthält ein ähnliches Programm – Microsoft Systeminformation –, das mit Microsoft Office 97 kostenlos ausgeliefert wird.

NE2000: Ein Standard für Netzwerkkarten. Wenn Ihre Netzwerkkarte NE2000-kompatibel ist, dann können Sie sie in fast jedem Netzwerk einsetzen.

NET: Der Sammelbegriff für alle Netzwerkbegriffe für Windows-Rechner, wenn der Benutzer lieber mit Befehlen an der DOS-Eingabeaufforderung arbeitet. Sie können NET-Befehle mit Windows für Workgroups, Windows 95 und Windows NT verwenden.

NetBIOS: Das steht für *Network Basic Input/ Output System*, ein hoher Netzwerkstandard, der von IBM entwickelt wurde und in den meisten Peer-to-Peer-Netzwerken angewendet wird. Es enthält grundlegende Informationen über das Netzwerk, mit dem es verbunden ist, und kann auch mit NetWare verwendet werden.

Netscape: Die Firma, die den Navigator entwickelt hat, eine der meist verkauften Browser-Software fürs World Wide Web.

NetWare 2.2: NetWares »gute« Version für 80286-Prozessoren, die immer noch in kleineren Netzwerken zu finden ist.

NetWare 3.12: NetWares »bessere« Version für 80386-Prozessoren und wohl die beste Lösung für die meisten Netzwerke.

NetWare 4.11: NetWares »fast die beste« Version mit alle möglichen Zusatzprogrammen und Funktionen für größere Netzwerke, allerdings schon fast zu extravagant für einen Einsteiger. Die neueste und beste Version heißt jetzt *IntranetWare*.

NetWare: Der Hohe Priester der Netzwerkbetriebssysteme, das Vorzeigekind der Fa. Novell.

NetWare Directory Services (NDS): Die neue coole Funktion von NetWare 4.0, die dem Benutzer eine Darstellung des Netzwerks als hierarchische Struktur vermittelt. Eine Art Super-Bindery für das gesamte Netzwerk. Siehe *Bindery*.

NetWare Loadable Module (NLM): Ein Programmodul, das während des Netzwerkbetriebs in den Arbeitsspeicher des Servers geladen wird und bestimmte Funktionen zur Verfügung stellt. Btrieve wird beispielsweise als NLM ausgeführt, ebenso wie verschiedene Backups, Anti-Viren-Programme u.ä.

Netzwerk: Alles das, worum es sich in diesem Buch dreht. Lesen Sie die Kapitel 1 bis 31.

Netzwerkbetriebssystem: Ein Betriebssystem für Netzwerke, beispielsweise NetWare oder Windows NT Server.

Netzwerkkarte: Eine Erweiterungskarte, mit der der Rechner an das Netzwerk angeschlossen werden kann.

Netzwerklaufwerk: Ein Laufwerk, das irgendwo da draußen im Netzwerk existiert, aber nicht in Ihrem Rechner.

Netzwerkressource: Ein Festplattenlaufwerk, Drucker oder sonstiges Gerät, das sich in einem Server-Rechner befindet und gemeinsam mit anderen Benutzern genutzt wird. Das Gegenteil davon ist die *lokale Ressource*, die sich im Rechner des Benutzers befindet.

Netzwerkverwalter: Die Person, die im Netzwerk für alles verantwortlich ist. Hoffen Sie inständig, daß nicht Sie für den Job ausgeguckt werden.

Newsgroup: Diskussionsgruppen im Internet, die mit den Diskussionsforen der Online-Dienste vergleichbar sind.

Norton Utilities: Eine große Schachtel voller nützlicher Utilities und alle zu einem erschwinglichen Preis.

Novell: Diesen Leute verdanken wir NetWare.

offline: Im Netzwerk nicht verfügbar.

online: Im Netzwerk verfügbar.

Operator Ein Benutzer, der den Netzwerkbetrieb steuert, aber nicht unbedingt ermächtigt sein muß, Zugriffsberechtigungen zu erteilen oder zu widerrufen, Benutzerkonten einzurichten, etc.

parallele Schnittstelle: Der Anschluß hinten am Rechner, in den Sie das Druckerkabel reinstecken. Außer dem Drucker können Sie auch noch andere Dinge dort einstecken, sonst hieße das Ganze ja Druckerschnittstelle. Über die parallele Schnittstelle werden die Daten bitweise, Seite an Seite in acht verschiedenen Leitungen gleichzeitig übertragen. Siehe *serielle Schnittstelle*.

partitionieren: Das Aufteilen der Festplatte in mehrere kleinere Einheiten, die vom Betriebssystem wie separate Laufwerke behandelt werden.

Patch-Kabel: Ein kurzes Kabel, das den Rechner mit der Steckdose oder ein Verteilerfeld mit einem Hub verbindet.

PCI-Bus: Abkürzung für *Peripheral Component Interconnect*-Bus. Dieser Bus hat einen direkten Draht zum Mikroprozessor und stellt ein wahnsinnig schnelles Verfahren dar, um einen Festplatten-Controller, eine Grafikkarte, eine Netzwerkkarte oder so in einem PC anzuschließen. Diesen schicken Bus finden Sie in den modernen Pentium-Rechnern.

PCONSOLE: Der NetWare-Befehl, den Sie an der DOS-Eingabeaufforderung eingeben, um das Drucken im Netzwerk zu steuern.

Peer-to-Peer-Netzwerk: Ein Netzwerk, in dem jeder Computer ein Server sein kann, wenn er es will. Diese »partnerschaftlichen« Netzwerke haben etwas von Freiheit, Gleichheit und Brüderlichkeit. Mit Windows 95 lassen sich übrigens ganz leicht einrichten.

PhoneNET: Verkabelungsschema für Macintosh-Netzwerke von Farallon Computing, die billiger sind als Apples Local Talk-Verkabelungen, da hier keine Shielded Twisted Pair-Kabel, sondern normale Telefonkabel verwendet werden.

physikalische Schicht: Die unterste Schicht im ISO-OSI-Referenzmodell. Diese Schicht managt die Übertragung der individuellen Datenbits über die Kabel oder was immer für die Verbindung von kommunizierenden Rechnern verwendet wird.

PPP: Das *Point-to-Point Protokoll* ist ein Übertragungsprotokoll, mit dessen Hilfe man sich mit einem Modem über die Telefonleitung ins Internet einwählen kann.

PRN: Der DOS-Codename für die erste parallele Schnittstelle.

Protokoll: Die Spielregeln fürs Netzwerk. Protokolle definieren Standards für die Übertragung von Datenpaketen sowie für Verfahren zum Aufspüren und Korrigieren von Fehlern, u.v.m.

Puffer: Ein Speicherbereich, in dem Daten temporär abgelegt werden. Ein Programm kann beispielsweise ein Stückchen Speicher für den Text zur Seite legen, den Sie über die Tastatur eingeben – den sogenannten Tastaturpuffer.

QIC: Die *Quarter-Inch-Cartridge* (¼-Zoll-Kassette) ist die gängigste und billigste Form der Bandsicherung. Siehe *DAT*.

RAID: Heißt soviel wie *Redundant Array of Inexpensive Disks*. Ein Trick aus der Großrechnerwelt, der dank der sinkenden Festplattenpreise auch mehr und mehr in PCs angewendet wird. Man nehme eine Reihe von Festplatten und verteile darauf die zu speichernden Daten. Das Festplattenarray wird durch Verwaltungsprogramme und einen Festplatten-Controller zur Fehlerkorrektur gesteuert. Wenn man ein und dasselbe auf zwei Platten speichert, kann auch ruhig mal eine den Geist aufgeben.

RAM: Ein anderes Wort für Arbeitsspeicher.

Repeater: Ein Signalverstärker, der in einem Netzwerk immer dann gebraucht wird, wenn die Dimensionen des Netzwerks erweitert werden sollen.

Ressource: Ein Festplattenlaufwerk, ein Diskettenlaufwerk, ein Drucker, ein Modem, ein CD-ROM-Laufwerk oder sonstige Geräte, die in einem Netzwerk gemeinsam genutzt werden.

Ringtopologie: Ein Verfahren, wie Computer in einem Netzwerk miteinander physikalisch verbunden sind. Wie der Name schon sagt, bilden die Rechner einen Ring, d.h., jeder Rechner ist mit zwei anderen über Kabel verbunden. Die Daten wandern dann in so einer Art Ringelreihe von Rechner zu Rechner, bis sie an dem Rechner ankommen, für den sie bestimmt sind.

RJ-45: Eine Steckverbindung für 10BaseT-Netzwerke. Sieht ein bißchen aus wie ein zu groß geratener modularer Telefonstecker.

Router: Eine Art »Überbrücker«, der Netzwerke unterschiedlichen Typs miteinander verbindet. Seine Aufgabe ist es, die Datenpakete vom Absender zum Empfänger zu überbringen. Dabei kann er z.B. auch den schnellsten Weg durch das Netzwerk finden.

ScanDisk: Ein Befehl in DOS 6.2 und Windows 95/98, mit dem die Festplatte auf physikalische Defekte überprüft wird.

Schnittstelle: Ein Anschluß auf der Rückseite des Rechners, in den Geräte wie Drucker, Modem, Maus, etc. gesteckt werden können.

SCSI: Abkürzung für *Small Computer Systems Interconnect*. Eine Schnittstelle, die in erster Linie für Festplatten verwendet wird, sich aber auch gut für CD-ROMs, Bandlaufwerke usw. eignet.

Segment: Ein Kabelstrang, der mindestens zwei Computer miteinander verbindet und an dessen beiden Enden jeweils ein Terminator hängt.

serielle Schnittstelle: Ein Anschluß hinten am Rechner, bei dem die Daten bitweise übertragen werden. Hier werden ein Modem oder eine Maus angeschlossen. Siehe *parallele Schnittstelle*.

Server: Ein Computer in einem Netzwerk, der seine Ressourcen mit den anderen Netzwerkbenutzern teilt. Wenn es ein dedizierter Server ist, dann ist sein einziger Lebenszweck, den Netzwerkbenutzern zu dienen. Siehe *Client*.

SFT: Steht für *System Fault Tolerance* und beschreibt eine Netzwerkfunktion, die das Netzwerk vor Fehlern im System schützt und diese bei Bedarf korrigiert.

Shielded Twisted Pair-Kabel: Abgeschirmte verdrillte Zweidrahtleiter; werden vorwiegend in Token-Ring-Netzwerken eingesetzt. Siehe *Twisted Pair-Kabel*.

Sicherungsschicht: Die zweite Schicht des ISO-OSI-Referenzmodells, die für die Übertragung der Datenbits über das Netzwerkkabel verantwortlich ist.

Sitzungsschicht: Die fünfte Schicht des ISO-OSI-Referenzmodells, die bestimmt, welcher Rechner mit welchem sprechen darf. Zusätzlich regelt sie den Datentransfer und kümmert sich um die Behebung von Fehlern.

Smiley: Ein Gesicht, das aus verschiedenen Tastaturzeichen »gezeichnet« wird. Wird oft in E-Mail-Nachrichten verwendet, um Emotionen darzustellen :)

SNA: Eine Abkürzung für *System Network Architecture*. Die IBM-Architektur für die Unterstützung der Kommunikation zwischen Rechnern.

SNMP: Das *Simple Network Management Protocol* ist ein Protokoll für die Netzwerkverwaltung. In SNMP überwachen sogenannte Agenten (kann Hard- oder Software sein) die Aktivitäten der verschiedenen Geräte des Netzwerks.

ST-506: Ein mittlerweile veralteter Schnittstellenstandard für Festplatten, der 1980 von Seagate auf den Markt gebracht wurde.

Stapeldatei: In DOS eine Datei, die einen oder mehrere Befehle enthält, die automatisch nacheinander abgearbeitet werden. Sie erstellen eine Stapeldatei mit einem Texteditor (z.B. dem DOS-Befehl EDIT) und führen die Datei aus, indem Sie den Dateinamen an der Eingabeaufforderung eingeben.

Steckkarte: Eine Karte, die in einen der Steckplätze des Rechners gesteckt wird, um diesen mit neuen wunderbaren Fähigkeiten auszustatten, wie etwa 16 Millionen Farben darzustellen, mit anderen Computern über Telefon zu kommunizieren oder auf ein Netzwerk zuzugreifen.

Sterntopologie: Eine Netzwerkkonfiguration, bei der der zentrale Rechner mit jeweils einem separaten Netzwerkkabel mit einzelnen anderen Rechnern im Netz verbunden ist. Sieht dann fast aus wie ein Stern: der dicke, allmächtige Server in der Mitte und die alten, lahmen Client-PCs um ihn herum.

Streamer: Siehe *Bandlaufwerk*.

Switch: Eine Super-Duper-Bridge, die eine eigene interne Verbindung zwischen zwei oder mehreren beliebigen Anschlüssen aufbauen kann.

SYS: Der Volumenname des Systemlaufwerks der meisten NetWare-Server.

Systemadministrator: Siehe *Netzwerkverwalter*.

Systemsteuerung: Eine Windows-Anwendung, mit der alle möglichen Einstellungen für den Windows-Betrieb konfiguriert werden können.

Systemverwalter: Siehe *Netzwerkverwalter*.

Task: Eigentlich schlicht und einfach eine »Aufgabe«, die der Rechner erledigt. Wenn Sie beispielsweise mit einem Textverarbeitungsprogramm Text bearbeiten, dann ist der Task des Rechners die Textverarbeitung.

TB: Steht für *Terabyte*, also etwa eine Billion Byte (oder genauer gesagt 1.099.511.627.776 Byte).

TCP/IP: Steht für *Transfer Control Protocol/Internet Protocol* und bedeutet, daß Daten zwischen zwei Netzwerken ausgetauscht werden können, auch wenn sich diese nicht persönlich kennen. Wird wie der Name schon sagt, im Internet verwendet.

Terminator: Der kleine Stecker, der ans Ende eines dünnen Koaxialkabels (10BaseT) gehört.

Terminator: Siehe *Abschlußwiderstand*.

Terminplanungssoftware: Software, die die Termine der Netzwerkbenutzer verwaltet. Funktioniert jedoch nur, wenn alle Netzwerkbenutzer ihre Kalender auf dem neusten Stand halten.

ThinNet: Siehe *10Base2*.

Timeout: Siehe *Fehlerwartezeit*.

Time-Sharing: Ein Verfahren bei Großrechnern, um mehreren Benutzern gleichzeitig einen Zugriff auf den Rechner zu ermöglichen.

Tintenstrahldrucker: Ein Drucker, der farbige Seiten erstellt, in dem er mit Tinte aufs Papier spritzt.

Token: Das Ding, das in einem Token Ring-Netzwerk herumgegeben wird.

Token Ring-Netzwerk: Ein Netzwerk, das in Form eines Rings aufgebaut ist. Wenn ein PC im Ring eine Nachricht transportieren möchte, muß er im Besitz eines sogenannten »Token« sein – ein Signal, das soviel heißt wie »jetzt bin ich dran«. Dieses Token wird dann im Ring von einem Rechner zum anderen weitergegeben, bis der Empfänger erreicht ist. Der hat dann das Token und darf als nächster agieren.

Topologie: Die Art, wie die Rechner und Kabel in einem Netzwerk aufgebaut sind. Siehe *Bustopologie, Sterntopologie* und *Ringtopologie*.

Transceiver: Ein Dingsbums, das eine Netzwerkkarte mit einem Netzwerkkabel verbindet. Ohne Transceiver geht im Netzwerk nichts, allerdings haben 10Base2- und 10BaseT-Netzwerkkarten diese schon integriert. Ursprünglich wurden diese Dinger mit dem Yellow Cable verwendet. Es gibt auch Transceiver, die aus einem AUI-Anschluß einen 10BaseT-Hub machen.

Transportschicht: Die vierte Schicht im ISO-OSI-Referenzmodell. Sie ist für die Fehlersuche und Fehlerbehebung sowie für einige Steuerungsverfahren des Datenflusses zuständig.

Trojanisches Pferd: Ein garstiges Computerprogramm, das sich geschickt hinter einem seriösen Namen verbirgt und so tut, als würde es eine sinnvolle Aufgabe erledigen. Sehr bald wird es sich aber als hinterlistiger Festplattenzerstörer zu erkennen geben.

Turnschuhnetz: Die billigste Form des Netzwerks, bei dem die Benutzer Dateien kopieren, indem sie sie auf Diskette kopieren und diese der Kollegin oder dem Kollegen im nächsten Stockwerk vorbeibringen.

Twisted Pair-Kabel: Ein Kabel aus zwei ineinander gedrehten Drähten, das eine gute Abschirmung nach außen bietet, so daß Störgeräusche nur geringe Chancen haben, Signale abzuschwächen. Siehe *Shielded Twisted Pair-Kabel* und *Unshielded Twisted Pair-Kabel*.

Umleitung: So nennt man das, wenn eine Aus- oder Eingabe an ein anderes Gerät als das dafür zuständige Standardgerät geschickt wird. Eines der grundlegenden Konzepte des Netzwerks, bei dem eine Ressource – Laufwerk oder Drucker – als lokale Ressource angezeigt wird, aber eigentlich ihren Platz im Netzwerk hat. Die Netzwerksoftware fängt die Ein- und Ausgabebefehle für die Ressource ab und leitet sie an das Netzwerk um.

unterbrechungsfreie Stromversorgung: Siehe *USV*.

Unternehmensrechentechnik: Ein Begriff, der zur Zeit in aller Munde ist, und bedeutet, daß die Gesamtanforderungen des Unternehmens an die Datenverarbeitung zu sehen sind und nicht nur der Bedarf einer einzelnen Gruppe oder Abteilung.

URL: Abkürzung für *Uniform Ressource Locator*. Das Adressiersystem für Dokumente im Internet. Eine URL-Adresse enthält das zu verwendende Protokoll (http: oder ftp:), den Server, auf dem sich die gewünschte Ressource befindet (//www.xyz.de) und den Pfad.

USV: Die unterbrechungsfreie Stromversorgung ist eine Art Notstromversorgung für den Fall, daß die Stromzufuhr aus der Steckdose plötzlich unterbrochen wird, weil man wieder über das Stromkabel gestolpert ist.

UTP: Siehe *Unshielded Twisted Pair-Kabel*.

Vampir-Tap: Mit diesem Monsterteil zapfen Sie ein 10Base5-Kabel an, um einen Transceiver dranzuhängen.

VAP: Das sind *Value Added Processes*, also zusätzliche Prozesse, die auf dem Server in einem NetWare 2.2-Netzwerk laufen und diesem einen »erhöhten Wert« verleihen. Das Schreiben von solchen VAPs ist für die Entwickler alles andere als angenehm, da sie recht kompliziert strukturiert sind. Zu den

VAPs gehören Einrichtungen zur Netzwerkverwaltung, Gerätetreiber und Datenbank-Engines. Ab NetWare 3 wurden sie durch das *NetWare Loadable Module* ersetzt.

Vermittlungsschicht: Die dritte Schicht im ISO-OSI-Referenzmodell. Diese Schicht ist für die Steuerung des Datenverkehrs im Netzwerk zuständig.

Verteilerkasten: Größere Netzwerke brauchen einen Platz, wo die Kabel zusammenkommen. Ein Verteilerkasten ist der ideale Ort dafür.

verzögertes Schreiben: Eine Verfahrensart beim Disk-Caching, bei der Daten, die auf die Festplatte geschrieben werden, in einen Cache-Speicher gestellt werden und erst zu einem späteren Zeitpunkt auf die Festplatte geschrieben werden.

VGA: Abkürzung für *Video Graphics Array*. Ein Grafikstandard, der seine Vorgänger in allem übertrifft, was Farben, Auflösung und Bildschärfe betrifft.

Vines: Abkürzung für *Virtual Network System*. Das Fileserver-Betriebssystem der Firma Banyan Systems, das vergleichbar ist mit NetWare und Windows NT Server.

Virus: Ein garstiger Programmtyp, der von noch garstigeren Leuten entwickelt wurde. Der Computervirus nistet sich im System ein, vermehrt sich dort, infiziert auch andere Rechner und richtet unter Umständen verheerende Schäden an, wie Formatieren der Festplatte oder so.

Volumenname: In NetWare hat jedes Laufwerk einen Namen. Die meisten NetWare-Server heißen SYS.

Web-Browser: Software, mit der man Dokumente, die in HTML geschrieben wurden, anzeigen kann. Dazu gehören alle Seiten, die im World Wide Web zu finden sind. Zu den bekanntesten Browsern zählen der Netscape Navigator und der Microsoft Internet Explorer. Web-Browser zeigen Daten aus dem Internet an, die in Form von Text, Grafik, Sound und sonstigem Schnickschnack dargestellt werden.

Windows 95: Eine Windows-Version, die 1995 auf den Markt kam. Windows 95 war die erste selbständige Windows-Version, die eigentlich kein DOS mehr brauchte.

Windows 98: Die neueste Windows-Version von Microsoft, die – wie kann es anders sein – 1998 eingeführt wurde. Es hat ein paar schikke, neue Funktionen und eine neu gestaltete Oberfläche.

Windows: Ein Betriebssystem für PCs, mit dem DOS-Computer einfacher zu bedienen sind. Vielen Dank Microsoft.

Windows für Workgroups: Eine Windows-Version für Peer-to-Peer-Netzwerke.

Windows NT: Dieses 32-Bit-Betriebssystem für Netzwerke kam 1993 auf den Markt. Es ist als Client- und Server-Version verfügbar und kann sowohl in kleinen wie in großen Netzwerken eingesetzt werden.

World Wide Web: Der Teil des Internets, der am meisten Spaß macht. Wird meistens nur »WWW« oder »das Web« genannt. Eine Anwendung mit einer grafischen Benutzeroberfläche, die sich ganz einfach mit der Maus bedienen läßt. Über das WWW haben Sie Zugriff auf Dokumente im Internet, in denen Sie schmökern können wie in einer Zeitschrift oder in einem Buch.

WWW: Siehe *World Wide Web*.

Yellow Cable: Siehe *10Base5*.

Zeitscheibenverfahren: Siehe *Time-Sharing*.

Zugriffsrechte: Eine Liste aller Rechte, die den Benutzer aufklärt, was er oder sie mit den Netzwerkdateien und -verzeichnissen tun darf und was nicht.

Zuordnungseinheit: Dies ist die kleinste Einheit, in der Daten auf einem Datenträger gespeichert werden. DOS weist Dateien als Zuordnungseinheit einen Speicherplatz von jeweils 2.048 oder 4.096 Byte zu, je nach Größe der Festplatte. Wird manchmal auch als *Cluster* bezeichnet. NetWare, Windows NT Server, DriveSpace und FAT32 verwenden andere Zuweisungsschemata, die effektiver sind.

Zuwachs-Backup: Siehe *inkrementelles Backup*.

Stichwortverzeichnis

Symbole

A

B

C

D

E

F

I

J

K

L

M

N

O

P

Q

R

S

T

X

Y

Z

464 Seiten,
2., aktualisierte und erweiterte Auflage 1998
79,– DM, geb.,
ISBN 3-8266-4024-1

Othmar Kyas

Sicherheit im Internet

Das vorliegende Buch macht den Leser mit der Thematik rund um die Sicherheit in Datennetzen im Zeitalter von Internet und Intranets vertraut. Neben Risikoanalysen, Täterprofilen und einer detaillierten Beschreibung von Angriffsmethoden wird beschrieben, wie eine effiziente Sicherheitsarchitektur im Unternehmen aufgebaut werden kann. Darüber hinaus werden auch die Risiken für den einzelnen privaten Internet-Nutzer aufgezeigt und entsprechende Sicherungsmaßnahmen beschrieben.

Aus dem Inhalt:

- Risikoanalyse
- Sicherheitsrisiken: UNIX, Windows NT, Kommunikationsprotokolle, WWW, Java, Active X
- Computer- und Netzwerkviren
- Planung und Implementierung sicherer Unternehmensnetze
- Firewalls: Architektur und Funktion
- Firewalls auf Paketfilterbasis
- Circuit- und Application Gateway-Firewalls
- Kryptographie: sichere Kommunikation über unsichere Netze
- Intrusion Detection-Systeme
- Angriffssimulatoren
- Trends und zukünftige Entwicklungen

400 Seiten, 1998
39,80 DM, kart.
ISBN 3-8266-2780-6

John R. Levine, Carol Baroudi, Margaret Levine Young

Internet für Dummies

Dieses Buch ist der Beweis: Sie müssen kein Hacker sein, um sich im Internet durchzuschlagen, echte Schnäppchen im Internet zu ergattern oder Freunde und Gleichgesinnte zu finden.

Hier erfahren Sie endlich alles, was Sie schon immer über dieses Meganetz wissen wollten – doch bei abgedrehten Internauten nie erfahren konnten.

Sie haben Spaß an schrägen Cartoons, wenn John R. Levine, Carol Baroudi und M. Levine Young endlich Schluß machen mit der quälenden Ungewißheit.

Sie erfahren:

- Wie Sie ins Internet reinkommen
- Wie Sie mit Ihrem Provider reden
- Was Sie im Internet einkaufen können
- Mit welchen Programmen das Leben als Internaut erst so richtig schön wird
- Wie Sie Ihre erste Homepage bauen
- Wie Sie Freunde im Chaträumen gewinnen

1008 Seiten, 1998
99,– DM, geb., mit CD
ISBN 3-8266-4035-7

Mathias Hein

TCP/IP

Das Modell eines fiktiven Unternehmensvernetzunsgsprojektes nimmt der Autor zum Anlaß, um die TCP/IP-Protokollfamilie, inzwischen überall als de-facto-Standard akzeptiert, in allen Einzelheiten zu beleuchten. So zeigt der Autor u. a., wie das Protokoll aufsetzt auf Ethernet, Token Ring, FDDI und ATM, und geht umfassend und detailliert auf die neue Version IPv6 (IPnG) ein.

Aus dem Inhalt:

- Kommunikation über Schichten
- IP, SLIP, PPP, IGMP
- ICMP, Ping
- TCP, UDP,
- Telnet, Kerberos, TCP/IP-Utilities, FTP
- ARP, RARP,
- TCP/IP auf Ethernet, Token Ring, FDDI, ATM
- Name Service
- Electronic Mail: SMTP, MIME
- Routing-Protokolle
- IPnG: IP version 6

496 Seiten,
2., aktualisierte und erweiterte Auflage 1998
69,– DM, geb., mit CD
ISBN 3-8266-0438-5

Lars Eilebrecht

Apache Web-Server

Das erste deutschsprachige Buch zum meistverbreiteten Web-Server – in der 2., überarbeiteten und erweiterten Auflage.

Der Autor, Web-Administrator bei der UNIX-AG der Universität-Gesamthochschule Siegen, zeigt mit seiner fundierten und ausführlichen Darstellung, wie sich die Möglichkeiten des Apache sinnvoll ausschöpfen lassen. Mit Anhang zu sämtlichen Neuerungen der aktuellen Apache 1.3 Distribution.

Aus dem Inhalt:

- Modulbeschreibungen, Übersetzung & Installation
- Konfiguration, Anwendungsbeispiele & Beispielkonfigurationen
- Common Gateway Interface, Server-Side Includes
- Content Negotiation, Image-Maps
- Suchsysteme und Web-Robots
- Sicherheitsaspekte, Logfile-Analyse
- Secure Web-Server: Apache-SSL, SSLeay
- CD: Apache 1.3 Distributionen für Unix- bzw. POSIX-Systeme, OS/2, AmigaOS & Windows 95/NT, aktuelle Versionen der Tools & Beispielkonfigurationen.